中国印刷年鉴

2022

中国印刷技术协会
中国印刷杂志社
组织编写

文化发展出版社
Cultural Development Press

内 容 摘 要

《中国印刷年鉴（2022）》全面、系统地反映了我国印刷业2021年度的整体及主要细分市场、区域市场的发展情况。书中汇集了2017—2021年印刷及相关领域发展的统计数据，基本展示了我国印刷业发展取得的成绩，对相关政府部门制定行业发展政策，对企业了解和把握未来发展趋势并作出正确决策具有一定的参考性和实用性。

图书在版编目（CIP）数据

中国印刷年鉴. 2022 / 中国印刷技术协会,《中国印刷》杂志社组织编写. —北京：文化发展出版社，2022.12

ISBN 978-7-5142-3948-5

Ⅰ.①中… Ⅱ.①中… ②中… Ⅲ.①印刷工业—中国—2022—年鉴 Ⅳ.①F426.84-54

中国版本图书馆CIP数据核字(2022)第255184号

中国印刷年鉴（2022）

中国印刷技术协会
中国印刷杂志社　　组织编写

责任编辑：	朱　言　魏　欣		责任校对：	岳智勇
责任印制：	邓辉明		责任设计：	郭　阳

出版发行：文化发展出版社（北京市翠微路2号　邮编：100036）

网　　址：www.wenhuafazhan.com

经　　销：各地新华书店

印　　刷：文畅阁印刷有限公司

开　　本：787mm×1092mm　　1/16

字　　数：460千字

印　　张：25

版　　次：2022年12月第1版

印　　次：2022年12月第1次印刷

定　　价：550.00元

ＩＳＢＮ：978-7-5142-3948-5

◆本书内文用纸：金东纸业（江苏）股份有限公司105g太空梭特级双面铜版纸，80g太空梭本白双胶纸

编辑说明

《中国印刷年鉴》是我国印刷行业唯一一本大型资料性工具书，收录了我国印刷及相关行业上一年度整体发展的相关资料，对于促进印刷资源的开发利用、促进业界对印刷业的深入研究和科学决策发挥了重要作用。

为学习贯彻十九届六中全会精神，系统梳理总结2021年中国印刷业的发展成就及主要细分市场、区域市场的发展情况，激励全行业在全面建设社会主义现代化国家新征程上努力奋进，中国印刷技术协会编辑出版《中国印刷年鉴（2022）》。本卷年鉴也是继1981年首卷出版以来的第31卷。

《中国印刷年鉴（2022）》全面、系统地反映了我国印刷业2021年整体及主要细分市场、区域市场的发展情况，邀请行业领导、专家对印刷业及主要细分市场、区域市场发展态势进行深度分析，重点栏目包括"特载""业情综述""地方印刷""政策法规与标准""大事记""数据统计"等。

《中国印刷年鉴（2022）》收录中央宣传部（国家新闻出版署）、国家统计局、国家海关总署发布的与印刷业有关的统计数据，书中汇集了2017—2021年印刷和记录媒介复制业规模以上工业企业统计数据、全国印刷业年度统计数据，2021年全国报纸印刷量调查统计数据，2021年国内印刷装备、印刷器材主要商品进出口情况，2021年重点造纸企业产量前30名基本情况，基本展示了2021年度我国印刷业发展取得的成绩，对相关政府部门制定行业发展政策，对企业了解和把握未来发展趋势并作出正确决策具有一定的参考性和实用性。

2021年12月28日，《印刷业"十四五"时期发展专项规划》正式发布。《中国印刷年鉴（2022）》以"奋进'十四五'建功新时代"为主题，围绕"'十四五'期间，行业企业如何奋发有为，努力建功新时代"这一问题，邀请相关企业负责人展望"十四五"时期发展愿景。

本卷年鉴的编纂工作，得到中宣部印刷发行局、部分省（区、市）委宣传部印刷发行处的关心和指导，得到各地印刷协会、海内外印刷界专家和学者以及广大读者的帮助和支持。在此，谨致谢忱。由于本卷年鉴的资料来源广泛，在编纂过程中难免存在疏漏、错误之处，请广大读者批评、指正。

中国印刷技术协会
中国印刷杂志社
二〇二二年十二月

潜心制造强主业
二十七载磨利剑

长荣集团荣膺全国
"制造业单项冠军示范企业"

作为国内印后装备制造行业的"旗手"，长荣集团坚持走自主研发的技术创新路径，实现国产化替代。
多年来，长荣不断推出具有技术引领意义的印后设备。尤其在模烫技术的创新攻坚上，成为毫无争议的领跑者。

2005
MK 920SS 双工位烫金机

一次走纸完成烫印
解决重复烫印中纸张变形造成的产品浪费问题
效率成倍的提升，在高端烟包领域一度成为经典

2008
世界首台双工位烫金模切清废机
MK 21060STE亮相德国DRUPA展会

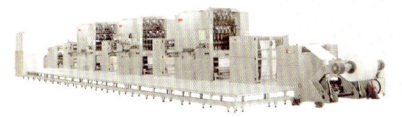

2009
全球第一台三工位卷筒纸烫金机
MK 3920S W顺利投产

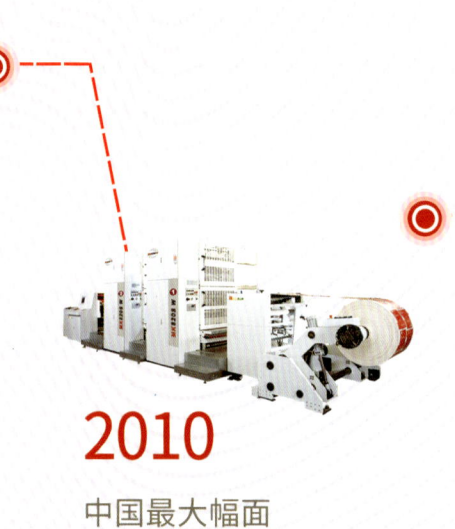

2010
中国最大幅面
双工位卷筒纸圆压圆烫金机
MK 820S W投入烟包生产

2022
有悦·MK1700CS 清废模切机

专为大幅瓦楞市场开发

2021
Mastermatrix 106CSB全清废模切机

新一代高速全清废模切机技术

打破国外技术壁垒,填补国内市场空白

2020
Duopress Power 106FCSB
双机组全清废模切烫金机

实现一次走纸完成:
烫金+压凸+模切+清废+成品收集+自动出料
实现六效合一,效率提高3-4倍

有梦·MK21060VFF
双机组烫金机

专门为酒包市场打造
高配烫金机

2015
MK 1060V^{500} 深压纹模切机

适应各种复杂满版的压纹要求

解决高档礼盒细花纹的深压纹技术难题

2019
MK1060SF激光模切机

全自动激光切割方式取代机械刀模

实践绿色循环　传承造纸文明

全系列高档包装用纸、文化出版用纸、食品级包装容器用纸、办公用纸、特种纸

APP金光集团　工业用纸事业部

白卡系列产品：
◎ 金鸥、金采、酋长、金丽、金蝶兰、富桂、帝王松、亚洲之星

铜卡系列产品：
◎ 彩蝶、金采、酋长、金鸥、吸塑王、欧尼卡

烟卡系列产品：
◎ 金鸥、汉威、白玉

食品卡系列产品：
◎ 零塑、四季桂、绿星

APP金光集团　文化用纸事业部

单铜系列产品：
◎ 太空梭、长鹤

白牛系列产品：
◎ 太空梭、长鹤、金球

双亚铜系列产品：
◎ 太空梭、东帆、鲸王、长鹤、神盾、海神、NEVIA、印象

双胶纸系列产品：
◎ 太空梭、NEVIA、长鹤、金球、金彩印象、雅质纸

特种纸系列产品：
◎ 立可得、东方雅韵、金球

APP金光集团　办公用纸事业部

办公用纸系列产品：
◎ 金旗舰、小钢炮、金丝雀、阿芙罗、金球……

产品详情介绍
欢迎加入
"APP大纸微信"

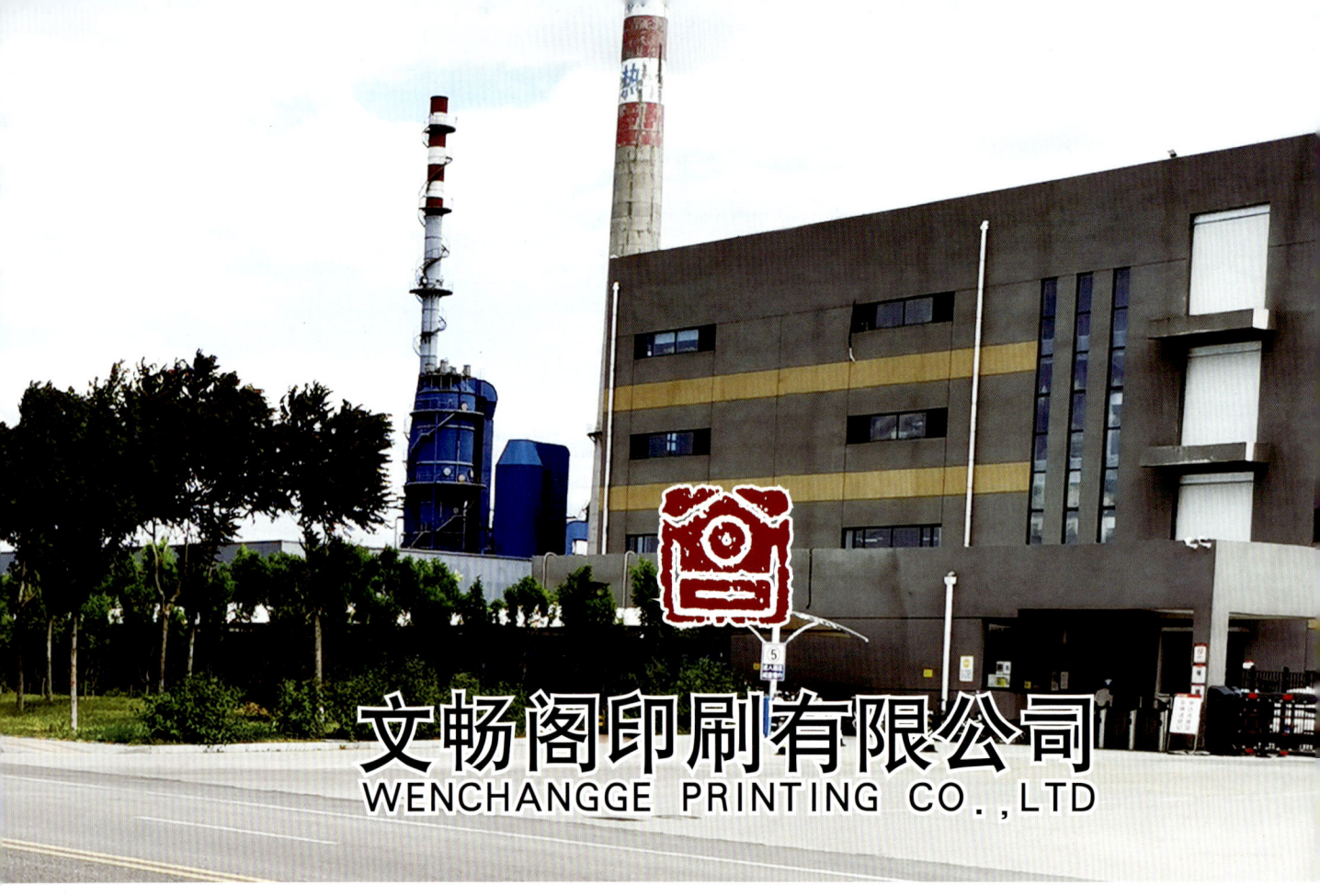

文畅阁印刷有限公司
WENCHANGGE PRINTING CO.,LTD

企业简介 COMPANY PROFILE

文畅阁印刷有限公司（原北京文昌阁彩色印刷有限责任公司）成立于2001年，公司积极响应北京市非首都功能疏解政策，于2018年8月入驻河北省高碑店市开发区绿色印刷园区高碑店市合作路11号。注册资金5000万元，总资产1亿元，现有职工300余人，生产面积20000平方米。

文畅阁印刷有限公司以"传播文化与生产力"为使命，经过二十多年的发展，专注出版物的印刷，多次参与国家重大主要出版物印制工作，同时针对少儿读物、儿童玩具和图书结合的拼图、卡书、立体书等产品创意与开发、纸艺工程技术研发独具特色。公司设备达到行业先进水平，现有海德堡5色加过油，8色加过油，四色印刷机，单双色印刷机十余台，可满足客户各种印刷要求，有马天尼、柯尔布斯、沃伦贝格等国际知名品牌装订设备30余台，可实现印刷和装订（胶订、骑马订、精装、卡书、拼图等）一站式整体解决方案。

文畅阁秉持卓越管理，ERP管理各个印装流程环节实现闭环运作，印刷机配备日本EIZO（艺卓）显示器屏幕远打样，安装CIP3自动预制油墨系统，确保色彩还原，加印时印刷品颜色稳定。装订各环节安装自动图像检测系统，安装在线自动称重系统，确保装订过程中的品质控制。公司先后通过中国环境标志产品（绿印）认证；质量管理体系认证；环境管理体系认证；C9认证；入围政府采购定点单位；高新技术企业。

未来我们继续专注于出版物图书印刷，向智能化工厂发展，积极响应印刷"十四五"专向规划提出的京津冀出版物印刷保障体系建设，为推动印刷业高质量发展贡献一份力量。

- 工厂地址：保定市高碑店市合作路11号
- 北京营业部地址：北京市丰台区广安路小井村93号
- 书刊部：13701230429（龙经理）
- 手工部：19903320345（鲁经理）

一站式印务专家

图书印刷	图书装订	立体卡书加工	包装盒加工
出版物印刷 包装装潢印刷 立体卡书印刷 精美杂志印刷	无线胶装 圆脊、方脊硬精装 骑马订	立体卡书装订 磁力拼图加工 日历、台历、挂历装订 环装书加工	酒盒、茶叶盒 精美礼品盒加工

平装书、古装书、精装书系列

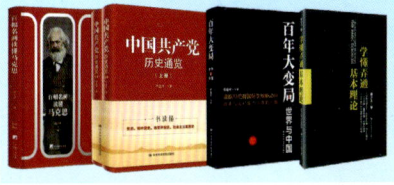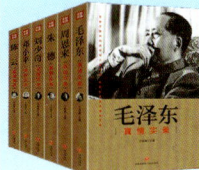

立体书、卡书、磁力拼图、精品包装盒系列

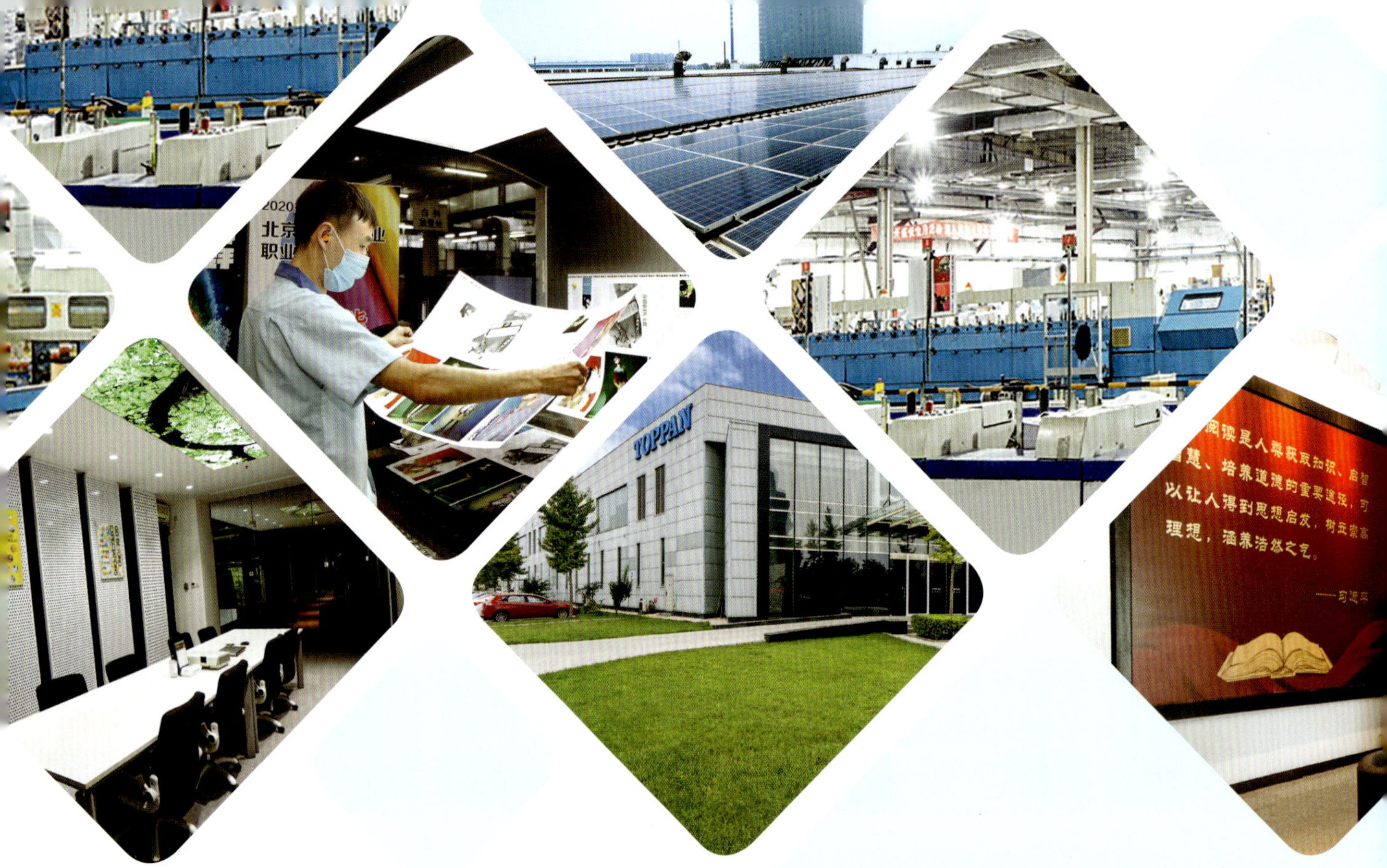

TOPPAN
北京利丰雅高长城印刷有限公司

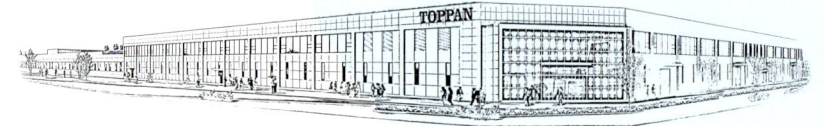

公司简介

北京利丰雅高长城印刷有限公司位于北京通州区光机电一体化产业园区，自 1993 年注册至今已从事出版物印刷长达 29 年，总投资 10 亿元人民币，总建筑面积 4.3 万平方米，现有员工 500 余人，集印前分色制版、八色轮转印刷、四色、五色、八色平版印刷、自动化装订流水线于一体，是以印制主题类出版物、中高档彩色期刊、杂志、图书、儿童读物、北京市中小学教材教辅、商业订单为主的综合性印刷企业。

北京利丰雅高长城印刷有限公司是北京市出版物印刷服务首都核心功能重点保障企业，并于 2021 年被评定为优秀重点保障企业；北京市出版物印刷企业高质量发展评价分级一级企业；于 2020 年至 2022 年连续 3 年在北京市出版物印刷企业减排绩效分级中连续荣获 A 级；北京利丰是国家印刷示范企业、有关部门重点印刷企业，是印刷业首批北京市诚信创建企业和首批绿色认证企业，以及绿色印刷工程标兵示范单位；北京利丰入围政府采购定点单位，并链接了北京市海淀区、丰台区、朝阳区等多个区的印刷定点服务企业。

公司地址：北京市通州区科创东二街 3 号院
联系电话：5901 1287

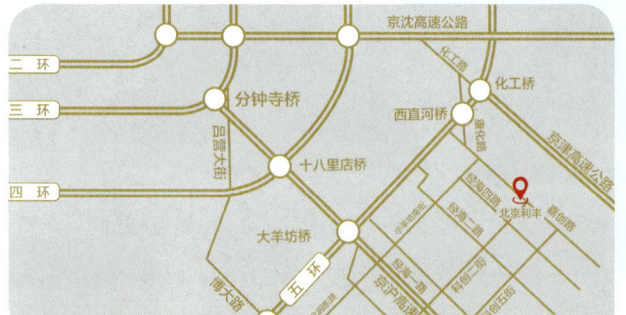

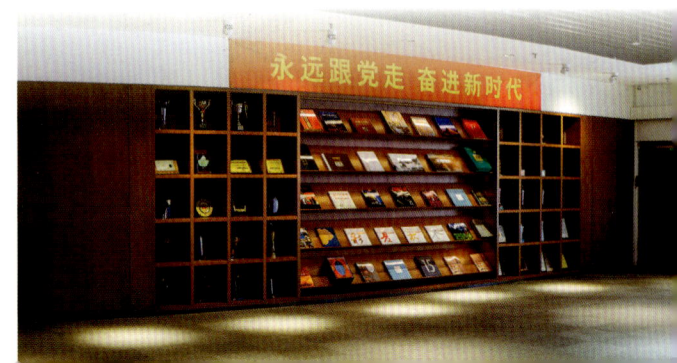

公司荣誉

2022年9月，于北京市相关主管单位开展的出版物印刷企业应急减排绩效分级评定中被评为"A级"企业。

2022年8月被评为北京市出版物印刷企业高质量发展评价分级一级企业。

2022年1月获得"绿色工厂"荣誉资质；获得通州区2021年"安全生产主体责任示范企业"荣誉资质。

2021年9月，在北京市相关主管单位组织的北京市出版物服务首都核心功能重点保障企业的考评工作中荣获优秀。

2021年12月被评为"北京印刷质量知名品牌"；由我司印制的《中国的创造精神》被评为2021年北京印刷质量知名品牌产品。

2021年6月获得"第八届中华印制大奖银奖"。

2021年4月在第十九届北京市印刷行业职业技能大赛中组织工作出色，被评为优秀组织单位奖。

2020年12月被评为"北京印刷质量优质品牌"企业，由我司印制的《哈利波特与火焰杯（2020年7月2次）》被评为北京印刷质量知名品牌产品；2020年9月，于北京市相关主管单位开展的出版物印刷企业应急减排绩效分级评定中被评为"A级"企业；2020年经北京市印刷协会推荐，由北京市诚信创建认定办公室命名为"北京市诚信创建企业"，于2021年复审认定通过；2020年第十九届北京市印刷行业职业技能大赛突出贡献单位和个人奖；第七届全国印刷行业职业技能大赛平版制版员三等奖。

2019年获得"服务首都核心功能重点保障印刷企业"荣誉资质；分别获得"第七届中华印制大奖金、银、铜奖"、"北京印刷质量知名品牌企业奖"、"北京印刷质量大奖"、"北京印刷质量提名奖"；同时推荐中国出版政府奖和中华印制大奖、"北京印刷质量铜奖"。

重要资质

ISO9001 质量管理体系认证

ISO14001 环境管理体系认证

ISO45001 职业健康安全管理体系认证

ISO27001 信息安全管理体系认证

ISO50001 能源管理体系认证

中国环境标志产品认证

安全生产标准化三级企业（轻工）

ARTECH printing 兴艺股份

一站式包装服务商

公司简介

兴艺印刷，股票代码：872416，公司创办于1992年，经过三十年的稳健经营，从小工厂发展成为全[国]首批实现全程数字化管理的印刷企业，是数字化大幅面高端印刷包装智能制造的领先者。

公司旗下有广东兴艺、山东兴艺、湖南兴艺、香港兴艺、兴艺股权投资中心和浙江包融网科技等控[股]/参股子公司，兴艺深知，专业才能成业。正因如此，兴艺30年如一日，专业从事印刷行业，作为专业[的]包装一体化服务商，兴艺深知，高、尖、精的设备对于完美印艺的重要性，所以兴艺为了确保技术工艺[始]终走在世界前端，和德国海德堡签订战略合作协议,是海德堡数字化印刷标杆客户和技术示范中心。并[通]过了ISO9001国际质量管理体系认证、FSC森林认证、IOS14001环境管理体系、GMI、G7和C9等系列认证。我司是全球大型连锁超市Target，Lowe's和Best Buy的指定包装供货商。客户群体包含南方航空、海[航]集团、美的集团、TCL集团、金添动漫集团、达利食品、嘉士利集团等国内外知名企业，有能力为客户[提]供包装品牌策划、制造、运营和物流配送等一站式服务。

公司一直致力于数字化管理的运用和推广，是全国第一批实现全程数据化的印刷企业，不仅实现了[全]程色彩管理的数字化，更加实现了整个公司运营管理的数字化，创造性打造了"一部手机管控工厂"的[数]据化运营模式，兴艺印刷打造科技是第一生产力+拥抱互联网的管理思维，大力发展数字印刷产业集[团]化，推进智能智造，公司目前已经以大湾区为总部，并在京津冀、华中、长三角、西南等地布局集团[运]营，打造一站式的智能制造印刷配套服务商。

海德堡全张XL162-6色+过油印刷机

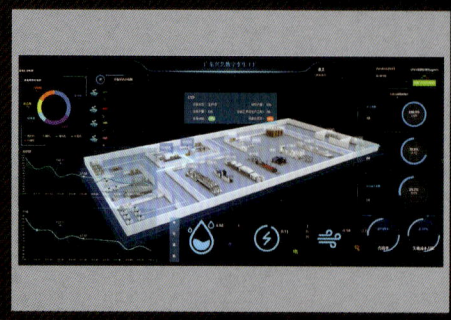
可视化数字流程管理

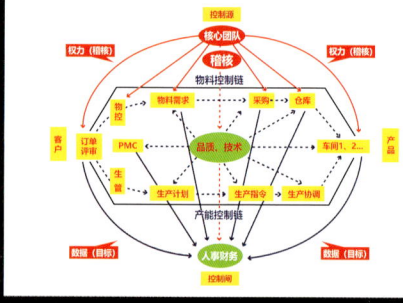
工厂网状控制系统

官方指定包装供应商

扫码走进兴[艺]

华南地区
地址：广东省江门市蓬江区杜阮北一路兴艺印刷工业园
电话：0750-3669333　传真：0750-3669335
网址：www.gdartech.com

华东地区
生产地址：济南市商河县经济开发区玉凯路16号特色装备制造工业园17栋
电话：0531-55795577　传真：0531-55795599

华中地区
地址：湖南省长沙县安沙镇宋水路169号
电话：0731-84092387

明卓益科技（深圳）有限公司

  深圳华明企管作为国内精益管理思想传播和传授的领先者，致力于通过精益思想的传播和精益工具的传授，帮助企业提出正确的改善方向，制定最适合的解决方案，使其成为最具竞争力的企业。我们运用先进的管理方法和工具，帮助客户实现具有深远意义的变革。我们深入现场，以现场辅导＋现场传授的方式，培养企业干部解决问题的能力及打造优秀管理团队。

  企业利润藏在每一个流程的细节中，我们要做的就是消除一切不必要的环节和干扰因素，持续挖掘每个细节中的价值，并使利润持续增长。华明企管期待与您的合作，期待与您相随相伴，共同成长。

同建和谐 实现共赢

联系我们

华明睿智咨询（深圳）有限公司
华明卓益科技（深圳）有限公司
电话：0755-85269373，18924639903
地址：深圳市坪山区坪山大道2007号创新广场C座1813室
邮箱：huaminggexin@hmic-cn.com
网址：www.hmic-cn.com

服务民族企业
  助力中国智造

传递知识 传承文化

www.asiasymbol.com
marketing@asiasymbol.com

百旺® 双胶纸

 高白度和高平滑度表观特性
 优异运转性和印刷适性
 科学管理的人工种植林纤维

百旺全系列双胶纸产品已全部通过 CFCC/PEFC 体系认证

亚太森博（广东）纸业有限公司
地址：广东省江门市新会区双水镇沙路村瑞丰工业园1号
电话：0750-6503150
邮编：529153

华南办公室
地址：广州市海珠区阅江中路688号保利国际广场北塔23楼
电话：020-8328 3939

华东办公室
地址：苏州市工业园区星汉街5号新苏工业坊6号楼403室
电话：0512-6274 2688

华北办公室
地址：北京市东城区崇外大街16号国瑞大厦1615室
电话：010-8755 5327

华中办公室
地址：武汉市武昌区中南路7号中商广场写字楼B座2507室
电话：027-8782 6681

出口办公室（香港）
地址：香港中环皇后大道中29号华人行21字楼
电话：+852-8208 6128

目 录 CONTENTS

1　特载

2　2021年印刷复制管理工作综述　　　　　　　　　　　中宣部印刷发行局

5　印刷业"十四五"时期发展专项规划

　　2021年12月，国家新闻出版署发布《出版业"十四五"时期发展规划》，《印刷业"十四五"时期发展专项规划》以附件形式发布。《专项规划》提出，到"十四五"时期末，印刷业总产值突破1.5万亿元，人均产值超过65万元，同时规模以上重点印刷企业产值比重预期达到65%。

12　践行初心　担当使命　努力构建印刷业发展新格局　　　　　　刘晓凯

　　2021年7月28日，"百年红色印刷"主题报告会暨中国印刷技术协会九届四次常务理事会会议在湖南长沙博物馆召开，中宣部印刷发行局局长、中国印刷技术协会理事长刘晓凯出席会议并讲话。

17　中国主要城市书刊印刷业竞争力报告（2022）

　　　　　　　　　　　　　　　　　　　　　　《中国印刷》杂志社课题组

23　业情综述

24　2021年国内书刊印刷行业发展概况
　　　　　　　　　　中国印刷及设备器材工业协会书刊印刷专业委员会

29　总量止跌，开启报纸印刷新阶段
　　——2021年报纸印刷行业发展述评
　　　　　　　　　　中国报业协会印刷工作委员会　马开悟　李保强

35　2021年票据印刷行业分析　　　　　　　　　　　　　　　　李　志

43　存量时代　标签印刷行业的发展与变革
　　——回顾2021年中国标签印刷行业　　　　　　　　　　　王莎莎

49　攻坚克难　保持增长的中国柔印
　　　　　　　　　　　　　　中国印刷技术协会柔性版印刷分会

54　创新不断，未来可期
　　——网版印刷2021年度业情浅析
　　　　　　　　　　　中国印刷技术协会网印及制像分会　沈春燕

岳阳林纸
YUEYANG FOREST & PAPER

岳阳林纸股份有限公司前身为岳阳造纸厂，始建于1958年，于2004年5月在上海证券交易所上市，公司控股股东泰格林纸集团股份有限公司是中国诚通控股集团有限公司旗下中国纸业投资有限公司的控股公司。中国诚通控股集团有限公司是国有资产经营公司试点企业和中央企业国有资本运营公司试点单位。

岳阳林纸造纸产能近100万吨/年，为国内大型文化用纸、包装用纸、工业用纸、办公用纸的生产企业。主导产品有全木浆纯质纸、天岳书纸、天岳彩画纸、全木浆胶版纸、胶版印刷纸、胶印书刊纸、轻型胶版纸、精制轻量涂布纸、簿本纸、复印纸、食品包装纸、精品牛皮纸、伸性纸袋纸、高强纸袋纸等。

岳阳林纸建设的雄安新区"千年秀林"

依托中国诚通国有资本运营平台，岳阳林纸将生态基因植入立企之本，植入成长血液，植入未来战略，以对文明的敬仰、对自然的敬畏，塑造"大生态"发展格局，生态园林、生态农林、生态浆纸、生态化工四大产业蓬勃发展。新时代的岳阳林纸，积极践行"碳达峰、碳中和"国家战略，坚定不移走可持续发展之路，以生态为笔，以改革为墨，正奋力书写百年岳纸的千载文章。

岳阳林纸微信公众号

百年岳纸
千载文章

公司地址：湖南省岳阳市城陵矶　　Address: Chenglingji Yueyang Hunan　　客服电话：0730 8590315　　Customer: 0730 8590315
销售电话：0730 8591889　　　　　Sales Tele: 0730 8591889　　　　　公司网址：www.yypaper.com　　Company Website: www.yypaper.com

目录 CONTENTS

58	2021年印刷机械行业发展情况综述	
	北京印刷学院 齐元胜 马英哲 贾晓研 王忆深	
62	2021年主要印刷器材市场解析	高　建
68	2021年国内印刷产业进出口数据分析报告	张建民
87	中国造纸工业2021年度报告	中国造纸协会
98	2021年印刷标准化工作概述　全国印刷标准化技术委员会	李永林

118　2021 行业大事记

回望2021年，中国印刷业继续以高质量稳中竞进，用砥砺拼搏之姿展现创新禀赋，持续迸发出发展活力。中国印刷人也通过行动实力书写闪耀篇章，用傲人成绩使行业在"十四五"开局阶段出色亮相。

这一年，全行业不忘初心、牢记使命，主动承担起齐心战"疫"、宣传思想工作使命任务，在持续打好疫情阻击战的基础上，全力做好庆祝中国共产党成立100周年、党史学习教育等主题出版物的印刷工作。

在2021年度的中国印刷业中，有很多值得我们铭记的事件与记忆。本卷年鉴以图文结合的形式聚焦本年度行业所做出的重点工作以及发生的重要事件，忠实呈现行业一年来的发展风貌。

129　毕昇印刷技术奖

毕昇印刷技术奖自1986年设立至今已评选了十六届，期间共有191位来自我国印刷及相关领域的科研技术人员、企业经理人、教育工作者获此殊荣。

他们肩负印刷"复兴"的崇高历史使命，大力发扬自主创新的毕昇精神，成为推动中国印刷业不断发展进步的中流砥柱。

2021年，中国印刷技术协会启动第十六届毕昇印刷技术奖评选工作，此次共评出毕昇印刷优秀新人奖12名，并首次评出7项科技进步奖，让我们走进获奖人物、项目，一睹风采。

147　地方印刷

148	2021年北京市印刷业基本情况	北京市委宣传部印刷发行处
150	2021年上海市印刷业发展概况	上海市印刷行业协会

方正喷墨数字印刷解决方案

» 方正桀鹰 P4400CHD/5600CHD/6600CHD
高清彩色喷墨轮转印刷机

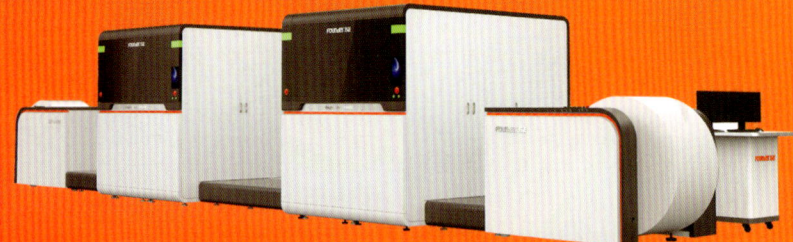

国内首家推出 1200dpi 高清彩色喷墨轮转印刷机
高品质水性颜料墨水，逼真色彩还原
自主品牌高速 RIP 集群，高效全面应对图书、期刊、报纸、文印等各类印刷品生产需求
无论数码纸还是普通双胶纸，均可实现一流的打印品质
工业级批量产能，最高印刷速度 160 米 / 分钟
卷到卷与连线裁切方案，可根据用户需求随心配置

» 方正桀鹰 P4400HD/5600HD
高清黑白喷墨轮转印刷机

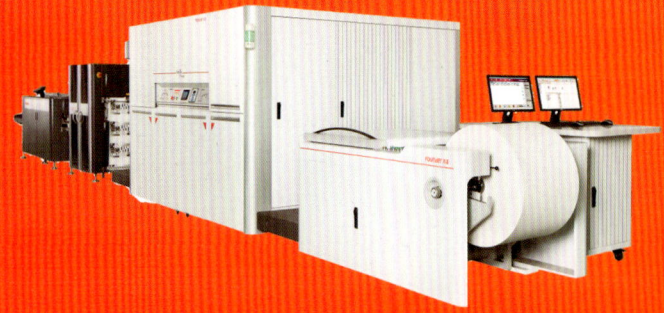

更高清的印刷品质、更低的综合成本、更便捷的操作体验
全能型的方正畅流生产流程系统赋能喷墨应用及保障喷墨印刷品质
无论数码纸还是普通双胶纸，均可实现一流的黑白印刷品质
工业级批量产能，最高印刷速度 160 米 / 分钟
卷到卷与连线裁切方案，可根据用户需求随心配置
按需出版印刷、商业印刷、政府文印、工业说明书、报纸等领域的智慧之选

北京北大方正电子有限公司
BEIJING FOUNDER ELECTRONICS CO., LTD.

地址：北京市海淀区上地五街9号方正大厦　邮编：100085
网址：http://www.founder.com.cn/

目 录　CONTENTS

页码	标题	作者/单位
159	2021年重庆市印刷业基本情况	重庆市印刷协会　吴　虹
162	2021年广东省印刷业发展情况	广东省印刷复制业协会　蓝　赟
165	2021年广西壮族自治区印刷业基本情况	广西壮族自治区印刷协会
168	2021年黑龙江省印刷业基本情况	黑龙江省印刷协会
171	2021年山东省印刷业发展概况	山东省委宣传部印刷发行管理处
173	2021年内蒙古自治区印刷业发展述评	内蒙古自治区印刷协会
176	2021年山西省印刷业基本情况	太原市印刷协会
179	2021年陕西省印刷业发展概况	陕西省印刷技术协会
183	2021年湖北省印刷业基本情况	湖北省印刷协会
187	2021年湖南省印刷业基本情况	湖南省印刷协会
190	2021年福建省印刷业发展概况	福建省印刷协会
192	2021年贵州省印刷业发展情况	兰　燕
195	2021年四川省印刷业发展概况	四川省印刷协会
198	2021年云南省印刷业发展概况	云南省委宣传部印刷发行处
201	青海省印刷业稳步发展 ——2021年青海省印刷业发展概况	青海省印刷协会
204	2021年甘肃省印刷业发展概况	甘肃省新闻出版局
207	2021年深圳市印刷业发展概况	深圳市印刷行业协会秘书处
209	2021年郑州市印刷业基本情况	郑州市印刷行业协会

223　奋进"十四五"　建功新时代

　　2021年12月28日，国家新闻出版署发布《印刷业"十四五"时期发展专项规划》，明确提出"十四五"时期我国印刷业发展的主要目标，即：行业规模效益稳步提高，产业结构持续优化，创新能力明显增强，区域布局更加均衡，国际合作拓展深化。

　　印刷业承担着巩固阵地、传承文化、服务人民的重要职责。"十四五"规划擘画的宏伟蓝图和美好愿景，需要广大印刷人始终保持永不懈怠的精神状态和一往无前的奋进姿态，在持续奋斗中担当作为，建功立业。

　　为此，我们邀请了印刷业相关企业负责人书写企业在"十四五"期间的发展愿景，彰显奋发有为，努力建功新时代的决心。

二十载积淀 智造精美印品

出版、包装支持
提供客户对接下单系统，AI订单识别，产品专业支持

盛通出版服务云平台
实时在线数据追踪生产、销售、供应链、质量、财务全方位信息

按需高效配送
数字把控，物流配送点到点服务

精品工艺设计
根据客户需求，整合合理优质工艺设计方案

多环节优质品控
多环节质量审查，确保优质印品出厂

绿色供应链
纸张供给、辅料配比、仓储物流等一条龙服务

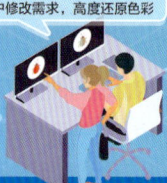

高契合数据处理
制作匹配印刷适性文件，及时响应客户修改需求，高度还原色彩

八大生产基地产能协同
各基地专业分工，助力效率提升，保证质量优质稳定

北京盛通印刷股份有限公司成立于2000年11月，注册资金5.48亿元，公司业务涵盖综合印刷、科技教育服务两大板块，是国内第一家以出版物印刷为主要业务的上市公司（证券简称：盛通股份，证券代码：002599）。

目前盛通股份在京、津、冀、沪共拥有8个现代化的生产基地，占地30余万平方米，全年生产图书约8亿册，可为客户提供出版物、包装产品的综合产能加工、绿色供应链、精品工艺设计、高契合数据处理等服务。依托盛通出版服务云平台实现客户和各生产基地的高效联动，通过多环节数字化、标准化的品质控制，确保按时、高质量的产品交付。公司专注文化出版同时，布局教育未来。盛通教育现有直营店150家，加盟门店480家，学员超10万名。

2022年，盛通股份获评"北京市出版物印刷企业高质量发展一级企业"。

2022年，盛通股份获评"2022北京民营企业文化产业百强"。

2021年，盛通股份获评"北京市22家出版物印刷服务首都核心功能重点保障企业"。

2020年，盛通股份通过"国家级绿色工厂、绿色供应链"双绿企业认定。

未来，盛通股份将坚持绿色化、数字化、智能化、融合化的发展方向，利用移动互联、云计算和工业信息化技术，积极地推动智能制造、数字化生产，聚合需求、不断延展服务链条，实现印刷综合服务的高质量发展。同时，延续自身的文化基因，打造教育、出版文化综合服务生态圈。

盛通股份，让知识传播的更广、更远。

目录 CONTENTS

275 政策法规与标准

- 276 国务院关于加快建立健全绿色低碳循环发展经济体系的指导意见
  国发〔2021〕4号
- 282 国家新闻出版署关于2020年"3·15"质检活动和中小学重点教材检查情况的通报
  国新出发电〔2021〕1号
- 284 国家新闻出版署关于做好2021年印刷复制发行管理工作的通知
  国新出发〔2021〕3号
- 287 国家新闻出版署关于开展2021年"3·15"印刷复制质检活动和中小学重点教材印制环保质量检查工作的通知 国新出发电〔2021〕10号
- 289 2021年发布、实施的部分国家标准及行业标准
  - 289 印刷技术 网目调分色版、样张和生产印刷品的加工过程控制 第1部分：参数与测量方法
  - 289 印刷技术 网目调分色版、样张和生产印刷品的加工过程控制 第2部分：平版胶印
  - 290 印刷技术 网目调分色版、样张和生产印刷品的加工过程控制 第7部分：直接使用数字数据的打样过程
  - 290 印刷技术 网目调分色版、样张和生产印刷品的加工过程控制 第8部分：直接使用数字数据的验证印刷品制作过程
  - 290 绿色印刷 转移接装纸印制过程控制要求
  - 291 纺织品网版印花分色制版数字文件制作要求
  - 291 印刷类柔性透明薄膜电子器件质量要求
  - 291 线装书籍要求
  - 291 数字印刷 书刊印制信息交换规范
  - 292 印刷产品智能设计与仿真指南
  - 292 印刷智能工厂 制造执行系统（MES）功能体系结构
  - 292 印刷智能工厂构建规范
  - 292 印刷智能工厂参考模型
  - 293 印刷智能制造术语
  - 293 阅读类印刷品中挥发性有机化合物检测用气候舱通用技术条件
  - 293 阅读类印刷品中挥发性有机化合物的测定 气候舱法
  - 293 柔性版印刷紫外光固化油墨使用要求及检验方法
  - 294 化妆品类包装印刷品质量控制要求及检验方法 第1部分：纸包装
  - 294 化妆品类包装印刷品质量控制要求及检验方法 第2部分：软管包装
  - 294 空心凹印版辊规格尺寸分类
  - 294 折叠纸盒用胶黏剂粘结性能要求及检验方法

山东润声印务有限公司
SHANDONG RUNSHENG PRINTING CO.,LTD

企业简介

>>> 迅行高效 团结协作 <<<

山东润声印务有限公司位于五岳之首泰山西麓、风景秀丽的东平湖畔，地理位置优越、交通便利。

企业始建于1956年1月，1998年3月改制为民营企业，2019年市政府入股百分之二十成为混合所有制企业。是集精装图书、教材、教辅和其它印刷品为一体的现代化印制企业，通过了"三体系"认证和绿色印刷认证。当选为中国印协"常务理事单位"、山东省印协"副理事长单位"、省书业商会"副会长单位"，荣获山东省"重点文化企业"、省"扶贫龙头企业"、省"专精特新"企业、泰安市"工业领军企业50强"等荣誉。山东省印刷产业链补链、强链、延链核心企业。

先后列装了德国、瑞士、意大利、日本等引领行业前沿的国内外先进设备100余台（套），提升了自动化、数字化、智能化水平。与齐鲁工业大学进行"产学研"战略合作，确保了科研成果的快速转化。持续推进扩规发展，实现了三次精准升级：规模图书研发印刷基地建设、智能化绿色印刷生产线启动、智能化精装图书生产基地建设，强化了企业竞争力，成为江北书刊印刷产能领先企业，在全国产生了示范引领效应。

山东润声坚持以"建百年企业、铸世纪辉煌"为战略目标，进一步强化科技创新、强化核心竞争力，坚持"质量、速度、安全、绿色"发展不动摇，全力推进企业做大、做强、做优、做久，全力将润声打造成全国印刷旗舰企业。

地址：山东省东平县经济开发
电话：0538-2881888 邮箱：runshengyinwu@163.co

页码	标题
295	网版印刷 纯棉针织布反应染料平网印花过程控制要求及检验方法
295	柔性版制版过程控制要求及检测方法
295	折叠纸盒卷筒纸无缝印制基本要求及检验方法
296	卷筒纸圆压圆模切与印制质量联线检测要求及检验方法
296	纸质印刷品紫外光固化胶印过程控制要求及检验方法
296	卷筒塑料薄膜精密涂布过程控制要求及检验方法
296	数字印刷 卷筒纸喷墨书刊印刷规范
297	胶印橡皮布使用保养规程
297	单张金属板材胶印生产过程控制要求及检验方法
297	单张金属板材胶印产品质量要求及检验方法
297	单张纸胶印机维护保养规程
298	单张纸胶印机适印状态要求及检验方法
298	卷筒料凹版印刷机维护保养规程
298	瓦楞纸板柔性版印刷过程控制要求
299	绿色印刷 通用技术要求与评价方法 第3部分：纸质柔性版印刷
299	绿色印刷 通用技术要求与评价方法 第4部分：塑料柔性版印刷
299	印刷标准体系表
299	骑马订装书刊要求
300	**新闻出版业 2021 年拟立项行业标准中 8 项印刷行业标准相关情况**
300	纸质印刷品平压平模切过程控制要求（修订 CY/T 59—2009）
300	纸质印刷品烫印过程控制要求（修订 CY/T 60—2009）
301	折叠纸盒制盒过程控制要求（修订 CY/T 61—2009）
301	纸质包装印刷品印制质量视觉检测系统使用要求
302	标签外观质量智能化视觉检测系统构建指南
302	绿色印刷 食品类塑料软包装印刷品生产过程控制要求
303	图书精细化印制质量要求及检验方法
303	图书精细化印制评价规范

319　数据统计

页码	标题
320	**2017—2021 年印刷和记录媒介复制业规模以上工业企业统计数据**
320	全部规模以上工业企业主要指标
321	规模以上工业企业中的国有控股工业企业主要指标
321	规模以上工业企业中的私营工业企业主要指标
322	规模以上工业企业中的外商投资和港澳台商投资工业企业主要指标
322	规模以上工业企业中的大中型工业企业主要指标

包装与印刷工程学院

包装与印刷工程学院（原印刷工程系）于2003年8月正式成立。现设有包装工程技术、包装策划与设计、印刷媒体技术和印刷数字图文技术4个高职专业，天津职业大学与天津科技大学联合培养"包装工程"本科专业，是学校的主要教学单位之一，现有在校生1000余人。

2006年包装技术与设计专业被确定为首批"国家示范性高等职业院校专业重点建设项目"；2014年印刷数字图文技术专业被确定为"十二五"天津市高等职业院校提升办学水平建设项目，2016年包装策划与设计专业被确定为"十三五"天津市高等职业院校提升办学能力建设项目。目前包装工程技术专业群是国家"双高"建设中高水平专业群建设项目。在各项目建设中,包装与印刷工程学院集体先后获得天津市教委工人先锋号集体和中国包装先进教育单位、全国第四、五、六届印刷行业职业技能大赛突出贡献单位等荣誉称号。获得职业教育国家教学成果奖2项；主持包装技术与设计专业国家教学资源库建设。3名教师获得"天津市五一劳动奖章"荣誉称号，1名教师获得天津市优秀共产党员优秀称号，1名教师获得全国毕昇印刷优秀新人奖；连续三届获得全国印刷行业职业技能大赛印品整饰工赛项学生组第一名，2018年学院赵艳东老师获得全国印刷大赛平版制版工赛项职工组第一名，并被评为"全国技术能手"。学生在近五年省部级以上技能大赛中获奖百余项。

2019年包装与印刷工程学院四个专业组建包装工程技术专业群，成功入选中国特色高水平专业群（A档）建设单位，瞄准新的定位，以"引领改革，支撑发展，中国特色，世界水平"为目标，落实立德树人根本任务，打造高水平专业群。

通过多年的努力，包装与印刷工程学院各专业在全国有了较大影响力。现为全国包装行指委副主任委员单位、全国新闻出版行指委员单位、中国印刷技术协会理事单位、天津印刷协会副理事长单位等。经过20余年建设和发展，学院已在印刷包装及数字图文领域中形成特色。全学院教师积极进行科研教研、国家教学资源库、精品共享课程、教材建设等工作，成绩显著；学院积极推进产教融合，已与天津长荣科技集团、天津海顺印业包装有限公司、中荣印刷科技有限公司、山东鲁信天一印务有限公司等知名企业建立长期深度校企合作关系。牵头建设印刷包装职业教育集团，并成立印刷包装行业学院，创新人才培养。

学院具有朝气蓬勃、吃苦耐劳、奋发有为的一支高素质的师资团队。目前，专任教师中具有高级职称的教师占专任教师总数的52%。具有博士学位、硕士学位的比例占专任教师总数的94%。我学院注重教师实践能力的培养，100%专业教师具备双师素质。

学院建有先进的包装印刷实训中心、包装结构设计实训室、包装结构成型实训室、绿色包装材料检测实训室、数字印刷实训室、爱色丽彩通国际认证色彩实验室、印后加工实训室等，学院深度产教融合，与行业企业共建30多个校内外实训基地，共建生产型实训基地，为学生提供系统的实习、实训。学院学生连续10年就业率达96%以上，毕业生受到用人单位的好评，为天津职业大学包装与印刷工程学院赢得了良好的社会声誉。

 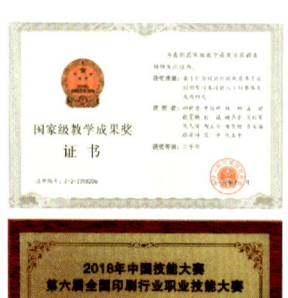

地址：天津市北辰区洛河道2号
联系方式：022-5938 7632
网址：http://byxy.tjtc.edu.cn/

目录 CONTENTS

323	**2017—2021年全国印刷业年度统计数据**
323	印刷业资产总额、工业总产值和利润总额
323	印刷企业平均产值和行业人均产值
323	印刷企业平均利润和行业人均利润
324	印刷业外商投资总额、外商注册资金额、对外加工贸易额
324	印刷业工业增加值在国内生产总值中的占比
324	珠三角、长三角、环渤海和中部地区印刷业工业总产值在全国总量中的占比
324	我国印刷业十强省份
325	我国图书、期刊、报纸总印张和折合用纸量
325	图书、期刊、报纸的总印数和总印张
325	出版物印刷关键数据指标及增长情况
326	2017年我国出版物印刷十强省份
326	2018年我国出版物印刷十强省份
326	2019年我国出版物印刷十强省份
327	2020年我国出版物印刷十强省份
327	2021年我国出版物印刷十强省份
328	2017年珠三角、长三角、环渤海和中部地区出版物印刷企业数量、产值、增加值
328	2018年珠三角、长三角、环渤海和中部地区出版物印刷企业数量、产值、增加值
328	2019年珠三角、长三角、环渤海和中部地区出版物印刷企业数量、产值、增加值
328	2020年珠三角、长三角、环渤海和中部地区出版物印刷企业数量、产值、增加值
328	2021年珠三角、长三角、环渤海和中部地区出版物印刷企业数量、产值、增加值
329	包装装潢印刷品印刷关键数据指标及增长情况
329	2017年我国包装装潢印刷品印刷十强省份
329	2018年我国包装装潢印刷品印刷十强省份
330	2019年我国包装装潢印刷品印刷十强省份
330	2020年我国包装装潢印刷品印刷十强省份
330	2021年我国包装装潢印刷品印刷十强省份
331	2017年珠三角、长三角、环渤海和中部地区包装装潢印刷品印刷企业数量、产值、增加值
331	2018年珠三角、长三角、环渤海和中部地区包装装潢印刷品印刷企业数量、产值、增加值
331	2019年珠三角、长三角、环渤海和中部地区包装装潢印刷品印刷企业数量、产值、增加值
331	2020年珠三角、长三角、环渤海和中部地区包装装潢印刷品印刷企业数量、产值、增加值
332	2021年珠三角、长三角、环渤海和中部地区包装装潢印刷品印刷企业数量、产值、增加值
332	其他印刷品印刷关键数据指标及增长情况

河南新华印刷集团有限公司，前身是成立于1954年的地方国营郑州印刷厂和成立于1958年的河南新华印刷厂，1960年河南新华印刷厂更名为河南第一新华印刷厂、地方国营郑州印刷厂更名为河南第二新华印刷厂。2009年两厂合并成立河南新华印刷集团。主营教材教辅、图书期刊印刷，拥有海德堡、马天尼等国际品牌印刷设备，年设计、印刷、装订能力120万令，拥有一册起印的高档精装书籍数字印刷生产线，是河南省重要的以书刊印刷、数字印刷为主的综合性印刷企业。通过国家两化融合管理体系评定和河南省高新技术企业认证，首批通过国家C9品质管控与评价认证、国家绿色印刷环境标志产品认证、全国印刷业高技能人才培训基地、人民教育出版社教材印制示范基地和示范企业，荣获首批"国家印刷示范企业""全国诚信印刷企业"等称号，荣获第五届中国出版政府奖先进出版单位奖、印刷复制奖，第七届全国职业技能大赛突出贡献单位。

河南新华印刷集团始终坚持政治高站位、始终坚持社会效益第一原则，始终坚持"诚实守信、追求卓越、改革创新、传承发展、互相尊重、开放包容"的文化理念，弘扬工匠精神，践行印刷使命，展现国企担当，为人民群众悦享精神食粮提供丰富印品。

河南新华印刷集团有限公司
HENAN XINHUA PRINTING GROUP CO.,LTD

地址：郑州市经五路12
电话：0371-65952264/659578
邮箱：hnxhp@vip.163.com 网址：www.hnxhp.cn 邮编：45000

目录 CONTENTS

页码	标题
332	2017年各类别印刷企业平均产值、增加值
332	2018年各类别印刷企业平均产值、增加值
332	2019年各类别印刷企业平均产值、增加值
333	2020年各类别印刷企业平均产值、增加值
333	2021年各类别印刷企业平均产值、增加值
333	印刷业部分主营业务工业总产值
333	2017年我国印刷业十类主营业务涉足企业数量、产值和增加值及排序
334	2018年我国印刷业十类主营业务涉足企业数量、产值和增加值及排序
334	2019年我国印刷业十类主营业务涉足企业数量、产值和增加值及排序
334	2020年我国印刷业十类主营业务涉足企业数量、产值和增加值及排序
335	2021年我国印刷业十类主营业务涉足企业数量、产值和增加值及排序
335	2017年不同主营业务对涉足该类业务印刷企业平均产值和增加值贡献度及排序
336	2018年不同主营业务对涉足该类业务印刷企业平均产值和增加值贡献度及排序
336	2019年不同主营业务对涉足该类业务印刷企业平均产值和增加值贡献度及排序
336	2020年不同主营业务对涉足该类业务印刷企业平均产值和增加值贡献度及排序
337	2021年不同主营业务对涉足该类业务印刷企业平均产值和增加值贡献度及排序
337	书刊印刷业务关键数据指标及增长情况
337	报纸印刷业务关键数据指标及增长情况
337	纸包装印刷业务关键数据指标及增长情况
338	金属罐包装印刷业务关键数据指标及增长情况
338	塑料软包装印刷业务关键数据指标及增长情况
338	标签印刷业务关键数据指标及增长情况
338	其他包装装潢印刷业务关键数据指标及增长情况
338	普通票据印刷业务关键数据指标及增长情况
339	安全印刷业务关键数据指标及增长情况
339	规模以上重点印刷企业资产总额、工业总产值、工业增加值和利润总额
339	规模以上重点印刷企业关键数据指标在全国印刷业中的占比
339	规模以上重点印刷业企业平均产值和人均产值
339	规模以上重点印刷企业平均利润和人均利润
340	规模以上重点印刷企业对外加工贸易额和行业对外加工贸易额
340	2017年我国拥有规模以上重点印刷企业数量最多的十个省份
340	2018年我国拥有规模以上重点印刷企业数量最多的十个省份
341	2019年我国拥有规模以上重点印刷企业数量最多的十个省份
341	2020年我国拥有规模以上重点印刷企业数量最多的十个省份
342	2021年我国拥有规模以上重点印刷企业数量最多的十个省份
342	2017年珠三角、长三角、环渤海和中部地区规模以上重点印刷企业数量、资产总额、工业总产值、工业增加值和利润总额
342	2018年珠三角、长三角、环渤海和中部地区规模以上重点印刷企业数量、资产总额、工业总产值、工业增加值和利润总额

瑞丰科技集团
RICHFUN TECHNOLOGY GROUP

凹印　柔印　丝印　胶印　滤棒　卷烫

平张烟标　卷筒烟　精品礼盒　框架纸　接装纸　内衬纸　高档嘴棒

综合性大型烟配集团公司

创新平台　开发平台　资源平台　人才平台　管理平台

烟标年产能400万大箱　　精品礼盒20万大箱　　框架纸&接装纸20万吨　　烟用滤棒100亿支

深圳集团总部和研发中心

西安生产制造园区

昆明生产制造园区

湖北生产制造园区

新疆生产制造园区

为客户提供全案烟配包装、滤棒设计和生产解决方案，提供优质的产品和售后服务。

深圳市瑞丰新材料科技集团有限公司
SHENZHEN RICHFUN TECHNOLOGY GROUP CO., LTD.

地　址：深圳市福田区沙头街道润元路金润大厦6楼
电　话：0755-86728289

股票代码：000812.

目录 CONTENTS

342	2019年珠三角、长三角、环渤海和中部地区规模以上重点印刷企业数量、资产总额、工业总产值、工业增加值和利润总额
343	2020年珠三角、长三角、环渤海和中部地区规模以上重点印刷企业数量、资产总额、工业总产值、工业增加值和利润总额
343	2021年珠三角、长三角、环渤海和中部地区规模以上重点印刷企业数量、资产总额、工业总产值、工业增加值和利润总额
343	2021年珠三角、长三角、环渤海和中部地区规模以上重点印刷企业平均资产、平均产值、平均增加值和平均利润

344　2021年全国各省（区、市）出版印刷生产情况

345　2021年全国报纸印刷量调查统计情况

345	2021年全国主要报纸印刷量调查情况汇总表
346	2021年全国各地区报纸印刷量分布统计表
347	2021年报纸印刷量在5亿对开张以上的单位
348	2021年报纸印刷量在2亿～5亿对开张的单位
349	2021年报纸印刷量在1亿～2亿对开张的单位
350	2021年报纸印刷量在1亿对开张以下的单位
352	2021年全国各省、市、自治区报纸印刷量情况

358　2021年国内印刷装备、印刷器材主要商品进出口情况

358	2021年国内印刷装备、印刷器材主要商品进口地（前5位）统计数据汇总表
360	2021年国内印刷装备、印刷器材主要商品出口地（前5位）统计数据汇总表
361	2021年国内印刷装备进出口对比
362	2021年国内印刷装备印前、印刷、印后设备分项进出口对比
362	2021年国内印刷装备进口前10位的商品
362	2021年国内印刷装备出口前10位的商品
363	2021年国内印刷器材进出口对比
363	2021年国内印刷器材进口商品排序
363	2021年国内印刷器材出口商品排序

364　2021年造纸行业相关数据汇总

364	2021年重点造纸企业产量前30名企业基本情况
365	2021年箱纸板主要生产企业
365	2021年瓦楞原纸主要生产企业
366	2021年竹浆主要生产企业
366	2021年蔗渣浆主要生产企业

上海烟草包装印刷有限公司
SHANGHAI TOBACCO PACKAGE PRINTING CO., LTD

上海烟印　演绎精品

上海烟印是一家集产品创意设计、制版、胶印、凹印、烫金、丝网印刷、模切、糊盒于一体，致力于为卷烟、食品、医药、化妆品、文体、日用化工等企业提供专业包装印刷解决方案的包装印刷企业。

The company is a package printing enterprise which gathers product creative design，plate making，offset，gravure，hot stamping，screen，die-cutting，and gluing. We are dedicated to providing professional package solutions for the enterprises in tobacco, food, pharmaceuticals & cosmetics, recreation and sports, and daily-used chemicals industries.

- 地址：上海市浦东新区张杨北路3939号 | 邮编：200137
- 电话：021-61666868
- 传真：021-58614779

目 录 CONTENTS

广告索引

- 中山市中益油墨涂料有限公司
- 天津长荣科技集团股份有限公司
- APP大纸事业部
- 文畅阁印刷有限公司
- 北京利丰雅高长城印刷有限公司
- 广东兴艺数字印刷股份有限公司
- 华明睿智咨询（深圳）有限公司
- 山东韵杰文化科技有限公司
- 亚太森博（广东）纸业有限公司
- 岳阳林纸股份有限公司
- 北京北大方正电子有限公司
- 北京盛通印刷股份有限公司
- 山东润声印务有限公司
- 天津职业大学包装与印刷工程学院
- 河南新华印刷集团有限公司
- 深圳市瑞丰新材料科技集团有限公司
- 上海烟草包装印刷有限公司
- 江苏王子制纸有限公司
- 芬欧汇川（中国）有限公司
- 齐鲁工业大学
- 泰州市久泰科技有限公司
- 南京爱德印刷有限公司
- 上海闽泰印刷材料有限公司
- 北京建宏印刷有限公司
- 天津东洋油墨有限公司
- 长沙鸿发印务实业有限公司
- 深圳精密达智能机器有限公司
- 山东临沂新华印刷物流集团有限责任公司
- 鹤山雅图仕印刷有限公司
- 乐凯华光印刷科技有限公司
- 河南省瑞光印务股份有限公司
- 高斯图文印刷系统（中国）有限公司
- 北京华夏视科技股份有限公司
- 汉高（中国）投资有限公司
- 山西新华印业有限公司
- 海口永发印务股份有限公司
- 广东新华印刷有限公司
- 东莞金杯印刷有限公司
- 虎彩印艺股份有限公司
- 北京凌奇印刷有限责任公司
- 鸿博昊天科技有限公司
- 北京尚唐印刷包装有限公司
- 世纪开元智印互联科技集团股份有限公司
- 云南出版印刷集团有限责任公司
- 曼罗兰（中国）有限公司

山西省印刷物资有限责任公司

山西省印刷物资有限责任公司隶属山西出版传媒集团，是山西省专业从事印刷物资经营的国有企业，也是目前山西省具有较强实力和规模、提供品种齐全的印刷物资供应企业，主要从事印刷器材、油墨、纸张、纸制品批发、零售、印刷机械、环保设备的销售及维修等。

作为山西出版传媒集团"编印发供媒"生产链条中供应环节，2014年以来，公司以杨明波同志为首的新一届领导班子带领公司全体员工，对标一流质量标准，甄选国内名优品牌厂家为合作伙伴，为客户提供优异的服务。开拓以包装用纸、不干胶商标分切、牛皮纸、环保袋装油墨等新业务；成立"分切创意工厂"；创建"佳宇"、"龙纹"、"薇彩"等纸制印刷品和包装类产品品牌，形成了包装纸、复印纸、不干胶纸的分切、加工、包装产业链，为转型发展蹚出了一条新路。此外，公司关注并参与研究最新印刷环保技术、设备，积极推广绿色环保印刷耗材、设备，有的项目已入选国家文化产业发展项目库。

领驭新未来
OJI

木尽其用
森生不息

王子（OJI）集团

百年精彩，尽在王子

目录 >>> CONTENTS

广告索引

陕西思维印务有限公司
北京瑞禾彩色印刷有限公司
嘉兴环亚包装有限公司
肥城新华印刷有限公司
福建新华联合印务集团有限公司
山西人民印刷有限责任公司
湖南天闻新华印务有限公司
安徽新华印刷股份有限公司
北京东港安全印刷有限公司
中闻印务投资集团有限公司
中冶纸业银河有限公司
北京联兴盛业印刷股份有限公司
云南卓印科技有限公司
天津海顺印业包装有限公司

上海新闻出版职业技术学校
杭华油墨股份有限公司
上海出版印刷高等专科学校
永发印务（四川）有限公司
河北眺山实业有限责任公司零五印刷分公司
苏州易能环保科技有限公司
新疆新华印务有限责任公司
中山市中益油墨涂料有限公司
北京中华商务文化发展有限公司
北京印刷学院
杭州科雷机电工业有限公司
唐山市润丰印务有限公司
河北新华第二印刷有限责任公司
北京汇林印务有限公司

深圳劲嘉集团股份有限公司
中华商务联合印刷（香港）有限公司
杭州日报报业集团盛元印务有限公司
北京科信印刷有限公司
网屏印刷设备（上海）有限公司
印工社（青岛）互联网科技有限公司
广西民族印刷包装集团有限公司
贵州新华印务有限责任公司
山东新华印务有限公司
郑州市毛庄印有限公司
河北泓景印刷有限公司
江苏康普印刷科技有限公司
山西省印刷物资有限责任公司
哈尔滨市石桥印务有限公司

 # 南京爱德印刷有限公司

爱德印刷实景鸟瞰照

2023年建设的二期厂房效果图

爱德印刷埃塞俄比亚公司鸟瞰图

1986年，在各级政府部门领导的关心指导下，爱德基金会创办了爱德印刷公司，并作为南京市50项技术改造和技术引进的重点工程，在江宁开工建设。2008年公司搬迁至占地130亩的新厂区。目前，投资超亿元的二期厂房项目将于年内动工，预计2024年投入使用。

企业年产能3000万册精装书，年印刷纸令数超110万令，产品包括印刷字典、词典、教科书、世界名著等各类图书，语言种类超192种，出口世界142个国家和地区。主营业务年销售额稳定在5亿元左右，其中年出口销售额近5000万美元，累计纳税超1.5亿元，并连续五年进入中国包装印刷业百强榜单，取得"国家印刷示范企业""国家文化出口重点企业"等荣誉称号。

为积极响应国家"一带一路"倡议，向非洲传播中国文化，公司于2015年在埃塞俄比亚首都亚的斯亚贝巴成立爱德印刷非洲服务中心；2019年4月，与埃塞俄比亚政府签署投资备忘录；2020年4月，占地46亩的埃塞俄比亚分厂正式动工。

设备领先 技术过硬

爱德投资引入多套国内外高精尖设备，打造了行业领先的印装生产线，同时企业设置技术研发中心，拥有高度自主研发与设计能力的科研团队，为企业十年如一日的高品质交付提供有力保障，同时还可满足高端类、收藏级用户的个性化定制需求。2015年爱德联合国内两家造纸厂共同研发出22g超薄字典纸造纸技术，在国内首次打破西方技术封锁，并成功完成多批次生产运用。今年，爱德科研团队正在攻关19g特薄字典纸印装技术。爱德在2020年印刷完成1版1次《习近平扶贫故事》，获得江苏省出版政府奖（印刷复制大奖）。2022年6月底至8月下旬，圆满完成印刷《习近平谈治国理政》第四卷的光荣政治任务。爱德每年承印百万本《新华字典》民生工程项目，去年首次成熟使用冷激光打码技术，通过一书一码实现防伪追溯。

以爱助人 践行公益

积极组织员工参与爱德基金会脱贫攻坚和乡村振兴等各项公益慈善活动，探访和援助西部贫困山寨，支持爱德面包坊等关爱残障人士项目，并举办了"爱德杯"乒乓球等公益赛事。

守护生态 绿色环保

绿水青山才是金山银山。爱德作为一家以"爱心、公益"为使命的企业，致力于为用户、读者提供安全、环保的印刷品。近年，企业在废气处理VOCs、集中供墨系统、污水处理等环保项目上总投入达千万余元，先后获得中国环境标志产品认证证书、FSC森林监管链证书等多项环保质量认证。

转轮浓缩+RTO燃烧VOCs

企业荣誉

荣获：
◆多届中国出版政府奖（印刷复制大奖）
◆多届国际印制大奖
◆多届中华印制金奖
◆首届长江三角区域印艺精品金奖
◆2018年 2019年"世界最美图书"荣誉
◆2019年海关高级认证证书
◆连续6年"中国印刷业最佳雇主企业"
◆2021年江苏省优秀劳动关系和谐企业称号
◆"企业信用评价AAA级信用企业"、"高新技术企业""国家印刷示范企业"等称号

地址：江苏省南京市江宁区东善桥秣周东中路99号　电话：025-5792 8000　网址：www.amityprinting.com　邮箱：apc@amityprinting.com

特 载

◆ 2021年印刷复制管理工作综述

◆ 印刷业"十四五"时期发展专项规划

◆ 践行初心 担当使命 努力构建印刷业发展新格局

◆ 中国主要城市书刊印刷业竞争力报告（2022）

2021年印刷复制管理工作综述

中宣部印刷发行局

2021年，印刷复制战线认真贯彻落实全国宣传部长会议工作部署，紧紧围绕庆祝建党百年这条主线，坚持正确政治方向，坚持稳中求进、进中育强，统筹能力建设与体系建设，统筹产业发展与阵地安全，各项工作有序推进，印刷业"十四五"实现良好开局，全行业展现新气象、取得新成果。

坚持围绕中心 服务建党百年宣传教育

做好建党百年庆祝活动印刷复制保障工作。 2021年是中国共产党成立100周年，做好建党百年庆祝活动有关重点出版物印刷工作，是印刷战线的首要政治任务。国家新闻出版署先后印发《关于做好2021年印刷复制发行管理工作的通知》《关于做好中国共产党成立100周年庆祝活动有关重点出版物印刷工作的通知》，加强组织动员，统筹安排部署，提升服务能力，确保重点出版物的印刷工期和质量，推动解决纸张供应紧张、峰值印刷产能保障不够等问题。在党史学习教育的前2个月内，全国20多个省的50多家印刷企业圆满完成了印制2.2亿册学习材料的任务。同时，中宣部印刷发行局指导中国报业协会创新建立以市场为主导的新闻纸供应保障机制，推动成立采购联盟，确保党报印刷用纸安全可靠。

加强主题出版物印刷质量检查。 为保障庆祝建党百年主题出版物和党的创新理论研究阐释读物印刷质量，国家新闻出版署组织开展2021年"3·15"质检活动，落实质量管理职责，加强全过程巡查和产品抽检，防范重大质量安全风险，重点对部分出版单位的主题出版物进行抽查检测。在敦促印刷复制单位自查的基础上，统筹疫情防控要求，中宣部印刷发行局组织质检机构、相关专家深入一线开展巡查，即查即改、落实质量主体责任，对检查中发现的3种批质量不合格图书，指导相关执法部门对涉及的责任单位作出行政处罚。

组织开展印刷复制"双随机"抽查。 为切实维护庆祝建党百年期间的意识形态和文化安全，中宣部印刷发行局组织各级管理部门和文化执法部门对印刷复制企业进行随机抽查，严肃查处违法违规印刷复制行为。在对福建、四川、甘肃、宁夏、新疆等5个省（区）开展的印刷复制暨内部资料性出版物"双随机"抽查中，指导有关部门处罚了宁夏凤鸣彩印广告有限公司、福建海泓彩印有限公司、乌鲁木齐西北印制有限公司等多家违规企业。

夯实行业基础 引领产业高质量发展

绘制印刷业高质量发展蓝图。"十四五"时期开启了全面建设社会主义现代化国家新征程,提出了建设文化强国战略目标任务。为推动"十四五"时期我国印刷业高质量发展,根据《中华人民共和国国民经济和社会发展第十四个五年规划和2035年远景目标纲要》《"十四五"文化发展规划》《出版业"十四五"时期发展规划》,中宣部印刷发行局组织编制《印刷业"十四五"时期发展专项规划》。《专项规划》坚持以习近平新时代中国特色社会主义思想为指导,贯彻新发展理念,推动高质量发展,着眼人民日益增长的美好生活需要,提出构建"优质产能供给、技术先进安全、绿色融合开放"的印刷产业体系。《专项规划》从总体要求、产能供给、技术创新、产业链供应链提升、区域协调、对外开放、人才建设、规划部署实施等8个方面,对"十四五"时期印刷业的改革发展进行整体谋划,充分体现了系统性、导向性和针对性。该《专项规划》已于2021年底由国家新闻出版署印发。

持续深化"放管服"改革。为推动政府职能深刻转变,优化发展环境,提升行业治理体系的现代化水平,2021年国家新闻出版署继续推进印刷复制管理领域"放管服"改革。研究提出5项印刷领域改革事项,纳入了《中央层面设定的涉企经营许可事项改革清单》,包括从事包装装潢和其他印刷品印刷企业的设立、变更审批实行告知承诺制,从事出版物印刷经营活动等4类企业单位的设立、变更进一步优化审批服务,全面实现网上办理,审批时限压缩了三分之一以上。会同有关部门出台中央层面印刷复制领域行政许可事项清单、市场准入负面清单、外商投资准入特别管理措施,进一步明确审批依据,规范审批标准,落实依法行政。推动赴境外加工光盘进口备案证明管理系统建设,方便跨境贸易主体"一站式"办理业务,提升进出口环节监管证件申领便利化水平。该系统于2021年9月5日正式启用,上海、广东等地已使用系统办理业务。

大力推进印刷标准化工作。标准在引领服务产业发展中具有重要的技术支撑作用,提高印刷标准制修订工作水平,加快实现标准化发展由数量规模型向质量效益型转变,是当前印刷标准工作的主要方向。2021年,中宣部印刷发行局指导全国印刷标准化技术委员会,围绕高质量发展目标,服务行业实际需求,共完成10项国家标准和18项行业标准的申请立项工作,立项数量同比增加133%,完成12项国家标准和21项行业标准的报批工作。申请立项的国家标准中包含2项国家标准外文版,这也是印刷领域首次申报国家标准外文版立项,进一步提升我国印刷标准国际化水平。2021年正式发布印刷领域相关标准18项,其中包括《印刷技术 印刷纸张特性沟通交流规则》等7项国家标准,《印刷智能工厂构建规范》等11项行业标准。截至年底,共制修订印刷领域国家标准和行业标准235项,现行有效标准185项。

打造精品标杆 激发行业创新活力

组织评选中国出版政府奖印刷复制奖。为发挥先进典型的示范作用,在全行业树立质量意识、精品意识,引领印刷复制业推出更多受群众喜爱的印刷复制精品,按照国家新闻出版署统一部署,根据《中国出版政府奖评奖章程》要求,中宣部印刷发行局组建第五届中国出版政府奖印刷复制奖评委会,组织开展印刷复制奖评奖活动。印刷复制奖评委会制定了评奖办法及实施细则,组织力量对189种推荐产品进行资格审核、内容评估和全面技术检测。经两轮评审和无记名投票，《习近平谈治国理政（第三卷）》《庆祝中华人民共和国成立70周年盛典图册》《中国长城志（10册）》等10种产品（印刷9种，复制1种）获得第五届中国出版政府奖印刷复制奖，《伟大的变革（1978—2018庆祝改革开放40周年理论研讨会论文集上中下）》《毛泽东诗词全编赏鉴（修订本）》等20种产品获得印刷复制奖提名奖。这些获奖作品在全行业树立了工艺精湛、质量过硬的精品标杆，展示了当前我国印刷复制领域的最高水平。

指导支持行业交流平台建设。 为推动行业更好地贯彻新发展理念，坚定正确方向，加快形成行业大事共商、信息共享、技术共通、资源共用的发展新局面，2021年，中宣部印刷发行局指导支持有关部门和单位举办各类展览展示、会议论坛等活动。主要包括国家重大出版项目印制工作总结恳谈会、百年红色印刷主题展、第十届北京国际印刷技术展览会、第四届中国出版印刷者大会、新闻纸采购联盟工作会议、党报绿色印刷首批获证单位授牌大会、"京津冀印刷业协同发展北京创新示范园区"开园活动等。经过培育和发展，这些活动逐步成为印刷领域指引方向路径、共商发展大计、凝聚行业力量的重要平台。

编者按：2021年12月，国家新闻出版署发布《出版业"十四五"时期发展规划》，《印刷业"十四五"时期发展专项规划》以附件形式发布。《专项规划》提出，到"十四五"时期末，印刷业总产值突破1.5万亿元，人均产值超过65万元，同时规模以上重点印刷企业产值比重预期达到65%。

印刷业"十四五"时期发展专项规划

为推动"十四五"时期我国印刷业高质量发展，有力推进印刷强国建设，根据《中华人民共和国国民经济和社会发展第十四个五年规划和2035年远景目标纲要》、"十四五"文化发展规划、《出版业"十四五"时期发展规划》等，编制本规划。

印刷业具有鲜明的意识形态属性和市场属性，承担着巩固阵地、传承文化、服务人民的重要职责。"十三五"时期，印刷业以新发展理念为引领，加快"绿色化、数字化、智能化、融合化"发展，完成了"十三五"规划的目标任务。产业规模持续扩大，产值总量位居世界第二位；质量效益不断提升，劳动生产率稳步提高；产业布局优化调整，北京、长三角、珠三角等区域印刷业深化改革全面发力；结构调整效果明显，规模以上重点印刷企业产值占比超过60%；新旧动能逐步转换，数字印刷年复合增长率超过30%；有效应对新冠肺炎疫情等风险挑战，印刷保障支撑工作坚强有力。国家新闻出版署创立并举办三届中国印刷业创新大会，打造统摄发展的政治阵地和协同创新的服务平台。经过五年持续奋斗，我国印刷业综合实力、产业韧性、服务大局大事能力跃上新台阶，为加快建设印刷强国奠定了良好基础。

当前和今后一个时期，我国仍处于重要战略机遇期，机遇和挑战都有新的发展变化。印刷业作为我国出版业的重要组成部分、社会主义文化繁荣兴盛的重要推动力量和国民经济的重要服务支撑，必须深刻把握进入新发展阶段的新特征新要求，努力破解发展不平衡不充分的突出问题，全面深化改革、增强创新能力，加强统筹协调、保障文化安全，善于在危机中育先机、于变局中开新局，推动印刷业高质量发展。

一、总体要求

（一）指导思想

以习近平新时代中国特色社会主义思想为指导，深入贯彻落实党的十九大和十九届历次全会精神，贯彻落实全国宣传思想工作会议精神，聚焦举旗帜、聚民心、育新人、兴文化、展形象的使命任务，围绕立足新发展阶段、贯彻新发展理念、构建新发展格局，以推动印刷业高质量发展为主题，以深化印刷业供给侧结构性改革为主线，以改革创新为根本动力，以满足人民日益增长的美好生活需要为根本目的，坚持稳中求进、进中育强，统筹产业发展和阵地安全，深入实施品牌、重大项目、先进产业集群、融合发展、走出去、人才兴业六大战略，加快构建优质产能供给、技术先进安全、绿色融合开放的产业体系，推动构建以国内大循环为主体、国内国际双循环相互促进的新发展格局，加快推进印刷强国建设。

（二）基本原则

——坚持党的全面领导。坚持和完善党领导印刷业发展的体制机制，牢牢掌握印刷工作领导权，确保印刷业发展始终坚持正确方向，更好承担举旗帜、聚民心、育新人、兴文化、展形象的使命任务。

——坚持新发展理念。把新发展理念贯穿印刷发展全过程和各领域，坚持绿色化、数字化、智能化、融合化发展方向，坚持新旧动能转换，推动形成产业链供应链优化升级和生态环境持续改善的良性循环，构建产业发展新格局。

——坚持把社会效益放在首位、社会效益和经济效益相统一。构建落实正确政治方向、出版导向、价值取向的体制机制，深化印刷业供给侧结构性改革，不断扩大优质产品服务供给，更好满足人民文化需求、增强人民精神力量。

——坚持系统观念。统筹发展与安全，统筹印刷产能供给与技术进步，综合设计制度政策，组织开展协同创新，防范化解印刷业重大风险挑战，加强治理体系和治理能力现代化建设，增强产业发展活力和韧性。

（三）目标任务

展望2035年，我国将建成文化强国，也必将建成印刷强国。我国印刷业产值规模跃居全球首位，综合实力和产业韧性进入世界前列。创新驱动有效发挥，产业链供应链关键核心技术稳步升级、安全可控。绿色发展成为常态，形成产业提质增效和生态环境改善的良性循环。竞争优势明显增强，培育若干个具有全球影响力的先进产业集群和一批具有主导地位的领军企业。

锚定2035年远景目标，"十四五"时期我国印刷业发展主要目标是：

——规模效益稳步提高。到"十四五"时期末，印刷业总产值超过1.5万亿元，人均产值超过65万元。数字印刷、印刷智能制造、印刷互联网平台、功能性包装印刷、绿色技术材料等新动能持续增强。

——产业结构持续优化。规模以上重点印刷企业产值比重达到65%，国家印刷示范企业和细分领域单项冠军企业增长引擎作用更加明显。出版物印刷产值比重保持稳定，主题出版保障能力和应急保障能力大幅提升。

——创新能力明显增强。喷墨数字印刷关键核心技术设备研发取得突破，印刷智能制造、新材料深入推广应用。印刷与出版、印刷服务与装备制造、实体生产与信息平台等融合发展巩固提升，打造若干新型协同创新的服务平台。

——区域布局更加均衡。锻造东部先进产业集群竞争优势长板，扩大中部地区承接优质产能转移能力，补齐西部地区特色产能升级短板，推动数字技术赋能产业转型升级，形成点线面结合、东中西互补、数字化贯通的区域布局。

——国际合作拓展深化。统筹推进重要展会论坛建设，打造若干对外开放新高地。坚持需求"引进来"和产能"走出去"并重，保持对外加工贸易稳步增长。深化标准、技术、文化交流合作，增强我国印刷业的影响力和话语权。

二、扩大优质印刷产品和服务供给

全面深化产业改革发展，把提高印刷供给体系质量作为主攻方向，显著增强印刷业质量优势。

（一）深化印刷业供给侧结构性改革。办好中国印刷业创新大会，引领全产业链供应链坚定正确发展方向，贯彻落实新发展理念，保障意识形态安全和文化安全，以改革创新塑造发展新优势。加快新旧动能转换，优化供给结构，改善供给质量，提升印刷供给体系对国内需求的适配性。推动金融资本支持印刷实体经济。完善政策制度支撑，形成需求牵引供给、供给创造需求的更高水平动态平衡。

专栏1　中国印刷业创新大会
01　政策发布 发布推动发展、加强管理的政策举措和产业发展趋势报告、重要专题报告、重要研究成果等。
02　案例分享 交流印刷业创新发展、产能升级、技术研发、绿色融合的典型经验。
03　产融对接 拓展深化创新项目路演观摩活动，推动优秀项目落地，推动成立专门基金。
04　协同创新 完善协同创新运行机制，组建细分领域协同创新产业联盟，推动破解协同创新难题。

（二）高水平保障重大任务和重点产品印制。落实意识形态工作责任制，强化政治自觉，加强组织领导，高质量做好领袖著作、党的创新理论研究阐释读物、党和国家重要文件文献等重大主题出版物以及各级党报党刊、重点应急印刷品的印制工作。加强统筹协调，优化产能和时间配置，保质保量完成中小学教科书和高校思政课教材的印制任务。

专栏2　重大任务印制保障工程
01　印制产能升级扩容 科学布局一批政治放心、质量可靠、管理规范的骨干印刷企业，提高数字化、智能化、绿色化发展能力，做好峰值生产的产能储备和特殊情况下的产能备份。
02　原辅材料供给优化 布局建设一批优质原辅材料生产基地，推动技术攻关和材料创新，提升统筹调配和智能仓储管理能力，确保原辅材料供应及时到位。
03　全过程质量监管 完善相关印刷标准和检测标准，做好技术支撑和应急预案，开展质量巡查和抽查，研发推广检测设备与技术，提升检测信息化水平，确保印刷质量。

（三）满足人民群众日益增长的多样化需求。顺应消费升级趋势，以质量品牌为重点，培育扩大儿童图画书、个性化定制、创意设计、线上线下融合等新型印刷产品和服务供给，引导印刷业由生产加工

向综合服务加快转变。谋划布局全行业碳达峰、碳中和，推广使用绿色环保低碳的新技术新工艺新材料，促进印刷服务消费向绿色、健康、安全发展。

三、大力推动关键核心技术创新

贯彻落实创新驱动发展战略，坚持科技自立自强，推动用产学研开展协同创新，突破印刷业创新链瓶颈制约，不断增强印刷业创新力和竞争力。

（一）打好关键核心技术攻坚战。从当前急迫需要和长远需求出发，集中优势资源突破喷墨数字印刷喷头、高端印刷装备器材等关键核心技术装备，实施关键核心技术攻关工程，解决一批"卡脖子"问题。瞄准全球印刷业升级方向，开展前瞻性、战略性专题研究，组织实施若干重大基础科技创新项目。加快建设一批印刷重点实验室、技术中心、科研工作站等基础技术平台。

专栏3　印刷业关键核心技术及装备器材

01　数字印刷技术
　　开展以高精度微机电系统(MEMS)、激光技术、集成电路芯片技术等为代表的喷墨数字印刷喷头关键核心技术和高速喷墨控制技术、数字前端印刷软件系统、墨水及数字化控制技术、数字化书芯成型技术等数字印刷相关核心技术研究攻关。

02　高端印刷装备器材
　　开展多色高速胶印机、环保高速凹版印刷机、高速柔性版印刷机、高速涂布印刷机、高速智能清废模切机、无线胶订智能联动线、精装智能联动线等高端装备的自主创新，推进高速免处理CTP版材、数字化柔性版材、绿色油墨、环保橡皮布等印刷器材国产化进程。

（二）完善协同创新体制机制。强化企业创新主体地位，建立重大需求传导机制，支持产业链供应链龙头企业特别是国家印刷示范企业联合高等院校、研究机构和上下游企业开展协同创新，支持中小企业开展特色创新，促进创新成果转化。推进数字产业化和产业数字化，组织实施印刷智能制造示范工程，支持智能工厂和数字化车间建设，推动建设扩容印刷智能制造测试线。

专栏4　印刷智能制造示范工程

01　测试线建设
　　升级完善"一本图书印刷智能制造测试线"，建设"按需印刷智能制造测试线"和"包装印刷智能制造测试线"，加强应用推广。

02　信息平台建设
　　搭建印刷智能制造信息公共服务平台。

03　智能工厂建设
　　建设一批示范智能工厂和示范数字化车间，建设若干个印刷智能制造应用示范中心。

04　关键核心技术设备研发
　　开展喷墨数字印刷关键核心技术和整套喷墨印刷设备的研发。

（三）分类布局建设装备器材创新高地。加快重大技术装备工程化产业化突破，支持浙江（温州、杭州）、北京、上海、广东（广州、东莞）建设印刷机械制造创新基地，陕西（渭南、西安）建设包装印刷机械制造创新中心，天津、深圳建设印后装备制造创新中心，河南（南阳）建设绿色版材创新中心，江苏（苏州、泰州）建设绿色原辅材料创新中心。加强统筹规划，建设完善印刷装备技术创新信息

交流平台。

四、稳步提升产业链供应链现代化水平

坚持自主可控、技术先进、安全高效，推动全印刷产业链供应链优化升级，推进产业基础高级化、产业链现代化。

（一）培育壮大龙头骨干企业。实施国家印刷示范企业培育工程，增强要素保障能力，培育壮大具有生态主导力和核心竞争力的"链主"或龙头企业，培育壮大细分领域单项冠军企业。支持中小企业向"专精特新"方向发展，培育壮大中小特色竞争企业。支持优质企业上市。实施产业链供应链质量提升行动，提高标准化精细化信息化管理水平，推动企业创品牌、提品质，加快高端化智能化绿色化发展。

（二）建设先进产业集群。依托国家印刷示范企业、龙头骨干企业、产业基地园区等优势资源，在合理服务半径内，加强产业链供应链合作协同，引导规划建设数字印刷、印刷智能制造、印刷融合发展、印刷绿色发展、印刷装备器材、印刷战略新兴等产业集群。健全产业集群组织管理和专业化推进机制，优化集群布局和结构调整，增强产业集群的规模优势和比较优势。

（三）畅通产业循环。实施全印刷补链强链护链工程，加强政策措施和市场机制的统筹协调，加快标准统一制定和应用升级，加强产业链供应链与创新链、资金链、信息链的深度融合，推动产业链供应链向专业化和价值链高端延伸。建设中国数字印刷大数据中心。发挥我国印刷业的规模优势、配套优势，形成供给有效、安全可靠的全印刷产业链供应链，提高服务效率和品质，为我国经济内循环提供有力支撑。

专栏5　印刷补链强链护链工程
01　补链 分领域建设一批印刷互联网信息平台，推进企业数字化管理进程和自动化生产进程。
02　强链 推进印刷智能制造，推动按需印刷出版、个性化包装发展，推动印刷与各领域的融合发展。
03　护链 推广使用绿色环保低碳的新技术新工艺新材料，推动关键零部件、重要原辅材料供应多元化。
04　分期建设中国数字印刷大数据中心 一期建设管理部门、出版单位、印刷企业与电商平台统一在线的信息化管理系统，对生产型数字印刷设备的生产信息实施在线监管。

五、加快推进区域协调发展

贯彻区域协调发展战略，深化落实北京、长三角、珠三角三个升级指南要求，引导支持各地出台有关政策，形成特色鲜明、优势互补、融合互动、全面升级的新型产业布局。

（一）建设京津冀协同发展先行区。紧贴保障首都核心功能任务要求，完善京津冀出版物印刷保障体系建设，发布三地出版物印刷协同保障企业名单。实现京津冀印刷资质互认，提升三地协同监管信息化水平。推动京津冀联合出台印刷业区域布局政策指引，建设认定一批协同发展先行示范基地，打造若干协同发展交流合作平台。建设全国印刷业创意设计中心、印刷物流集散基地、新材料研发中心。

（二）建设长三角一体化创新高地。出台长三角印刷业一体化发展升级的创新中心、先进产业集群和优势企业名单。以上海为龙头，引领科技创新和国际交往；以江苏和浙江为重点，深化转型升级和绿色发展；以安徽为支撑，加快产业承接和特色发展。推动长三角三省一市建立发展协商机制和资源对接平台，统筹设计制度政策，打造一批区域创新发展集群，加快构建产业发展生态圈。

（三）建设珠三角印刷业高水平对外开放连接平台。加强粤港澳用产学研协同发展，建设连接国内外的印刷业务信息服务系统，推动成立印刷标准化交流促进中心和印刷文化交流研究中心，培育数字印刷、印刷智能制造和印刷战略新兴等三类产业集群，巩固提升珠三角九市印刷业比较优势和综合协同优势。出台珠三角印刷业对外开放连接平台建设的核心单位名单和重点项目名单。

（四）增强梯度发展韧性。鼓励支持西部地区发展数字印刷、纸包装印刷、印刷装备制造和印刷原辅材料，提升出版物印刷基础发展水平。鼓励支持东北地区发展出版物印刷、包装印刷和印刷软件服务，培育新兴特色印刷。鼓励支持中部地区建设一批中高端产业集群，积极承接优质印刷产业布局和转移。鼓励支持区域合作互助，推动东部龙头骨干企业在东北地区和中西部地区投资兴业，有效服务乡村振兴战略。鼓励支持革命老区、民族地区因地制宜发展特色印刷。鼓励支持边境地区建设区域性印刷业对外开放连接平台。

六、全面提高对外开放合作水平

深化印刷业对外开放合作，加强安全保障，形成全印刷、高水平、可持续的对外开放新格局。

（一）建设国际印刷技术交流合作平台。统筹推进各类开放平台建设，鼓励支持办好北京国际印刷技术展览会、中国国际全印展等重点展会，发挥珠三角对外开放连接平台引领带动作用，鼓励支持行业协会、高等院校、研究机构和骨干企业共同打造高端合作交流平台。鼓励支持骨干企业参加世界大展。建立健全"一带一路"印刷信息合作网络，探索建设"一带一路"印刷产能技术交流合作平台。

（二）提高"走出去"和"引进来"的质量水平。促进国内国际双循环。支持龙头骨干和特色印刷企业、印刷装备器材企业走出去。支持两岸四地印刷业深化合作，共同开拓国际市场。推动对外加工贸易高质量、差异化、创新性发展，拓展第三方市场合作。扩大先进技术和重要装备进口，推动进口来源多元化，引导外资更多投向数字印刷和绿色原辅材料等领域，引导外资更多投向中西部地区。发展"走出去"和"引进来"的信息平台。

（三）增强印刷领域国际话语权。加强产业发展与治理国际沟通交流，依托世界印刷与传播论坛、亚太印刷技术论坛等国际组织，提出更多的中国方案，合力推动全球印刷业健康可持续发展。承担好国际标准化组织印刷技术委员会秘书处及主席的工作。推动我国优势印刷技术标准成为国际标准，弘扬传播中华优秀印刷文化。建立健全安全审查和风险预警防范体系。

七、加强人才建设

贯彻落实新时代人才强国战略，加强全印刷领域思想政治引领和专业素质提升，尊重劳动、尊重知识、尊重人才、尊重创造，建设爱党报国、敬业奉献、结构合理、能干善创的高素质人才队伍。

（一）完善全印刷智库建设。围绕大局大事和重大需求，开展前瞻性、针对性、储备性研究，建设特色鲜明、规模适度的印刷智库。支持研究机构在决策咨询、产业发展、标准制定等方面发挥更大作用，支持行业协会建设专题数据库，支持高等院校建设相关实验室，支持骨干企业兴办技术研究应用基地。培育具有国际影响力的印刷智库。建立运行规范、充满活力、监管有力的智库管理体制。

专栏6　　全印刷智库建设
01　研究机构 中国新闻出版研究院：管理政策咨询，产业发展趋势、行业治理体系研究等。 中国印刷科学技术研究院：产业科技发展趋势、重大科技项目、协同创新机制研究，质量评价咨询等。
02　行业协会 中国印刷技术协会：发展规划、标准化体系、原辅材料保障升级、人才建设、行业诚信建设、对外交流合作研究等。 中国印刷及设备器材工业协会：技术装备发展趋势、会展经济研究，关键技术装备研发咨询等。
03　高等院校 北京印刷学院：人才培养、学术、产业功能定位、改革发展案例研究，实验室建设等。 上海出版印刷高等专科学校：技能与竞赛人才培养、职业教育、职普融通、产教融合研究，实验室建设等。 相关高等院校：专业人才培养、专题课题研究，实验室建设等。

（二）健全人才评价和评奖体系。弘扬劳模精神、劳动精神、工匠精神，弘扬科学家精神、企业家精神，突出正确导向、创新价值、优质质量、实效贡献，完善人才评价评奖和激励机制。选好用好领军人才和专家队伍，拓展全国印刷行业职业技能大赛内容领域，做好印刷工程系列专业技术职称评审和印刷行业职业技能等级认证工作。组织好中国出版政府奖印刷复制奖、毕昇印刷技术奖、中华印制大奖等评奖工作。

（三）强化技能应用型人才培养。推动出台技术工人思想引领、素质提升、建功立业等改革措施，大力培养和壮大青年技术人才队伍，完善和落实技术工人评价、考核机制，提高待遇水平，畅通职业发展通道。创新和完善职业教育模式，深化产教融合、校企合作，鼓励企业参与或举办职业技术教育，探索中国特色学徒制，为高技能青年人才成长创造条件。

八、强化规划部署实施

（一）加强组织协调。加强党对印刷工作的全面领导，统筹各地职能部门和发展改革、科技、工信、财政等部门出台完善有关政策举措，构建规划与政策协调联动机制。发挥管理部门、行业协会、市场主体、研究机构、高等院校和传媒平台作用，形成发展合力。

（二）深化行业治理。提升全行业治理体系和治理能力现代化水平，落实"放管服"改革任务，制定修订相关法规规章，实施管理制度改革试点，着力释放和激发市场主体活力。加强意识形态管理，实施全过程监管，提升信息化监管水平。组织开展双随机抽查和"3·15"质检活动。指导行业协会加强行业自律。

（三）做好监测评估。明确重点任务的责任主体，推动出台具体实施方案，细化时间表和路线图。对规划实施情况进行动态监测评估，强化督促检查，不断调整完善，确保发展目标和各项重点任务落到实处。

编者按：2021年7月28日，"百年红色印刷"主题报告会暨中国印刷技术协会九届四次常务理事会会议在湖南长沙博物馆召开，中宣部印刷发行局局长、中国印刷技术协会理事长刘晓凯出席会议并讲话。

践行初心　担当使命
努力构建印刷业发展新格局

刘晓凯

在印刷行业热烈庆祝中国共产党百年华诞，深入学习贯彻习近平总书记"七一"重要讲话精神，奋力构建印刷业新发展格局的重要时刻，中国印刷技术协会、湖南省印刷协会、长沙市委宣传部共同主办的"百年红色印刷"主题展及主题报告会今天在湖南长沙隆重开幕，同期，中国印协九届四次常务理事会会议以及印刷业"十四五"发展高峰论坛等系列活动也在长沙举行，适逢家国盛事，又见新朋老友，我们的心情都很激动。湖南是中国革命的重要策源地、是习近平总书记精准扶贫思想的首倡地，三湘四水激荡英雄壮歌，锦绣潇湘深植红色基因。我们在湖南长沙举办"百年红色印刷"主题系列活动，既是印刷行业向党的百年华诞隆重献礼，也是印刷战线学习宣传贯彻习近平总书记"七一"重要讲话精神的郑重宣誓。在此，我谨代表中宣部印刷发行局预祝本次系列活动圆满成功！

历史镌刻辉煌，岁月铭记荣光。习近平总书记在庆祝中国共产党成立100周年大会上的讲话中指出："一百年来，中国共产党团结带领中国人民，以'为有牺牲多壮志，敢教日月换新天'的大无畏气概，书写了中华民族几千年历史上最恢宏的史诗。"百年来，在党的坚强领导下，印刷业汇聚起气吞山河的磅礴力量，经历了跨越古今的历史性变迁，成就了服务人民的产业发展格局。今天，我们相聚一堂，回首百年路上的披荆斩棘，追忆前辈经历过的峥嵘岁月，展望新征程上的风雨彩虹，倍感激情澎湃、重任在肩，深为自己是印刷行业的一员而感到自豪，为印刷行业正在开启的新征程而豪情满怀。借此机会，我想谈两点感想。

一、回首百年路，我国印刷业砥砺前进

中国共产党成立的100年，也是印刷业在中国共产党领导下艰苦奋斗、锐意进取的100年。百年来，在党和政府关心关怀下，我国印刷业自力更生、发愤图强，几代印刷人依靠坚定信念、聪明才智和辛劳汗水书写了世界印刷史上的发展奇迹和传奇佳话，特别是经过建国后的70多年，我们一举甩掉行业产业积弱落后的帽子，综合竞争实力跃居世界前列，成为社会主义文化建设的关键力量、文化传播传承的主要阵地和国民经济的重要产业部门。

历史不会忘记：印刷事业是党和人民的重要革命事业，印刷战线是党和人民推进革命建设改革事业前行的重要战线，我们党从诞生那天起，就高度重视印刷工作。1920年12月，在上海共产主义小组的帮助下，我们党早期领导的产业工会之一——上海印刷工会成立，上海共产主义小组的重要成员陈望道等人就亲自到会演说，印刷业由此点燃革命火种。百年来，印刷行业始终如一竭诚服务于党和国家中心工作和宣传思想工作大局，在实现第一个百年奋斗目标的历史进程中，发挥出了重要作用，承担起不同时期的职责使命。

历史不会忘记：中国共产党领导印刷战线不懈奋斗，书写了世界印刷史上的发展奇迹。我们从一穷二白、基础薄弱、满目疮痍，逐步发展到近10万家企业、超过1.3万亿产值、行业员工250多万人、整体规模位居全球第二；我们从技术装备远远落后，发展到以技术创新推动质量、效率和动力变革，形成新的竞争优势，部分领域已从"跟跑"变为"领跑"；我们从一本图书出版印刷需要一年时间、报纸拿到手上就是旧闻，发展到每年印制出版物50余万种、其中6.6万种图书实现按需印刷，为积极推动文化繁荣发展、有效丰富人民精神文化生活做出重要贡献。

历史不会忘记：一代又一代印刷人，为新中国印刷业的发展壮大前赴后继、不懈奋斗。从祝志澄、柳溥庆、万启盈等创业先驱，到王益、王仿子、武文祥等行业前辈，以及王选、陈堃銶、刘嘉麒、施旦民、王淮珠等科技创新引领者，再到新一代优秀的企业家们，印刷业的红色基因、创新禀赋和奋斗精神，代代传承、发扬光大。

历史不会忘记：印刷业始终坚持改革创新、锐意进取，持续推进和完善治理体制、管理机制。全社会参与印刷业发展改革的积极性和首创精神被有效调动，国有、民营、三资等各类型企业千帆竞发、百舸争流，推动产业实力发展壮大、装备能力持续提升、管理水平不断提高。特别是党的十八大以来，全行业围绕大局、提升站位、守正创新、尽责担当，落实供给侧结构性改革任务，微观主体活力大增，宏观调控持续有度，推动质量效益显著提升，实现了产业的深刻转变和结构的持续优化，探索出一条中国特色印刷业发展之路。

历史不会忘记：在刚刚过去的不平凡的2020年，面对复杂严峻的发展形势，面对新冠肺炎疫情的严重冲击，印刷战线第一时间坚决响应习近平总书记和党中央决策部署，主管部门统筹安排、行业协会积极配合、广大印企临危不惧、坚守岗位，按下"快键"逆行军，调整产能助抗疫，及时印制出大量抗疫急需的生产、生活和文化产品，积极参与联防联控、群防群治，以实际行动诠释了中国印刷人的忠诚使命和责任担当。

回首百年艰辛创业路，我们全体印刷人深刻地感受到：坚持党的领导，是我国印刷业冲破险阻、茁壮成长的根本原因；坚持改革开放，走中国特色印刷业发展道路，是我国印刷业健康发展、持续敢超的强大动力；坚持把社会效益放在首位、社会效益和经济效益相统一，是我国印刷业持续进步、服务优质的活力源泉；坚持科技创新，是我国印刷业从无到有、由小到大、由大到强的重要驱动力。这是中国印刷业继续前进所必须坚持的历史经验。我们可以自豪地说，印刷业为中国人民站起来、富起来、强起来，做出了历史性的贡献；印刷创新精神在伟大建党精神昭示下，成为百年印刷业发展的本源和精神滋养。正因为印刷战线老领导、老同志们的智慧和汗水，才奠定了迈向印刷强国征程的坚实基础；正因为优秀党员、先锋模范们的奉献和奋斗，才使得印刷精神、印刷强国梦想得以熔铸和传承；正因为我们全行业职工们的辛勤和坚守，才使得中国印刷、中国品质享誉全球。新时代，我们要传承印刷红色基因，赓续印刷精神血脉，内化于心、外化于行，只有如此，才能创造更加美好的明天！

二、展望新征程，建设印刷强国使命在肩

7月1日，习近平总书记在庆祝中国共产党成立100周年大会上的重要讲话中，深情回顾了中国共产党百年奋斗的光辉历程，展望了中华民族伟大复兴的光明前景，庄严宣告我们已经实现第一个百年奋斗目标，正在意气风发向着全面建成社会主义现代化强国的第二个奋斗目标迈进。习近平总书记的重要讲话，高屋建瓴，气势恢宏，内涵丰富，思想深邃，通篇闪耀着马克思主义的真理光辉，通篇贯穿着中国共产党人强烈的历史担当、豪迈的时代自信，通篇激荡着中国共产党人高远的理想信念、不懈的奋斗精神，是新时代党团结带领中国人民向第二个百年奋斗目标进军的宣言书和动员令。

习近平总书记在讲话中系统地阐述的以史为鉴、开创未来的"九个必须"，既是对我们党百年奋斗经验和启示的深刻总结，又是在新的历史关头向全党发出的政治动员，为全党全国人民迈向全面建成社会主义现代化强国的第二个百年奋斗目标新征程指明前进方向、提供了根本遵循。印刷业作为我国新闻出版业的重要组成部分，社会主义文化繁荣兴盛的重要推动力量和国民经济的重要服务支撑，站在新的历史起点，为了实现第二个百年奋斗目标，必须全面贯彻新发展理念，持续深化供给侧结构性改革，大力实施创新驱动战略，不断完善行业管理体制机制，努力构建"优质产能供给、技术先进安全、绿色融合开放"产业体系，这也正是我们这一代印刷人的历史责任和使命。

第一，坚定不移地加强党的领导，坚决贯彻落实党中央决策部署。 万山磅礴，必有主峰。党的领导是我们取得各项事业胜利的根本保证。在新征程上以史为鉴、继往开来，就必须坚持党的全面领导，不断完善党的领导，增强"四个意识"、坚定"四个自信"、做到"两个维护"，牢记"国之大者"，充分发挥党总揽全局、协调各方的领导核心作用。印刷行业是我们党宣传思想工作的重要阵地，离不开党的全面领导。全行业要始终把党的政治建设摆在首位，牢牢把握意识形态工作领导权，不断提高政治判断力、政治领悟力、政治执行力，全面深刻地认识印刷业在"五位一体"总体布局中的重要地位，把握印刷业在国民经济体系中的重要作用，更加自觉更加主动地承担起宣传思想工作使命任务，肩负起推动高质量发展的历史责任。

第二，坚定不移地走中国特色印刷业发展道路，构建产业发展新格局。 中国特色社会主义是党和人

民历经千辛万苦、付出巨大代价取得的根本成就，是实现中华民族伟大复兴的正确道路。我们必须坚持党的基本理论、基本路线、基本方略不动摇。要完整准确全面贯彻新发展理念，对表对标党中央关于我国中长期经济社会发展的重大战略判断和决策部署，扭住扩大内需这个战略基点，深化印刷业供给侧结构性改革，提升印刷供给体系对国内需求的适配性。要贯彻正确的政治方向、出版导向和价值取向，显著增强我国印刷产业质量优势，在中高端消费、创新引领、绿色低碳、现代供应链等领域培育印刷业新的增长点，不断扩大优质产品服务供给，构建产业发展新格局。

第三，坚定不移地走好创新发展之路，推动行业高质量发展。5月29日，习近平总书记在两院院士大会和中国科协第十次全国代表大会上发出"实现高水平科技自立自强"的动员令。加快技术进步是印刷业实现可持续发展和迈向世界产业链高端的必由之路。要通过科技创新，全面满足国民经济相关产业对印刷品种质量不断提升的新要求；要把掌握关键核心技术作为科技创新的主攻方向，以喷墨打印头等关键核心技术研发为重点，加强联合攻关，努力破解受制于人、被"卡脖子"的问题；要充分把握新一代信息技术带来的产业革命契机，将智能传感器、5G、物联网、工业互联网、人工智能、大数据与云计算等智能化技术融入印刷制造和运营决策过程中，推动印刷产业信息化、智能化；要提升全要素生产率，完善协同创新体制机制，建成各类创新主体协同互动和创新要素高效配置的创新生态圈，全面培育高质量发展新动能。

第四，坚定不移地持续优化和改善产业布局，推动区域协调发展。产业集中度低、区域发展不平衡是长期以来制约印刷业健康持续发展的关键性问题，也是建设印刷强国必须解决的痛点堵点问题。目前看，对印刷业来说，贯彻党中央构建新发展格局战略思想，既要以"国内大循环"为主体，也要着眼"双循环"谋篇布局。要统筹有序推进印刷产业结构优化升级，推动印刷产业链现代化，培育一批具有主导地位的领军企业；要围绕产业链部署创新链、围绕创新链布局产业链，强化企业技术创新主体地位，以有效的激励机制，推动成果转化，提升自主创新能力，建设一批具有全球影响力的印刷产业集群和装备器材创新高地；要落实好北京、长三角、珠三角三个升级指南要求，进一步增强产业梯度发展韧性，鼓励西部地区、东北、中部地区及革命老区、民族地区、边境地区发展特色印刷，推动形成特色鲜明、优势互补、融合互动、全面升级的新型产业布局；要抓住国际产能合作的重要机遇窗口期，主动服务国家开放战略，开拓"一带一路"沿线国家印刷出版业互利共赢的广阔空间，在国际舞台上展现更大作为。

第五，坚定不移加强人才队伍建设，培养更多高素质技能人才、能工巧匠、大国工匠。"国以才立，政以才治，业以才兴"。随着印刷业高质量发展步伐加快，对更高素质、更高层次技术技能人才的需求越来越强烈。我们要树立"中国教育是能够培养出大师来的"自信，瞄准技术变革和产业优化升级方向，深化印刷行业产教融合、校企合作，加强技能人才培养，助力产业工人队伍建设。要充分发挥毕昇奖评选、印刷行业职业技能大赛的重要作用，推动职教链、人才链与产业链、创新链有效衔接，不断促使职业教育和印刷业高质量发展相互适配、相得益彰。建设一支方向正确、结构合理、技能突出、能干善创的高质量人才队伍，为全面建设印刷强国提供坚实的支撑。

大家都知道，最近一段时间，全国很多地区发生暴雨洪灾，特别是河南省，更是遭受罕见的汛情、洪灾，面对突如其来的重大险情，河南印刷战线第一时间采取应急处突响应机制，迅速启动抗灾救灾、复工复产工作，确保了人身安全、设备的抢救抢修和重要印制产品、中小学教材的及时印制和供应，体现出河南印刷人临危不惧、团结奋斗、集体至上、舍身忘我的可贵拼搏精神。目前，河南印企特别是河南新华印刷集团仍然面临复工复产的巨大困难。

　　灾害无情，人间有爱，一方有难，八方支援。在这里，我也代表中国印协，希望中国印协会员单位，以各种方式支持受灾企业，为他们战胜灾害增添力量！让我们全战线心手相连，共渡难关！

　　同志们！让我们以庆祝建党100周年为契机，紧密团结在以习近平同志为核心的党中央周围，以更加饱满的工作热情、求真务实的工作作风、干事创业的精气神，开拓创新，拼搏进取，为印刷业高质量发展和印刷强国建设做出新的更大的贡献。

中国主要城市书刊印刷业竞争力报告（2022）

《中国印刷》杂志社课题组

  印刷业是新闻出版业和文化产业的重要组成部分，是党的宣传思想工作的重要阵地，具有意识形态和市场双重属性。书刊印刷是印刷业的核心部门之一，是确保意识形态安全，保障图书、期刊及时、高质量印制生产，推动出版市场繁荣发展，满足人民群众精神文化生活需求的重要支撑力量。

  近40多年来，我国书刊印刷业取得了长足的发展与进步，由改革开放初期无法满足出版单位基本印制生产需求的落后行业，发展成为目前装备精良、技术先进、产能充沛，不仅能够满足国内市场需求，而且在国际上具有很强竞争力的现代化产业。

  据不完全统计，截至2021年，我国从事书刊印刷的企业近6000家，书刊印刷年产值1000多亿元。由于我国图书、期刊出版单位高度集中于北京、上海、天津、重庆等直辖市，以及各省省会城市、自治区首府城市，书刊印刷业也主要分布在各城市及周边地区。同时，部分对外开放水平较高，外向型经济发达的城市，由于出口型企业较多，书刊印刷业的实力也相对较强。

  为了对我国主要城市书刊印刷业的相对发展水平进行客观分析与评价，按照中国印刷技术协会的工作安排与部署，《中国印刷》杂志社成立课题组于2022年首度开展中国主要城市书刊印刷业竞争力指数评价工作，并发布《中国主要城市书刊印刷业竞争力报告（2022）》。

一、关于竞争力指数评价工作的说明

  本年度中国主要城市书刊印刷业竞争力指数评价工作覆盖的城市包括：全国4个直辖市，内地23个省、自治区的省会、首府城市，5个副省级城市（深圳、厦门、宁波、青岛和大连），不包括香港、澳门和台湾省省会台北，内蒙古自治区首府呼和浩特、新疆维吾尔自治区首府乌鲁木齐、宁夏回族自治区首府银川、西藏自治区首府拉萨由于疫情以及其他原因，未能提供数据或对数据进行二次复核，未纳入本年度评价工作。

  本年度评价工作的基础数据主要由各省、自治区、直辖市印刷业行政主管部门或印刷行业协会提供，部分城市由市级印刷业行政主管部门或印刷行业协会提供，收集的数据指标包括：2021年书刊印刷企业数量、从业人员数量、资产总额、研发投入、印刷产值、工业增加值、利润总额、规模以上重点印刷企业数量及书刊印刷产量、书刊出版量等。基础数据收集完成后，课题组对数据进行了复核，并就存在疑问的数据与有关方面进行了沟通确认。

根据基础数据收集情况，课题组剔除了部分不完整的数据指标，以企业数量、印刷产值、工业增加值、利润总额四项作为总量指标；以总资产产值率、产值利润率、规模以上重点印刷企业在印刷企业总量中占比作为发展效益指标；以人均产值、人均增加值、人均利润总额作为人均效率指标；以研发投入、研发投入在印刷产值中占比作为研发投入指标，结合数据质量和行业实际，对不同指标赋予相应权重，通过SPSS计算得出各城市书刊印刷业的竞争力指数。竞争力指数值仅反映各城市书刊印刷业在全国主要城市中的相对位置，负数不代表负面评价。

二、主要城市书刊印刷业竞争力指数前十名

经过计算，2021年全国主要城市书刊印刷业竞争力指数最高的前十位是：北京、上海、长沙、南昌、厦门、济南、广州、深圳、合肥、天津。

其中，北京、上海作为全国中心城市，文化资源丰富，出版单位集中，书刊印刷业实力较强，综合竞争力指数分别达到2.5318、2.2885，显著领先于其他城市，位居第一、第二。

从分项指数来看，北京在总量指数方面优势突出，达到3.6015，领先于上海的2.8454。这是由于北京集中了全国约40%的出版社和约20%的期刊社，书刊印刷需求量更大。上海的发展效益指数、人均效率指数和研发投入指数则相对领先，分别为0.6729、1.1232、1.6698。这与上海书刊印刷企业数量和从业人员较少，市场和业务资源相对集中，且更加重视研发有关。

表 我国主要城市书刊印刷业综合竞争力指数前十名

排名	城市	综合竞争力指数	总量指数	发展效益指数	人均效率指数	研发投入指数
1	北京	2.5318	3.6015	−0.4501	0.9269	−0.2891
2	上海	2.2885	2.8454	0.6729	1.1232	1.6698
3	长沙	0.6747	0.7109	0.8676	0.6294	−0.3213
4	南昌	0.3857	0.2092	0.1197	2.5493	−0.6728
5	厦门	0.3832	0.2330	0.7352	0.9410	0.3153
6	济南	0.3523	0.3327	0.2931	0.6272	0.2548
7	广州	0.2517	0.2653	0.2615	0.3382	−0.1398
8	深圳	0.2248	0.2839	0.1048	−0.1677	0.5412
9	合肥	0.0673	−0.0391	−0.1224	−0.1915	2.6442
10	天津	0.0497	0.2644	−0.6478	−0.2837	−0.1969

湖南、江西作为中部省份，近年来印刷业发展较快，两地的中南传媒、中文传媒均是国内位居前列的大型出版集团，且两地的书刊印刷企业均高度集中于省会城市，分别拥有以湖南天闻新华印务有限公司、江西新华印刷发展集团为代表的大型龙头企业。其中，湖南省省会长沙在满足本地出版单位书刊印刷需求的同时，还承接了大量省外业务。长沙和江西省省会南昌书刊印刷业综合竞争力指数分别为0.6747、0.3857，在主要城市中位居第三、第四，在省会城市中位居第一、第二。

两个城市比较，长沙市的优势主要在于总量指数、发展效益指数，分别达到0.7109、0.8676，在各主要城市中位居第三、第二；南昌市的主要优势在人均效率指数，达到2.5493，在各主要城市中位居第一。

厦门作为副省级城市，近年来印刷业发展势头良好，整体规模在福建省内位居前列，拥有一批在国内具有较高知名度的大型企业。厦门书刊印刷业的综合竞争力指数为0.3832，在各主要城市中位居第五。从分项指数来看，厦门的人均效率指数、发展效益指数表现突出，分别为0.9410、0.7352，在各主要城市中位居第三、第四，总量指数则位居第八。

山东作为人口和经济大省，图书、期刊需求量、出版量较大，拥有发展书刊印刷业的良好市场基础。同时，山东省部分大型书刊印刷企业还凭借技术和产能优势，承接了大量北京地区出版单位外发的印刷业务。山东省省会济南书刊印刷业综合竞争力指数达到0.3523，在各主要城市中位居第六；其总量指数则达到0.3327，在各主要城市中位居第四。

广东是我国第一印刷大省，无论印刷总产值、包装印刷产值，还是出版物印刷产值均连续多年位居国内各省、自治区、直辖市之首。这一方面得益于广东作为经济、文化大省对包装、出版产品的旺盛需求，另一方面也得益于广东作为对外开放前沿强大的海外市场拓展能力。广东省省会广州和副省级城市深圳书刊印刷业的综合竞争力指数分别为0.2517、0.2248，在各主要城市中位居第七、第八。广东也是唯一有两座城市进入书刊印刷业综合竞争力指数前十的省份。

从分项指数来看，深圳、广东的总量指标分别为0.2839、0.2653，在各主要城市中位居第五、第六，高于综合竞争力指数排名。

安徽省作为中部省份，毗邻江浙，近年来成为长三角一体化发展战略的重要成员。通过挖掘本地市场资源和承接产业转移，安徽省印刷业得到了较快发展。安徽省省会合肥书刊印刷业综合竞争力指数为0.0673，在各主要城市中位居第九。合肥书刊印刷业表现最为突出的是研发投入指标，达到2.6442，在各主要城市中位居第二；其总量指标、发展效益指标、人均效率指标分别为–0.0391、–0.1224、–0.1915，在各主要城市中分别位居第11、第20、第13。

天津作为直辖市，书刊印刷业具有良好的产业基础，一向是承接北京地区外发书刊印刷业务的主力地区之一，近年来在北京工业企业疏解过程中又承接了一部分北京外迁书刊印刷企业，产业实力进一步增强。天津书刊印刷业综合竞争力指数为0.0497，在各主要城市中位居第十。在分项指数中，其总量指数排名最高，为0.2644，位居第八。

三、主要城市书刊印刷业发展格局的特点

本年度纳入评价的32个城市共实现书刊印刷产值863.46亿元，占据了我国书刊印刷市场大部分份额。从各城市书刊印刷业的产值规模和综合竞争力指数看，我国城市书刊印刷业发展格局呈现出以下鲜明特点。

一是全国中心城市北京和上海书刊印刷业领先优势明显。2021年，北京、上海书刊印刷产值分别为125.00亿元、110.45亿元，是仅有的两座书刊印刷产值过百亿的城市。同时，两座城市的书刊印刷业综合竞争力指数也位居第一、第二。

北京、上海书刊印刷业发达与作为全国中心城市文化、经济资源密集，图书、期刊出版总量较大，

并有部分企业参与国际市场竞争有关。北京、上海不仅自身书刊印刷业总量规模较大,还带动了周边省市书刊印刷业的发展。尤其是北京,在这一方面表现更为突出。天津书刊印刷产值达到37.69亿元,在主要城市中位居第六,便部分受益于北京书刊印刷业务的外溢。

二是部分中西部地区城市书刊印刷业表现抢眼。2021年,中部地区城市长沙、南昌书刊印刷产值分别达到57.04亿元、49.00亿元,在主要城市中位居第三、第四,与综合竞争力指数排名一致。此外,合肥书刊印刷业综合竞争力指数也进入前十,书刊印刷产值则为21.95亿元,在主要城市中位居第16。西部地区城市南宁,书刊印刷产值达到25.50亿元,在主要城市中位居第11,综合竞争力指数则排名第12。

部分中西部地区城市书刊印刷业产值相对较高,除了与当地出版业发展水平、印刷企业承接域外订单能力等因素有关,还有一个很重要的原因是:其所在省、自治区的书刊印刷企业和产能主要集中在省会、首府城市,而不是像部分东部沿海省份一样呈现双中心或多中心分布,发展更加均衡的产业格局。

三是珠三角地区城市外向型竞争力突出。广东是我国第一印刷大省,书刊印刷产值在全国也遥遥领先。2021年,广东出版物印刷产值达到364.83亿元,比第二名高出近65%,其中大部分是书刊印刷产值。本年度进入综合竞争力指数前十的深圳、广州书刊印刷产值分别为45.10亿元、34.93亿元,在主要城市中位居第五、第七。

与出版资源相对丰富的广州不同,深圳出版单位较少,图书、期刊出版总量有限,其书刊印刷产值能达到这样的规模,主要靠外来业务的输入。其中,相当一部分是承接欧美国家大型出版机构的图书印刷订单。这突出体现了以深圳为代表的部分珠三角地区城市强大的外向型竞争力。深圳、广州书刊印刷产值在全国位居前列,在广东出版物印刷产值中的占比却并不高。这主要是因为同处珠三角地区的东莞、江门、中山、佛山、惠州等城市,也拥有数量不一的外向型企业,承接了大量海外书刊印刷订单。

四、书刊印刷业发展存在的问题

从本年度竞争力指数评价,结合近年来出版、印刷市场走势看,我国书刊印刷业主要存在以下三个方面的问题。

一是缺少大型龙头印刷企业,产业集中度有待进一步提升。本年度纳入评价的32个城市,共有书刊印刷企业3429家,实现书刊印刷产值863.46亿元,平均每家为2476.94万元。在全部企业中,年产值在5000万元及以上的规模以上重点印刷企业为299家,占比8.72%。从各城市汇总提交的规模以上重点印刷企业经营数据看,我国头部书刊印刷企业的产值规模在10亿~20亿元,但数量极少,年产值超过5亿元的书刊印刷企业占比也不是很大。与包装印刷领域龙头企业年产值超百亿,拥有一批年产值过10亿企业的局面形成对比,产业集中度有进一步提升的空间。

二是产品附加值不高,利润率较低。本年度纳入评价的32个城市,2021年书刊印刷增加值率为30.98%,产值利润率为4.58%。考虑到书刊印刷以中小企业为主体,两项指标均不算很高。32个城市中,有8个增加值率不足20%,12个产值利润率不足3%。这表明书刊印刷业整体产品附加值不高,利润率处于较低水平,且区域间发展不平衡,存在一定差异。

三是研发投入不足,阻碍行业创新发展能力提升。2021年,32个城市书刊印刷业累计投入研发资金18.66亿元,占印刷产值比仅为1.20%。32个城市中,研发投入在1亿元以上的仅有5个,在1000万元以下的达到10个；研发投入占印刷产值比超过3%的仅有7个，不足1%的达到10个。研发投入不足影响了书刊印刷业创新能力和技术水平的提升，使多数企业只能提供简单的加工生产服务，无法创造性地满足出版单位的生产服务需求，这也是影响书刊印刷业产品附加值和利润率的重要原因。

五、对加快书刊印刷业发展的建议

针对书刊印刷业发展存在的问题，结合当前印刷业的发展趋势，对加快书刊印刷业发展提出如下建议。

一是鼓励书刊印刷龙头企业进一步做大做强。通过产业和财税政策支持，培育壮大一批具有产业引领力的大型龙头企业，鼓励其通过首发上市等方式拓展融资渠道，增强发展后劲，提升市场竞争力，不断做大做强优质产能，增强服务保障和产业引领带动能力。

二是支持具有产业基础的地区建设先进产业集群。在出版单位密集，书刊印刷业发展态势较好的主要城市或周边地区，扶持建设高水平的印刷产业园区，通过吸引印刷企业及产业链上下游企业入驻，提高产业密集度、集中度，打造全国性或区域性先进产业集群。

三是引导印刷企业坚持绿色化、数字化、智能化、融合化发展方向，不断加大研发投入，提升创新发展能力。采取有力措施引导印刷企业切实认识到创新发展的重要性，鼓励印刷企业提升研发投入，建立研发团队，加大创新型人才引进力度，通过产品创新、技术创新和商业模式创新，实现新旧发展动能转换，增强高质量发展后劲。

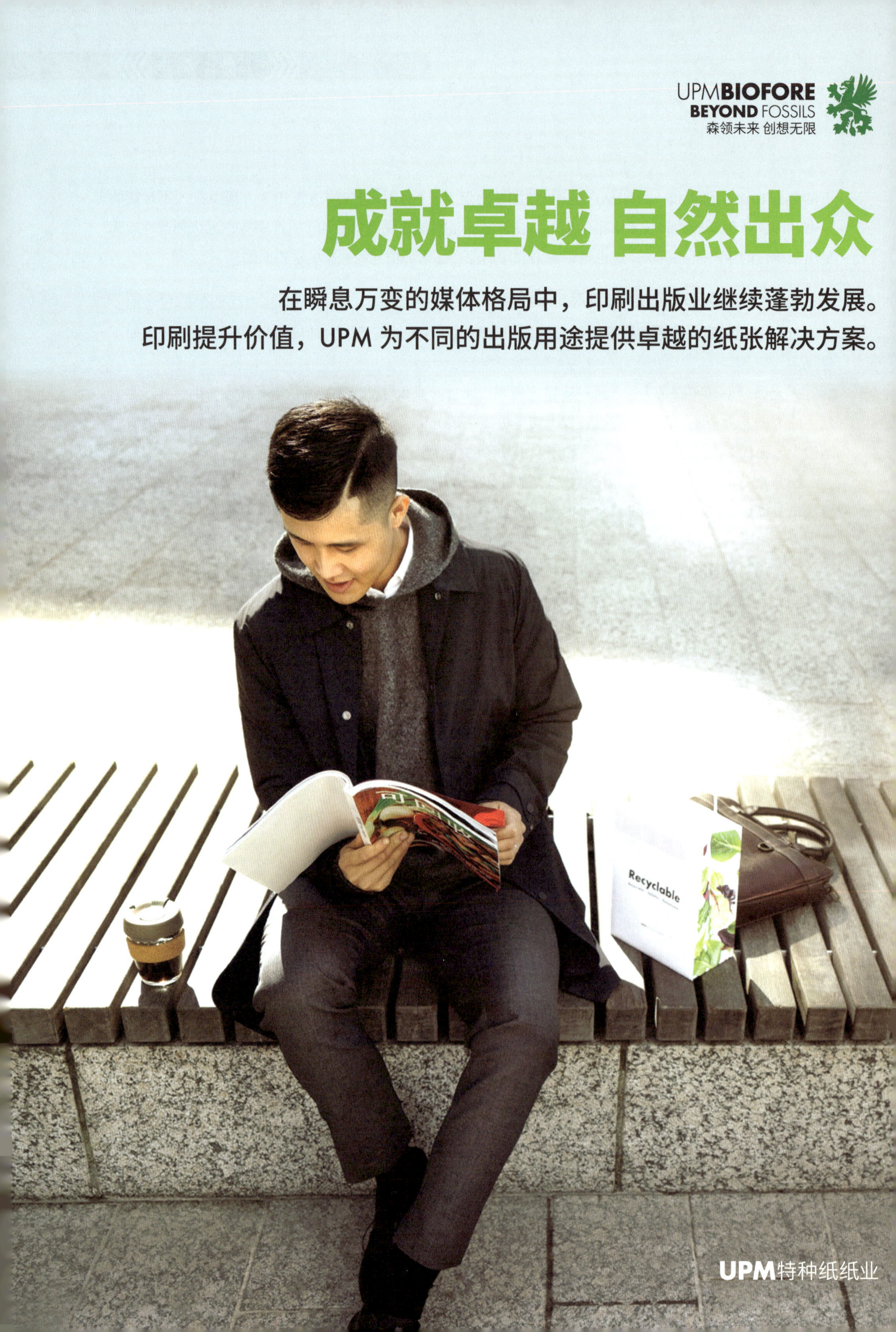

成就卓越 自然出众

在瞬息万变的媒体格局中，印刷出版业继续蓬勃发展。印刷提升价值，UPM 为不同的出版用途提供卓越的纸张解决方案。

UPM 特种纸纸业

业情综述

- 2021年国内书刊印刷行业发展概况
- 总量止跌，开启报纸印刷新阶段
  ——2021年报纸印刷行业发展述评
- 2021年票据印刷行业分析
- 存量时代 标签印刷行业的发展与变革
  ——回顾2021年中国标签印刷行业
- 攻坚克难 保持增长的中国柔印
- 创新不断，未来可期
  ——网版印刷2021年度业情浅析
- 2021年印刷机械行业发展情况综述
- 2021年主要印刷器材市场解析
- 2021年国内印刷产业进出口数据分析报告
- 中国造纸工业2021年度报告
- 2021年印刷标准化工作概述

2021年国内书刊印刷行业发展概况

中国印刷及设备器材工业协会书刊印刷专业委员会

2021年是中国共产党建党100周年，也是"十四五"规划的开局之年。《中国共产党简史》等国家重大主题出版物印制任务增量巨大；国家双减政策高压实施，对教辅印量造成巨大影响；全球疫情反复，国内疫情时有反弹，经济发展正面临着需求收缩、供给冲击、预期转弱的三重压力。伴随着《印刷业"十四五"时期发展专项规划》的出台，以及第十届北京国际印刷技术展览会的顺利召开，印刷业走过了面向高质量发展的关键一年。

一、2021年我国书刊印刷产业的基本情况

《印刷业"十四五"时期发展专项规划》分八个部分25个小项提出印刷业在本时期发展的总体方向和要求。印刷业作为我国出版业的重要组成部分，是社会主义文化繁荣兴盛的重要推动力量和国民经济的重要服务支撑，必须深刻把握进入新发展阶段的新特征新要求，引导印刷业由生产加工向综合服务加快转变，努力破解发展不平衡、不充分的突出问题，全面深化改革、增强创新能力，加强统筹协调、保障文化安全，突出党建引领，发挥阵地作用，善于在危机中育先机、于变局中开新局，推动印刷业高质量发展。

《中国新闻出版统计资料汇编》提供的数据显示，截至2020年底，全国共有出版社586家（包括副牌社24家），其中中央级出版社219家（包括副牌社13家），地方出版社367家（包括副牌社11家）。

2020年，全国共出版图书、期刊、报纸、音像制品和电子出版物417.51亿册（份、盒、张），同比下降7.36%。其中，出版图书103.74亿册（张），同比下降2.10%，占全部数量的24.85%；期刊20.35亿册，同比下降7.04%，占全部数量的4.87%；报纸289.14亿份，同比下降8.96%，占全部数量的69.25%；全国出版图书、期刊、报纸总印张为1690.00亿印张，同比下降8.94%。具体数据变化见表1、表2。

二、2021年我国书刊印刷产业中存在的主要问题及产生原因

在"十四五"规划的开局之年，发展不平衡、不充分的问题得到政府的高度重视，社企合作深化变革，期间有很多问题凸显出来，如教材和主题出版物工期问题，图书美编设计问题等。与此同时，书刊企业也持续推进了按需印刷生产线建设，协助出版社减少库存损失，实现图书小批量、多批次按需印刷，为出版社实现零库存贡献力量。当前，按需印刷仍未实现独立盈利模式，随着设备耗材国产化程度加深，成本逐渐降低，社会图书小批量、多批次需求日渐增长，为满足多样化市场需求，印刷企业继续

在业务模式、生产营运、软件平台开发等方面进行积极探索和尝试。

表1-1 2020年全国图书出版品种情况

	本版图书			与上年相比增减（%）			租型图书	与上年相比增减（%）
	合计	新版	重印	合计	新版	重印		
图书品种（种）	489051	213636	275415	-3.35	-4.95	-2.06	11460	3.46

表1-2 2020年全国图书总印数、总印张、总定价情况

	本年图书				与上年相比增减（%）			
	合计	新版	重印	租型	合计	新版	重印	租型
总印数（万册、张）	1037305	232150	601885	203270	-2.12	-7.04	-2.87	6.78
总印张（千印张）	91890533	24433345	52528037	14929151	-2.04	-5.63	-3.00	8.49
图书总定价（万元）	21853343	8304639	11945676	1603028	0.29	-1.28	0.24	9.81

表2 2020年全国各类出版物印刷企业财务和生产情况

类别	单位数（家）	年末平均人数（人）	资产年末合计（万元）	主营业务收入（万元）	负债年末合计（万元）	所有者权益年末合计（万元）	营业利润（万元）	利润总额（万元）
财务数据	9271.00	408615.00	25730906.19	16424207.02	12775096.14	12845690.51	909843.00	1030429.05
与上年相比增减（%）	2.85	-8.77	-3.61	-9.36	-4.19	-2.36	-26.31	-21.87
生产数据		印刷产量		装订产量	用纸量	—	—	—
		黑白（万令）	彩色（万对开色令）	万令	万令			
		20959.62	110036.59	34738.73	51814.38			
与上年相比增减（%）		-15.85	-7.98	-14.68	-16.55			

（一）发展不平衡、不充分问题

《印刷业"十四五"时期发展专项规划》提出，应努力破解由发展不平衡、不充分所导致的突出问题，由于经济相对落后地区发展增速缓慢，出版图书总量相对较少，印刷业务除了中小学教材，主题出版物等，社会图书占比低，因此印刷技术，印刷质量和印刷管理总体水平发展都相对缓慢。

此外，地区政府奖励政策仍需强化，例如部分落后地区标准制定工作中未含有奖励政策；区域之间未形成协调合作机制，造成优势浪费；区域协同信息化监管水平有待提高，需要打造一批协同发展示范基地，并打造若干协同发展交流平台发挥示范带动作用。

规划鼓励东北地区发展出版物印刷、包装印刷和印刷软件等多元化服务，培育新型特色印刷；鼓励中部地区建设一批中高端产业集群，积极承接优质印刷产业布局和转移；鼓励支持区域合作互动，推动东部龙头骨干企业在东北地区和中西部地区投资兴业，有效服务乡村振兴战略；鼓励支持革命老区、民族地区因地制宜发展特色印刷，鼓励支持边境地区建设区域性印刷业对外开放连接平台。

（二）图书版式设计与印刷工艺适性不匹配，影响图书质量是长期存在的问题

出版物质量检测中，叠色套印误差过大是常见的问题之一。例如义务教育阶段教材内封页的下半部分由大面积四色叠加混合色构成，在印制过程中，印刷企业很难保证批量、各学科之间成品效果的一致。此外，在出版物中部分小标题因字号设计偏小，在采用黄、品红、青、黑（油墨三原色叠加出黑色）印刷时，出现黄色字体不清晰的现象；在印制只有1mm粗细的划线时，使用黄色导致视觉效果不清晰，当使用黑色时还需使用黄、品红、青套印而成，这一过程不仅增加了制作工艺难度，也延长了印制所需时间。针对以上问题，在出版物图文设计之初，应尽量避免使用大面积叠加的复合色，降低印刷过程中可能出现的粘脏或拖脏现象的产生。

图书版式设计中要更多考虑印刷适性的因素，片面地追求美术效果可能会适得其反。在印刷方面：（1）实地版、75%以上的大面积复合色套印，如使用胶版纸印刷，极易产生纸张掉粉、掉渣、虚花不实等效果，难以保证成品质量。同时，复合色套印也会增加墨量的使用，使印刷成本提高；（2）图书中文字部分应避免使用多色套印，尤其是字号偏小的宋体字。在装订方面：（1）书背颜色应避免出现卡色位；（2）封面应慎用四边等距色框，避免因某一边不规则，导致边框不匀称，破坏美感；（3）切口出血处应避免使用线、杠；（4）小于4mm的书背不宜设计书背字；（5）跨页接版时，在左右水平的位置应留足胶订铣口尺寸，避免图案四周线条跨页；胶订书对页接版时，尽量保证水平状态，避免斜线接版导致接版超标。

综上原因，在版式设计中，插图、文字以及线条等都应注意尽量不使用单纯的黄色，会影响成品的识读效果。此外，也应避免浅绿色透白页码及复合颜色的应用，更多地用单色或专色来表现，防止套印误差的产生。

（三）教材和主题出版物工期问题

据湖北新华印刷有限公司相关人员介绍，2021年两季教材印刷周期缩短10%，但任务量却增加10%。这意味着企业需在30天的时间内完成教材印制任务量的60%；加之疫情反弹，生产人员紧缺，压力可想而知。为了应对这一严峻局面，企业充分发挥实干精神，勇于迎难而上，合理安排生产计划，为机器定速、产品定标、行为定规、产量定标，此举不仅保证了企业上百台设备连续20天无一天停工停产，而且日产量不断增加，创纪录达到85万册，物流单日发货量达100万册，且无质量问题，圆满完成了印制任务，用实际行动履行了"课前到书，人手一册"的庄严承诺。

湖南天闻新华印务有限公司面对教材和主题出版物印制工期短、任务急的双重压力，争分夺秒生产，全面协调公司各职能部门，做到管理干部24小时值守，生产一线八进八出，24小时两班倒，最终圆满完成生产任务。

安徽新华印刷股份有限公司在承印主题出版物印制方面实现突破性增长。面对4个重大项目总计16批次、16.5万令纸、1102万册的印制任务，公司成立了专门的印制领导小组，制定紧急方案，组成党员突击队，全员参加到打包工作中，并对全部产品实行逐本检查，发放检验证。历时49天的时间里，共计发动2354人次，打包69.39万包，实现印制打包零缺陷。

工期短、任务急、接近非常规的操作对设备维护保养，企业管理、设备操作技术水平，人员、现金流和物料储备等多方面都提出了极大挑战，制定合理工期是高质量发展的必要保障。

三、2021年我国书刊印刷产业发展的特点和取得的成就

当前，技术革新和智能化改造已进入新阶段，应及时淘汰落后设备和工艺技术，保持技术的先进性和设备的领先性，从而提升产品质量和生产效率。因此，企业在向技术密集型方向转型升级路径中，加大技术改造和设备更新尤为关键。

第十届北京国际印刷技术展览会（CHINA PRINT 2021）于2021年6月23—27日在北京中国国际展览中心（新馆）举行，展会为参展企业宣传和推广产品提供了重要契机，获得了巨大的成功。在展会上，书刊印刷企业购买自动打捆机、机器人码垛机、卷筒纸八色胶印机、平版胶印机、胶装联动线、彩色数字印刷机、黑白喷墨印刷机等设备，通过技改和自主研发驱动产业创新发展。安徽新华印刷股份有限公司成立的蓝领创新工作室，带动九项创新发展项目，攻关完成平张对辊机及UV上光机双张检测控制技改课题，并完成VOCs处理系统自动开关控制改造工程。湖南天闻新华印务有限公司获得"一种书籍印刷用传送装置"等五项自主研发知识产权。

在第八届中华印制大奖中，书报刊企业报送产品21种，共获奖19种，分别为广东广州日报传媒股份有限公司印务分公司印制的《人民日报》；鹤山雅图仕印刷有限公司印制的《我等你》；河北新华第二印刷有限责任公司印制的《满族民俗文化画卷》；北京凌奇印刷有限责任公司印制的《物理学大辞典》；成都市金雅迪彩色印刷有限公司印刷的《扇缘——谭昌镕扇面集》；深圳国际彩印有限公司印制的《天歌地唱》；雅昌文化（集团）有限公司印制的《相由心生：肖像＆风景》；北京科信印刷有限公司印制的《论衡（节选）》；中华彩色印刷股份有限公司印制的《法蓝瓷经典100》；雅昌文化（集团）有限公司印制的《盛世莲华——澳门回归20周年纪念册》；利奥纸品集团（香港）有限公司印制的《答谢礼盒》；南京爱德印刷有限公司印制的《聊斋志异（法文版）》；天津海顺印业包装有限公司印制的《故宫御猫夜游记》（全10册）；安徽新华印刷股份有限公司印制的《梅文鼎全集》（1～8册）；江苏凤凰新华印务集团有限公司印制的《中国长城志》（共12册）；上海中华印刷有限公司（上海印刷集团有限公司）印制的《中国陶瓷大系》；扬州古籍线装文化有限公司的特殊装帧《诗咏运河》；浙江新华数码印务有限公司的教材《语文》四年级（下册）；成都博瑞印务有限公司印制的《优雅》；北京汇林印务有限公司印制的《习近平谈治国理政》第三版。此外，本届还评选出48种产品获银奖，115种获铜奖，73种获优秀奖。

2021年7月29日，第五届中国出版政府奖表彰大会在京召开。经严格评选，《习近平谈治国理政》（第一、二、三卷）等3种图书获荣誉奖，《习近平新时代中国特色社会主义思想学习纲要》等60种图书获图书奖，《中共党史研究》等20种期刊获期刊奖，《我们走在大路上》等20种作品获音像制品、电子出版物和网络出版物奖，《庆祝中华人民共和国成立70周年盛典图册》等10种作品获印刷复制奖，《嘉卉——百年中国植物科学画》等10种作品获装帧设计奖；人民出版社等50家单位获先进出版单位奖；高克勤等69名个人获优秀出版人物奖。此外，237种优秀出版物获提名奖。

荣获印刷复制奖的10种作品中涉及印刷企业分别为河南新华印刷集团有限公司、北京雅昌艺术印刷有限公司、江苏凤凰新华印务集团有限公司、天津海顺印业包装有限公司、南京爱德印刷有限公司、湖南天闻新华印务有限公司、深圳华新彩印制版有限公司、山西人民印刷有限公司、广西广大印务有限

责任公司等。

据人民教育出版社"第41次全国人教版中小学教材印装质量检测"结果显示，通过对全国31个省（自治区、直辖市）2020年秋季、2021年春季印制的1854册人教版教材进行检测，共评选出优质品527册，良好品505册。在此次检测中，湖南省荣获第一名，山西省、新疆维吾尔自治区获第二名，河南省、广西壮族自治区及河北省获第三名。

为加快培养造就一批能力强、业务精的印刷业高技能人才，由国家新闻出版署、人力资源和社会保障部联合主办，中国印刷技术协会承办的第七届全国印刷行业职业技能大赛经过层层选拔，平版制版员、数字印刷员、装订工三大工种，职工组、学生组两大组别的一等奖、二等奖、三等奖及优秀奖共275人受表彰。其中，获得各工种职工组一等奖的仲雷刚等15人，被推荐申报人力资源和社会保障部"全国技术能手"荣誉称号。获得各工种职工组二等奖的孙肖卉等45人、各工种学生组一等奖的张砺丹等15人，被授予"全国印刷行业技术能手"荣誉称号。

四、书刊印刷产业发展方向的简要展望

从当前急迫需要和长远需要出发，大力推进关键核心技术创新，集中优势资源突破喷墨数字印刷喷头、高端印刷装备器材等关键核心技术装备，进行关键核心技术攻关工程，解决一批"卡脖子"问题。推动印刷智能制造示范工程，如测试线建设、信息平台建设、智能工厂建设、关键核心技术设备研发。培育壮大龙头骨干企业，建设先进产业集群，畅通产业循环，推进印刷智能制造，推动按需印刷出版，推广绿色环保低碳的新技术新工艺新材料，推动关键部件、重要原辅材料供应多元化。

总量止跌，开启报纸印刷新阶段

——2021年报纸印刷行业发展述评

中国报业协会印刷工作委员会 马开悟 李保强

2022年初，中国报业协会印刷工作委员会对全国153家样本单位2021年度报纸印刷量进行了调查统计，这153家样本单位包含中央各报、各省（区、市）以及部分地市级报纸印刷单位。调查结果显示，153家报纸印刷单位2021年度报纸印刷总量为402.80亿对开张，并以此数据为基础计算2021年度全国报纸印刷总量约为608亿对开张，较2020年上涨1.28%。

一、印刷总量止跌回升

2021年，全国报纸印刷总量同比增长率虽仅为1.28%，但却是9年来增长率首次由负转正，对行业发展方向的判断意义巨大。报纸印刷在经历了多年连续下滑后，市场总量大幅萎缩，在长达9年的寻底过程中，报纸印刷行业面临着巨大的发展压力。2021年的数据或许意味着报纸印刷市场的基本企稳，特别是这一成绩是在疫情影响仍在，经济下行压力较大的不利环境下取得的，更是来之不易。

那么这种发展趋势判断是否可靠，我们结合中国报业协会印刷工作委员会的统计方法，对这153家印刷单位填报的数据做进一步分析。

中国报业协会印刷工作委员会的调查数据具有较好的可比性，本次调查数据显示总量环比增长的可靠性较高。一方面，在年度间的环比关系上较为可靠，调查时要求各单位同时填报本年度和上一年度的数据，而不是直接引用上一年度汇总量，可以基本排除掉因极少量单位数量不准确、样本单位个别变化带来的干扰。另一方面，调查统计使用"对开张"为计量单位，与具体的色面数无关，这是报纸印刷单位日常生产管理用数据单位，可以较直接准确地获取报纸的实际产量规模，避免了各样本单位填报时因计量单位转换带来的误差。相较印刷行业较多使用的"色令"，统计使用"对开张"为单位统计报纸生产量，更能显示行业市场规模。

从数据情况看，2021年全国六大地区同比只有西南地区有少量下降，其他地区均有一定的提高（详见表1）。

从各省市的情况看，表现也较为统一，整体呈现明显的回升态势（详见表2）。分省统计数据中，2021年仅有9个省份为负增长，且多数负增长的幅度都较小；而2020年则是除西藏外30个省（区、

表1　2021年度全国各地区报纸印量统计表　　　　　　　　　　　　　　　　　　　　　　　　　（单位：亿对开张）

地区	2021年地区合计		2020年地区合计	
	印量	同比（±%）	印量	同比（±%）
华北地区	76.07	0.58	75.63	−12.01
东北地区	21.94	1.48	21.62	−13.80
华东地区	139.38	1.20	136.65	−11.59
中南地区	97.53	1.56	96.03	−16.69
西南地区	39.56	−0.70	39.84	−10.67
西北地区	28.32	1.32	27.95	−10.51
全国	402.80	1.28	397.72	−12.92

市）均为负增长，且下滑幅度较大。我们在此还比较了31个省（区、市）两年来的变化，从2021和2020年的增减幅度变化看，全国只有宁夏出现1.6%的下滑幅度，其他各省（区、市）均出现大幅度回升。

需要说明的是，看省份间的数据较单一印刷单位的数据，更能够体现行业性的变化趋势。全省汇总可消除由于个别印刷单位的特殊因素影响，如一些报社取消印刷厂后并入其他印刷单位，会带来该单位的印刷量较大增长。北京地区近年来多个报社印刷单位停产，其印刷量转移到了其他印刷单位。

表2　2021年度全国各省（区、市）报纸印量统计表　　　　　　　　　　　　　　　　　　　　（单位：亿对开张）

省市	2021年		2020年		2021年较2020年涨幅变化
	印量	同比（%）	印量	同比（%）	
北京	40.50	0.37	40.35	−16.29	16.66
天津	4.42	−6.75	4.74	−13.03	6.28
河北	15.74	3.01	15.28	−8.88	11.89
山西	11.28	0.62	11.21	−0.79	1.41
内蒙古	4.13	1.98	4.05	−4.80	6.78
辽宁	11.37	0.71	11.29	−14.55	15.26
吉林	4.81	2.56	4.69	−3.10	5.66
黑龙江	5.76	2.13	5.64	−19.61	21.74
上海	15.30	−1.92	15.60	−17.15	15.23
江苏	34.20	4.97	32.58	−7.71	12.68
浙江	35.16	0.14	35.11	−11.65	11.79
安徽	8.23	7.30	7.67	−11.43	18.73
福建	14.14	0.57	14.06	−15.01	15.58
江西	6.34	−0.16	6.35	−7.97	7.81
山东	26.01	2.89	25.28	−11.49	14.38

（续表）

省市	2021年		2020年		2021年较2020年涨幅变化
	印量	同比（%）	印量	同比（%）	
河南	18.16	1.23	17.94	−5.61	6.84
湖北	15.16	−1.56	15.40	−21.07	19.51
湖南	11.82	5.25	11.23	−13.21	18.46
广东	37.53	1.19	37.09	−22.13	23.32
广西	9.99	2.57	9.74	−10.93	13.50
海南	4.87	5.18	4.63	−11.81	16.99
重庆	6.60	−10.08	7.34	−14.91	4.83
四川	18.85	1.45	18.58	−12.32	13.77
贵州	5.25	1.94	5.15	−10.90	12.84
云南	6.66	−1.33	6.75	−4.38	3.05
西藏	2.20	8.91	2.02	5.46	3.45
陕西	12.40	−0.32	12.44	−12.97	12.65
甘肃	6.76	4.48	6.47	−4.57	9.05
青海	2.00	−1.96	2.04	−8.53	6.57
宁夏	1.87	−4.10	1.95	−2.50	−1.60
新疆	5.29	4.75	5.05	−15.40	20.15

二、印刷质量稳步提高

自1993年以来，中国报业协会印刷工作委员会始终将报纸印刷质量评价和检测作为重要工作来抓，每月进行质量检测，在行业内具有较大影响力。

中国报业协会印刷工作委员会根据印刷技术发展情况、报纸出版需求和行业特点，对印刷质量的检测方法进行了多次改进完善，探索适应当前报纸生产特点的客观化、标准化和定量化的评价方式。目前执行的方法为2018年版本，该版本主要依据新闻出版行业标准——新闻纸冷固型胶印报纸印刷质量评价方法，结合我国报纸质量评价的特点制定。

尽管报纸印刷行业一直处于下滑趋势，各报纸印刷单位也面临越来越大的经营压力，但全行业始终把服务宣传大局、服务党报出版放在首位，把对读者负责的理念落实到印刷生产各环节，将提升报纸的印刷质量作为核心工作内容。根据2021年的检测结果，共有85家印刷单位参检的报纸获得精品级标准（详见表3），其余各家报纸均为优质报纸。

中国报协印刷质量检测结果，显示出中国报纸印刷质量已达到了一个较好的水平。需要指出的是，受限于原稿的差异，中国报协印刷工作委员会在质量检测中对色彩评价的分值设定相对较低，因此尽管近年来总得分分值仅有零点几分的变化，但在色彩感观质量上，全国各报均有明显提高。

表3 2021年度报纸印刷质量检测获得精品级报纸名单

印刷单位	参检报纸	印刷单位	参检报纸
中国人民解放军解放军报印刷厂	解放军报	山西日报传媒集团印务有限责任公司	山西日报
人民日报印刷厂	人民日报	吉林日报社印务中心	吉林日报
浙江日报报业集团印务有限公司	浙江日报	上海报业集团印务中心	文汇报
重庆重报印务有限公司	重庆日报	东莞日报印刷厂	东莞日报
四川日报报业集团印务公司	四川日报	福建日报报业集团印刷厂	福建日报
甘肃日报报业集团有限责任公司印务分公司	甘肃日报	南京时代传媒股份有限公司	南京日报
郑州报业集团印刷厂	郑州日报	洛阳市报业印刷有限责任公司	洛阳日报
杭州日报报业集团盛元印务有限公司	杭州日报	重庆华数印务有限公司	重庆时报
天津北方报业印务股份有限公司	天津日报	新安传媒有限公司印务公司	安徽日报
黑龙江龙江传媒有限责任公司	黑龙江日报	南宁日报社印刷厂	南宁日报
烟台报捷新闻印刷有限责任公司	烟台日报	沈阳报业有限公司	沈阳日报
大连新闻传媒集团印务中心	大连日报	广西日报社印刷厂	广西日报
青岛日报报业集团印务中心	青岛日报	开封日报报业集团印务中心	开封日报
广东南方报业传媒控股有限公司印务分公司	南方日报	法治日报社印刷厂	法治日报
经济日报印刷厂	经济日报	太原日报传媒集团有限公司印务分公司	太原日报
宁波报业印刷发展有限公司	宁波日报	华声在线股份有限公司湖南报业印务分公司	湖南日报
山东大众华泰印务有限公司	大众日报	上海报业集团印务中心	解放日报
西安日报社印务中心	西安日报	中闻集团福州印务有限公司	人民日报
河南日报报业集团有限公司印务中心	河南日报	新疆日报社南疆印务中心	新疆日报
江苏新华日报印务有限公司	新华日报	宁夏报业传媒集团印刷有限公司	宁夏日报
陕西日报印务有限公司	陕西日报	云南报业传媒集团有限责任公司印务中心	云南日报
苏州报业传媒集团有限公司印务分公司	苏州日报	乌鲁木齐晚报印务有限公司	乌鲁木齐晚报
上海报业集团印务中心	新民晚报	合肥报业传媒有限公司	合肥日报
新华社印务有限责任公司	新华每日电讯	中闻集团青岛印务有限公司	人民日报
北京日报印务有限责任公司	北京日报	中闻集团南京印务有限公司	人民日报
济南日报社印刷厂	济南日报	贵州日报当代融媒体集团有限责任公司印务分公司	贵州日报
深圳报业集团印务有限公司	深圳特区报	青海日报社印刷厂	青海日报
广州日报报业经营有限公司印务分公司	广州日报	新疆日报社印务中心	新疆日报
武汉长江日报传媒集团有限公司印务分公司	长江日报	南通华民彩印有限公司	海门日报
石家庄报业传媒集团有限公司印务分公司	石家庄日报	呼伦贝尔日报社出版印务中心	呼伦贝尔日报

(续表)

印刷单位	参检报纸	印刷单位	参检报纸
浙江嘉报设计印刷有限公司	嘉兴日报	西藏日报社印刷厂	西藏日报 藏文版
海南日报社印刷厂	海南日报	中闻集团武汉印务有限公司	人民日报
陕西华商数码信息有限公司	华商报	丽水日报印务有限公司	丽水日报
泰安日报社泰报印务有限公司	泰安日报	浙江衢州盛元文创印业有限公司	衢州日报
中国青年报社印刷厂	中国青年报	中闻集团山东印务有限公司	人民日报
湖北楚天传媒印务有限责任公司	湖北日报	长春市长报印刷有限公司	长春日报
工人日报社印刷厂	工人日报	汕头市汕报传媒印务有限公司	汕头日报
海南日报社印刷厂	南国都市报	厦门报业传媒集团有限公司印务中心	厦门日报
河北报业传媒集团印务有限公司	河北日报	成都日报社印刷厂	成都日报
河北工人报印务中心	河北工人报	温州日报报业集团有限公司印务分公司	温州日报
中国日报社印刷厂	中国日报	无锡日报社印刷厂	无锡日报
江西日报社印务中心	江西日报	徐州报业传媒集团印务中心	徐州日报
哈尔滨报达印务股份有限公司	哈尔滨日报	——	——

三、产业环境依然不容乐观

经过连续多年下滑，全国报纸印刷总量已从高峰期的1680亿对开张减少到600亿对开张左右，产业规模有较大的萎缩，产业环境不容乐观。

虽然2021年出现难得的企稳态势，但由于多年下滑，行业发展面临着较为复杂的局面，运行压力有增无减。进入新的企稳期的报纸印刷产业，面临不小的挑战。

首先，新闻纸价格高位运行使报纸出版成本较高。自2017年以来，国内新闻纸价格呈现明显的上涨势态，最高时达每吨6000元以上。同时，目前国内新闻纸生产厂家仅有三四家，招标时难以形成有效竞争，废标比例极高，且进口新闻纸受限较多，新闻纸价格恐难以再回到低位，报纸出版印刷成本压力将持续加大。

其次，油墨、版材等印刷原材料价格受市场大环境影响，供应趋紧，特别是针对报业专用的印刷材料，由于市场规模越来越小，厂商重视程度不足，生产厂家少，供应紧张、价格上扬。

第三，近年来报纸印刷量持续下滑，印刷设备更新几乎停滞，近五六年间设备引进量极少，全行业设备老化问题已十分严重，国内外设备厂商也快速萎缩，生产能力和售后服务能力严重削弱。

第四，报纸印刷单位多数都面临人员老化问题。生产量多年下滑，多数印刷单位近年间几乎没有新生力量引进，主力人员多数都在40岁以上，在20世纪90年代初期招聘入厂的人员均已接近或超过50岁。

第五，多数报纸印刷单位完成了转企改制，但资产、人员部分没有完全按现代企业制度完成转换，很多单位并无设备、厂房等资产的所有权和土地使用权，现有印刷产量难以维持企业的正常运行，持续经营面临不小的困难。

另外，我们也注意到，报纸印刷量向大型企业集中的趋势日益明显，这可能成为今后一个明显的发展趋势。以北京地区为例，2011年印刷产量最高时北京地区共有13家报社印刷厂和3~5家主要从事报纸印刷的社会印刷企业，而目前在产的报纸印刷单位只有8家，近5年来停产的报纸印刷单位多达5家，其中不乏50年以上的老厂，其印刷需求已转向由其他大型印刷单位代印完成，承接代印任务较多的只有少数几家。近年来，各地报纸印刷单位停产或合并的消息也不断出现。

四、企稳，更是回归

此次报纸印刷量止跌回升，很大程度上是市场化报纸基本完成历史使命，退出报纸印刷产量构成的必然结果。本来，报社建立自有印刷单位的目的，就是服务本社主体党报的按时保质出版。市场化报纸的出现源于20世纪末，印刷技术率先完成信息化改造，促使彩报印刷技术迅速成熟，催生了以都市报为代表的市场化、社会服务型报纸的繁荣，其多版化、彩色化的特点极大提高了报纸印刷生产规模。随着信息化深入发展特别是智能手机的普及，都市报逐步冷落，报纸印刷产业也回归到原有的以服务本社为主、面向市场为辅的生产结构。

总体上看，经过连续9年的大幅度下滑，市场化报纸为主体的印刷产量完成了淡出过程，新闻纸涨价和新冠疫情的冲击，也进一步加快了这个进程。

从历史发展的角度看，报纸印刷业已进入了一个稳定发展的新时期。2021年报纸印刷总量止跌回升，实质上是以党报和行业报为主体的印刷产量结构的重构过程，是产业发展的正常规律的体现。

2021年的总量企稳，更是报纸印刷产业固有功能定位的回归。

2021年票据印刷行业分析

李 志

2021年受新冠肺炎疫情持续反复、国际贸易摩擦进一步升温、大宗商品价格轮番上涨，以及"双碳""双减""限塑"政策等诸多因素的冲击，印刷业规模以上企业经营压力加大，在营收上涨超一成的情况下，利润总额不升反跌，利润率更是创新低，印刷企业进入震荡洗牌期，具体情况如图1所示。

作为印刷业细分领域的票据印刷行业，长期为税务、财政、金融、交通、通信等公用事业提供凭证凭据，与国民经济发展和社会民生息息相关。然而行业集中度和集约化水平则较低，行业龙头企业的营收规模也刚刚迈过10亿元门槛，超半数票据印刷企业还停留在千万级营收水平（见图1）。

票据印刷业务对安全印刷、保密资质和产品防伪有着特殊要求，行业利润相比传统印刷企业的平均水平略高。但多数票据印刷企业的设备专业性强，印刷适性窄，且业务来源单一，缺乏缓冲业务。近年因受到票据电子化的巨大冲击，行业总产值、企业数量和从业人员数逐步下降。票据印刷业因信息技术而蓬勃发展，现在也因信息技术的迭代发展而陷入萎缩。

图1　2013—2021年我国印刷业规模以上企业营收情况

一、票据印刷行业现状

随着信息技术的发展和数字化的政府财税监管体系建设，票据业务数据被结构化、数字化地保存在系统内部，实现在线调阅、审核、整理、归档、智能查询等功能，从而降低成本、提高效率，打破组织边界，实现数据共享。票据凭证无纸化、电子化的需求迭代的冲击仍在持续，市场需求萎缩将是一个长期过程。

（一）"全电发票"势头正猛，开创票据新时代

2021年中共中央办公厅、国务院办公厅印发《关于进一步深化税收征管改革的意见》（以下简称《意见》），要求建成全国统一电子发票平台（金税四期），全面推进税收征管数字化升级和智能化改造，24小时在线免费为纳税人提供全面数字化的电子发票开具、交付、查验等服务，实现发票全领域、全环节、全要素电子化，降低征纳成本（见图2）。

《意见》提出，计划到2023年我国基本建成税务执法新体系，实现从"以票管税"到"以数治税"分类精准监管的转变。到2025年，深化税收征管制度改革，基本建成功能强大的智慧税务，形成国内一流的智能化行政应用系统，全方位提高税务执法、服务、监管能力，并在全领域普及应用。金税四期的建设启动，将推动税务执法、服务、监管的理念和方式手段等全方位变革，优化执法、服务、监管系统，是对业务流程、制度规范、信息技术、数据要素、岗责体系的一体化融合升级。

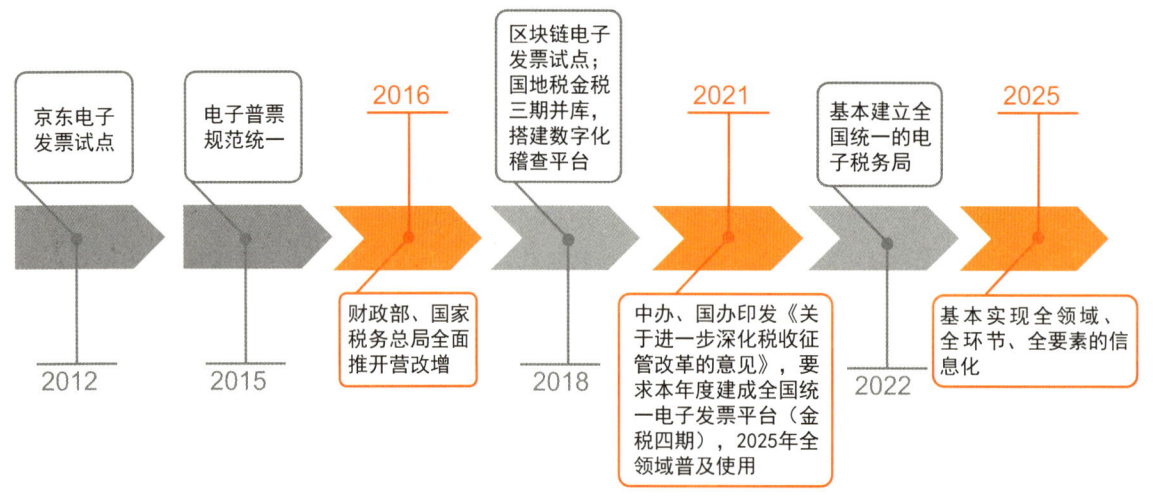

图2 建设全国统一电子发票平台的时间历程

（二）财政票据全面触"网"

推进财政电子票据管理改革是建设现代财政制度，推进国家治理体系和治理能力现代化建设的内在要求，还是深化"放管服"改革、落实"互联网+政务服务"、优化营商环境和建设服务型政府的重要举措。自2020年以来，国家全面推进财政电子票据管理改革，充分运用信息技术手段，实现票据管理和社会化应用全过程无纸化，着力构建新型高效的财政电子票据管理体系，积极探索"互联网+监管服务"的全新模式，为推进行政事业单位收费管理网络化打下坚实基础。

当前，广东省财政电子票据管理改革已在全省21个地级以上城市全面开展，涵盖医疗、非税、教育专用、社团、公益捐赠、资金往来等所有财政票种，覆盖医疗、教育、公安交罚、环保执法、不动产登记等领域。在财政部统一开发建设电子票据管理系统的基础上，广东财政聚焦电子票据在全省各地区、各单位实现"横向到边、纵向到底"，建成全省统一的财政电子票据管理平台和创新省、市、县三级电子智能化监管模式的目标，制订改革总体框架和规划概要，明确改革"路线图"和"时间表"。例如，广东医疗用票量最大，群众诉求较为集中，目前已基本实现大中型医疗机构全覆盖，广州花都区、白云区、黄埔区，深圳坪山区等部分县（市、区）率先实现基层医疗改革100%覆盖。在试点成功的基础上，稳步将电子票据管理改革推广至全省21个地级以上市、全部用票单位和全部财政票据种类。此外，结合实际业务需求，通过系统升级改造，创新应用区块链，利用线上医保、区块链、微信卡包、"电子票夹"等小程序，丰富电子票据应用生态，加大电子票据社会化流转应用效果。随着电子票据交互生态的逐步完善，智能手机持有率进一步提升，电子票据的使用量也在飙升，导致纸质财政票据市场需求锐减。

（三）防疫催生无接触需求，推行智能便民新举措

随着疫情防控的常态化，政府部门纷纷优化办事流程，精简申办材料，通过官网、APP、微信公众号等平台，大力推行无接触式政务，方便广大民众办事实现"零跑腿"。企业也先后采用人脸识别、智能测温等新装备，尽可能减少工作中不必要的接触，为员工复工复产创造便利条件。超市、餐饮、小店等也通过无接触点餐、无接触配送等新方式，将疫情对公众生活的影响降至最低。此前已经推广的电子发票、电子财票，由于接触减少而降低病毒传播风险，一跃成为生活中的"刚需"。电子发票、电子财票的普及，顺应"无接触化"大趋势，引发了纸质票据市场需求的剧烈波动。

互联网技术应用场所增多，将该技术与民生事务关联，形成主流发展方向。各大公用事业单位当前均在简化业务流程，减少流程表单，逐步铺开电子存证，向智能化迭代，实现民生事务办理"指尖办"。如今智慧系统已遍布各个生活区域，例如医院支持线上缴费，自行申请发票；公安办证的大部分流程都可以网上申办，以往需要"大排长龙"现场办理，填写签订多张表单的流程都已被取代，纸质表单被电子表单大量替代，申办人只需使用触控笔进行确认签名，即可产生效力，完成对系统的电子存档。此外，银行更是其中智能化程度较高的应用场所，在央行支付结算司发文《关于规范和促进电子商业汇票业务发展的通知》中，要求银行、财务公司等金融机构严格落实电票业务各项制度规定，采取有效措施规范业务秩序，有效提升电票业务占比，各金融机构办理的电票承兑业务在本机构办理的商业汇票承兑业务中金额占比达到80%以上。随着全面智能化发展，民生事务无纸化的推进结果也会逐渐呈现，金融行业、医疗行业的票据表单份额则走向萎缩，需求量跌至安全预留量。

综上所述，从2016年开始，票据印刷行业的总体市场需求呈现逐年下降趋势。疫情的反复加大了"无接触"需求，以及票据电子化的推进力度。通过电子发票与财政支付、金融支付和各类单位财务核算系统、电子档案管理信息系统的衔接，加快推进电子发票无纸化报销、入账、归档和存储，功能更完备、智能化更

图3　2016—2021年中国无碳纸消费量

高的电子票据系统更有市场接受度。

票据印刷行业景气度逐步下降,并辐射影响行业相关的上下游供应链,票据印刷用纸供应情况也大致显示纸质票据的市场需求量逐年走低。作为票据印刷主要原材料的无碳纸消费量从2016年开始逐渐下滑,2019—2020年由于疫情企业停工以及防疫需求等原因,纸质票据产量下降,票据电子化加速,导致无碳纸消费量大幅下跌,如图3所示。在2021年企业普遍适应疫情后,跌幅收窄并趋于平稳,但无碳纸供大于求的现状仍然存在。

(四)票据印刷行业面临的困难和挑战

票据印刷行业除市场需求萎缩外,还面临着一系列的困难和挑战。首先是行业集中度低,格局极度分散。我国印刷业的中小企业占比超过60%,呈现极度分散格局。票据印刷行业总体规模不大,小微企业众多,同质化竞争激烈。电子发票的出现标志着票据印刷行业从此步入产业生命周期的衰退期,传统票据印刷业务将不断萎缩,行业产能过剩的问题将愈发突显。

其次是国家产业政策推动行业环保绿色与高质量发展。为加快我国由印刷大国向印刷强国迈进,实现印刷业绿色化、高质量发展,推动产业结构优化升级,近年来国家出台了《印刷业"十三五"时期发展规划》《关于推进印刷业绿色发展的意见》等重要政策。此外《印刷工业污染防治可行技术指南》《包装印刷业有机废气治理工程技术规范》等相关标准的发布,也将不断促进印刷工业污染防治技术进步。国家一系列相关政策的出台与实施,将有力推动印刷业环保化、绿色化、高质量发展,为印刷业的可持续发展奠定政策基础。另一方面,政策的出台也意味着企业需要投入更多的环保治理成本,适应日趋严格的行业绿色发展要求。

最后是行业创新能力不足,同质化竞争加剧。根据微笑曲线的企业附加值推论,在产业链中附加值更多体现在两端,处于中间环节的制造附加值最低。票据印刷企业从业人员的高学历人数占比偏低,技能技术人员偏少,研发投入能力不够,对企业的创新支撑力不足。票据印刷企业之间的技术服务方案差异不大,竞争手段仍以价格竞争为主。

在"十四五"中国印刷应用市场需求分析及发展趋势研究中,对于2021—2025年的票据市场规模预测为每年缩减10亿元,如图4所示。随着疫情反复和票据电子化进程加速,纸质票据市场缩减幅度比预测情况更大。面对行业发展困扰,票据印刷企业应拿出破釜沉舟的勇气,积极创新发展,转型升级,破解行业发展困局。

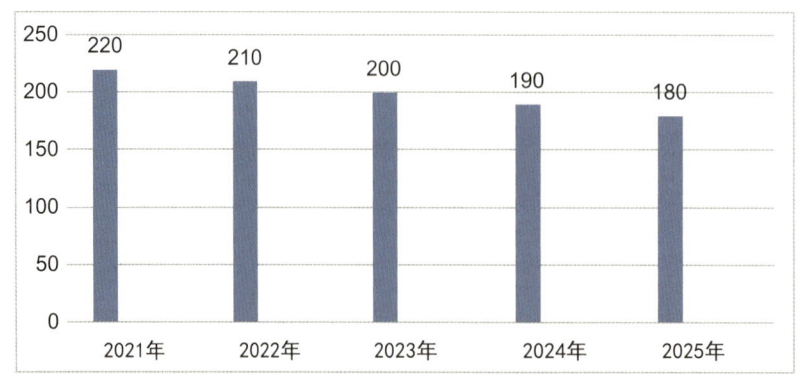

图4　2021—2025年票据印刷市场规模预测(单位:亿元)

二、票据印刷行业的发展机遇

（一）国家出台了一系列中小企业扶持政策

国家"十四五"规划纲要提出，支持创新型中小微企业成长为创新重要发源地，推动中小企业提升专业化优势，培育专精特新"小巨人"企业和制造业单项冠军企业。根据《关于支持"专精特新"中小企业高质量发展的通知》，2021—2025年中央财政将累计安排100亿元以上奖补资金，引导地方完善扶持政策和公共服务体系，分三批（每批不超过三年）重点支持1000余家国家级专精特新"小巨人"企业，并将带动1万家左右中小企业成长为国家级专精特新"小巨人"企业。重点对企业发展中遇到的困难，实行"一企一策"给予帮助，如财政专项资金、税收优惠、企业知识产权保护、技术创新支持、市场开拓扶持、融资增信等。对融资服务、技术服务、创新驱动、转型升级、专题培训等方面重点扶持。

广东省工业和信息化厅对工信部认定的专精特新"小巨人"企业、省认定的专精特新中小企业以及2020年新晋规模以上工业企业，对其商业贷款给予不超过利息的50%，金额最高不超过100万元的利息补助，省财政根据新晋规模以上企业数量对地级以上市给予奖励，促进小微工业企业提升规模。给予中小微企业融资补贴，支持中小微企业服务体系建设，包括开展中小企业人才培训、发放中小微企业服务券、举办"创客广东"创业创新大赛以及省中小企业相关的重点工作。

（二）国家对疫情防控和经济发展"两手抓"

受疫情影响，中小企业的经营状况备受关注，众多中小企业面临生存压力，政府出台了一系列措施帮助企业渡过难关。因疫情原因，导致企业遭受重大损失，生产经营受到重大影响，符合条件的企业可向税务机关申请享受房产税、城镇土地使用税困难减免税政策。在减轻企业生产经营负担的基础上，有关部门鼓励大型商务楼宇、商场、市场运营方等所有方对中小微租户适度减免疫情期间的租金。国务院常务会议指出，工业和服务业在经济发展和稳定就业中起骨干支撑作用。当前工业经济稳定恢复态势仍不牢固，服务业因受疫情等影响存在一些特殊困难行业，政府将出台措施，加大帮扶力度。首先是加大工业、服务业所得税减免力度，将针对中小微企业新购置价值500万元以上设备器具，折旧为期3年的可一次性税前扣除，折旧为期4年、5年、10年的可减半扣除。其次是延长制造业中小微企业缓税政策。最后是扩大地方"六税两费"，减免政策适用主体范围延伸至全部小型微利企业和个体工商户。

（三）全面推动绿色环保改革、数字化赋能印刷业转型

2022年6月上旬，国务院印发了《广州南沙深化面向世界的粤港澳全面合作总体方案》，明确加快推动广州南沙深化粤港澳全面合作，打造立足湾区、协同港澳、面向世界的重大战略性平台。推动建设粤港澳大湾区印刷业对外开放连接平台，政策支持国内企业面向世界的发展方向，助推企业积极融入国际市场。最终实现企业高质量引进来和高水平走出去，增强大湾区国际合作和竞争新格局。

2021年国家发展改革委员会和生态环境部发布《关于进一步加强塑料污染治理的意见》，目标是有序禁止、限制部分塑料制品的生产、销售和使用，积极推广替代产品，有力有序有效治理塑料污染，助力包装印刷产业呈现出绿色化、环保化、防伪包装一体化、智慧化等发展趋势。环保监管力度趋严，生产消费朝着绿色化、环保化方向发展，纸包材应用将更加广泛。绿色印刷成为重要的发展方向。

随着数字印刷技术的进一步成熟，生产厂商不断提高加强信息化建设，加速实现自动化生产技术普

及化和工作流程数字化，其应用范围将进一步拓展，以云印刷、数字印刷及生产制造的智能化为代表的技术将被广泛应用于印刷行业。传统包装向智慧包装升级，智能包装将具备感知、追踪等功能。未来智能包装将融合印刷电子、RFID、柔性显示等新型技术，使包装更有亲和力，并具备物联网特征。传统包装印刷将由商品美化和商品保护的基础功用向包装交互性转变，继而向快速服务网络消费者转变，其关键技术为数字信息的智能关联技术、定制与安全防伪技术。

三、拥抱电子票据新时代，抓住逆境新机遇，完成企业新蜕变

票据电子化进程迅猛，截至2021年3月，广东省已上线电子票据单位1.69万家，较2019年底增长逾10倍，整体覆盖面超过70%，并积极稳妥向基层深化延伸，累计开票量达1943亿元。随着票据电子化的逐步普及，纸质票据需求量大幅萎缩。票据行业正处于一个不确定性、复杂性、不可预测性常态化存在时期，当前此种情况仍在加速发展中，既是生存的挑战，同时也蕴含着机遇等待发掘。票据印刷企业需要抓住发展机遇，实现整体跃进。

（一）调整产品结构，进军多元市场

票据印刷企业需要积极改变产品结构，寻求发展机会。尽管当下存在不少的风险挑战，但是对印刷业而言，随着全国疫情形势逐渐明朗，受疫情冲击严重地区复工复产步伐加快，稳增长政策措施落地见效，仍大有可为。包装和标签印刷广泛服务于国民经济和居民生活中的各个行业，如食品饮料、日化、电子通信、烟草、医药、服装等领域，发展状况与其下游服务领域的经济发展状况息息相关。随着生产工艺、技术水平的提升以及绿色环保概念的普及，纸包装因具有生产原料来源广泛、成本低、便于物流运输、易于储存和包装物可回收等优势，已经可以部分取代塑料包装、金属包装、玻璃包装等多种包装形式，应用范围越来越广。

2021年，各种包装材料市场规模回升至1.20万亿元，2016年至2021年年均复合增长率达2.36%。据中商产业研究院预测，2022年将有所回升，市场规模预估达1.30万亿元左右。随着我国社会经济的不断发展，纸质印刷包装产品正向着精细、精致、精品的方向发展，包装产品的品种和特性也趋于多样化、功能化和个性化。近年国家大力实施包装减量化的政策要求，因纸质包装材料的轻质便捷、印刷适应性强等特性，较其他印刷包装的竞争优势更加明显，市场竞争力将会逐步增强，应用领域也将愈加广泛。

（二）技术创新升级，引领企业发展

大数据时代的到来，对企业创新能力提出了更高要求，应扩展更多的新技术应用，顺应时代发展，满足市场需求。票据应用的防伪技术随着社会电子化智能化的普及而有所改变，过去的票据防伪方式大多为物理形式的暗记、调频网点、缩微、团花、特种油墨等。而现在的防伪技术应用不再局限于印刷工艺防伪、材料防伪，更重视数据核验以及数据与互联网结合的防伪码技术，如图5所示。当前市场环境要求企业有更全面的技术储备和配套，并进

图5　一物一码技术示例

一步提高运营管理水平。

市场对包装、标签、门票等产品所承担的功能提出了新要求,客户对印刷产品的防伪性能更加关注。票据印刷企业需要攻克的难点是客户拓展、印刷方式适应,如标签印刷中的RFID芯片封装技术。在RFID技术的应用中,无锡双龙公司通过不断加强公司研发团队建设,将RFID技术运用到部分银行产品上。门票类产品也从磁条门票逐步过渡到RFID门票,如目前上海迪士尼乐园门票就应用了RFID技术。此外,NFC(近距离无线通信)技术在防伪的应用市场上需求量也在逐步加大,预计在将来的物联网世界里,标签和包装的产品为了便捷管理和防伪验证将会大量应用RFID和NFC芯片。

(三)深耕客户需求,开发延伸服务

票据印刷企业在转型发展中,以自身客户优势为依托,扩展服务范围,主动积极参与市场竞争,同样是个可取的转型发展出路。票据印刷企业在票据防伪和数据管理等方面有着丰富的管理经验,应合理利用这种优势,将其做为发展契机。深圳东鹏印刷推出了深圳市手机发票查验平台——鹏税通二维码发票查验平台,如图6所示。在发票出厂之前,将加密的二维码印在发票上,二维码里面集成了发票代码、发票号码等相关信息。当用户拿到开具的发票后,只需通过专用的手机APP扫描二维码,即可查询发票的相关信息,辨别发票的真伪。

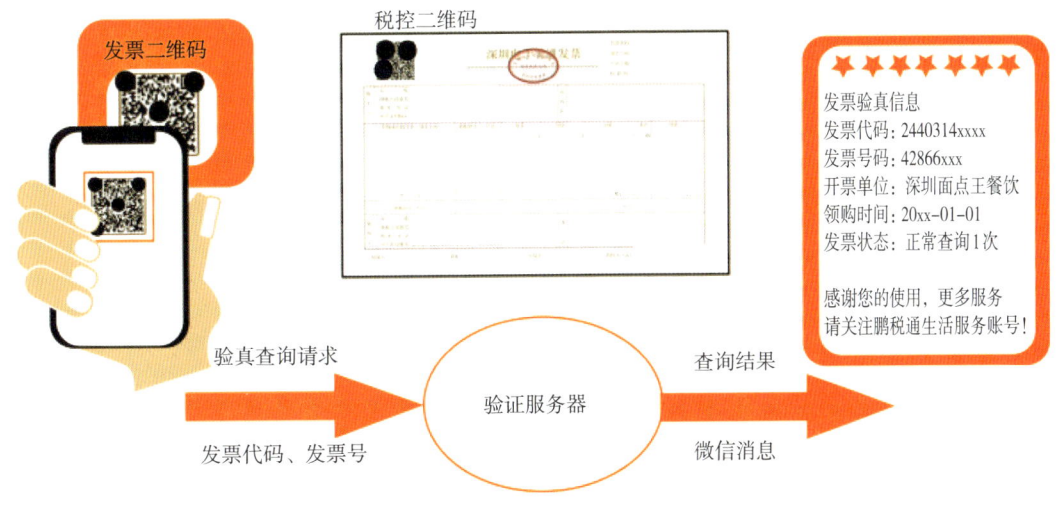

图6 鹏税通二维码发票查验平台运作流程

再如东港股份、重庆远大等行业龙头企业,拥有良好的客户资源和软硬件技术,在资金和人才方面也具备优势,勇于跨出传统制造业,积极参与客户需求的延伸服务。重庆远大下属的重庆远见信息技术有限公司整合了技术研发和运营服务团队,着力构建"金税通"网络(电子)发票整合业务平台,打造"数据运营服务商"的新身份。东港股份旗下的瑞宏网,已经获得北京市政府相关部门授权,可提供网络发票的查询验证服务。早在2016年,东港旗下的瑞云档案管理就致力为客户提供档案管理服务。经过持续发展,现已成为集档案审核整理、档案数字化加工、档案存储、档案保密销毁、档案软件开发、档案库房系统的综合型企业,成为提供档案全生命周期管理的专业化高新技术企业。票据行业其他企业也在积极寻求票据行业破局利刃,广州人印股份延伸发展票据保密物流仓储服务,促进制造业向服务业转

型。企业在现有广州市地税发票邮政配送O2O项目的基础上，积极拓展广州市及周边地区的税务发票仓储配送服务。

（四）打开市场格局，开拓新的业务区域

我国印刷业正努力追赶英美德等技术前沿国家，现有企业规模、工业产能、工艺技术等方面已强于大部分国家。针对目前国内市场供大于求，产能过剩的问题，将目光放至国际市场也是一个值得考虑的企业发展方向。不断推进"一带一路"印刷文化交流，加快构建以国内大循环为主体、国内国际双循环相互促进的新发展格局。对内平衡区域布局，锻造东部先进产业集群竞争优势长板，扩大中部地区承接优质产能转移能力，补齐西部地区特色产能升级短板，推动数字技术赋能产业转型升级，形成点线面结合、东中西互补、数字化贯通的区域布局。对外建设珠三角印刷业高水平对外开放连接平台。

票据印刷行业尽管面临着诸多的困难和挑战，但随着产业结构的调整、优化和升级，将有利于整个行业的健康可持续发展，更可能为行业内领先企业创造重要的发展机遇。

存量时代 标签印刷行业的发展与变革
——回顾 2021 年中国标签印刷行业

王莎莎

中国的标签印刷的加速发展始于20世纪70年代末期，从初期的依托进口设备、材料、版材等，到逐渐推出国产设备、国产材料等，中国的标签行业特别是不干胶标签的发展，与国家改革开放大环境几乎同步。

在经历了从无到有、由弱到强之后，国内标签行业的飞速发展阶段已然结束。伴随着国内经济的增速下滑，标签的存量化发展已是大势所趋。

一、标签印刷行业的发展

标签，分为不干胶标签、湿胶、套标、模内标等不同形式。作为面向各行各业提供服务的行业，标签已经广泛应用于食品、饮料、日化、物流、医药等领域，并成为印刷行业增长最快的细分行业之一。

回顾2021年，终端市场消费趋势的变化非常明显。从原来的供给侧结构性改革，到当前扩大内需市场的需求侧改革，随着内需循环为主经济新格局的出现，消费成为需求改革的重点，也成为经济发展的主要推动力，如直播带货、二次元经济等诸多新业态的形成。

中国作为较早爆发新冠疫情的国家，拥有丰富的防疫经验和严格的管控措施，并以极高的效率疏通了上下游产业链以及全球供应链，在全球范围内率先实现了全产业链的复工复产。例如在2021年，由于国内疫情控制明显优于国外，产业供应链完整，部分南亚、东南亚的生产订单逐步转向国内生产。

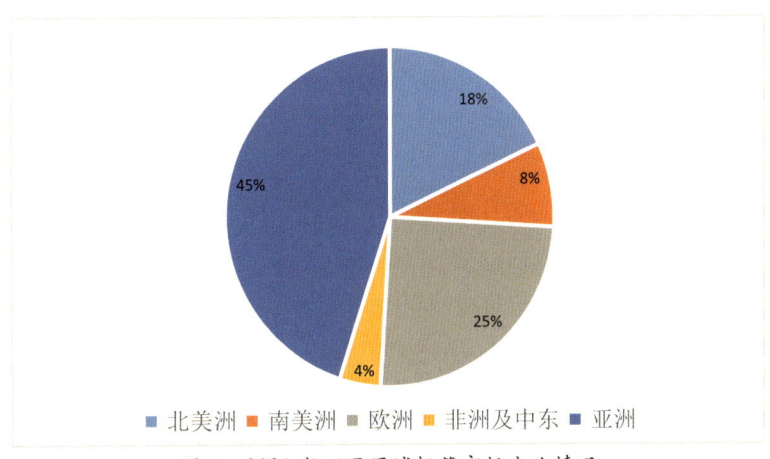

图 1　2021 年不同区域标签市场占比情况

根据AWA亚历山大沃森协会的最新报告，2021年，全球标签需求约为710.1亿平方米，其中亚洲的标签总量超过300亿平方米，占比达到45%。排名前三的依然为不干胶标签、湿胶标签和套标。其中，中国标签总量占亚洲标签市场的58%，相较2020年，标签总量增长了5.3%，高于整个亚洲标签市场4.6%的增长率，更高于全球3.8%的增长率。

2021年不干胶标签在全球整体标签市场中约占41%的份额。亚洲依然是全球最大的不干胶标签市场，2021年占有45%的份额。其中，中国市场进一步增长，达到了整个亚洲市场的57%，增长率为5.9%，仅次于东南亚6.9%的增长率。

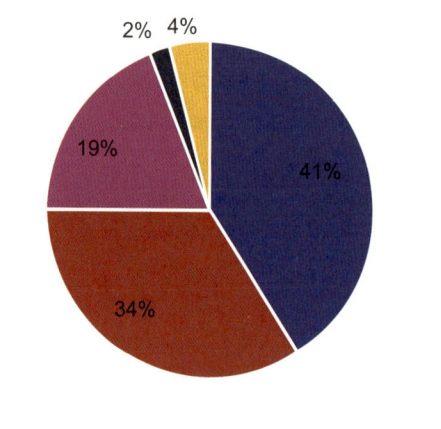
图2 不同标签类型占比

从标签市场发展来看，膜内标增速惊人，2021年的年增长率达到8.2%，预计未来三年的复合增长率为5.2%。膜内标的增长主要源于中国市场开始在饮料和食品领域使用膜内标技术。

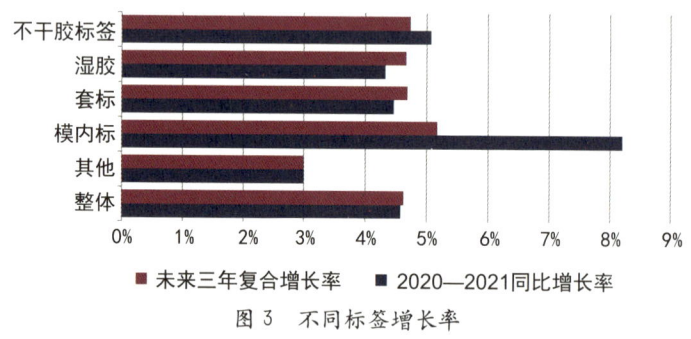
图3 不同标签增长率

相较于之前的两位数快速增长模式，中国标签印刷行业的增速有所放缓，一方面由于中国整体经济进入常态化增长阶段，另一方面在于复杂严峻的国际形势、国内新冠疫情散发及其他不确定性因素影响，实现当前增长已实属不易。

二、增长驱动力

如果说2020年新冠疫情对行业的影响是个开端，那么随着2021年疫情进入到常态化，已经深远地影响到整体经济的发展和消费模式转变，例如全球通行的限制、无接触的消费需求等。经过仔细分析，这些不利因素在为行业发展带来限制和阻碍的同时，也加速了企业的迭代和变革，推动了整个行业的创新发展。而这正是2021年中国标签印刷行业所经历的发展之路。

选择一个词来形容2021年的中国标签印刷行业，不少行业同人不约而同地提到了"大洗牌"。

尤其对于标签印刷企业，在面临新冠疫情加剧的成本上涨，包括物流、原材料、人员等，以及环保政策趋严等难题时，不乏一些企业在疫情封控期间资金链、生产无法维持而破产，但是绝大多数的企业都已在这场大洗牌中被迫转型创新，从而适应由此产生的新业态模式。

在传统线下消费受到严重制约的同时，借助信息技术的支持，以直播带货、在线服务等为代表的新业态，不仅在抗疫过程中发挥了至关重要的作用，而且在整体经济受到影响的大环境下，这些新的线上消费模式不断刷新业绩，实现了惊人的逆势增长，成为标签行业增长的主要驱动力。

不可否认，新冠肺炎疫情进一步强化了人们的线上消费习惯。而传统电商市场在国内经过20多年的高速发展，已然变成一片"红海"。短视频的风口拉动了直播带货的潮流，经过两年多的发展，直播带货迅速崛起，为传统电商注入了新的发展活力。

国家统计局数据显示，2021年，全国网上零售额比上年增长14.1%。其中，实物商品网上零售额增长12.0%，两年平均增长13.4%，增速明显高于线下消费。

电商、网络购物等形式不仅满足了人们无接触的消费需求，而且带动了快递物流行业的稳步增长。根据国家邮政局的统计，2021年，全国快递业务量完成1083亿件，首次突破千亿件，同比增长29.9%。而快递标签一直是不干胶标签应用领域的重要一环。AWA最新发布的报告显示，在不干胶标签的应用领域中，2021年亚洲市场的物流标签份额与食品标签持平，占据23%的市场份额，这与电子商务的迅猛发展密不可分。

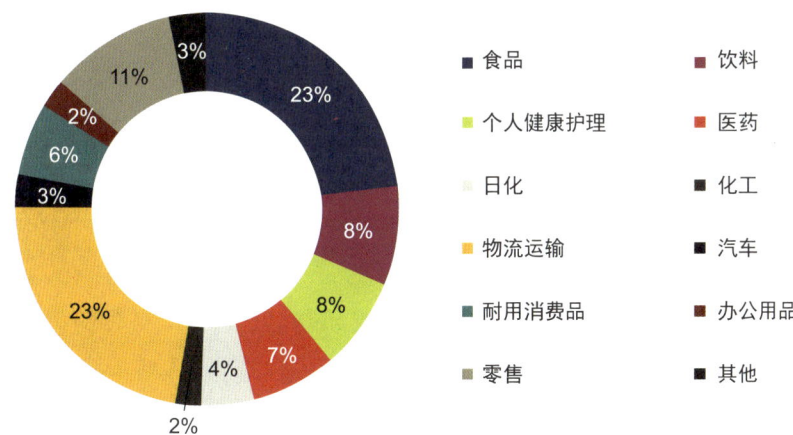

图4 亚洲不干胶标签市场应用行业细分

另一个值得关注的增长点来自医药和个人健康护理领域。中国作为最先复工复产的国家，2021年基本实现了全面复工复产。疫情下物资、人员的动态流通，带动了相关防疫消毒药品、洗护用品等需求的增长，因此标签使用量也相应地增加。

三、数字化变革

中国已进入互联网、大数据、人工智能和实体经济深度融合阶段。据中国信息通信研究院发布的《中国数字经济发展报告（2022年）》显示，数字经济作为国民经济的"稳定器""加速器"，其作用更加凸显。2021年，我国数字经济发展取得新突破，数字经济规模达到45.5万亿元，同比名义增长16.2%，高于同期GDP名义增速3.4个百分点。国家相继出台支持政策，全面推进"互联网+"，打造数字经济新优势。

而产业数字化将继续成为数字经济发展的主引擎。中国制造业对人员的高度依赖在此次疫情封控中暴露出很大的弊端。在经历了近年的发展后，标签印刷生产的数字化水平已经得到了很大的提高和改进。

标签印刷生产涉及了印前排版、制版、印刷、印后模切加工、检测等环节。行业数字化发展的体现，一方面源于传统标签印刷技术的数字化。目前中国标签印刷主要采用凸版、PS版、柔版等传统印刷技术，市场上新推出的生产设备配备了伺服电机、自动套准等智能控制系统，以及连线烫金、连线模切、在线检测等印后加工单元，不仅生产速度大幅提升，自动化程度也得到了进一步升级。此外，ERP等自动管理系统也开始在标签印厂中得到了有效的应用。

另一方面，数字印刷技术在标签印刷行业的发展正逐步深入。现阶段中国市场内的标签数字印刷设备供应商有十余家。国外数字设备供应商中，以惠普代表的电子油墨技术，赛康、柯尼卡美能达为代表的碳粉技术，爱普生、多米诺、得世、网屏等喷墨印刷技术在中国市场已全面开花；而国内数字印刷设备企业如浩田、弘博智能、润天智、普理司等，均以喷墨印刷为主（除了宁波沃瑞使用碳粉技术）。2021年，经历疫情复工后的标签印刷行业，采购数字印刷设备的企业并未减少，起印量少、交付时间短、人员干涉更少的数字印刷设备优势凸显，也在一定程度上促进了数字印刷技术在标签印刷行业的发展。如威海延丰投资了惠普Indigo 6k、重庆展印投资了赛康3500数字印刷设备、青岛奕迅投资了浩田HTS330喷墨印刷机、青岛润本投资了网屏Truepress Jet L350UV数字印刷机、东莞裕同安装了深圳润天智的彩神Single-pass UV J-330数字印刷设备等。

此外，伴随着数字印刷技术的发展，数字整饰、数字模切等数字化加工技术和设备的发展也在行业中受到更多的关注。如柯尼卡美能达的MGI系列、瑞邦的数字模切设备等。

四、智能标签

数字化还带动了标签形式的创新和多样化，智能标签正是这样的产物，如二维码、VR、NFC、RFID等。

在疫情初期，RFID智能标签的应用受到了一定负面影响。据IDTechEx数据显示，2019年至2020年，全球RFID市场下降了5%。但随后也出现了一些增长，该公司分析发现，2021年RFID行业市场规模达到了116亿美元，呈现上升趋势。这是因为智能标签不仅满足了疫情下人们养成的非接触采购的习惯和需求，而且满足了人们对于防伪追溯等数据透明化的要求。

尤其是超高频RFID标签，具有较高的传输速率、能够做到群读等特点，可在短时间内快速读取大量的电子标签，因此可以大幅度提升供应链的管理效率。此外，随着其技术的不断发展和成熟，超高频RFID标签的价格也有了大幅度的降低，现在不仅应用广泛，而且增速较快。2021年，全球超高频标签的出货量达到了230亿枚。

目前国内RFID技术已经在服装业、零售、制造业、医疗、身份识别、图书馆、汽车、防伪、资产管理、物流、动物识别等众多领域实现了应用。在服装领域，如迪卡侬、Nike、海澜之家、安踏等服装企业已陆续使用RFID技术来实现货物管理和大数据应用，零售行业的沃尔玛也于2019年底开始正式启用RFID技术。此外，像顺丰、菜鸟等头部物流公司也纷纷成立RFID事业部，并在物流管理、产品管理等方面已有成熟的案例应用，而北京大兴、深圳等机场也都上线了RFID航空行李条。

IDTechEx市场报告还显示，在高频RFID领域，市场需求主要适用于门禁管理、非接触式支付和交通应用，2021年行业销售了26亿张支持高频和NFC的支付卡。同时，在低频RFID领域，市场需要6.4亿个用于动物追踪的标签。

目前，中国是全球最大的智能标签生产国，美国是最大使用国（中国排名第二位）。根据AIoT星图研究院的报告，中国超高频RFID标签的产量占全球份额的70%~80%，仅在2021年中国境内超高频标签的生产量就达到了168亿枚。主要的智能标签生产商如艾利丹尼森、永道、信达、上扬无线、保点等，其工厂大多设在中国境内。

而在另一方面，2021年新冠疫情造成的上游芯片供应量减少，以及国内限电等问题引发的原材料危机，以及胶水、PET、铝材等价格上涨，在一定程度上阻碍了智能标签的发展。

五、可持续发展

从VOCs治理、禁塑限塑令到中国"3060目标"的提出，环保政策正逐步趋严，而且环保目标日益明确，相关的落地政策也逐渐细化到行业发展的不同环节。行业专家表示，可持续发展不再是一种趋势，而将成为一种新常态。

伴随着人们物质生活水平的提高，环保理念也受到众多消费者的重视。据麦肯锡公司2020年的一项调查显示，79%的消费者表示在购买产品时会考虑包装的可持续性。

随着国家法律法规的要求以及消费者环保意识理念的增强，品牌商也纷纷设立了可持续发展的目标。例如联合利华明确，到2039年实现所有产品零温室气体排放量；可口可乐设立了新的减碳目标，到2030年实现全球25%包装可重复使用等。品牌商的加入，促进了整个行业的可持续化转型和发展。

从实际行动上看，实事求是是对标签印刷产业链的最优解，可持续发展涉及到产业链的每一个环节，需要整个产业链的企业共同参与，包括标签材料、油墨、印刷过程、印后加工、废弃物处理、废气排放等不同方面。

对于标签所使用的材料，轻量化、FSC认证的材料、减少材料使用、含再生成分、可水洗标签等环保解决方案层出不穷。尤其是在禁塑限制下，行业对塑料类材料的选择变得更加谨慎。

全球知名的不干胶材料供应商艾利丹尼森，在2021年推出了全新解决方案，其中包括回收更多塑料的胶黏剂、使用节水型数字打印机、使用100%认证纸张制作的标签和吊牌等。芬欧蓝泰标签母公司UPM也在2021年正式加入《气候承诺》，企业承诺将定期测量和报告温室气体排放量，持续技术创新和商业变革，企业推出的全球首款通过碳信托验证的标签材料RAFNXT+，可减少标签碳排放量且有助于减缓气候变化。

环保政策也在一定程度上影响了企业印刷设备的选购，例如近几年迅速增长的柔印设备。其环保属性源于印刷过程中杜绝有毒有害物质的参与，环保监管效果长效可控，因此成为了世界公认的环保印刷方式。此外，随着柔印技术的不断进步，其自动化程度（自动套准、校正等）和生产效率不断提升，因此也在一定程度上满足了标签印企提升效率，降低时间和人工成本的需求。

在《标签与贴标》于2022年初所做的柔印设备抽样调查中，涉及了太阳机械、博斯特、欧米特、浙江炜冈、美国联合印刷器材（麦安迪）、海德堡/捷拉斯、东莞源铁、青州意高发、上海艾骏、海德智能等柔印设备供应商。

另据《印刷技术》杂志的资料，2020年7月1日至2021年6月30日，共有247台全新的机组式柔性版印刷机在中国内地投入使用，其中国产设备增量为238台，进口设备增量为9台。

从上述统计数据可以看出，相对环保的柔版印刷设备保有量和增量都在不断增加，柔版印刷机已经在我国印刷业，特别是包装印刷和标签印刷领域中占据了越来越重要的地位，柔版印刷技术的应用已逐渐展开。

除了柔印技术，数字印刷技术具有无需制版、没有冲版产生的废水等制版污染，使用的油墨不含高挥发性有机化合物，满足短版按需印刷且浪费少等特点，因此也具有较大的环保优势。尤其是当新冠疫情造成的人员、物资等紧缺或是上涨，数字印刷技术在企业降低人工成本、减少库存等方面具有着先天优势。

六、未来发展

中国标签印刷行业经过四十多年的发展，历经起步阶段的举步维艰、发展阶段的万象更新和改革开放时期的飞速发展，现在整个行业已然进入换挡减速的新阶段，从"规模速度型"粗放增长转向"质量效率型"集约增长、从要素投资驱动转向创新驱动的发展新模式。整体经济下行、新冠疫情的爆发和现在的疫情动态化新常态，无疑会再次加速行业洗牌的速度和步伐。

从印企规模上看，未来的标签印刷企业将会进一步出现两级分化现象。即大集团型企业因多年来在行业的资源和客户积累以及资金等优势，将通过并购、合资等方式不断扩大规模，从而提高生产能力、完善市场布局、综合提升抗风险能力，借以抢占优势的品牌商资源和优质订单。小规模企业也将通过深耕细分领域，充分发挥灵活多变的优势，获得稳定的客户资源。而中型规模企业则可能会在这场浪潮中被大型企业收编，或受制于订单的缩水，最终因企业运营成本增加等原因而被迫退出市场。

从标签应用领域来看，传统标签的增长高峰期已过。在出口订单缩水、扩大内需有限的情况下，智能标签受到众多行业人士的关注。根据预测，正常情况下全球超高频RFID标签的出货量每年保持10%~20%的幅度增长，而超高频标签在快递领域还将迎来新的机遇。2021年12月31日，国家邮政局发布了行业标准《寄递包装射频识别（RFID）应用技术要求》。国内主流快递公司如菜鸟与"三通一达"都在积极尝试，其中，菜鸟已经进行了千万级量的试点。如果RFID技术在快递领域落地，那么将迅速达到千亿枚的体量。

对于标签印刷企业，单方面追求整体产值的提升已经远远不够（或者短期内会非常困难），企业更需要修炼内功、紧跟市场需求、优化企业管理，从而降低运营成本并提高利润率，平稳度过后疫情时期所面临的不同危机。

攻坚克难　保持增长的中国柔印

中国印刷技术协会柔性版印刷分会

2021年是非凡的一年，面对严峻的新冠肺炎疫情和复杂多变的外部环境，在全球经济复苏步伐放缓的情况下，中国经济依旧保持了稳健的增长步调。1—4月份，全国绝大多数印刷企业和供应商业绩强力反弹，业务饱满订单激增。但从5月开始，随着大宗原料价格的暴涨，柔性版印刷行业所必须使用的纸张、薄膜、油墨及化工原材料等供货价都达到了历史高位，柔性版印刷机制造业中不可或缺的有色金属、电气元器件以及黑色金属材料都进入了涨价名单。但综合来看，柔性版印刷行业总体持续向好。

一、2021年我国柔印产业发展的基本情况

据国家统计局数据统计显示，2021年，印刷业规模以上企业实现营收7442.3亿元，同比增长10.3%，占规模以上工业企业营收总量的0.58%；利润总额428.4亿元，同比减少0.4%，占规模以上工业企业利润总额的0.49%，两项指标的占比与2020年相比分别减少0.03%、0.16%。显而易见，2021年印刷业面临的压力远超大多数行业，可以说遇到了前所未有的困难和挑战。在此背景下，中国柔性版印刷行业进一步凝聚合力，坚定信心，努力推动行业发展。

2022年初，上海出版印刷高等专科学校联合中国印刷技术协会柔性版印刷分会为编撰《2022中国柔性版印刷发展报告》蓝皮书，共同发起了针对柔印行业企业的调研问卷调查。调查结果表明，整个柔性版印刷行业的营业收入和利润总额仍然优于其他传统印刷方式，被调研印刷企业在2021年的柔印业务产值同比增长14.65%，高于2020年的13.50%，平均利润增长6.86%，低于2020年的9.02%。经初步估算，2021年柔性版印刷产值约占我国印刷工业总产值的18.0%以上。

2021年9月，由生态环境部大气环境司组织、生态环境部环境规划院牵头编著的《挥发性有机物治理实用手册（第二版）》（简称《手册》）已正式出版。这一版《手册》结合相关标准、政策的最新要求，进一步扩展了涉VOCs排放的行业和领域，聚焦VOCs治理中突出问题的关键环节，并提供了更为细化的解决方案。

在政府管理部门和行业协会的共同指导和推动下，国产高精度柔性版印刷机、制版机、网纹辊、模切辊、油墨、版材等产业重要配套设备器材逐步国产化，并在市场中占据主导地位，产业链上下游在技术、工艺、材料、设备上的协作更加紧密，国内外不断创新的柔印新技术交流途径更为通畅，柔性版印刷质量显著提升，开始步入高品质印刷工艺的行列。

二、柔印产品质量评选涌现出国内外创新技术

受疫情影响，第十二届"石梅杯"柔印产品质量展评活动延期至2021年举办，从获奖产品应用的技术来看，中国柔性版印刷行业继续保持与国际新技术同步，甚至出现了某些国外新研发的技术在中国得到验证的情况。

（一）离散型网点技术

在塑料薄膜上应用的离散型网点Bellissima DMS技术，不论套印精度、高光与暗调层次、实地密度等细节都很出色。

在纸张类产品上应用的EskoLaMation（惊奇网点）技术，克服了传统调幅网点在多色叠印时的摩尔干涉缺陷，使印刷图像更为细腻。

（二）液态树脂版的技术飞跃

多年来制约国内液态树脂柔性版发展的版面平整度不够，网线数量太低的缺陷得到有效克服。

采用最新技术的液态树脂制版机制成3.94mm液态树脂柔性版，无论是从网线数、还原度、最小网点、最细网线来看，还是从耐印率来看，都能与固态柔性版媲美。

使用优质液态树脂制成的1.70mm液态树脂版网线实现了133lpi，平整度为1.70±0.01mm，最小独立线0.05mm，独立点直径0.2mm，最小阳文字2pt，阴文字2pt，耐印率在200万印左右，特别是该产品具有自我清洁功能，不易堵版的特点。

（三）用于薄膜印刷的水墨技术

技术创新使用的国产薄膜水性墨，采用1000lpi网纹辊，在65℃~70℃的干燥温度下，印刷速度能达到250~300m/min，说明该款水墨的成膜温度并不高，这正是薄膜印刷中需要的。水性墨在表印领域已普遍应用，适应性很好，可以预期在里印方面，国产水墨也能有所突破，在柔印进军复合软包装领域发挥其应有的作用。

（四）用于标签印刷的柔印和数字印刷组合技术

组合印刷技术制作标签就是将柔印工艺、多种印刷工艺、加工处理方式相结合，在降低成本的同时提升了产品的效果，从而提高产品的附加值和企业的竞争力。标签产品集中了柔印工艺的高端技术，单位面积小但技术含量高。

数字印刷和柔印工艺的组合正是扬长避短的过程，能将数字印刷的优势发挥到极致，不适合数字印刷的则要用传统的柔印工艺进行补短，因此摘得本届标签类评选的桂冠。可以预见，未来组合印刷将会是柔印标签发展的一个重要趋势。

三、国产设备器材的技术进步加速柔印的崛起

（一）柔印设备

"2021'柔性版印刷在中国'装机量调查报告"显示，2020年7月1日至2021年6月30日，又有247台全新的机组式柔性版印刷机在中国内地投入使用。近16年间，中国内地共安装机组式柔性版印刷机3236台，年增长率为8.3%。其中，国产机2599台，占比80.3%；2021年增量为238台，占比96.4%；进

口机为637台，占比19.7%；2021年增量为9台，占比3.6%。

"2021年中国卫星式柔性版印刷机销售情况调查"显示，2021年全年，中国内地共实现销售192台。2014—2021年，中国内地共安装卫星式柔性版印刷机570台，同比增长53.48%。其中国产设备545台，占比95.6%；2021年增量为188台，占比97.9%。进口设备25台，占总量的4.4%；2021年增量为4台，占比2.1%。

另据"中国印刷"微信公众号发布的"2021年国内印刷产业相关商品进出口贸易研究报告"显示，2021年各类柔印机进口数量共45台，同比减少10台，减少18.2%；金额为2216.25万美元，同比减少1860.00万美元，减少45.6%。出口2377台，同比减少1736台，减少42.2%；金额为7331.22万美元，同比增加936.58万美元，增长14.6%。

以高端柔印设备为主体的进口设备增长受限于国内市场的容量和来自本土柔印设备制造商的竞争，而这正是导致国内柔印设备进口规模不断萎缩的主要因素。尽管国内柔印设备出口规模增长速度很快，但出口设备的主体仍是平均单价低于10万美元的品类，柔印设备出口结构改善任重道远。

从以上柔印机的国内市场及进出口情况可以看出，我国柔印机械制造业的发展势头继续保持稳步增长，由于国产设备供应商狠抓科技创新，智能化程度有所提高，国产柔印机的市场占有率稳步提升。

（二）柔性版材

2021年，中国柔性固态树脂版材消耗量约135万平方米，其中进口75.67万平方米；另有54.47万平方米出口。国内市场中，杜邦、恩熙思、旭化成、柯达、麦德美等品牌市场占比约为40%，乐凯华光占比约为35%，石梅、强邦等占比约为25%。从柔性固态树脂版材的技术路线而言，国内传统版版材占比55%，数码版材占比45%。从版材厚度来看，3.94mm柔性版材占到最大份额，达到了65%以上，1.70mm与2.28mm柔性版版材约占30%，2.84mm、1.14mm等其他厚度占比较小。

同样据"中国印刷"微信公众号发布的"2021年国内印刷产业相关商品进出口贸易研究报告"显示，2021年柔性印刷版材的进口数量为75.67万平方米，同比增长31.9%；进口金额为3973.53万美元，同比增长24.5%。出口数量为54.47万平方米，同比增加10.4%；出口创汇2452.57万美元，同比增加18.4%。

（三）柔印油墨

国家统计局数据统计显示，2021年"油墨及类似产品制造"规模以上企业数量为376家，行业总资产473.38亿元，较2020年增长1.09%；行业营业收入542.50亿元，同比增长20.06%；行业营业成本439.50亿元，同比增长21.86%；利润总额36.86亿元，同比增长6.24%。亏损企业达到40家，亏损额为1.05亿元，亏损企业亏损额同比增长46.34%。

国家统计局的数据中除了油墨产品以外，还涵盖了油墨类似产品，此部分所包括的内容较广泛。为了更好地了解柔印油墨的发展情况，上海出版印刷高等专科学校联合中国日用化工协会油墨分会和中国印刷技术协会柔性版印刷分会共同发起了针对柔印油墨生产企业的调研。参与本次调研的企业数量为36家，调研企业2021年的油墨产量总计33.29万吨，约占全国油墨大类产品产量（85万吨）的39.16%。调研企业的柔印油墨主要包括水性油墨、溶剂型油墨、UV油墨和其他（底油和光油）。调研企业的柔印油墨合计产量约为10.17万吨，约占油墨总产量的11.96%。其中水性油墨78837吨，占到柔印油墨合计产量的77.56%；溶剂型油墨6994吨，占到柔印油墨合计产量的6.88%；UV油墨2382吨，占到柔印油墨合计产量的2.34%；其他（含底油、光油等）13439吨，占到柔印油墨合计产量的13.22%。

四、我国柔印产业发展中的基本结论和存在的主要问题

（一）柔印行业继续保持良好发展势头，但疫情影响不容忽视

在我国实施绿色印刷战略的大背景下，各项环保法律、法规和标准相继出台，柔性版印刷凭借其独特的环保优势、高生产效率、高耐印率、低能耗等特点受到社会和业界的广泛关注，迎来前所未有的发展良机。在产业链上下游的新技术、新工艺和新材料推动下，近年来，我国柔性版印刷始终保持着年均两位数的增速发展。数据显示，2021年度参与调研企业的柔性版印刷业务平均增长14.65%，继续保持着良好的发展势头。

同时，受新冠肺炎疫情影响，人们的生产和生活方式发生了深刻变化，印刷业遭受了强烈冲击，全球印刷业规模一定程度上出现萎缩。这一变化也给柔印行业带来了很大影响，其影响主要表现在市场需求转弱带来的订单减少、物流不畅等带来的供应链危机和交货困难、开工困难造成的产能不稳定等方面。另外，企业还面临着原材料价格高涨、人工成本上涨、利润降低等各种压力。调研表明，尽管对2022年的经营预期持乐观态度的企业占比（47.10%）高于持悲观态度的企业占比（30.00%），但与上一年度的调研数据相比，乐观预期的占比出现了很大程度的滑坡，增加了不确定因素，远没有达到疫情前的预期水平。

（二）国产设备和版材逐渐替代进口，但质量与技术仍待进一步提升

近年来，国产柔印设备在结构功能、控制技术和制造精度上不断提升，伺服传动、封闭式墨腔、套筒式陶瓷网纹辊、在线套印检测、自动调压、在线印品检测、远程诊断与维护，以及ERP系统接口等功能已经成为国产中高端印刷机的主流配置。凭借较高的性价比优势，近五年来，国产机组式和卫星式柔印机的国内市场份额始终保持在九成左右。与国际先进水平相比，国产柔印设备性能仍然存在一定差距，主要表现在高速印刷的稳定性，以及设备的早期故障率等方面。

在柔印版材方面，以乐凯华光为代表的国产品牌迅速崛起，近年来在数字化柔版技术方面取得一定突破，性能不断提升，产品逐步获得市场认可，在部分领域（比如厚版）已经取得明显竞争优势，部分产品远销海外。但国产版材还须在油墨转移效果、高光网点还原性、印版耐印率以及批次间的质量稳定性等方面进一步提升，并且还需开发性能更加成熟的自带平顶点版材等。

（三）软包装和标签是柔性版印刷领域的重要增长市场，关键技术还需突破

调研表明，软包装和标签是未来柔性版印刷最重要的增长市场，短单及可变印刷的需求将促进柔印和数字混合印刷的发展。目前，我国软包装印刷领域仍以凹印为主，随着国家环保政策的不断趋紧，软包装柔印的未来发展潜力巨大，但是制约因素也很明显，需要在高性能版材、稳定的印刷设备以及适合薄膜印刷的高性能水性油墨等方面进行突破。而在标签印刷领域中，柔性版印刷已经超过凸版印刷成为标签印刷的主力军。多工艺联线加工的多功能印刷设备，逐渐成为标签印刷机的发展趋势。针对中

等印量的标签活件，高效率、具成本优势的混合印刷机更加受到青睐，因此长单依旧在传统柔印中有着较大优势。

（四）提高智能化水平逐渐受到关注，企业智能化发展面临瓶颈

柔印智能化已逐渐受到人们的关注，主要体现在柔印设备的伺服传动、自动调压、在线套印、印品检测等自动化功能大幅提升，并普遍具备远程通信、互联网连接、远程诊断与维护、以及ERP系统接口等功能；印刷企业普遍应用了ERP系统，OA、MES、PLM、WMS、CRM等管理信息化系统的应用比例也有所提升；企业开始重视设备之间互连、设备与信息系统之间连接、自动工时统计、自动质量数据采集、物流智能分拣等系统或功能的应用等方面。

调研中发现，能够实现设备与设备、设备与信息系统之间交互通信的企业不多，存在大量信息化和自动化孤岛，能够进行自动报产、质量数据自动采集、车间物流智能分拣的企业比例更低。实施智能化是一项艰巨的任务，需要予以高度重视，加大研发投入，积极引导企业智能化建设，培育一批数字化、网络化、智能化发展标杆企业，推进柔性版印刷走智能化发展之路。

（五）人才是行业长远发展的重要保证，专业人才短缺问题依然突出

人才是柔印行业长远发展的重要保证。随着我国柔性版印刷行业的持续快速发展，对专业人才的需求也大幅增加。当前，印刷业普遍存在招工难、用工贵的问题，尤其是柔印专业的人才短缺问题更为严重。由于柔性版印刷工艺的独特性，较早期的平版胶印和凹印专业人才无法达到当下柔性版印刷专业要求，需要进行较长时间的培训，尤其在印刷机操作、印前制作和技术专业管理等岗位中的缺口较大，连续四年的调研发现，专业技术人才短缺依然是制约行业发展的主要因素之一。

2022年是"十四五"规划的重要一年，也是我国印刷业实现高质量发展的关键跨越期。国家新闻出版署于2021年12月底发布的《印刷业"十四五"时期发展专项规划》明确提出，在"十四五"期间要继续推动我国印刷业加快"绿色化、数字化、智能化、融合化"发展的步伐，促进产业结构优化升级。随着数字技术、互联网技术、信息化技术、自动化技术、智能化技术在我国印刷业的广泛应用，柔性版印刷及其供应链企业应不断引入先进技术，推动其在生产过程中的智能化和自动化，把提升柔性版印刷的整体质量水平和生产效率作为自身的核心业务能力，努力实现柔性版印刷生产从自动化向信息化转变，坚持高质量发展，努力将柔性版印刷技术拓展到软包装、纸包装等更多应用领域。我国柔性版印刷行业将会继续保持良性的稳步增长态势，柔性版印刷及其制造业必将迎来充满生机的春天。

创新不断，未来可期
——网版印刷2021年度业情浅析

中国印刷技术协会网印及制像分会　沈春燕

2021年是全国人民在抗击疫情与发展社会经济两条战线上艰苦奋斗的第二个年头，在复杂严峻的国际环境和疫情多点频发的国内环境下，各种超预期的不确定因素给企业的生产经营带来了严重冲击，国家及地方政府及时推出一系列助企纾困举措，通过减税降费、融资支持、稳岗扩岗、减免租金等直接有效的政策帮扶，支持企业稳定经营、迎难而上。大多数经营者慢慢从对疫情的焦虑中走出来，开始以积极的心态应对疫情常态化下的困局，直面挑战，寻找生存与发展的机遇。

2021年是中国共产党建党百年华诞的光辉历史时刻，中国印协网印及制像分会有幸在这一年迎来了建会40周年，这对于网版印刷、特种印刷及数字印刷行业是具有里程碑意义的大事。网版印刷产业是伴着祖国改革开放的春风蓬勃发展起来的，曾经的网版印刷以不受承印物限制、印刷墨层厚、色彩亮丽和印刷质感好等其他印刷工艺无法比拟的优势占据了一定的市场份额。然而，40年过去了，在现代信息化技术和先进的数字化技术广泛深入应用的今天，传统的网版印刷市场在不断萎缩，如何拥抱新技术，打破传统经营模式，开拓产业新边界，驶入社会经济发展新格局的新赛道上，是整个网版印刷行业面临的现实问题。中国印协网印及制像分会在2021年以建会40周年为契机，广泛联络行业会员，对会员企业的经营现状、市场现状进行调研和信息梳理，做出这个业情年度总结，因为疫情防控需要，我们的实地走访调研有限，如有疏漏和不妥之处，我们愿与业内人士进行探讨。

一、心系家国，勇担使命

世纪疫情与百年变局的双重重压下，原有的市场规律与秩序被打破，面对出口受阻、订单减少、用工紧张、成本上涨等诸多问题，民营企业家没有被压垮，他们勇敢前行，成为最美逆行者。无锡市科虹标牌有限公司是一家专业生产家电外观装饰件的高新技术企业，作为无锡市党建引领规范化的标杆企业，在疫情期间，公司开设网上培训课，内容涵盖员工心理辅导、防疫知识宣传、操作技能讲解以及安全生产示范等，贴合员工需求，鼓励员工争优创先，积蓄力量，厚积薄发，使企业始终充满活力和战斗力。金恒丰科技集团有限公司是专业从事数字喷印设备研发、制造和销售的大型企业，为响应国家抗疫需求，公司暂停主营业务生产，发挥自身在机械制造方面的优势，两天内抽调40多位工程师7天完成全自动口罩机的设计，一个月内生产了500台口罩机，在2021年3月，将价值1700多万元口罩生产设备捐赠给斯里兰卡，为促进"一带一路"民心相通工程作出积极贡献。吉林恒昌科技股份有限公司是国内最早研制、开发和生产汽车外装饰贴膜的企业，公司利用自主研发的反光器型反光膜涂装技术为冬奥会的雪车进行全车外装饰贴膜，当公司全体员工看到"辽源市自主研发的首台雪蜡车抵达北京，为冬奥会延庆赛区的雪上项目服务"的报道后，备感自豪，恒昌人为向世界展现最美北京冬奥形象贡献出了自己的一份力量。还有更多的企业积极主动参与当地的扶贫项目和公益事业，彰显民营企业家守正创新、勇毅前行的担当精神。

民营企业是我国高质量发展的重要生力军，是深化改革、开创新局面的积极推动者。改革开放以来孕育了网印产业和一批优秀的网印民营企业，它们始终将勇于拼搏、不畏困难、争创一流企业作为不断发展壮大的底色，"小网印大作为"很好地诠释了现代网印技术在国家经济高质量发展和印刷业"十四五"发展时期的重要作用。

二、实业兴国，铸就民族品牌

2021年尽管需求收缩、供给冲击、预期转弱的局面没有根本扭转，经济恢复基础仍不牢固，但营商环境在不断优化，各项惠企政策直达市场主体，体现出国家支持民营企业更好更快发展的决心。良好的制度供给和政策环境增强了民营企业爬坡过坎、积极作为的底气和实力。

每年的三四月份对于印染行业都是旺季，不管是从纺纱织布，还是面料染色、印花、后整、制衣加工都是异常忙碌，然而疫情下没有规律可言，其中最大的问题是外贸服装出口的锐减以及消费需求的下降，不少外贸印染企业出现了订单减少、暂停或者取消订单的情况。国内的很多中小服装印花企业面临亏损，但中高端市场，受疫情影响相对较小，安徽聚合辐化化工有限公司紧跟市场需求，加强内部管理的同时专注高性价比产品的研发，特别是在涂料印花粘合剂、胶浆、涂料与分散增稠剂等方面。公司研发的仿活性涂料印花粘合剂已成为业界知名品牌，占据50%以上的高端市场份额，国内最具代表的家纺品牌如安娜、罗莱、水星、梦洁都在使用公司的高端产品。目前公司的生产已实现了智能化和数字化，在国际市场上也具备了强大的竞争优势。东莞长联新材料科技股份有限公司扩大了研发人员队伍，主攻数字印花打底胶浆系列产品、高档通用胶浆产品开发，产品以牢度好、手感柔软、弹性好、耐摩擦性强、成本低等优势征服了国内市场，打破了进口胶浆在国内的垄断地位。公司现又全面开启特殊效果和功能胶浆的研发，完善印花胶浆产品体系，为客户提供多种材料和技术整合一站式产品解决方案，持续为客户创造新价值。

在精密成像设备制造领域，江苏友迪激光科技有限公司可谓是成绩耀眼，这是一家致力于数字化激光成像技术的国家高新技术企业，凭借持续的技术创新，在无掩模光刻领域里自主研发的四大核心技术：光源耦合技术、高质量的镜头成像技术、DLP数据控制技术和图像解析处理技术，已达到甚至超越世界领先水平，面对网印制版行业推出了具有国际领先水平的数字丝网曝光机。目前该公司正与国内科研单位、院校合作，研发曝光机光源、开发与曝光机配套的感光油墨与光刻胶，打造数字化曝光机产业链。

浙江劲豹机械有限公司是全自动网印设备生产制造的领军企业，2021年印刷包装行业市场规模较上一年下降幅度大，公司生产的单张纸自动网印设备销量有所下滑，公司及时调整营销策略，持续在产品升级上发力，不断研发新产品，开发出多用途、功能性强的全自动网印设备，以满足高端烟酒包装印刷、电子电器精密印刷、陶瓷玻璃花纸印刷、印前制版辅助工艺的市场需求。

在电子电路印制领域，值得一提的是昆山兴协和科技股份有限公司，该公司凭借自主研发的单面覆膜和双面覆膜技术突破了键盘薄膜开关线路板、触控板按键模组的传统生产工艺，提升了产品的密封性、防水性和抗氧化性，特别是在高温高湿等东南亚国家的使用寿命大大延长。公司的核心产品笔记本电脑键盘薄膜开关市场占有率达到25%，并进入了惠普、戴尔、联想、华为、三星、小米等著名品牌商的供应链体系。

无锡金通高纤股份有限公司在网印筛网的制造和产品技术创新方面硕果累累，拓宽了常规材料的应用领域，产品销量实现稳步增长。公司年生产高性能纤维单丝近万吨，在保持精细涤纶单丝产品竞争优势的同时，持续开发新产品新应用，开拓新市场。针对不同的下游行业，公司加大产品多样化的研发生产，先后推出用于空气过滤领域的LMPET/PET皮芯复合单丝、运动鞋服的PBT/PA6皮芯复合单丝，用于功能性家纺的冰凉感PE长丝以及用于食品包装、医疗器具的绿色、可降解的PLA单丝等多款产品。

本次调研使我们对金属标牌标识制造的工艺发展有了新的了解和认识。青岛伟健金属饰品有限公司可以作为这一领域的标志性代表，公司服务于高速列车、城轨列车、船舶、叉车等机械设备的标识生产，具备从技术自主研发到智能机器人运用，以及高速列车标识生产线等一条龙的设计、制造和安装能力，实现了由中国设计、中国制造和装配一体的供应链服务，示范带动了青岛市乃至全国的高速列车高质量标识制造业的产业结构调整，增强了我国高速列车标识行业在国际市场中的竞争力。

网版印刷行业经过40年的洗礼蜕变，当初的手工家庭作坊早已被现代整洁的厂房所替代，网印机材的生产制造也从完全依赖进口、仿制到自主研发、出口海外。现在越来越多的企业与大中院校合作，形成了产、学、研相结合的技术创新体系，自主创新能力显著提升，获得的产品发明专利也越来越多。在新一轮科技革命和产业革命的冲击下，网印人勇立潮头，开拓进取，自信自强，行进在科技创新、实业兴国的新征程上。

三、科技创新，环保先行

2021年也是"双碳"元年，在全国两会上，"碳达峰""碳中和"首次被写入政府工作报告。当年12月召开的中央经济工作会议指出，要正确认识和把握"碳达峰""碳中和"。实现"碳达峰""碳中和"是推动高质量发展的内在要求，要坚定不移推进，但不可能毕其功于一役。同月，生态环境部在举行的例行新闻发布会上表示，全国碳市场启动上线交易以来，整体运行平稳，企业减排意识不断提升，市场活跃度稳步提高。

网版印刷油墨、感光胶等材料是被贴上"污染"标签的产品，生产绿色原辅材料是网版印刷材料制造商的必答题。中山市中益油墨涂料有限公司从成立之初，就把目标定在生产环保油墨上。有了高标准定位，公司始终领跑在高端油墨生产赛道上，公司生产的一系列环保油墨包括环保UV油墨、LED型油墨、水性油墨、高品质溶剂型油墨都获得了国内外权威机构的绿色认证。据近几年对油墨涂料制造企业的调研，深刻体会到企业对于保护环境、造福子孙的强烈的社会责任感，每一款油墨新产品的问世都是以环境友好为首要条件，现在最为热门的LED型油墨被广泛应用于广告招贴画、塑料文具、铝板、金属、玻璃丝网印刷及纸品胶印、轮转印刷、柔版印刷等多个印刷领域，LED的优势在于节能（比传统UV汞灯节能85%左右），环保（在固化过程中，不会产生臭氧，破坏环境），高效（配合专用LED油墨，固化速度达到传统UV汞灯的效率），耐用（使用寿命3万小时左右，是传统UV汞灯的30~40倍），安全（由于采用长波段的紫外光，接近可见光区，对人体伤害性小得多），这些优势充分代表了未来网印油墨的快速低能耗固化的发展理念。据了解，有些企业在跟电子束固化（EB固化）设备商进行联合开发EB电子束固化，这也是一种高效环保的固化方式。在较早前，该种设备价格较高，民用市场较少使用，随着设备成本的降低，完全有进入印刷市场的可能性，当然这种设备对油墨性能的要求也将是一种挑战。此外，油墨生物降解化也可能成为行业未来的发展趋势，除小部分特种油墨外，大部分油墨最理想的状态是油墨随物品自身的使用周期的结束，同步或提前产生降解，形成环境、能源的闭合循环。目前整个网印行业，无论是网印油墨、网印材料的生产企业，还是网印设备制造企业，在国家和地方环保政策的指引和管理下，产品生产线已完成了绿色升级改造。

四、谋篇布局，开辟产业新边界

"十四五"开局之年，中国经济持续稳定恢复，主要宏观指标总体处于合理区间，发展韧性不断增强，从市场数据可以看到各行各业日渐从下滑中走出，新产业新业态新就业快速增长。据报道，2021年规模以上高技术制造业增加值比上年增长18.2%，高于规模以上工业8.6个百分点，时代的变革和政策的利好，给市场主体带来希望。网印行业仍将面临突破传统发展模式，以科技创新推动持续发展的新形势。随着数字技术与实体经济深度和快速融合，赋能传统产业转型升级，数实融合将产生巨大的产业机遇。中国印协网印及制像分会希望以建会40年为契机，认真梳理，全面总结，面向未来，转变观念，积极探索，为会员、为行业营造与新兴产业、未来发展相适应的良好生态环境。

2021年印刷机械行业发展情况综述

北京印刷学院　齐元胜　马英哲　贾晓研　王忆深

2020年，新冠疫情席卷全球，各行各业都受到了一定影响，印刷设备制造业也不例外。近年来，印刷业产能、规模持续扩大，产值总量位居世界第二。为了适应国家未来发展计划，国内印刷业发展趋势也在发生着变化，印刷企业的分布进行了调整，京津冀、长三角、珠三角等区域印刷业进一步改革，印刷业结构调整效果明显，达到一定规模的重点印刷企业产值占比超过六成，印刷业动能从旧到新逐步发生转换，数字印刷年综合增长率超过三成，经过五年的持续奋斗，中国印刷业的柔性化制造能力、行业担当力得到进一步的增强，为将我国建设成印刷制造强国奠定了坚实的基础。

一、我国印机行业发展现状

2020年至今，无论是受疫情影响，还是从经济环境、政策、行业上下游的变化来看，都可以明显感受到印刷业处于变局中，印刷业数字化、智能化、绿色化发展持续深化。在印刷业，"智能制造"是一个新兴的热门词汇，行业需要综合考量和解决印刷设备的自动化、智能化和现代化的升级问题。

（一）2021年印刷设备发展总体概况

江苏方邦机械有限公司生产研发的ZD-QFJ08卷筒纸全自动方底纸袋机，实现了全自动化生产，能够有效地节省人工成本，该设备具有特殊的合底装置，改进了传统机型合底速度偏慢的缺点，从而大幅度提升机器的制袋速度；卓越的底部上胶（水胶）系统，可以有效节省胶水损耗和人工成本，生产速度每分钟可达120个。天津长荣荣悦系列全自动裁切生产线可承担各种印前、印后产品生产任务，具有自动化程度高、生产效率高的特点，可将单独切纸机产量提升至原来的4倍。全自动取纸机、卸纸机全部采用液压系统及伺服系统，具有噪音低、精度高、维护成本低、寿命长等特点。唐山元创自动化科技有限公司研发的YC1450-B全自动高速裱纸机采用印刷机高精密飞达头，生产速度可达12000张每小时，其生产速度超过了其他裱纸机的2倍。该设备的贴合定位功能采用伺服追踪定位，纸张尺寸可以在操作界面上输入数值进行调整。浙江华岳包装机械有限公司自主研发的S22程控切纸机可以针对商务合版裁切高达210mm的裁切高度，采用G-SERIES高强度裁切系统，标配PDF、JDF裁切系统，工作效率达普通裁切机2倍以上。青岛桑纳电气有限公司在SOLNA25系列多色单张纸胶印机和桑纳卷筒纸印刷机领域生产占比较大，还附加开展一些机械加工及装配项目。温州中科包装机械有限公司团队对比研究了国外同类产品先进技术，与国内知名大学合作研发智能全自动天地盖纸盒设备系列产品，该系列设备不管在制造技术上还是生产技术上都处于国内外领先地位。

（二）主要印刷设备企业经营运行状况

国家统计局数据显示，2021年工业经济总体呈现恢复态势，全国规模以上工业企业增加值比上年增长9.6%，印刷设备企业主要指标完成情况，如表1所示。

表1 2021年主要印刷设备企业主要指标完成情况　　　　　　　　　　　　　　　　　　　　　（单位：万元）

	工业总产值	工业销售产值	工业增加值	产品销售收入	利润总额	成本费用总额	出口交货值	新产品产值
2020年	735507	713927	203931	698227	46303	693632	92119	369052
2021年	873298	860979	227710	798372	70777	775830	101072	392042
同比（%）	18.73	20.60	11.66	14.34	52.86	11.85	9.72	6.23

（三）印刷设备进出口情况

2021年，我国印刷装备及器材进出口总额为68.16亿美元，与2020年的50.97亿美元同比增长33.73%。在此期间，我国印刷装备及器材进出口额双双实现两位数增长，其中，进口额为29.97亿美元，同比增长34.07%；出口额为38.38亿美元，同比增长33.54%；贸易顺差为8.59亿美元，同比增长31.75%。2021年，我国印刷装备及器材进出口总额实现快速增长，得益于我国经济社会稳定发展以及全球经济和贸易有所复苏，是我国印刷装备及器材产业潜力得以充分发挥，综合竞争力不断提升的结果。

2021年我国印刷装备进口额中印刷设备进口数额占比最大，为86%，其次为印后设备及印前设备。具体情况如图1所示。

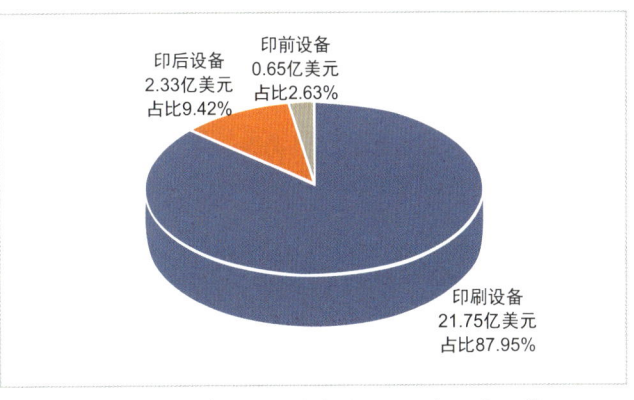

图1 2021年我国印刷装备进口额及各项占比情况

（四）新产品产值占工业总产值比例

本文通过调研10余家印刷设备生产企业，统计相关情况。数据显示，有一半以上生产企业新产品产值占其总产值的50%以上，其中广东汕樟和玉田炬兴均为100%，具体情况见表2。

表2 调研企业新产品产值占其总产值比例

序号	企业简称	占比(%)	序号	企业简称	占比(%)
1	广东汕樟	100.00	9	陕西北人	69.49
2	中景印机	94.93	10	浙江紫明	64.65
3	深圳精密达	90.00	11	温州迈高	60.02
4	浙江劲豹	87.38	12	高斯图文	51.27
5	江苏方邦	84.18	13	浙江正博	77.78
6	玉田元创	79.09	14	杭州科雷	87.38
7	天津长荣	75.00	15	玉田炬兴	100.00
8	潍坊华田精工	71.75	16	上海德拉根	66.09

二、我国印机行业发展趋势

"十四五"时期，我国印刷业将继续坚持"绿色化、数字化、智能化、融合化"发展方向，大力推动关键核心技术创新，不断增强创新力和竞争力。

（一）印刷装备的智能化与数字化

智能化是印刷业在未来发展中最为主要的方向。从国家层面看，受新冠疫情影响，各行业发展依旧存在不确定性，印刷业更需在这次大变局中向智能化方向转型，以提高我国印刷装备数字化、智能化的整体水平。利用人工智能、大数据等数字化技术，推进印刷业数字化建设，提高印刷业生产效率，印刷装备数字化包括装备物理实体、技术、标准、应用以及服务等多方面的内容，印刷装备数字化架构如图2所示。

广东省中荣印刷集团股份有限公司入选了2018年工信部智能制造示范基地项目，拥有全自动高速印刷等设备及配套装置、行业先进立体库及WMS系统和基于AGV/RGV的智能调度配送系统（WCS）、制造执行系统（MES）、排产系统（APS）等，持续打造互联互通的智能化自动化生产线及管理平台。世纪开元旗下山东晨熙智能科技有限公司（简称"晨熙智能印刷工厂"）的智能技改项目入选"智能化技改全省十大优秀案例"，晨熙智能印刷工厂引进先进的海德堡、小森、惠普indigo等智能印刷机及印后设备，通过自主研发的企业资源管理(ERP)、智能拼版、JDF数据传输、APS排产、MES执行、WMS仓储等生产管理系统，最终实现数据流、信息流和业务流的互联互通，有效保障了海量订单的高效生产和交付能力，缩短了产品的研发及生产周期，提高了生产经营效率。

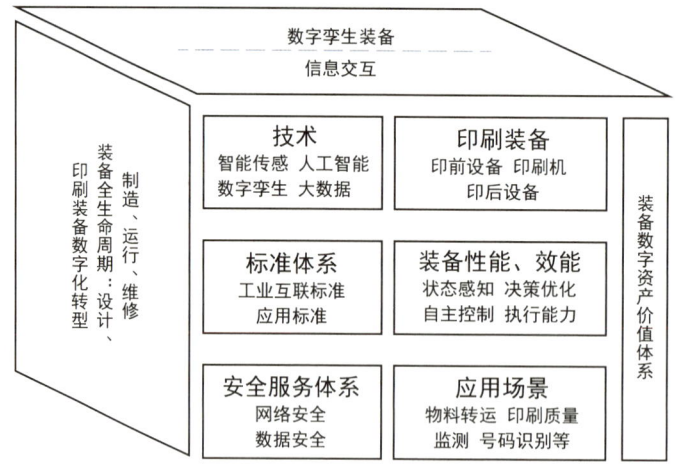

图2　印刷装备数字化架构

（二）印刷生产的绿色化

大力推进绿色印刷和VOCs综合治理，坚持"绿色促转型升级、绿色促生态建设"，努力做好绿色印刷顶层设计，分类施策引导VOCs综合治理，基本形成绿色发展动能。根据企业实际，将科学生产以及生产过程合理控制相结合，促进企业的生产结构与工艺的转型升级，走出一条绿色可持续发展的道路。

河北智优捷新材料科技有限公司采用密闭调墨系统、溶剂管道密闭自动输送系统，印刷线墨路贴身遮掩处理，降低无组织废气异味；对高浓度废气采用"减风增浓+RTO燃烧"处理工艺，无组织废气采用经济型沸石转轮吸脱附一体机。北京顶佳印刷有限公司选择"吸附浓缩+催化燃烧"工艺处理VOCs废气，具体处理工艺如图3所示。雄县大洋塑料包装有限公司将印刷机进行了局部改造，将白色水墨所在的第8单元进行了单独管路连接，将试验机进行了一定的匹配性改造，现场测试乙醇回收率达到80%以上。

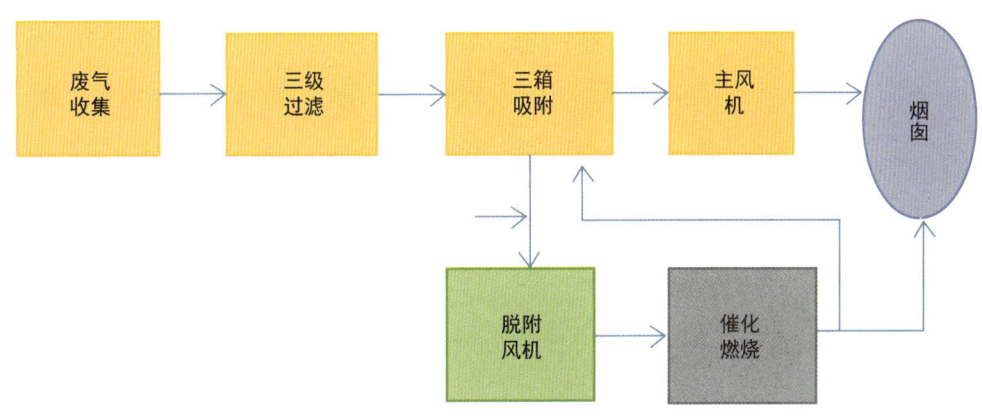

图3 "吸附浓缩＋催化燃烧"工艺图

（三）印刷生产的精益化

智能印刷是一个连接智能制造设备和智能服务的软件系统，通过数据的互联，实施自动生产控制、自动优化规划、资源规划三者合并的智能制造过程控制。因此，要打造标准化的生产流程，实施精细化管理，推进精益生产，加快实施柔性制造，通过夯实工作基础，实现智能制造。精益生产应开始于5S（分类、分级、清洁、标准、保持）可视化管理并持续改进。

鹤山雅图仕印刷有限公司是亚洲最大的印刷企业之一，坚持精益升级的理念，认为利用先进科技能够促进企业更有效地发挥出"精益"的效果，将精益生产与敏捷生产深度融合，精益升级理念体现在其精益团队开展实施的各类项目。东莞虎彩印刷有限公司以印刷一体化生产制造为核心，始终追求产品生产的精益化，以实现印刷生产全过程的精益化为目标。

2021年主要印刷器材市场解析

高 建

一、2021年胶印版材行业发展现状

（一）胶印版材行业

当前我国印刷业总量约占全球总量的25%，从各种印刷方式综合分析，胶印在国内依然占据主流地位，约占55%以上。其中，凹印、柔印、凸印、数字印刷、丝印所占份额分别约为21%、9%、7%、4%和4%，如图1所示。自"十三五"以来，随着绿色印刷思想与技术的推广普及，柔版印刷呈现较快增长势头，数字印刷快速普及发展，而凸印、凹印则呈现下降趋势，胶印所占份额也出现缓慢下降。在宏观层面，胶印总量在十年间基本稳定。

2021年是我国经济逐步回归常态运行的一年，外部环境复杂严峻，充满诸多不确定性因素，国内经济发展也面临着需求收缩、供给冲击、预期转弱的三重压力。尽管市场中存在这些风险挑战，全年经济却依然实现了稳中有进。随着我国疫情防控形势的稳定和国民经济的恢复，印刷业实现了稳固发展，达成了进出口贸易高速增长的经营局面。

汇总中国印刷及设备器材工业协会印刷器材分会组织的年度行业产销量统计数据可以看到，2021年共有19家版材制造企业提供了年度经营数据，相较2020年减少了1家公司。统计数据显示，

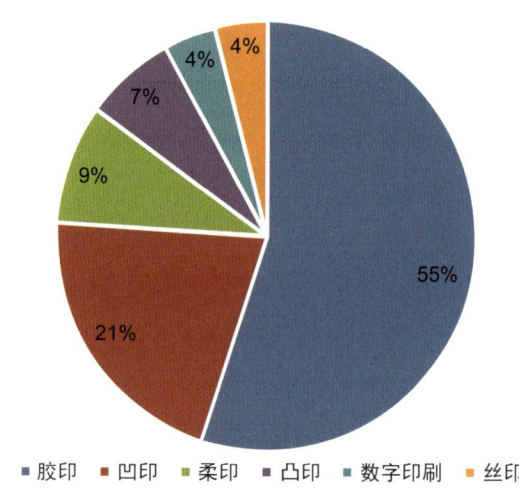

图1 "十四五"初期我国印刷技术占比

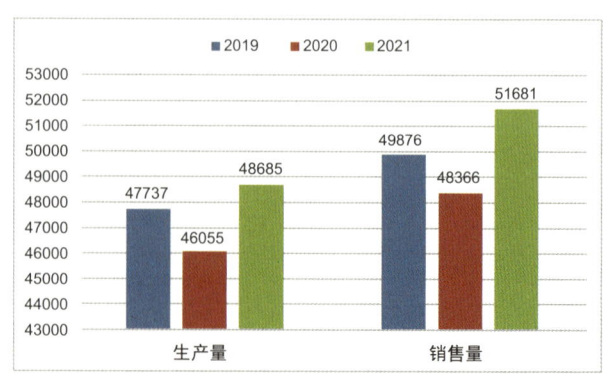

图2 2019-2021年胶印版材产量及销量统计（单位：万平方米）

2021年度我国胶印版材制造业产能和产量在经历了2020年度全球疫情严重影响后，已恢复到近年来较好的发展水平；其中产能的发展达到5.6亿平方米，比2020年增长3.7%；相比2019年，增长了3.1%。产量4.9亿平方米，比2020年上涨5.7%；相比2019年增长2.0%。总销量5.17亿平方米，比2020年上涨6.9%；相比2019年，增长3.6%。其中，超半数企业在2021年实现了产销量的增长，涨幅平均超过15%。据不完全统计，我国再生版市场销量200万平方米，同比下降20%，详见图2。

近几年全球胶印版材市场（含CTP版和PS版）整体呈下滑趋势，每年消耗量在6亿平方米左右，主要生产商为柯达、富士、爱克发、华光等，以中高端CTP版为主，占据全球大部分市场份额，其中CTP版用量占胶印版材市场总量的85%。CTP版材主要集中在西欧、北美、中国和日本，PS版主要在亚洲、南美、东欧及非洲地区。南美、南亚和东欧等地区仍对PS版有小量需求，预计未来3~5年内，全球PS版消耗量将小幅下降，最终保持相对稳定的趋势，而CTP版则保持小幅增长。

预计胶印版材市场在未来3~5年全球需求总量将基本保持稳定，市场竞争将更加激烈，主流品牌性能差异化将不再明显，行业链条利润空间逐步缩小。在国际市场中，随着国内各品牌CTP版质量的不断提升，国内竞争国际化竞争将更加明显。

据海关统计数据显示，2021年我国胶印版材出口量为1.99亿平方米，较2020年上涨22.84%，总出口金额为6.1亿美元。其中，CTP版出口销量为1.62亿万平方米，占据出口版材市场81%份额，仍为出口版材主流商品；PS版出口销量为3704万平方米，占据我国胶印版材出口总量的19%，相对CTP版占据市场份额较少，但比去年有所增加，分别如图3、图4、图5所示。

总的来说，胶印版材已经从最初的成长期发展到了成熟期，预计此状态还将维持5~8年时间。而PS

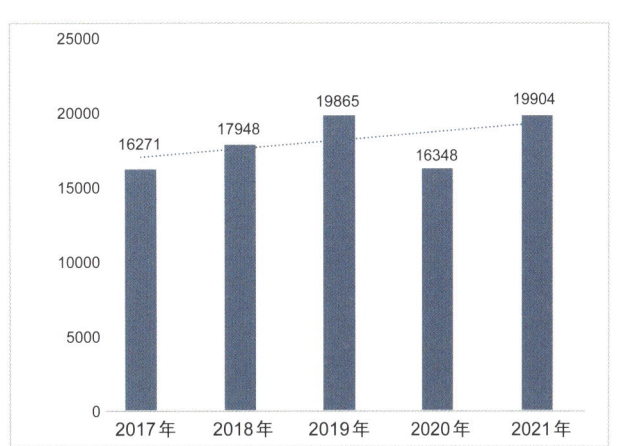

图3　2017—2021年胶印版材出口量统计（单位：万平方米）

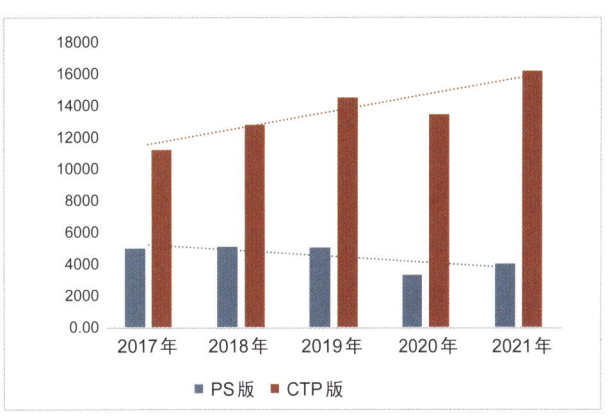

图4　2017—2021年PS版及CTP版出口结构变化（单位：万平方米）

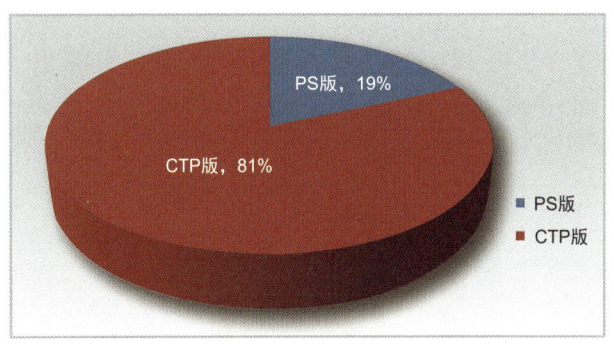

图5　2021年我国胶印版材出口比例

版材目前已经处于衰退期，市场占有量将会进一步下降，预计在5~10年后基本消亡。

在CTP版材中，热敏CTP版材仍将在一段时间内保持主流胶印版材的地位，但随着免处理CTP版材技术的不断发展完善，预计未来3~5年其市场占有量将会大幅下滑，8~10年内预计将被免处理CTP版材完全取代。CTP版材在未来一段时间内销量仍会居高不下，但随着环保要求的日益严格，其上游产品供应受限，必然会导致销量的下滑。紫激光CTP版材市场占有量有限，而且目前已处于下降趋势，并大有被热敏CTP版材取代其报业印刷地位的苗头，未来将继续呈下滑趋势。

免处理CTP版材仍处于发展期，预计3~5年内将走向成熟期，8~10年后预计将完全取代现有CTP版材。从技术发展趋势看，免处理CTP版材技术有两个发展方向，其一是超高制版反差，其二是适应UV油墨印刷。可以预见，具有诸多环保优势的免处理CTP版材，势必成为CTP版材的最终发展方向。在飞速发展的印刷数字化大潮里，必将掀起一波让印刷界瞩目的"绿色化"浪潮。

随着全球胶印版材生产制造格局向中国本土倾斜的调整，国内胶印版材生产能力将会继续增加，"高速、双涂、绿色、智能、融合"已经成为业内企业新增生产线的基本技术指标，国内市场竞争将更加激烈，主流品牌性能差异化不再明显，行业链条利润空间缩小。受数字化、网络化和环保需求的影响，胶印版材未来发展方向必然是数字化和绿色化，产品技术向高精度、高效率、免处理、耐UV油墨、个性化需求发展。

瞄准绿色制造，满足印刷业发展的需要，从生产装备到产品技术，向聚焦物耗、能效、人均产值、成品率为指标的精益化生产创新转型，融合社会资源，形成规模化发展，引领全球胶印版材制造业的发展，是印刷行业企业应对行业挑战，实现长远发展的目标和方向。

（二）铝版基市场

根据中国印刷及设备器材工业协会的统计数据，2021年受到全球疫情以及出口贸易受制的影响，铝版基销量继续下滑，但趋势放缓。2021年铝版基销量为31.41万吨，同比下降13.25%，销售额为62.83亿元，同比上涨6.85%。2021年铝版基的出口量相比上一年得到了极为有限的回升，为1.73万吨，仍远低于疫情前的水平（见图6、图7）。

图6　2018—2021年铝版基产销量统计

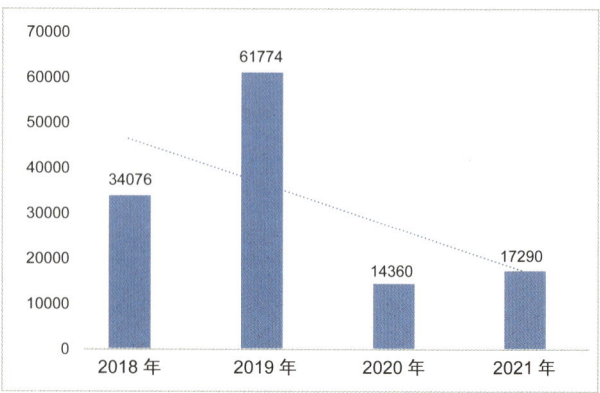

图7　2018—2021年铝版基出口销量统计（单位：吨）

二、其他印刷器材行业发展现状

（一）橡皮布市场现状

1.生产成本快速上涨，加剧企业竞争。2021年行业意外遭遇了原材料大幅提价的困难。作为橡皮布主要原材料的橡胶生胶上涨达35%，新疆长绒棉收购价格上涨，使得另一项主要原材料上涨达42%，由于各类橡胶化工原料普遍上涨10%～50%，天然气、电价、员工最低工资标准、五险一金等费用均有不同程度的上调，进一步加大了企业的成本压力。据不完全统计，每平方米的橡皮布生产成本上涨了28.6%，生产成本快速上涨直接对橡皮布制造企业带来四个后果，一是适度减产等待价格回落；二是适度提价，国内橡皮布价格提价幅度在5%～15%；三是促进绿色印刷的技术改造，推动压延技术的应用以减少甲苯成本；四是生产成本快速上涨，加剧了橡皮布企业之间的竞争。

2.环保压力促使橡皮布制造企业搬迁。2021年，对印刷橡皮布制造企业而言，环保压力显而易见。由于橡皮布制造行业基本上沿用橡胶+甲苯→涂布+干燥+硫化、排放的传统工艺，甲苯使用量（按全国160万平方米年产量，每平方米的橡皮布使用2千克甲苯计算）在3200吨左右，相对工业产值的排放量比例，在全国各行业中是首当其冲的。环保压力迫使各橡皮布制造企业纷纷由上海市区（包括郊区）迁移至江苏、安徽、河南、山东等地。如上海三鼎搬到了河南，原企业的另一分支则在安徽开办新厂；上海新星迁至江苏；北京三友迁往山东。在邻近上海地区的江苏南通周围分布着3~4家橡皮布制造企业，同时也存在少数企业处在自生自灭的状况。2021年，有些企业正准备筹建，有些则已经投产，对未来橡皮布的发展格局起到了重要的影响。当年橡皮布制造企业在国外技术封锁下，处于投入少、设备落后的阶段，经过近40年的努力，已积累起一定的资金和技术实力。

在搬迁建新厂时，会加大投资、购置新设备，同时进行环评、安评、职工健康等企业建设规范化，在技术先进性中实现改观和进步。同时，在一定程度上对橡皮布品质、技术带来飞跃性提高。这些情况都预示着，一场橡皮布行业的大洗牌即将到来，其核心正是"绿色环保、技术进步、企业规范、品质提高"。在这个过程中，对提高国内橡皮布行业总体素质和赶超国际先进水平有很强的冲击力，其中江苏康普、安徽宇通、河南三鼎均是佼佼者。

3.国外品牌有所减少，国内用户动摇。原稳居国内橡皮布销售量20%～25%的进口橡皮布，如日本金阳、藤仓、美国迪可、罗林、Sava、凤凰UV、康迪等都发生了很大变化。其他国外橡皮布品牌都有所下降，其原因在于运输成本高。橡皮布涨价后价格偏高，海运周期不稳定，供货不能保证及时，而国外品牌基本采用先收款后发货的模式，这些情况同时造成国内用户不再热衷于国外品牌，开始在国内寻找优秀替代品牌，对国内橡皮布制造企业的发展起到积极推动作用。

4.印刷需求下降，橡皮布种类呈多元化。印刷需求的下降也影响着对橡皮布的需求，据不完全统计，国内橡皮布价格平均比2020年上调10%左右。2021年全国橡皮布的销售约在160万平方米，连续第二年下滑。2021年全国橡皮布规模企业（年产10万平方米以上的制造企业）为上海明治、上海特瑞堡、安徽宇通、河南三鼎、常州宝春、江苏康普共计6家，与此同时，橡皮布种类呈现多元化的发展。原本胶印橡皮布作为橡皮布的大宗产品占比80%以上，而在2021年则下降到60%以下。此外，小宗产品的需要量急剧上升，如UV印刷、UV印铁、UV上光、金属印刷、纸箱印刷、表格信封印刷、纸杯塑杯印刷、二片罐印刷、数字特种印刷、印钞凹印、柔印凸印等，都需要数量众多的各类专用橡皮布，呈现出繁荣需求的景象。同时由于国外品牌减少，特别是轮转橡皮布1.95mm和1.70mm规格的国内橡皮布订货增加，单张纸印刷橡皮布国内订货也呈上升趋势。更为可喜的是，国内印刷企业对继续使用国产橡皮布的意向坚定，对橡皮布产业发展有着积极的促进作用。

总之，2021年表面上橡皮布产业受经济影响，需求减少，呈下降趋势，实际上橡皮布产业在改革开放发展40年之际进行了一次自我调整，橡皮布产业在环保压力下搬迁和加强技术改造，预示着橡皮布新的品牌、新的技术质量必将实现升级，成为中国橡皮布市场中新的主力。

（二）胶辊市场现状

胶辊是橡胶工业制品的一个品种，广泛用于冶金、造纸、纤维纺织、印刷印染、木材加工、塑料加工、办公设备等行业，是重要的工业配件。胶辊同工业连续化和省力化有着密切的关系。因此，随着工业现代化的进程，胶辊的重要作用日趋显现。

胶辊制造业在我国橡胶制品行业中，目前仍处于弱势，但同时又孕育着很大的发展潜力。印刷胶辊作为胶辊重要的应用领域，特点就是零敲碎补、集中性差，基本上以就近满足为主，其个性化、订单化、服务化以及时效性的要求，使胶辊行业很难有大规模的发展。据不完全统计，全国有近千家胶辊企业，以销售收入500万元以下的小微企业居多，年销售收入在2000万元以上的规模以上胶辊生产企业仅为30余家，该类型企业主要集中在河北省、广东省、山东省、江苏省和浙江省。目前，国内的胶辊行业存在以下特点：

1.国产胶辊生产商全力发展国内高端客户，积极开发中小客户，利用本土优势、成本优势和销售方式的灵活性，占据半壁江山。但是部分企业在产品质量方面不尽如人意，最明显的一点就是胶辊耐用性能很差，在转速提高和印刷品质保障方面，达不到进口胶印机原装胶辊的要求，除了配方和工艺水平的原因外，也与技术研发力量和定位不同相关。总的来说，我国大多数印刷胶辊生产企业规模小，装备水平差，技术落后，生产的胶辊只能用在中低速印刷机上，寿命有待加强，总体印制效果一般。

2.国外高端生产商竭尽所能拓展市场，利用技术优势、品牌优势、人才优势，从高端客户开始层层深入。当前我国胶辊行业的高端市场基本由国外品牌或者合资品牌所垄断，原装胶辊在人们心目中的地位无可替代。国产胶辊的市场份额虽然较大，但是由于产品档次低，销售额主要分散在众多的小型生产商手中。

不可否认，原装胶辊也存在局限性，例如交货周期长，需要数月时间，此外价格也较为昂贵。因此，国外一些厂商为扩大原装胶辊市场，也采取了相应的可行策略。例如在中国国内建厂，可以在保证质量的前提下，缩短交货周期，降低生产成本。

3.区域性品牌利用距离近、服务好的优势，通过在本地区打好根基，进一步打造全国性品牌。特别是一些河北、山西、江苏等地的胶辊生产企业，凭借多年技术的积累，逐渐深入中高端客户市场，逐步得到客户的认可。

4.印刷制品逐渐走向高档化、精品化和艺术化。近几年随着我国人均收入的提升，居民的消费水平也逐渐提高。在基本的消费需求被满足之后，人们开始对更深层次的需求产生向往。个性化、差异化、定制化的产品逐渐走入人心。

社会的需求决定制造业的发展状况，印刷业亦是如此。新的消费主体以及社会需求，将会推动新的印刷业结构调整。中国经济得到恢复后，印刷业正面临着一个有增量的市场。在我国，80后、90后已经成为消费主体的中坚力量，具有较强的消费能力，同时在审美上也具有较高的要求，这就对印刷品的精美程度提出了更高的要求。

长风破浪会有时，直挂云帆济沧海。面对新冠肺炎疫情及复杂多变的国际局势，行业未来的发展道路注定充满艰辛。因此，在创新中实现更好的发展是我国印刷器材制造企业前行中的永恒主题，面对全球印刷技术的发展变化，全球胶印版材行业向中国转移的趋势，机遇与挑战并存，唯有奋斗，才能发展。相信在党和政府的领导下，行业企业能够为实现我国印刷强国的伟大理想贡献更多力量。

2021年国内印刷产业进出口数据分析报告

张建民

2021年是国内印刷产业进出口贸易高速增长的一年。面对严峻复杂的国内外形势和新冠肺炎疫情的严重冲击，国内印刷产业进出口贸易表现出很强的韧性，交出了一份亮眼的成绩单。

根据国家海关总署发布的统计数据，2021年国内印刷产业进出口贸易总值为240.52亿美元。其中，印刷品进出口172.35亿美元、印刷装备进出口53.64亿美元，印刷器材进出口14.52亿美元（见表1）。印刷品及印刷装备、印刷器材三大类商品的进出口占国内印刷产业进出口贸易总值的比重分别为72%、22%和6%。同期，国内印刷产业进出口贸易顺差为126.40亿美元。

2021年国内印刷产业进出口涉及全球五大洲230个国家和地区，其贸易额在全球各大洲的分布为：亚洲104.94亿美元、欧洲56.96亿美元、北美洲55.72亿美元、大洋洲8.64亿美元、拉丁美洲7.84亿美元、非洲6.78亿美元。

表1 2021年国内印刷产业进出口贸易统计数据汇总 （单位：万美元）

项　目	2021年金额	同比增长（%）
印刷品进出口总值	1723522	24.09
印刷品进口值	272724	8.39
印刷品出口值	1450798	27.57
贸易差额	1178075	33.02
印刷装备进出口总值	536434	34.49
印刷装备进口值	247321	39.38
印刷装备出口值	289112	30.57
贸易差额	41791	-4.99
印刷器材进出口总值	145238	31.09
印刷器材进口值	50568	12.90
印刷器材出口值	94671	43.43
贸易差额	44103	107.86
印刷品及装备器材进出口总值	2405194	26.69
进口总值	570613	20.42
出口总值	1834581	28.77
贸易差额	1263968	32.93

2021年国内印刷产业进出口贸易整体呈现如下特点：

一是进出口贸易额超200亿美元，其规模不仅超过2020年，且比2019年总体规模也有大幅提升。2019年国内印刷产业进出口规模首次突破200亿美元（202.02亿美元），之后受新冠疫情的影响，2020年跌回200亿美元以内（189.86亿美元）。2021年国内印刷产业进出口重登200亿美元台阶（240.52亿美元），规模较2020年同比增长26.7%，较2019年增长19.1%。

二是印刷品，印刷装备、印刷器材在进出口贸易中的比重保持稳定，印刷品进出口是推动2021年国内印刷产业进出口增长的主力。2021年国内印刷品及印刷装备、印刷器材三大类商品进出口在国内印刷产业进出口贸易总值的比重保持稳定。印刷品进出口是国内印刷产业进出口的主力。基于较大的基数和较高的增长速度，印刷品对国内印刷产业进出口增长的贡献率为66%，是推动2021年国内印刷产业进出口增长的最大贡献者。

三是国内印刷产业进出口在全球各大区域贸易额同步增长，亚洲市场在国内印刷产业进出口贸易中的地位突出。2021年国内印刷产业进出口贸易在全球各大洲市场的增长情况为，亚洲增长23.3%、欧洲增长25.2%、北美洲增长33.9%、拉丁美洲增长37.5%、大洋洲增长33.9%、非洲增长17.8%。全球各大洲市场占国内印刷产业进出口总值的比重为，亚洲44%、欧洲24%、北美洲22%、拉丁美洲3%、非洲3%、大洋洲4%。

四是国内印刷产业进口、出口同步增长，国内印刷产业对全球相关产业供应链的参与度在持续增强。亚洲、欧洲和北美洲为全球三大经贸区，其占国内印刷产业相关进出口贸易总值的90%以上。2021年国内印刷产业与这三大经贸区的进口和出口的增长速度分别为，亚洲进口增长22.4%、出口增长23.7%；欧洲进口增长16.8%、出口增长29.9%；北美洲进口增长22.3%、出口增长36.4%。与疫情前的2019年相比，亚洲进口增长9.1%、出口增长21.3%；欧洲进口增长11.6%、出口增长18.0%；北美洲进口增长17.7%、出口增长23.3%。

2021年，中央及各级政府有效的防疫措施和一系列稳主体、稳市场的政策措施，国内营商环境的持续优化，国民经济的持续恢复态势，国内消费市场信心的稳定提升都为国内印刷产业进出口提供了强有力支撑。而全球经济保持复苏态势以及供应链不畅干扰世界各地相关产业正常生产导致大量订单回流国内，也助推了国内印刷产业进出口的快速增长。

一、2021年国内印刷品进出口的规模、结构和分布

2021年国内印刷品进出口172.35亿美元。其中，印刷品进口27.27亿美元、印刷品出口145.08亿美元、进出口贸易顺差117.81亿美元。印刷品进口和出口的比例是1∶5.32。

与上年同期相比，2021年国内印刷品进口增长8.4%，印刷品出口增长27.6%，进出口贸易顺差增长33.0%。2021年国内印刷品（主要品种）进出口统计数据见表2。

（一）印刷品进口

2021年国内印刷品进口27.27亿美元。其中，出版物印刷品进口7.24亿美元、包装印刷品进口1.70亿美元、商业印刷品进口18.32亿美元。出版物印刷品、包装印刷品和商业印刷品进口占国内印刷品进口总金额的比重分别为27%、6%和67%。

表2 2021年国内印刷品（主要品种）进出口统计数据

分类	税号	商品	进口数量（千克）	进口金额（美元）	出口数量（千克）	出口金额（美元）
出版物印刷品	49019100	字典或百科全书及其连续出版的分册	11828	289116	1310063	6211336
	49019900	其他书籍、小册子及类似印刷品	24350154	431169366	369389694	1104549914
	49021000	每周至少出版四次的报纸、杂志及期刊	971520	6774914	401977	734305
	49029000	其他报纸、杂志及期刊	1148005	272194634	1444495	6701892
	49030000	儿童图画书、绘画或涂色书	850669	5862177	227411017	806763379
包装印刷品	48191000	瓦楞纸或纸板制的箱、盒、匣	12155868	44680714	570522601	1847502256
	48192000	非瓦楞纸或纸板制的可折叠箱、盒、匣	12449659	65282788	385989865	2208961038
	48193000	底宽≥40cm的纸袋	2474605	6280522	13544477	27475129
	48194000	其他纸袋，包括锥形袋	5238652	41795518	458960773	1743896823
	48195000	纸、纸板制其他包装容器，包括唱片套	1334513	11518995	118574704	1216139355
商业印刷品	48171000	纸或纸板制的信封	394673	3341203	44115752	188941719
	48201000	账本、笔记本、收据本、日记本及类似品	2698610	22769076	335683386	1210530235
	48211000	纸或纸板制的各种标签，印有文字图画	7709080	130283982	121985238	926341367
	48219000	纸或纸板制的各种标签，未印文字图画	1407606	25020019	40731795	198224927
	49070090	承认国流通新发行未用的其他票证；所有凭证	24558	1050754509	2199	44976191
	49089000	其他转印贴花纸（移画印花法用图案纸）	4046537	185687812	30024176	307583093
	49090090	印有个人问候、祝贺、通告的卡片	97954	3441163	96167638	543502076
	49100000	印刷的各种日历，包括日历芯	1057864	3269184	41966546	149723334
	49111010	无商业价值的商业广告品、商品目录等印刷品	3110505	33924053	41002146	298331914
	49111090	其他商业广告品、商品目录及类似印刷品	2113696	27269704	27451219	105839355
	49119100	印刷的图片、设计图样及照片	2065698	62529144	92046794	369602964
	49119910	纸质的其他印刷品	3404682	233775968	46636772	205500099
	49119990	其他印刷品	2978615	32647968	53707521	260938139

按照来源国家和地区所在区域划分，2021年国内进口来自全球各大洲的印刷品的金额为，亚洲12.39亿美元、欧洲7.39亿美元、北美洲7.22亿美元、大洋洲1959万美元、拉丁美洲645万美元、非洲61万美元。其占国内印刷品进口总金额的比重为，亚洲46%、欧洲27%、北美洲26%、其他区域不到1%。与2020年相比，各大洲进口所占国内印刷品进口总金额的比重，亚洲下降了4个百分点、北美洲提升了3个百分点、欧洲所占比重没有变化。

1.出版物印刷品

国内出版物印刷品进口商品涉及书籍、字典、报纸、期刊、儿童图画书等。其中，书籍、期刊/报纸是主要进口品种。

2021年国内出版物印刷品进口7.24亿美元。其中，书籍/字典进口4.31亿美元、期刊/报纸进口2.79亿美元、儿童图画书类印刷品586万美元、其他出版物印刷品796万美元，占国内出版物印刷品进口总金额的比重分别为60%、38%、1%、1%。

2021年国内出版物印刷品进口在全球各大区域市场的分布情况为，亚洲38%、欧洲36%、北美洲25%、其他区域不到1%。

与上年相比，2021年国内出版物印刷品进口规模萎缩（同比下降11.8%）。同期，书籍/字典进口有所增长（+4.3%）、期刊/报纸进口则出现大幅下降（−29.9%），儿童图画书类印刷品进口下降（−17.4%）、其他出版物印刷品大幅提升（226.3%）。受此影响，书籍/字典进口占国内出版物印刷品进口总金额比重提升了10个百分点，期刊/报纸进口的相应比重下降了9个百分点。

2. 包装印刷品

包装印刷品进口商品以瓦楞纸箱、非瓦楞折叠纸盒、纸袋三个品种为主。2021年国内包装印刷品进口1.70亿美元。其中，瓦楞纸箱4468万美元、非瓦楞折叠纸盒6528万美元、纸袋4808万美元、其他纸质包装容器1246万美元，四个品种占包装印刷品进口总金额的比重分别为26%、38%、28%、8%。

2021年国内包装印刷品进口同比增长17.1%。其中，瓦楞纸箱进口增长7.3%、非瓦楞折叠纸盒进口增长10.1%、纸袋进口增长30.5%、其他纸质包装容器增长58.7%。鉴于纸袋和其他纸质包装容器进口大幅提升，四个品种进口占国内包装印刷品进口总金额的比重也产生了相应的变化。瓦楞纸箱进口的比重提升了3个百分点，非瓦楞折叠纸盒进口的比重下降了3个百分点，纸袋进口的比重增加了3个百分点，其他纸质包装容器的比重提升了2个百分点。

2021年国内包装印刷品进口在全球各大区域市场的分布情况为，亚洲59%、欧洲36%、北美洲4%、其他区域不到1%。

3. 商业印刷品

商业印刷品进口商品包括信封、本册、表单、票据凭证、标签、明信片、商业广告、转印贴纸等。按照其用途，这类印刷品被划分为办公类、票证类和其他商业类三个品种。

2021年国内商业印刷品进口18.32亿美元。其中，办公类印刷品进口1.95亿美元、票证类印刷品进口10.51亿美元、其他商业类印刷品进口5.86亿美元，占国内商业印刷品进口总金额的比重分别为11%、57%和32%。

与上年相比，2021年国内商业印刷品进口同比增长18.3%。其中，办公类印刷品进口增长11.9%、票证类印刷品进口增长26.1%、其他商业类印刷品增长8.3%，占国内商业印刷品进口总金额的比重变化趋势为，办公类印刷品比重保持不变，票证类印刷品提升了3个百分点，其他商业类印刷品下降了3个百分点。

2021年国内商业印刷品进口在全球各大区域市场的分布情况为，亚洲47%、欧洲23%、北美洲29%、其他区域不到1%。

（二）印刷品出口

2021年国内印刷品出口145.08亿美元。其中，出版物印刷品出口19.42亿美元、包装印刷品出口71.57亿美元、商业印刷品出口54.09亿美元，占国内印刷品出口总金额的比重分别为14%、49%和37%。

2021年国内印刷品出口在全球各大区域市场的分布情况为，亚洲55.24亿美元（同比增长21.4%）、欧洲29.61亿美元（同比增长26.0%）、北美洲42.82亿美元（同比增长37.1%）、大洋洲7.86亿美元（同比增长32.5%）、拉丁美洲4.74亿美元（同比增长38.6%）、非洲4.82亿美元(同比增长16.2%）。出口到各大洲的印刷品占国内印刷品出口总值的比重为，亚洲38%、欧洲21%、北美洲30%、大洋洲5%、拉丁美洲3%、非洲3%。

1. 出版物印刷品

国内出版物印刷品出口商品涉及书籍、字典、报纸、期刊、儿童图画书等品种。书籍和儿童图画书类印刷品是出口的主要品种。

2021年国内出版物印刷品出口19.42亿美元。其中，书籍/字典类印刷品出口11.11亿美元、期刊/报纸类印刷品出口744万美元、儿童图画书类印刷品出口8.07亿美元、其他出版物印刷品出口1664万美元。书籍/字典类印刷品和儿童图画书类印刷品出口占国内出版物印刷品出口总金额的比重分别为57%和42%。

与2020年相比，2021年国内出版物印刷品出口增长24.0%。同期，书籍/字典类印刷品出口增长24.9%、期刊/报纸类印刷品出口增长16.3%、儿童图画书类印刷品出口增长23.5%、其他出版物印刷品出口增长3.6%。四个品种占国内出版物印刷品出口总金额的比重保持基本稳定。

2021年国内出版物印刷品出口在全球各大区域市场的分布情况为，亚洲6.29亿美元（32%）、欧洲3.52亿美元（18%）、北美洲8.22亿美元（42%）、大洋洲6029万美元（3%）、拉丁美洲3004万美元（2%）、非洲4846万美元（3%）。

2. 包装印刷品

国内包装印刷品出口商品可划分为瓦楞纸箱、非瓦楞折叠纸盒、纸袋和其他纸质包装容器四个品种。2021年国内包装印刷品出口71.57亿美元，其中，瓦楞纸箱出口18.48亿美元、非瓦楞折叠纸盒出口22.09亿美元、纸袋出口17.71亿美元、其他纸质包装容器出口13.29亿美元。四个品种占国内包装印刷品出口总金额的比重分别为26%、31%、25%和18%。

2021年国内包装印刷品出口同比增长31.1%。其中，瓦楞纸箱增长21.5%、非瓦楞折叠纸盒增长33.4%、纸袋增长35.6%、其他纸质包装容器增长36.5%。四个品种占国内包装印刷品出口总金额的比重保持基本稳定。

2021年国内包装印刷品出口在全球各大区域市场的分布为，亚洲28.46亿美元（40%）、欧洲15.56亿美元（22%）、北美洲18.18亿美元（25%）、大洋洲4.72亿美元（7%）、拉丁美洲2.85亿美元（4%）、非洲1.80亿美元（2%）。

3. 商业印刷品

商业印刷品出口商品包括信封、本册、表单、票据凭证、标签、明信片、商业广告、转印贴纸等。按照其用途，出口商业印刷品被划分为办公类、票证类和其他商业类三个品种。

2021年国内商业印刷品出口54.09亿美元。其中，办公类印刷品出口30.28亿美元、票证类印刷品出口1.04亿美元、其他商业类印刷品出口22.77亿美元，三个品种占国内商业印刷品出口总金额的比重分别为56%、2%和42%。

与2020年相比，2021年国内商业印刷品出口同比增长24.3%。其中，办公类印刷品出口增长23.2%，票证类印刷品出口增长63.4%，其他商业类印刷品出口增长24.5%，三个品种占国内商业印刷品出口总金额的比重保持基本稳定。

2021年国内商业印刷品出口在全球各大区域市场的分布情况为，亚洲20.49亿美元（38%）、欧洲10.52亿美元（19%）、北美洲16.42亿美元（30%）、大洋洲2.54亿美元（5%）、拉丁美洲1.59亿美元（3%）、非洲2.54亿美元（5%）。

（三）印刷品进出口分析小结

2021年国内印刷品出口是进口的5.32倍，同时，由于出口增长速度远大于进口增长速度，国内印刷品出口规模与进口规模的差异在继续扩大。

进口印刷品中，商业印刷品地位突出，比重还在提升；出口印刷品中，包装印刷品的比重增长较快；从进口商品结构看，商业印刷品的分量在提升，出版物印刷品的分量在下降。2021年国内出版物印刷品、包装印刷品和商业印刷品进口占国内印刷品进口总金额的比重分别为27%、6%和67%。与2020年同期相比，商业印刷品的比重提升了5个百分点，出版物印刷品的比重下降了6个百分点，包装印刷品的比重基本稳定；从出口商品结构看，包装印刷品分量增长较快。出版物印刷品、包装印刷品和商业印刷品出口占印刷品出口总金额的比重分别为14%、49%和37%。

支撑印刷品进口和出口增长的商品品种不同反映了国内印刷产业在全球相关供应链地位的差异，2021年票证类印刷品的增长是拉动进口商业印刷品的主力，也是国内印刷品进口整体增长的最主要贡献者（贡献率95%以上）。票证类印刷品占国内印刷品进口总金额的38%，其主要来自美国、新加坡、爱尔兰、德国、中国香港；包装印刷品和商业印刷品是推动国内印刷品出口增长的主力。2021年包装印刷品对国内印刷品出口增长的贡献率为54%，商业印刷品的贡献率为34%。这些印刷品主要出口到丹麦、法国、芬兰、美国、日本等国家。

二、2021年国内印刷装备进出口的规模、结构和分布

2021年国内印刷装备进出口金额为53.64亿美元。其中，印刷装备进口24.73亿美元、印刷装备出口28.91亿美元，进出口贸易顺差4.18亿美元。印刷装备进口和出口的比例是1∶1.17。

与2020年同期相比，2021年国内印刷装备进口增长39.4%、印刷装备出口增长30.6%，进出口贸易顺差下降5%。2021年国内印刷装备进出口（主要品种）统计数据见表3。

（一）印刷装备进口

2021年国内印刷装备进口24.73亿美元。其中，印前设备进口0.65亿美元、印刷设备进口21.75亿美元、印后设备进口2.33亿美元，占印刷装备进口总金额的比重分别为3%、88%和9%。

2021年国内印刷装备进口在全球各大区域市场的分布及比重为，亚洲12.33亿美元（50%）、欧洲10.90亿美元（43%）、北美洲1.50亿美元（6%）、其他区域80.16万美元（不到1%）。与2020年相比，来自三大洲的印刷装备进口额均有大幅上涨，亚洲增长61%、欧洲增长24%、北美洲增长19%。

1.印前设备进口

2021年国内印前设备进口6518.83万美元。其中，计算机直接制版机进口1947.36万美元（277台）、

表3　2021年国内印刷装备进出口（主要品种）统计数据

行业分类	税号	商品	数量单位	进口数量	进口金额（美元）	出口数量	出口金额（美元）
印前设备	84423021	计算机直接制版设备	台	277	19473588	1081	44527057
	84425000	制成的印版、印刷滚筒等	千克	1728549	32582629	5831276	96803463
印刷设备	84431100	卷取进料式胶印机	台	93	21095085	183	28180437
	84431313	平张纸进料式四色胶印机	台	347	151010409	57	9830269
	84431319	其他平张纸进料式胶印机	台	975	711189594	179	65837400
	84431600	苯胺印刷机	台	45	22162499	2377	73312218
	84431700	凹版印刷机	台	43	14719772	1670	61615799
	84431921	圆网印刷机	台	14	10723438	2262	11077740
	84431922	平网印刷机	台	348	38654957	29831	64569954
	84439111	卷筒料给料机	台	12	66990	701	2071205
	84433931	数字式喷墨印刷机	台	245	1798895	21439	15538153
	84439119	其他印刷用辅助机器	台	25	8453389	363074	34978442
	84439190	用8442所列印版等印刷的机器用其他零件附件	个	4697857	107087238	9115601	51749870
	84439910	数字印刷设备用辅助机器	台	1731	11870125	50154	7926749
	84439929	数字印刷设备的其他零件及附件	千克	3554314	796157928	6316190	215805917
印后设备	84401010	锁线装订机	台	145	8278619	3627	1065732
	84401020	胶订机	台	127	25098115	22635	5823238
	84401090	其他书本装订机器	台	5822	44841102	242637	25349251
	84411000	切纸机	台	79671	83942462	5284205	448362742
	84412000	制造包、袋或信封的机器	台	25	18668985	4335	149487658
	84413090	其他制造箱、盒、管、桶或类似容器的机器	台	112	27615863	164939	372275721
	84419010	切纸机零件	千克	698704	20291132	6239249	101577004

其他制版机进口447.06万美元（60台），制版辅助设备进口453.90万美元（46台），制版设备及辅助设备零件进口360.44万美元，制成印版、滚筒及其他印刷部件进口3258.26万美元。计算机直接制版机和制成印版、滚筒及其他印刷部件是印前设备里进口最多的两个品种，占国内印前设备进口总金额的比重分别为30%和50%。

与上年相比，2021年国内印前设备进口总金额增长27%。其主要相关品种进口变化如下：

◆ **计算机直接制版机**　进口金额增长48%，进口数量增长23%。

◆ **其他制版机**　进口金额增长30%，进口数量增长54%。

◆ **制版设备及辅助设备零件**　进口金额增长8%，进口数量增长12%。

◆ **制成印版、滚筒及其他印刷部件**　进口金额增长33%，进口数量增长41%。

2021年国内进口计算机制版机主要来自德国（103台）、日本（67台）、加拿大（35台）、以色列（19台）。

2.印刷设备进口

2021年国内印刷设备进口21.75亿美元。其中，胶印机进口9.24亿美元、凹印机进口1471.98万美元、柔印机进口2216.25万美元、丝印机进口5363.04万美元、数字印刷机进口2.21亿美元、辅机/零件进口9.24亿美元。各类印刷机进口占印刷设备进口总金额的比重分别为，胶印机42%、凹印机1%、柔印机1%、丝印机2%、数字印刷机10%、辅机/零件42%。

（1）胶印机进口

2021年国内进口各类胶印机9.24亿美元（1680台）。其中，卷筒胶印机进口2109.51万美元（93台）、平张纸单色胶印机进口79.28万美元（79台）、平张纸双色胶印机进口836.21万美元（137台）、平张纸四色胶印机进口1.51亿美元（347台）、其他平张纸（四色以上）胶印机进口7.11亿美元（975台）。平张纸四色胶印机和其他平张纸（四色以上）胶印机仍然是进口胶印机的主要品种，占胶印机进口总金额的93%。

与2020年相比，2021年国内胶印机进口总金额增长51%。其相关品种进口变化情况如下：

◆ 卷筒胶印机 进口金额增长21%，进口数量下降25%。

◆ 平张纸单色胶印机 进口金额下降2%，进口数量增长1%。

◆ 平张纸双色胶印机 进口金额增长9%，进口数量增长85%。

◆ 平张纸四色胶印机 进口金额增长35%，进口数量增长30%。

◆ 其他平张纸（四色以上）胶印机 进口金额增长56%，进口数量增长45%。

按进口金额排序，2021年国内进口胶印机前几位的国家是：

◆ 卷筒胶印机 日本（67台），法国（11台），德国（5台）。

◆ 四色平张纸胶印机 德国（198台），日本（149台）。

◆ 其他平张纸（四色以上）胶印机 德国（718台），日本（254台）。

（2）其他传统印刷设备进口

2021年国内其他传统印刷设备进口1.06亿美元（628台）。其中，凸版印刷机进口346.49万美元（30台）、柔版印刷机进口2216.25万美元（45台）、凹版印刷机进口1471.98万美元（43台）、圆网印刷机进口1072.34万美元（14台）、平网印刷机进口3865.50万美元（348台）。

与2020年相比，2021年国内其他传统印刷设备的进口总金额下降21%。其主要品种进口变化如下：

◆ 柔版印刷机 进口金额下降46%，进口数量下降18%。

◆ 凹版印刷机 进口金额下降40%，进口数量维持不变。

◆ 圆网印刷机 进口金额下降10%，进口数量下降26%。

◆ 平网印刷机 进口金额下降2%，进口数量下降8%。

按进口金额排序，2021年国内进口其他传统印刷设备前几位的来源地是：

◆ 柔版印刷机 德国（6台），意大利（6台），丹麦（2台）。

◆ 凹版印刷机 瑞士（1台），中国台湾（9台），丹麦（7台），韩国（2台）。

◆ 圆网印刷机 德国（4台），日本（2台），意大利（2台）。

◆ **平网印刷机** 中国台湾（273台）、日本（35台）、葡萄牙（7台）、韩国（11台）。

（3）数字印刷设备进口

2021年国内数字印刷设备进口2.21亿美元。其中，喷墨印刷设备进口1.52亿美元（11.13万台）、静电成像印刷设备进口5250.86万美元（2353台）、其他数字印刷设备进口1734.49万美元（10.36万台）。三者进口占数字印刷设备进口总金额的比重分别为68%、24%和8%。

与2020年相比，2021年国内数字印刷设备进口总金额增长3.5%。同期，三种数字印刷设备的进口变化如下：

◆ **喷墨印刷机** 进口金额下降2%，进口数量下降20%。

◆ **静电成像印刷机** 进口金额增长25%，进口数量下降81%。

◆ **其他数字印刷设备** 进口金额下降1%，进口数量增长51%。

按进口金额排序，2021年国内进口数字印刷机前五位的国家是：

◆ **喷墨印刷机** 日本4073.29万美元（1.38万台）、泰国1414.39万美元（4.49万台）、意大利1329.55万美元（56台）、印度尼西亚1306.37万美元（4.21万台）、韩国929.38万美元（110台）。

◆ **静电成像印刷机** 以色列3345.35万美元（114台）、日本1197.61万美元（316台）、比利时125.56万美元（4台）。

◆ **其他数字印刷设备** 以色列408.46万美元（53台）、捷克350.08万美元（823台）、日本261.02万美元（163台）、菲律宾183.65万美元（8.92万台）、德国112.02万美元（134台）。

（4）印刷辅机/零件进口

2021年国内进口印刷辅机/零件9.24亿美元。其中，卷筒料给料机6.70万美元（12台）、印刷辅机845.34万美元（25台）、传统印刷设备及辅机用零件1.07亿美元、数字印刷辅机1187.01万美元（1731台）、数字印刷设备及辅机用零件7.96亿美元（压电喷墨头归属于该税目）。

按照配套印刷设备类型划分，2021年传统印刷使用的辅机/零件进口1.15亿美元、数字印刷使用的辅机/零件进口8.08亿美元，两者占辅机/零件进口总值的比重分别为13%和87%。

与2020年相比，2021年国内印刷辅机/零件进口总金额增长61.2%。其相关品种进口变化如下：

◆ **卷筒料给料机** 进口金额下降93%，进口数量增长9%。

◆ **传统印刷辅助设备** 进口金额增长12%，进口数量下降78%。

◆ **传统印刷设备及辅机用零件** 进口金额增长45%，进口数量增长0%。

◆ **数字印刷辅助设备** 进口金额下降1%，进口数量下降30%。

◆ **数字印刷设备及辅机用零件** 进口金额增长66%，进口数量增加48%。

按照进口金额排序，2021年国内印刷辅机/零件主要品种进口前五位的国家/地区为：

◆ **传统印刷辅助设备** 瑞士178.07万美元、加拿大153.20万美元、荷兰145.64万美元、西班牙126.72万美元、意大利82.42万美元。

◆ **传统印刷设备及辅机用零件** 德国6628.29万美元、日本1679.79万美元、美国425.92万美元、意大利302.73亿美元、瑞士292.39万美元。

◆ **数字印刷辅助设备** 瑞士290.00万美元、日本273.38万美元、德国98.99万美元、丹麦97.03万美元、英国11.06万美元。

◆ **数字印刷设备及辅机用零件** 日本4.64亿美元、美国1.18亿美元、英国2970.71万美元、印度尼西亚1975.25万美元、新加坡2697.23万美元。

3.印后设备进口

2021年国内印后设备进口2.33亿美元。其中，锁线装订机进口827.86万美元（145台）、胶订机进口2509.81万美元（127台）、其他书本装订设备进口4484.11万美元（5822台）、制包/袋类设备进口1866.90万美元（25台）、其他制箱/盒类设备进口2761.59万美元（112台）、切纸机进口8394.25万美元（79671台）。

按照设备用途划分，2021年国内书刊装订设备及零件进口8207.40万美元，占印后设备进口总金额的35%；包装印后设备（制袋、制盒设备）进口4628.48万美元，占印后设备进口总金额的20%；其他印后设备（切纸机及零件）进口1.04亿美元，占印后设备进口总金额的45%。

与2020年相比，2021年国内印后设备进口总金额增长24.3%。其相关品种进口的变化如下：

◆ **锁线装订机** 进口金额增长24%，进口数量增长27%。

◆ **胶订机** 进口金额增长51%，进口数量增长7%。

◆ **其他书本装订设备** 进口金额增长20%，进口数量增长47%。

◆ **制包/袋类设备** 进口金额下降28%，进口数量增长32%。

◆ **其他制箱/盒类设备** 进口金额下降4%，进口数量增长20%。

◆ **切纸机** 进口金额增长59%，进口数量增长773%。

按照进口金额排序，2021年国内印后设备主要品种进口前五位的国家/地区为：

◆ **胶订机** 瑞士1302.15万美元、德国609.58万美元、日本522.45万美元、比利时59.54万美元、匈牙利13.83万美元。

◆ **其他书本装订设备** 德国1894.55万美元、日本908.17万美元、瑞士880.82万美元、葡萄牙164.62万美元、意大利133.26万美元。

◆ **制包/袋类设备** 德国1169.20万美元、日本438.35万美元、美国236.00万美元、俄罗斯15.11万美元。

◆ **其他制箱/盒类设备** 德国1086.00万美元、中国台湾572.07万美元、日本519.32万美元、韩国197.04万美元、英国104.31万美元。

◆ **切纸机** 西班牙2289.89万美元、德国2157.93万美元、中国台湾1125.33万美元、芬兰956.10万美元、马来西亚708.27万美元。

（二）印刷装备出口

2021年国内印刷装备出口28.91亿美元。其中，印前设备出口1.63亿美元、印刷设备16.21亿美元、印后设备11.07亿美元，三者占国内印刷装备出口总金额的比重分别为6%、56%和38%。

2021年国内印刷装备出口在全球各大区域市场的分布及所占比重为，亚洲15.55亿美元（54%）、欧洲5.87亿美元（20%）、北美洲3.68亿美元（13%）、拉丁美洲1.96亿美元（7%）、非洲1.43亿美元（5%）、大洋洲4266.11万美元（1%）。与2020年相比，2021年国内出口到世界各大区域市场的印刷装备（金额）均有大幅增长，其中亚洲增长28%、欧洲增长41%、北美洲增长26%、拉丁美洲增长38%、非洲增长15%、大洋洲增长51%。

1. 印前设备出口

2021年国内印前设备出口1.63亿美元。其中，计算机直接制版机出口4452.71万美元（1081台）、其他制版机出口1247.09万美元（4107台）、制版辅助设备307.98万美元（6731台）、制版设备及辅助设备零件581.42万美元、制成印版、滚筒及其他印刷部件进口9680.35万美元。计算机直接制版机和制成印版、滚筒及其他印刷部件出口仍然是国内印前设备出口的主力，两者占国内印前设备出口总金额的比重分别为27%和59%。

与2020年相比，2021年国内印前设备出口总金额增长20.4%。其相关品种出口变化如下：

◆ **计算机直接制版机** 出口金额增长18%，出口数量增长16%。

◆ **其他制版机** 出口金额增长28%，出口数量下降16%。

◆ **制版辅助设备** 出口金额增长53%，出口数量增长59%。

◆ **制版设备及辅助设备零件** 出口金额增长21%，出口数量增长6%。

◆ **制成印版、滚筒及其他印刷部件** 出口金额增长20%，出口数量增长6%。

按照出口金额排序，2021年国内计算机直接制版机出口前五位的国家/地区为，德国682.54万美元（143台）、日本591.82万美元（133台）、印度466.84万美元（149台）、比利时368.42万美元（76台）、美国287.33万美元（79台）。

2. 印刷设备出口

2021年国内印刷设备出口16.21亿美元。其中，胶印机出口1.24亿美元、凹印机出口6161.58万美元、柔印机出口7331.22万美元、丝印机出口9353.44万美元、数字印刷机出口8.09亿美元、辅机零件出口3.13亿美元。其出口金额占国内印刷设备出口总金额的比重分别为，胶印机8%、凹印机4%、柔印机5%、丝印机6%、数字印刷机50%和辅机零件19%。

（1）胶印机出口

2021年国内胶印机出口1.24亿美元（1655台）。其中，卷筒胶印机2818.04万美元（183台）、平张纸单色胶印机105.63万美元（383台）、平张纸双色胶印机368.39万美元（178台）、平张纸四色胶印机983.03万美元（57台）、其他平张纸（四色以上）胶印机6583.74万美元（179台）。卷筒胶印机、平张纸四色胶印机、其他平张纸（四色以上）胶印机出口金额名列前茅，三种胶印机出口占国内胶印机出口总金额的比重分别为23%、8%和53%。

与2020年相比，2021年国内胶印机出口总金额增长32.8%，其主要品种出口变化如下：

◆ **卷筒胶印机** 出口金额增长172%，出口数量下降100%。

◆ **平张纸单色胶印机** 出口金额下降20%，出口数量下降49%。

◆ **平张纸双色胶印机** 出口金额下降21%，出口数量下降4%。

◆ 平张纸四色胶印机 出口金额下降31%，出口数量下降48%。

◆ 其他平张纸（四色以上）胶印机 出口金额增长22%，出口数量下降100%。

按出口金额排序，2021年国内胶印机主要品种出口前五位的国家/地区是：

◆ 卷筒胶印机 土耳其552.37万美元（23台）、意大利527.16万美元（15台）、萨尔瓦多339.28万美元（1台）、西班牙312.49万美元（9台）、中国台湾121.38万美元（3台）、印度110.64万美元（7台）。

◆ 平张纸单色胶印机 印度19.26万美元（190台）、日本18.68万美元（4台）、越南17.06万美元（68台）、埃塞俄比亚14.00万美元（4台）、菲律宾11.96万美元（36台）。

◆ 平张纸四色胶印机 日本336.75万美元（4台）、印度尼西亚207.16万美元（7台）、墨西哥166.78万美元（3台）、印度94.10万美元（11台）、越南33.02万美元（21台）。

◆ 其他平张纸（四色以上）胶印机 美国1193.55万美元（24台）、日本736.54万美元（4台）、中国香港708.09万美元（5台）、德国605.24万美元（5台）、越南306.38万美元（23台）。

（2）其他传统印刷设备出口

2021年国内其他传统印刷设备出口总金额为3.76亿美元、数量达21.57万台。其中，凸版印刷机出口5549.99万美元（8060台）、柔版印刷机出口7331.22万美元（2377台）、凹版印刷机出口6161.58万美元（1670台）、平网印刷机出口6457.00万美元（2.98万台）、未列名印刷机出口9193.08万美元（14.90万台）。相关品种占国内其他传统印刷设备出口总金额的比重分别为，凸版印刷机15%、柔版印刷机20%、凹版印刷机16%、平网印刷机17%、未列名印刷机24%。

与2020年相比，2021年国内其他传统印刷设备的出口金额增长24%。其主要品种出口变化如下：

◆ 凸版印刷机 出口金额增长38%，出口数量增长179%。

◆ 柔版印刷机 出口金额增长15%，出口数量下降42%。

◆ 凹版印刷机 出口金额增长32%，出口数量增长24%。

◆ 平网印刷机 出口金额增长62%，出口数量增加7%。

◆ 未列名印刷机 出口金额增长12%，出口数量增加24%。

按出口金额排序，2021年国内其他传统印刷设备主要品种出口前五位的国家是：

◆ 柔版印刷机 越南803.67万美元（102台）、印度430.38万美元（200台）、俄罗斯416.11万美元（51台）、土耳其403.63万美元（1063台）、埃及320.29万美元（74台）。

◆ 凹版印刷机 越南1081.29万美元（423台）、印度963.18万美元（74台）、印度尼西亚554.70万美元（39台）、俄罗斯485.67万美元（12台）、泰国477.66万美元（62台）。

◆ 平网印刷机 越南1249.44万美元（397台）、美国943.50万美元（18670台）、墨西哥394.53万美元（90台）、韩国304.15万美元（202台）、孟加拉国299.85万美元（917台）。

（3）数字印刷设备出口

2021年国内数字印刷设备出口8.09亿美元（57.44万台）。其中，喷墨印刷机出口7.51亿美元（30.60万台）、静电成像印刷机出口1694.77万美元（3.46万台）、其他数字印刷机出口4036.06万美元（23.38万台），三者占国内数字印刷设备出口总金额的比重分别为93%、2%和5%。

与2020年相比，2021年国内数字印刷设备出口总金额增长20.2%。其三个品种设备出口的变化如下：

- **喷墨印刷机** 出口金额增长21%，出口数量增长0%。
- **静电成像印刷机** 出口金额下降28%，出口数量下降33%。
- **其他数字印刷设备** 出口金额增长38%，出口数量增长209%。

按出口金额排序，2021年国内数字印刷机出口前五位的国家/地区是：

- **喷墨印刷机** 美国1.39亿美元（7.56万台）、荷兰6902.11万美元（1.67万台）、印度5641.36万美元（1.22万台）、德国4254.99万美元（5.24万台）、日本2929.27万美元（1.14万台）。
- **静电成像印刷机** 阿联酋304.72万美元（5093台）、比利时269.88万美元（7311台）、韩国185.23万美元（3940台）、新加坡164.92万美元（3414台）、中国香港133.51万美元（2749台）。
- **其他数字印刷设备** 美国735.29万美元（5.88万台）、英国545.22万美元（3.36万台）、越南433.74万美元（3867台）、韩国283.05万美元（4946台）、印度176.26万美元（1864台）。

（4）印刷辅机/零件出口

2021年国内出口印刷辅机/零件3.13亿美元。其中，卷筒料给料机出口207.12万美元（701台）、印刷辅机出口3497.84万美元（36.31万台）、传统印刷机用零件出口5174.99万美元、数字印刷设备用辅机出口792.67万美元（5.02万台）、数字印刷设备及辅机使用零件2.16亿美元。

按照配套印刷设备类型划分，2021年传统印刷使用的辅机/零件出口8879.95万美元、数字印刷使用的辅机/零件出口2.24亿美元。两者占辅机/零件出口总金额的比重分别为28%和72%。

与2020年相比，2021年国内印刷辅机/零件出口总金额增长76.6%。其相关品种出口变化如下：

- **卷筒料给料机** 出口金额增长36%，出口数量下降99%。
- **传统印刷辅助设备** 出口金额增加35%，出口数量增加23%。
- **传统印刷设备及辅机用零件** 出口金额增加66%，出口数量增长179%。
- **数字印刷辅助设备** 出口金额下降6%，出口数量下降42%。
- **数字印刷设备及辅机用零件** 出口金额增加97%，出口数量增加63%。

按照出口金额排序，2021年国内印刷辅机/零件主要品种出口前五位的国家/地区为：

- **传统印刷辅助设备** 日本956.10万美元（3.05万台）、越南250.32万美元（399台）、意大利215.70万美元（339台）、印度尼西亚201.57万美元（140台）、韩国177.31万美元（1098台）。
- **传统印刷设备及辅机用零件** 日本1335.55万美元、美国394.40万美元、德国279.93万美元、意大利266.91万美元、马来西亚242.93万美元。
- **数字印刷辅助设备** 中国香港386.69万美元（1.40万台）、韩国86.80万美元（1114台）、日本83.75万美元（2.73万台）、荷兰55.40万美元（249台）、美国33.76万美元（1306台）。
- **数字印刷设备及辅机用零件** 中国香港3880.42万美元、美国2501.43万美元、日本2492.30万美元、韩国1316.89万美元、印度1179.11万美元。

3.印后设备出口

2021年国内印后设备出口11.07亿美元。其中，锁线装订机出口106.57万美元（3627台）、胶订机出口582.32万美元（2.26万台）、其他书本装订设备出口2534.93万美元（24.26万台）、切纸机出口4.48

亿美元（528.42万台）、制包/袋类设备出口1.49亿美元（4335台）、其他制箱/盒类设备出口3.72亿美元（16.49万台）。

按照设备用途划分，2021年国内书刊装订设备及零件出口3488.98万美元，占国内印后设备出口总值的3%；包装印后设备（制袋、制盒设备）出口5.22亿美元，占国内印后设备出口总值的47%；其他印后设备（切纸机及零件）出口5.50亿美元，占国内印后设备出口总值的50%。

与上年相比，2021年国内印后设备出口总金额增长32.9%。其主要品种出口变化如下：

◆ **锁线装订机** 出口金额下降55%，出口数量下降91%。
◆ **胶订机** 出口金额增长28%，出口数量增长68%。
◆ **其他书本装订设备** 出口金额增长30%，出口数量增长44%。
◆ **制盒/袋类设备** 出口金额增长48%，出口数量下降2%。
◆ **其他制箱/盒类设备** 出口金额增长33%，出口数量增长528%。
◆ **切纸机** 出口金额增长35%，出口数量增长19%。

按照出口金额排序，2021年国内印后设备主要品种出口前五位的国家/地区为：

◆ **胶订机** 中国香港78.33万美元（718台）、瑞士70.67万美元（5台）、意大利25.35万美元（93台）、西班牙23.91万美元（49台）、匈牙利22.73万美元（3台）。
◆ **其他书本装订设备** 越南350.06万美元（1166台）、美国304.93万美元（2.10万台）、韩国178.09万美元（2.21万台）、日本132.14万美元（1.49万台）、泰国119.20万美元（140台）。
◆ **切纸机** 美国9327.17万美元（196.40万台）、荷兰5253.64万美元（45.09万台）、越南3222.01万美元（1.22万台）、印度2101.57万美元（5.32万台）、韩国1300.29万美元（51.56万台）。
◆ **制盒/袋类设备** 越南1517.48万美元（262台）、印度1187.57万美元（115台）、马来西亚766.96万美元（86台）、阿联酋766.36万美元（90台）、俄罗斯689.65万美元（64台）。
◆ **其他制箱/盒类设备** 印度4685.72万美元（6.10万台）、越南3630.33万美元（8.17万台）、土耳其1665.62万美元（807台）、韩国1605.74万美元（303台）、美国1584.19万美元（1418台）。

（三）印刷装备进出口分析小结

国内印刷装备进口规模和出口规模的差距并不大，且差距还在缩小。2021年国内装备进口24.73亿美元，出口28.91亿美元。与2020年相比虽然两者均有增长，因同比增长速度的差异，国内印刷装备进口规模和出口规模的差距进一步缩小。

国内印刷装备进口和出口结构稳定。进口以印刷设备为主体；出口则是印刷设备和印后设备双支撑。2021年国内进口印刷装备中，印前设备、印刷设备、印后设备进口占印刷装备进口总值的比重分别为3%、88%和9%。同期，国内印刷装备出口结构为，印前设备6%、印刷设备56%、印后设备38%。与2020年、2019年相比，国内印刷装备进口和出口结构保持基本稳定。

国内印刷装备庞大的出口数量、较低的平均单价表明国内印刷装备制造业还处于全球相关产业供应链的中低端。2021年印刷装备出口金额前五位的设备品种（占国内印刷装备出口总金额的66%）多在十万和百万级的出口数量。多数设备品种的平均出口单价与平均进口单价相差巨大：

- **喷墨印刷机** 进口平均单价7342美元/台，出口平均单价725美元/台。
- **切纸机** 进口平均单价1054美元/台，出口平均单价85美元/台。
- **其他制造箱/盒设备** 进口平均单价24.66万美元/台，出口平均单价2257美元/台。
- **数字印刷设备用零件** 进口平均单价224美元/千克，出口平均单价34美元/千克。
- **制造包/袋或信封的机器** 进口平均单价74.68万美元/台，出口平均单价3.45万美元/台。

国内印刷装备进口和出口增长速度的变动是本土印刷装备制造业与全球相关产业之间竞争与合作关系的反映。2021年国内印刷装备进口下降和出口增长的设备品种增多（如柔版印刷机、凹版印刷机、平网印刷机、喷墨印刷机等），反映出国内装备制造业的进步和相关进口设备被国内产品替代。另外，切纸机、其他平张纸进料式胶印机、胶订机等进口、出口双增长的设备品种，多与来料加工贸易方式进口的零配件增长有关，在一定程度上是国内外相关产业合作的体现。

三、2021年国内印刷器材进出口的规模、结构和分布

2021年国内印刷器材进出口14.52亿美元。其中，印刷器材进口5.06亿美元、印刷器材出口9.47亿美元，进出口贸易顺差4.41亿美元。印刷器材进口和出口的比例是1∶1.87。

2021年国内印刷器材进口同比增长12.9%，印刷器材出口同比增长43.4%。印刷器材进出口贸易顺差同比增长107.9%。2021年国内印刷器材进出口统计数据见表4。

表4 2021年国内印刷器材进出口统计数据

行业分类	税号	商品	数量单位	进口数量	进口金额（美元）	出口数量	出口金额（美元）
印刷器材	32151100	黑色印刷油墨	千克	1980717	66047011	2608581	12322729
	32151900	其他印刷油墨	千克	8808517	241869401	21725428	114299785
	32159020	水性喷墨墨水	千克	7310930	142851806	24574677	181837523
	37013022	PS版，任一边>276mm	平方米	32203	641143	40599521	113097682
	37013024	未曝光的CTP版，任一边>255mm	平方米	3193025	14532966	162246115	500622192
	37013025	柔性印刷版，任何一边超过255毫米	平方米	756703	39735332	544730	24525703

（一）印刷器材进口

2021年国内印刷器材进口5.06亿美元，其中，黑色印刷油墨进口6604.70万美元（1980.72吨），其他印刷油墨进口2.42亿美元（8808.52吨），水性喷墨墨水进口1.43亿美元（7310.93吨），胶印PS版进口64.11万美元（3.22万平方米），胶印CTP版进口1453.30万美元（319.30万平方米），柔印版材进口3973.53万美元（75.67万平方米）。

按功能/用途划分，2021年印刷油墨、墨水类商品进口4.51亿美元，占同期印刷器材进口总金额的89%；印刷版材类商品进口5490.94万美元，占同期印刷器材进口总值的11%。

2021年国内印刷器材进口在全球各大区域市场的分布及比重为，亚洲3.85亿美元（76%）、欧洲9036.51万美元（18%）、北美洲2876.56万美元（6%）、其他区域131.54万美元（不到1%）。与2020年同期相比，2021年来自三大洲的印刷器材进口金额变动情况为，亚洲增长13%、欧洲增长11%、北美洲增

长13%。

与2020年同期相比，2021年国内印刷器材进口总金额增长12.9%。其相关品种进口变化如下：

◆ **黑色印刷油墨** 进口金额增长0%，进口数量增长3%。

◆ **其他印刷油墨** 进口金额增长6%，进口数量增长1%。

◆ **喷墨墨水** 进口金额增长34%，进口数量增长25%。

◆ **胶印PS版** 进口金额增长17%，进口数量增长169%。

◆ **胶印CTP版** 进口金额增长8%，进口数量增长34%。

◆ **柔印版材** 进口金额增长24%，进口数量增长32%。

按照进口金额排序，2021年国内印刷器材主要品种进口前五位的国家/地区为：

◆ **其他印刷油墨** 日本1.11亿美元（2319.89吨）、中国台湾2742.66万美元（2006.29吨）、韩国2591.44万美元（1168.98吨）、新加坡1821.27万美元（589.66吨）、德国1253.18万美元（665.17吨）。

◆ **喷墨墨水** 日本4137.77万美元（1759.56吨）、马来西亚3789.32万美元（1811.17吨）、印度尼西亚1645.07万美元（719.41吨）、菲律宾1505.93万美元（773.59吨）、美国1024.60万美元（720.72吨）。

（二）印刷器材出口

2021年国内印刷器材出口9.47亿美元。其中，黑色印刷油墨出口1232.27万美元（2608.58吨）、其他印刷油墨出口1.14亿美元（2.17万吨）、水性喷墨墨水出口1.82亿美元（2.46万吨）、胶印PS版出口1.13亿美元（4059.95万平方米）、胶印CTP版出口5.01亿美元（1.62亿平方米）、柔印版材出口2452.57万美元（54.47万平方米）。

按功能/用途划分，2021年国内印刷油墨、墨水类商品出口3.08亿美元，占同期国内印刷器材出口总金额的33%；印刷版材类商品出口6.38亿美元，占同期印刷器材出口总金额的67%。

2021年国内印刷器材出口在全球各大区域市场的分布及比重情况为，亚洲5.58亿美元（59%）、欧洲2.29亿美元（24%）、拉丁美洲6952.25万美元（7%）、非洲5245.32万美元（6%）、北美洲2176.47万美元（2%）、大洋洲1581.22万美元（1%）。与2020年同期相比，2021年国内出口各大洲印刷器材（金额）变动情况为，亚洲增长35%、欧洲增长62%、拉丁美洲增长38%、非洲增长46%、大洋洲增长38%、北美洲增长142%。

2021年国内印刷器材出口总金额同比增长43.4%。其相关品种出口变化为：

◆ **黑色印刷油墨** 出口金额增长36%，出口数量增长19%。

◆ **其他印刷油墨** 出口金额增长39%，出口数量增长12%。

◆ **喷墨墨水** 出口金额增长38%，出口数量增长29%。

◆ **胶印PS版** 出口金额增长38%，出口数量增长13%。

◆ **胶印CTP版** 出口金额增长50%，出口数量增长27%。

◆ **柔印版材** 出口金额增长18%，出口数量增长10%。

按照出口金额排序，2021年国内印刷器材主要品种出口前五位的国家/地区为：

◆ **其他印刷油墨** 越南1644.67万美元（3604.05吨）、缅甸760.01万美元（910.17吨）、印度尼西亚

670.63万美元（1131.35吨）、印度669.75万美元（1634.80吨）、中国台湾638.00万美元（1337.31吨）。

◆ **喷墨墨水** 巴基斯坦1933.81万美元（2634.25吨）、印度1568.93万美元（2686.96吨）、新加坡1305.25万美元（457.20吨）、美国1188.96万美元（909.78吨）、越南1094.58万美元（2149.11吨）。

◆ **胶印PS版** 韩国3888.80万美元（1345.90万平方米）、土耳其1019.79万美元（375.65万平方米）、孟加拉国805.54万美元（280.76万平方米）、印度尼西亚656.92万美元（278.10万平方米）、尼日利亚533.02万美元（210.65万平方米）。

◆ **胶印CTP版** 韩国6665.15万美元（2190.18万平方米）、比利时5399.04万美元（1520.48万平方米）、土耳其3019.61万美元（1005.03万平方米）、俄罗斯2994.45万美元（1012.19万平方米）、西班牙2319.71万美元（768.47万平方米）。

（三）印刷器材进出口分析小结

传统印刷油墨、胶印版材的进口增长势头减弱和出口大幅增长，说明国内传统印刷器材满足国内外市场需求的能力在提升。2021年黑色印刷油墨进口金额是零增长，而其他印刷油墨的增长也只有6%，与之对应的是国内出口印刷油墨的大幅度增长。2021年国内黑色印刷油墨出口金额增长36%，而其他印刷油墨的出口增长39%。同期，胶印CTP版材进口增长8%，而出口增长50%。

喷墨墨水进口和出口双增长，是国内外喷墨印刷技术应用快速普及的体现。2021年国内喷墨墨水进口增长34%，出口增长38%。而从喷墨墨水出口的目的地的广泛分布和增长速度推断，喷墨印刷技术在众多发展中国家的应用处于快速推广阶段。同时我们应该注意到，在不太长的时间喷墨墨水进出口规模已经在国内印刷器材进出口占据重要的位置（22%），说明其市场潜力巨大。

胶印PS版出口的高增长率说明配套传统模拟制版技术的产品还有市场，只是这种需求还能够维持多久需要高度关注。国内印刷业胶印制版已经实现了数字化，故对应的胶印PS版市场需求很小，而国外（特别是有些发展中国家）还有需求。2021年胶印PS版出口金额38%的增长就是这些需求的体现。但是，需要关注的是，这种大幅增长带有疫后恢复的性质，2021年国内胶印PS版的出口规模并没有超过疫前2019年的水平。

柔印版材进口、出口同步增长是国内外包装印刷市场兴旺的体现。2021年柔印版材进口金额增长24%，出口增长18%，且进口和出口规模与疫前2019年相比也有大幅提升。考虑到同期包装印刷品和包装印后设备出口大幅增长的事实，可以判断是国内外市场对包装的旺盛需求带动了包装印刷行业及其相关印刷设备器材的进出口的大幅增长。

四、观察与思考

2021年已经过去，在面对国内印刷产业进出口贸易亮眼成绩单的同时，我们对后疫情时代全球印刷市场及相关产业供应链的变化动态以及国内印刷产业进出口贸易的短板需要有清醒的认识。

◆ **印刷品是国内印刷产业进出口的主力**。印刷品出口是近年来国内印刷产业进出口增长的主要贡献者。成就国内印刷品出口的国际市场需求是各国经济增长或复苏产生的新需求，还是那些现存需求由于疫情对全球相关产业供应链的冲击导致的订单转移到了国内？

◆ 从全球相关产业供应链的角度看，国内印刷产业相关出口商品（特别是印刷装备、印刷器材）

多处于供应链的中、低端。这类商品附加价值低、替代性强、对价格高度敏感,在供应链区域化、本地化的后疫情时代国际大背景下,是最容易受到冲击的。国内印刷产业进出口持续增长的压力很大。

展望2022年及其今后一个时期,影响国内印刷产业进出口的另一个重要因素是《区域全面经济伙伴关系协议》(RCEP)的生效和实施。

RCEP是由东盟与中国、日本、韩国等15个自贸伙伴共同推动达成的区域贸易协定。2022年1月1日,历时八年谈判的RCEP正式生效,率先在中国、日本、新西兰、澳大利亚及六个东盟国家(文莱、柬埔寨、老挝、新加坡、泰国、越南)落地实施,韩国随后在今年2月生效,印度尼西亚、马来西亚、菲律宾和缅甸等国内手续办理正在加快推进。2020年RCEP成员国总人口达22.7亿,GDP达26万亿美元,进出口总额超过10万亿美元,均占全球总量约30%。RCEP生效意味着一个覆盖人口最多、经贸规模最大的自由贸易区的形成。

RCEP涵盖多样化的优惠政策和待遇,其特殊的原产地规则、贸易便利化措施、投资准入、关税减让等条款,对于我国与RCEP成员国的区域经济合作而言,既存在巨大机遇,也面临一定的挑战。

◆ **关税减让承诺** RCEP各成员国按照协定生效后的第1年至20年,逐步对适用关税税率作出了减让承诺,成员国之间90%以上的货物贸易将实现最终零关税。中国对东盟、澳大利亚、新西兰承诺的最终零关税产品占比高达90%以上,对日本、韩国最终零关税产品占比为86%,中国对成员国的零关税承诺主要以立刻降税到零和十年内降税到零为主。其中,对东盟国家67.9%的产品在协定生效后立即适用零关税税率。

◆ **原产地累积规则** 除了普遍性的原产地标准以外,RCEP还加入了"产品特定原产地规则"条款,规定成员国之间适用于原产地累积规则,约定区域价值成分不少于40%的产品适用于优惠关税待遇,大大降低了成员国之间享受零关税税率的门槛。这不仅有助于促进成员国企业在区域内部开展采购和生产、销售活动,使RCEP成员之间的贸易关系更加紧密,也有助于深化区域产业链供应链合作。

◆ **中日韩自贸关系** RCEP使得中日韩三国在该框架下初步达成了基本共识,在一定程度上打破了三国之间的贸易壁垒。当前,国内本土制造业在高端制造方面对日韩两国的中间品仍然较为依赖,三方企业之间可以RCEP框架为基础,探讨更进一步的合作的可能。

2021年中国与RCEP其他成员国之间的印刷相关商品进出口贸易额达71.68亿美元,占国内印刷产业进出口贸易总值的30%。其中,进口21.12亿美元,出口50.56亿美元,进口与出口的比例是1∶2.4。

2021年中国与RCEP其他成员国之间的印刷相关商品进出口贸易结构为:

◆ **进口结构** 印刷品7.31亿美元,印刷装备10.35亿美元,印刷器材3.46亿美元,占相关贸易总金额的百分比为35%、49%、16%。

◆ **出口结构** 印刷品38.36亿美元,印刷装备8.67亿美元,印刷器材3.24亿美元,占相关贸易总金额的百分比为76%、18%、6%。

按进出口贸易额排序,国内印刷产业与RCEP成员国进出口贸易往来的主要国家是日本(19.83亿美元)、越南(9.76亿美元)、澳大利亚(7.40亿美元)、新加坡(7.01亿美元)、韩国(6.63亿美元)、马来西亚(6.30亿美元)、泰国(4.02亿美元)、印度尼西亚(3.96亿美元),上述8国相关进出口占中国与

RCEP其他成员国相关进出口贸易总金额的90%。

2021年,中国在与其他14个RCEP成员国的印刷相关商品进出口贸易中,进口大于出口的国家有日本和新加坡,其他成员国均为出口大于进口。

RCEP对国内印刷产业进出口的影响主要表现在:

国内产业加速转移效应 RCEP协定在投资准入方面采用负面清单模式对农业、林业、渔业、采矿业和制造业作出开放承诺,并采取正面清单和负面清单结合的方式对服务业投资进行承诺,这一举措提升了亚太区域投资自由化程度,降低了对外投资门槛,会进一步加速国内低端制造业产业转移的趋势。区域供应链体系面临重构,进而影响国内相关印刷商品的进出口。

潜在的竞争效应 从区域内部市场竞争来看,目前在中国与RCEP其他成员国之间的贸易格局中,国内印刷品出口大于进口,表明我国在劳动密集型/资源密集型产品的生产过程中具有比较优势。印刷装备器材(高端印刷装备、喷墨墨水)进口大于出口,表明我国技术密集型产品对外部市场的依赖性较高。短期来看,RCEP的关税减让安排、贸易便利化措施等,无论是对传统的劳动密集型产品而言,还是对中高端类技术密集型产品而言,其出口规模都可能在原有基础上增长,中国与RCEP成员国业已形成的产业互补局面得到发展。但从中长期来看,随着RCEP区域经济进一步融合发展,产业同质化现象可能显现,中国与东盟国家之间中低端印刷相关产品竞争将逐步加剧。

同时,我们也应该看到,疫情的扩散蔓延对全球生产和需求造成全面冲击,导致很多产业的供应链经受着断裂或停滞的危机,凸显现有国际分工体系下全球供应链系统的脆弱性。越来越多的国家开始重视从安全角度布局产业链供应链,推动全球产业链向更加稳定、更具韧性的方向变迁。RCEP作为现代、全面、高质量、互惠的自由贸易协定,为稳定全球及区域产业链和供应链提供了制度保障。

充分利用RCEP经贸规则,通过对外投资合作、产能合作,实现创新要素集聚,补齐国内印刷产业供应链短板,为国内印刷产业升级提供空间,将有助于巩固和提升国内印刷产业在亚太区域相关供应链的地位,为今后国内印刷产业及相关进出口的高质量发展奠定坚实基础。

中国造纸工业 2021 年度报告

中国造纸协会

据统计，制浆造纸及纸制品全行业2021年完成纸浆、纸及纸板和纸制品合计28021万吨，同比增长9.89%。其中，纸及纸板产量12105万吨，较上年增长7.50%；纸浆产量8177万吨，较上年增长10.83%；纸制品产量7739万吨，较上年增长12.81%。全行业实现营业收入1.50万亿元，同比增长14.74%；实现利润总额885亿元，同比增长6.92%。

一、纸及纸板生产和消费情况

（一）纸及纸板生产量和消费量

据中国造纸协会调查资料，2021年全国纸及纸板生产企业约2500家，全国纸及纸板生产量12105万吨，较上年增长7.50%。消费量12648万吨，较上年增长6.94%，人均年消费量为89.51千克（14.13亿人）。2012—2021年，纸及纸板生产量年均增长率1.87%，消费量年均增长率2.59%（见表1、图1、图2-1、图2-2）。

表1 2021年纸及纸板生产和消费情况 （单位：万吨）

品 种	生产量			消费量		
	2020年	2021年	同比（%）	2020年	2021年	同比（%）
总量	11260	12105	7.50	11827	12648	6.94
新闻纸	110	90	-18.18	175	160	-8.57
未涂布印刷书写纸	1730	1720	-0.58	1783	1793	0.56
涂布印刷纸	640	635	-0.78	571	583	2.10
其中：铜版纸	600	605	0.83	556	579	4.14
生活用纸	1080	1105	2.31	996	1046	5.02
包装用纸	705	715	1.42	718	722	0.56
白纸板	1490	1525	2.35	1373	1427	3.93
其中：涂布白纸板	1410	1445	2.48	1292	1346	4.18
箱纸板	2440	2805	14.96	2837	3196	12.65
瓦楞原纸	2390	2685	12.34	2776	2977	7.24
特种纸及纸板	405	395	-2.47	330	312	-5.45
其他纸及纸板	270	430	59.26	268	432	61.19

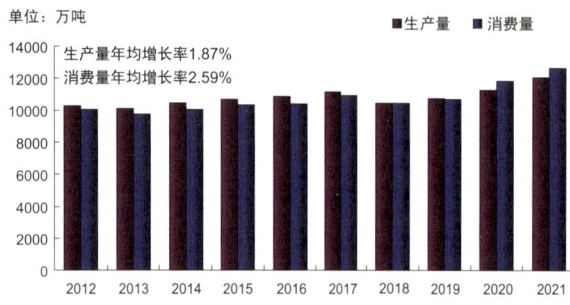

图1 2012—2021年纸及纸板生产和消费情况

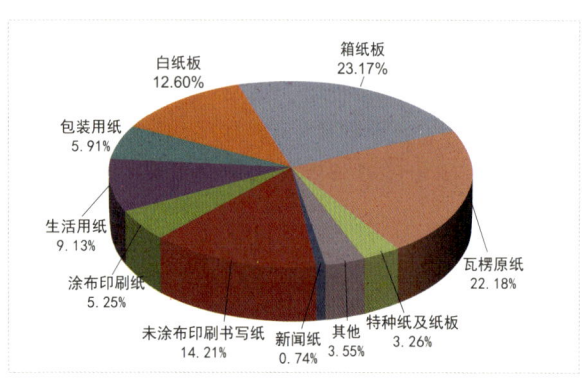

图2-1 2021年纸及纸板各品种生产量占总产量的比例

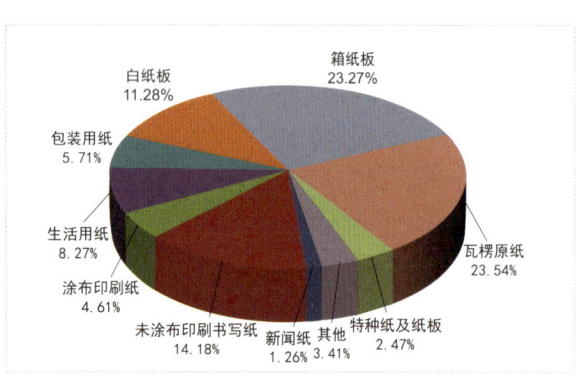

图2-2 2021年纸及纸板各品种消费量占总消费量的比例

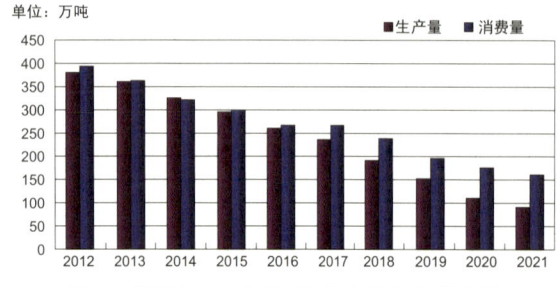

图3 新闻纸2012—2021年生产量和消费量

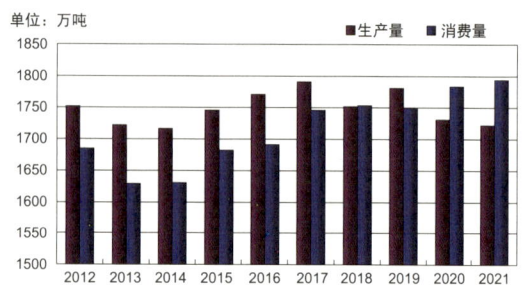

图4 未涂布印刷书写纸2012—2021年生产量和消费量

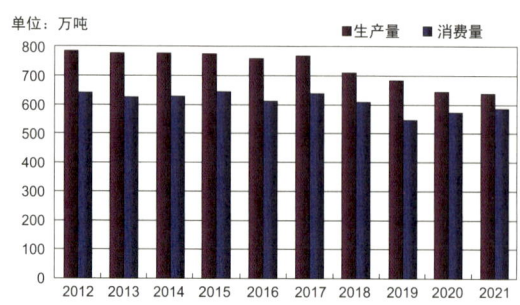

图5 涂布印刷纸2012—2021年生产量和消费量

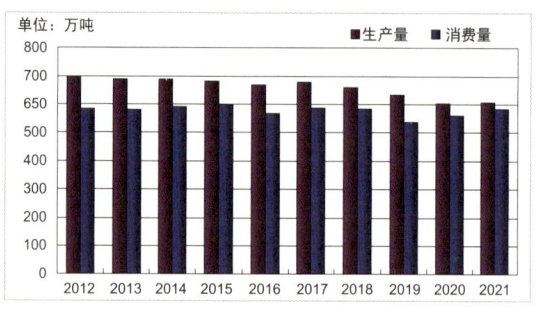

图6 铜版纸2012—2021年生产量和消费量

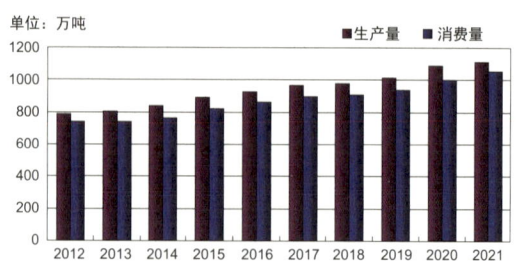

图7 生活用纸2012—2021年生产量和消费量

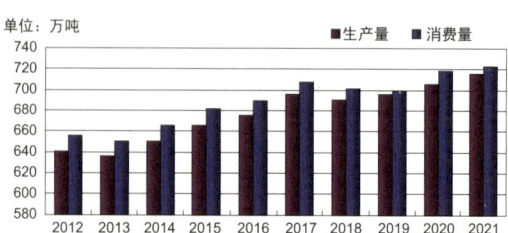

图8 包装用纸2012—2021年生产量和消费量

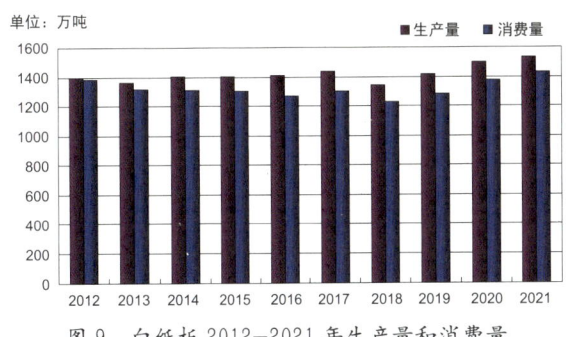

图9 白纸板2012-2021年生产量和消费量

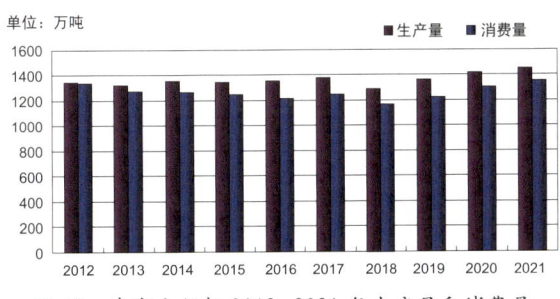

图10 涂布白纸板2012-2021年生产量和消费量

图11 箱纸板2012-2021年生产量和消费量

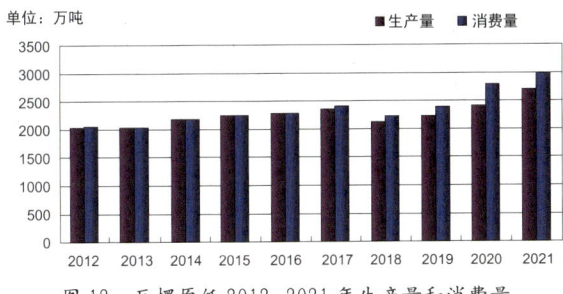

图12 瓦楞原纸2012-2021年生产量和消费量

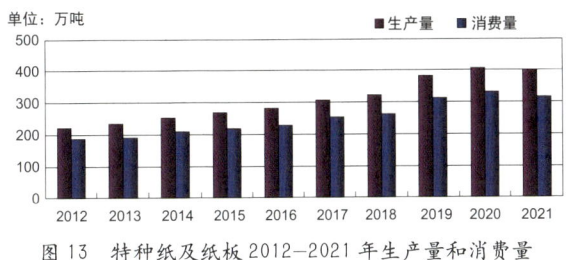

图13 特种纸及纸板2012-2021年生产量和消费量

（二）纸及纸板主要产品生产和消费情况

1.新闻纸

2021年新闻纸生产量90万吨，较上年减少18.18%；消费量160万吨，较上年减少8.57%。2012-2021年生产量年均增长率为-14.79%，消费量年均增长率-9.50%（见图3）。

2.未涂布印刷书写纸

2021年未涂布印刷书写纸生产量1720万吨，较上年减少0.58%；消费量1793万吨，较上年增长0.56%。2012-2021年生产量年均增长率为-0.19%，消费量年均增长率0.70%（见图4）。

3.涂布印刷纸

2021年涂布印刷纸生产量635万吨，较上年增长-0.78%；消费量583万吨，较上年增长2.10%。2012~2021年生产量年均增长率-2.26%，消费量年均增长率-1.00%（见图5）。

其中，2021年铜版纸生产量605万吨，较上年增长0.83%；消费量579万吨，较上年增长4.14%。2012-2021年生产量年均增长率-1.53%，消费量年均增长率-0.04%（见图6）。

4.生活用纸

2021年生活用纸生产量1105万吨，较上年增长2.31%；消费量1046万吨，较上年增长5.02%。2012-2021年生产量年均增长率3.95%，消费量年均增长率4.06%（见图7）。

5.包装用纸

2021年包装用纸生产量715万吨，较上年增长1.42%；消费量722万吨，较上年增长0.56%。2012-2021年生产量年均增长率1.24%，消费量年均增长率1.09%（见图8）。

6.白纸板

2021年白纸板生产量1525万吨，较上年增长2.35%；消费量1427万吨，较上年增长3.93%。2012-2021年生产量年均增长率1.04%，消费量年均增长率0.38%（见图9）。

其中，2021年涂布白纸板生产量1445万吨，较上年增长2.48%；消费量1346万吨，较上年增长4.18%。2012-2021年生产量年均增长率0.84%，消费量年均增长率0.14%（见图10）。

7. 箱纸板

2021年箱纸板生产量2805万吨，较上年增长14.96%；消费量3196万吨，较上年增长12.65%。2012-2021年生产量年均增长率3.38%，消费量年均增长率4.47%（见图11）。

8. 瓦楞原纸

2021年瓦楞原纸生产量2685万吨，较上年增长12.34%；消费量2977万吨，较上年增长7.24%。2012-2021年生产量年均增长率3.21%，消费量年均增长率4.36%（见图12）。

9. 特种纸及纸板

2021年特种纸及纸板生产量395万吨，较上年减少2.47%；消费量312万吨，较上年减少5.45%。2012-2021年生产量年均增长率6.72%，消费量年均增长率6.11%（见图13）。

二、纸及纸板生产企业经济指标完成情况

据统计2426家造纸生产企业，2021年1-12月营业收入8551亿元，工业增加值增速8.00%。产成品存货418亿元，同比增长33.33%；利润总额541亿元，同比增长17.01%；资产总计10748亿元，同比增长5.37%；资产负债率58.88%，负债总额6328亿元，同比增长5.59%。在统计的2426家造纸生产企业中，亏损企业有452家，占18.63%（见图14、图15）。

三、纸浆生产和消耗情况

（一）2021年纸浆生产情况

据中国造纸协会调查资料，2021年全国纸浆生产总量8177万吨，较上年增长10.83%。其中：木浆1809万吨，较上年增长21.41%；废纸浆5814万吨，较上年增长8.41%；非木浆554万吨，较上年增长5.52%（见表2）。

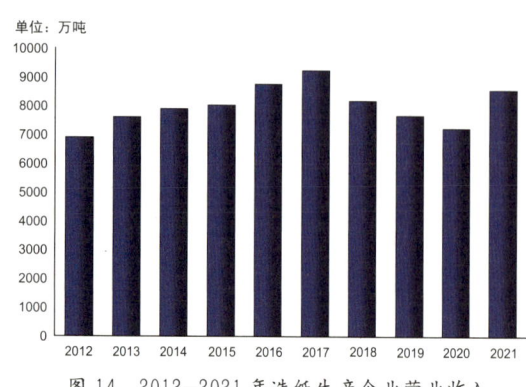

图14 2012-2021年造纸生产企业营业收入

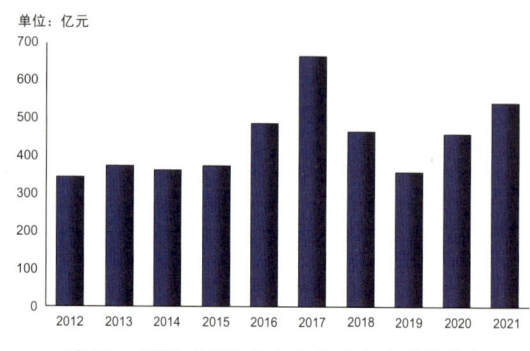

图15 2012-2021年造纸生产企业利润总额

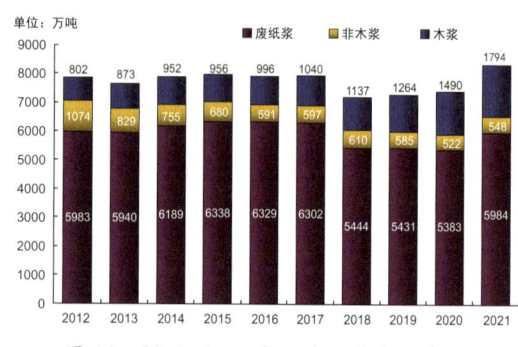

图16 2012-2021年国产纸浆消耗情况

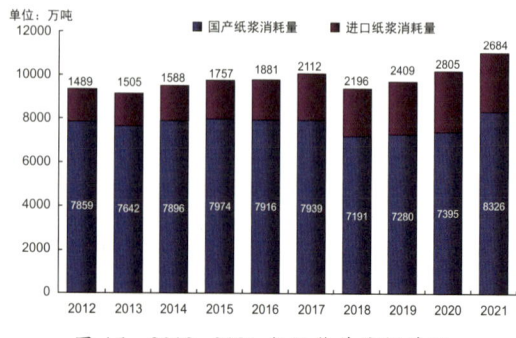

图17 2012-2021年纸浆总消耗情况

表2 2012—2021年纸浆生产情况 (单位：万吨)

品种＼年度	2012	2013	2014	2015	2016	2017	2018	2019	2020	2021
纸浆合计	7867	7651	7906	7984	7925	7949	7201	7207	7378	8177
其中：1. 木浆	810	882	962	966	1005	1050	1147	1268	1490	1809
2. 废纸浆	5983	5940	6189	6338	6329	6302	5444	5351	5363	5814
3. 非木浆	1074	829	755	680	591	597	610	588	525	554
苇浆	143	126	113	100	68	69	49	51	54	41
蔗渣浆	90	97	111	96	90	86	90	70	97	72
竹浆	175	137	154	143	157	165	191	209	219	242
稻麦草浆	592	401	336	303	244	246	250	222	117	159
其他浆	74	68	41	38	32	31	30	36	38	40

表3-1 2021年纸浆消耗情况 (单位：万吨)

品种	2020年	占比（%）	2021年	占比（%）	同比（%）
总量	10200	100	11010	100	7.94
木浆	4046	40	4151	38	2.60
1. 进口木浆	2556*1	25	2357*2	22	−7.79
2. 国产木浆	1490	15	1794	16	20.40
废纸浆	5632	55	6311	57	12.06
1. 进口废纸浆	249	2	327	3	31.33
2. 国产废纸浆	5383	53	5984	54	11.16
其中：进口废纸制浆	620	6	48	/	−92.26
国内废纸制浆	4763	47	5936	54	24.63
非木浆	522	5	548	5	4.98

*1 2020年进口纸浆3063万吨，扣除非造纸用浆和非木浆，实际进口木浆消耗量2556万吨。
*2 2021年进口纸浆2969万吨，扣除非造纸用浆和非木浆，实际进口木浆消耗量2357万吨。

表3-2 2012—2021年国内废纸利用情况

年份	国内废纸回收量（万吨）	废纸净进口量（万吨）	废纸浆消费量（万吨）	废纸回收率（%）	废纸利用率（%）
2012	4473	3007	5983	44.5	73.0
2013	4377	2924	5940	44.7	72.2
2014	4841	2752	6189	48.1	72.5
2015	4832	2928	6338	46.7	72.5
2016	4963	2850	6329	47.6	72.0
2017	5285	2572	6303	48.5	70.6
2018	4964	1703	5474	47.6	63.9
2019	5244	1036	5443	49.0	58.3
2020	5493	689	5632	46.4	54.9
2021	6491	54	6311	51.3	54.1

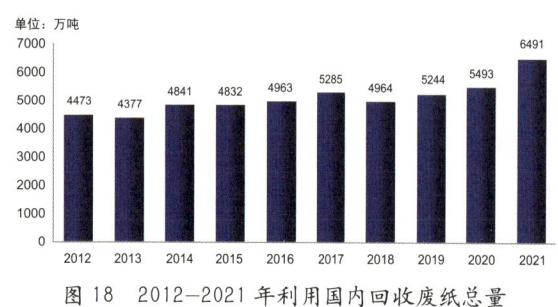

图 18　2012-2021年利用国内回收废纸总量

（二）2021年纸浆消耗情况

2021年全国纸浆消耗总量11010万吨，较上年增长7.94%。木浆4151万吨，占纸浆消耗总量38%，其中进口木浆占22%、国产木浆占16%；废纸浆6311万吨，占纸浆消耗总量57%，其中进口废纸浆占3%、用国内废纸制浆占54%；非木浆548万吨，占纸浆消耗总量5%（见表3-1、图16、图17）。

（三）2021年废纸利用情况

2021年利用国内回收废纸总量6491万吨，较上年增长18.17%，废纸回收率51.3%，废纸利用率54.1%，2012-2021年国内废纸回收量年均增长率4.22%（见表3-2、图18）。

四、纸制品生产和消费情况

据统计，2021年全国规模以上纸制品生产企业4278家，生产量7739万吨，较上年增长12.81%；消费量7383万吨，较上年增长12.68%；进口量19万吨，出口量375万吨。2012-2021年，纸制品生产量年均增长率5.44%，消费量年均增长率5.47%（见图19）。

五、纸及纸板、纸浆、废纸及纸制品进出口情况

（一）纸及纸板、纸浆、废纸及纸制品进口情况

2021年纸及纸板进口1090万吨，较上年减少

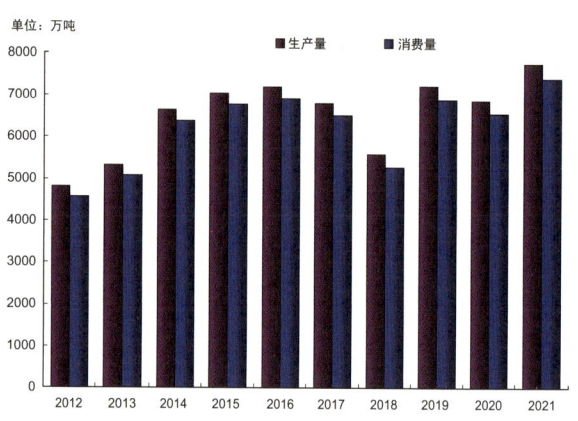

图 19　2012-2021年纸制品生产和消费情况

5.55%；纸浆进口3052万吨，较上年减少2.65%；废纸进口54万吨，较上年减少92.16%；纸制品进口19万吨，较上年增长18.75%。

2021年进口纸及纸板、纸浆、废纸、纸制品合计4215万吨，较上年减少15.60%，用汇290.17亿美元，较上年增长19.93%。进口纸及纸板平均价格为695.54美元/吨，较上年平均价格增长26.94%；进口纸浆平均价格为675.49美元/吨，较上年平均价格增长31.78%；进口废纸平均价格为246.26美元/吨，较上年平均价格增长40.51%（见表4）。

（二）纸及纸板、纸浆、废纸及纸制品出口情况

2021年纸及纸板出口547万吨，较上年减少6.81%；纸浆出口15.42万吨，较上年增长46.16%；废纸出口0.12万吨，与上年持平；纸制品出口375万吨，较上年增长15.74%。

2021年出口纸及纸板、纸浆、废纸、纸制品合计937.54万吨，较上年增长1.72%，创汇243.59亿美元，较上年增长14.97%。出口纸及纸板平均价格为1647.32美元/吨，较上年平均价格增长3.95%；出口纸浆平均价格为1224.51美元/吨，较上年平均价格增长12.82%（见表5）。

表4 2021年中国纸浆、废纸、纸及纸板、纸制品进口情况 (单位：万吨)

品　种	2020年进口量	2021年进口量	同比（%）
纸浆	3135[*1]	3052[*3]	−2.65
废纸	689	54	−92.16
纸及纸板	1154	1090	−5.55
1. 新闻纸	65	71	9.23
2. 未涂布印刷书写纸	119	133	11.76
3. 涂布印刷纸	36	44	22.22
其中：铜版纸	25	30	20.00
4. 包装用纸	31	24	−22.58
5. 箱纸板	404	399	−1.24
6. 白纸板	53	58	9.43
其中：涂布白纸板	52	57	9.62
7. 生活用纸	3	5	66.67
8. 瓦楞原纸	389	294	−24.42
9. 特种纸及纸板	22	23	4.55
10. 其他纸及纸板	32[*2]	39[*4]	21.88
纸制品	16	19	18.75
总　计	4994	4215	−15.60

注：数据来源于海关总署

[*1] 2020年进口纸浆3063万吨，另有72万吨"进口废纸浆"计入"其他纸及纸板"相关税号，实际进口纸浆3135万吨。

[*2] 2020年进口"其他纸及纸板"104万吨，其中有72万吨为"进口废纸浆"，实际进口"其他纸及纸板"32万吨。

[*3] 2021年进口纸浆2969万吨，另有83万吨"进口废纸浆"计入"其他纸及纸板"相关税号，实际进口纸浆3052万吨。

[*4] 2021年进口"其他纸及纸板"122万吨，其中有83万吨为"进口废纸浆"，实际进口"其他纸及纸板"39万吨。

表5 2021年中国纸浆、废纸、纸及纸板、纸制品出口情况 (单位：万吨)

品　种	2020年出口量	2021年出口量	同比（%）
纸浆	10.55	15.42	46.16
废纸	0.12	0.12	0.00
纸及纸板	587	547	−6.81
1. 新闻纸	0	1	—
2. 未涂布印刷书写纸	66	60	−9.09
3. 涂布印刷纸	105	96	−8.57
其中：铜版纸	69	56	−18.84
4. 包装用纸	18	17	−5.56
5. 箱纸板	7	8	14.29
6. 白纸板	170	156	−8.24
其中：涂布白纸板	170	156	−8.24
7. 生活用纸	87	64	−26.44
8. 瓦楞原纸	3	2	−33.33
9. 特种纸及纸板	97	106	9.28
10. 其他纸及纸板	34	37	8.82
纸制品	324	375	15.74
总　计	921.67	937.54	1.72

注：数据来源于海关总署

（三）纸及纸板各品种进出口量比重

（见图20、图21）

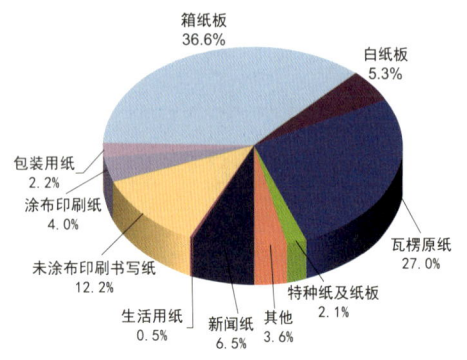

图20　2021年纸及纸板各品种进口量比重

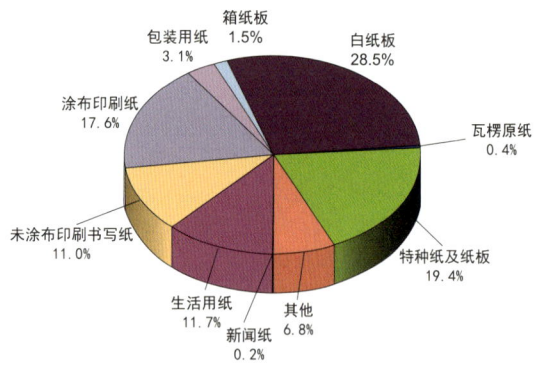

图21　2021年纸及纸板各品种出口量比重

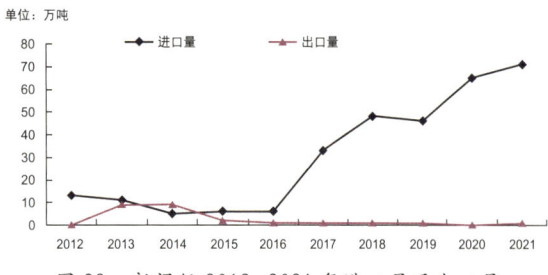

图22　新闻纸2012—2021年进口量及出口量

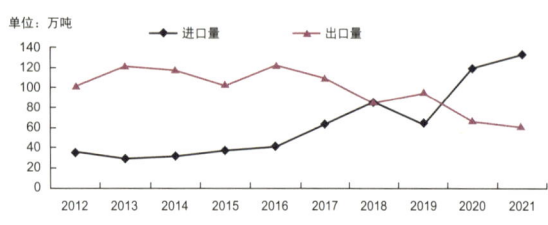

图23　未涂布印刷书写纸2012—2021年进口量及出口量

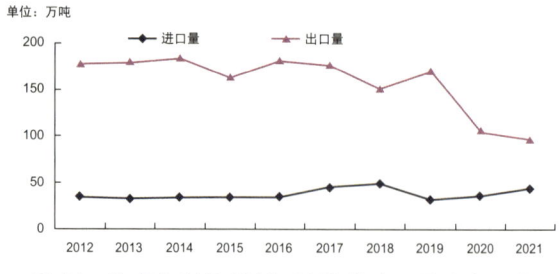

图24　涂布印刷纸2012—2021年进口量及出口量

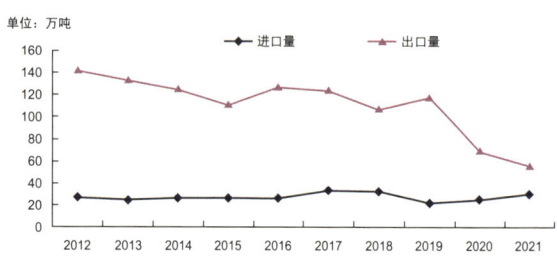

图25　铜版纸2012—2021年进口量及出口量

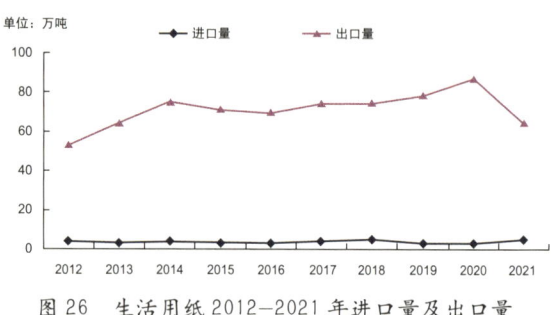

图26　生活用纸2012—2021年进口量及出口量

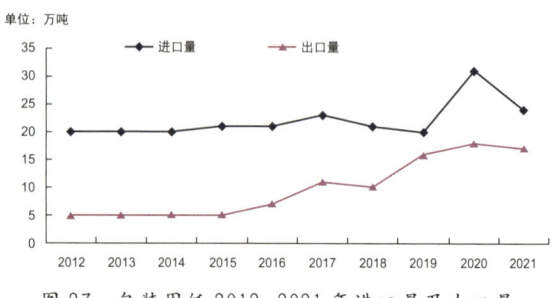

图27　包装用纸2012—2021年进口量及出口量

图28 白纸板2012—2021年进口量及出口量

图32 特种纸及纸板2012—2021年进口量及出口量

图29 涂布白纸板2012—2021年进口量及出口量

图30 箱纸板2012—2021年进口量及出口量

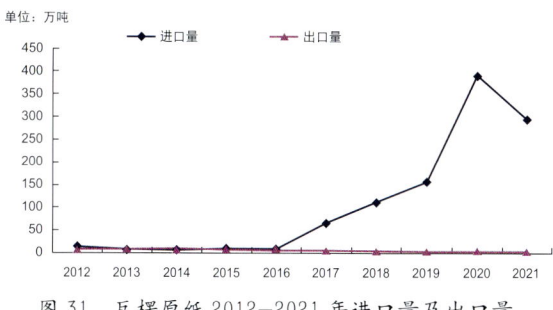

图31 瓦楞原纸2012—2021年进口量及出口量

（四）纸及纸板主要产品2012–2021年进出口情况

1.新闻纸：2021年进口量大于出口量，净进口量70万吨（见图22）。

2.未涂布印刷书写纸：2021年进口量大于出口量，净进口量73万吨（见图23）。

3.涂布印刷纸：2021年进口量小于出口量，净出口量52万吨（见图24）。

其中，铜版纸2021年进口量小于出口量，净出口量26万吨（见图25）。

4.生活用纸：2021年进口量小于出口量，净出口量59万吨（见图26）。

5.包装用纸：2021年进口量大于出口量，净进口量7万吨（见图27）。

6.白纸板：2021年进口量小于出口量，净出口量98万吨（见图28）。

其中，涂布白纸板2021年进口量小于出口量，净出口量99万吨（见图29）。

7.箱纸板：2021年进口量大于出口量，净进口量391万吨（见图30）。

8.瓦楞原纸：2021年进口量大于出口量，净进口量292万吨（见图31）。

9.特种纸及纸板：2021年进口量小于出口量，净出口量83万吨（见图32）。

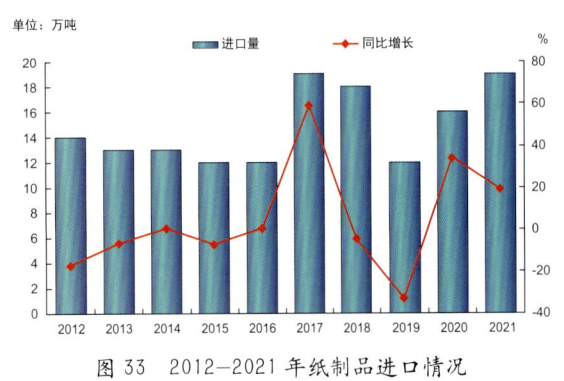

图33 2012—2021年纸制品进口情况

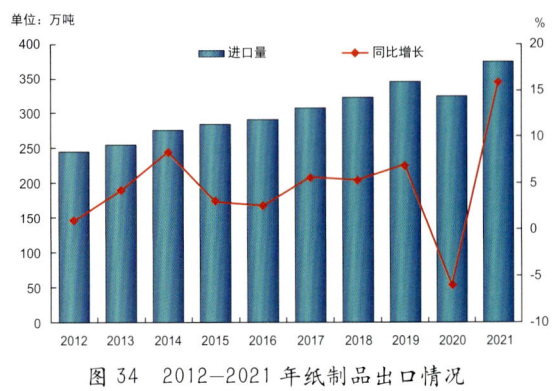

图34 2012—2021年纸制品出口情况

（五）纸制品进出口情况

1.2021年纸制品进口量19万吨，较上年增加3万吨，同比增长18.75%（见图33）。

2.2021年纸制品出口量375万吨，较上年增加51万吨，同比增长15.74%（见图34）。

六、纸及纸板生产布局与集中度

根据中国造纸协会调查资料，2021年我国东部地区11个省（区、市），纸及纸板产量占全国纸及纸板产量比例为69.6%，中部地区8个省（区）比例占18.5%，西部地区12个省（区、市）比例占11.9%（见表6、图35）。

表6 2021年纸及纸板生产量区域布局变化 （单位：万吨）

	2020年		2021年	
	产量	占比（%）	产量	占比（%）
纸及纸板产量	11260	100.0	12105	100.0
其中：东部地区	8243	73.2	8424	69.6
中部地区	1889	16.8	2238	18.5
西部地区	1128	10.0	1443	11.9

注：据中国造纸协会调查资料

表7 2021年纸及纸板产量100万吨以上的省（区、市） （单位：万吨）

省（区、市）	2020年	2021年	同比增长（%）
山东省	1920	2035	5.99
广东省	2012	1970	−2.09
江苏省	1402	1415	0.93
浙江省	1149	1050	−8.62
福建省	777	845	8.75
河南省	532	672	26.32
湖北省	427	570	33.49
重庆市	352	423	20.17

(续表)

省（区、市） 产量	2020年	2021年	同比增长（%）
河北省	317	408	28.71
四川省	313	389	24.28
广西壮族自治区	255	337	32.16
安徽省	321	335	4.36
天津市	265	280	5.66
江西省	250	269	7.60
湖南省	212	230	8.49
辽宁省	184	200	8.70
海南省	171	178	4.09
合　计	10859	11606	6.88

注：据中国造纸协会调查资料

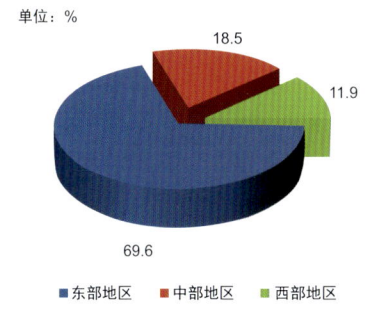

图35　2021年纸及纸板生产量区域布局图

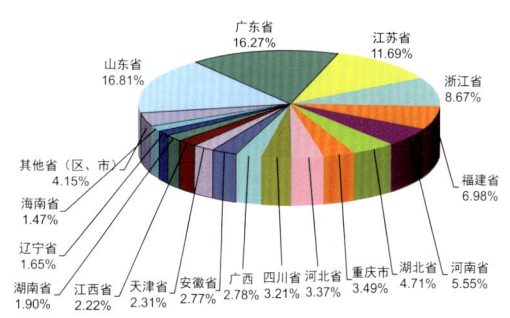

图36　2021年主要省（区、市）纸及纸板产量比例图

2021年山东省、广东省、江苏省、浙江省、福建省、河南省、湖北省、重庆市、河北省、四川省、广西壮族自治区、安徽省、天津市、江西省、湖南省、辽宁省和海南省17个省（区、市）纸及纸板产量超过100万吨，产量合计11606万吨，占全国纸及纸板总产量的95.88%（见表7、图36）。

结语

2021年在国内经济形势整体稳中向好及外贸增加的带动下，造纸行业克服了原料、能源、运输等成本上涨，新冠疫情多点散发对市场带来诸多不确定因素等影响，通过优化产业结构，提升产品质量，适应市场需求变化，加快绿色发展步伐，保障了市场供给，实现了产销两旺，经济效益显著增长，保持了造纸行业平稳发展。

2021年印刷标准化工作概述

全国印刷标准化技术委员会　李永林

2021年，我国标准化工作在顶层设计上实现重大突破，党中央、国务院颁布了在我国标准化事业发展进程中具有里程碑意义的《国家标准化发展纲要》，明确了我国标准化发展的指导思想、发展目标、重点任务和重要举措，为标准化工作标定了一个新起点。在这一年里，我国印刷标准化建设的各项工作也稳步推进。一是积极开展印刷业标准化相关项目的研究工作，加强印刷标准化建设顶层设计；二是积极开展国家标准、行业标准和团体标准研制工作，促进标准供给由政府主导向政府与市场并重转变；三是承担ISO/TC 130秘书处和ISO/TC 130主席工作，履行我国在国际科技组织的职责与义务。

一、2021年我国印刷标准化建设的基本情况

截至2021年底，我国印刷技术领域现行国家标准和行业标准共计185项，包括84项国家标准和99项新闻出版行业标准，均为推荐性标准。中国印刷技术协会团体标准工作委员会自2015年成立以来共研制、发布团体标准6项，在研的团体标准有4项，2022年将推进到列入团体标准立项计划阶段。

2021年，ISO/TC 130现行有效的国际标准共108项，已转化32项（其中29项为等同采用，3项为修改采用），其中包括已列入计划的9项在研项目，待转化数76项，经过分析，有7项不适宜转化。其中待转化的69项国际标准或国际印刷技术报告类文件将在未来1~5年内，根据国内外印刷领域发展情况，陆续转化为我国国家标准。在已转化的32项标准中，有近十项国家标准采标的ISO标准已经修订，我国转化的这部分国家标准应该相应地进行必要的修订。

二、2021年我国印刷标准化建设取得的成绩

（一）标准化科研能力不断提升

2021年，全国印刷标委会参与完成了中国新闻出版研究院和北京市委宣传部委托的印刷业质量与标准化相关研究课题项目。第一个课题从此课题的重点及研究关于企业标准化工作的五项系列国家标准出发，结合印刷企业开展标准化工作的现状和存在问题，对开展印刷企业标准化良好行为评价工作提出思路和对策。另一个课题则从分析研究服务于首都核心功能的出版物印制质量要求及技术规范出发，对加快出版物印刷领域高质量发展，推动实现文化强国、出版强国的目标提出基本路径与方略，供有关决策部门参考。

国家标准研制方面，2021年度全国印刷标委会提出列入国家标准立项计划的项目建议共4项，此外，

2021年度还提出2项国家标准外文版项目建议,按审批程序这些项目将于2022年列入国家标准立项计划。2021年完成已立项的5项国家标准项目报批材料整理和上报工作,这5项国家标准为等同采用国际标准,另有2项国家标准项目处于起草阶段。2021年批准发布的国家标准共有7项(详见表1)。

表1 2021年批准发布国家标准明细表

序号	标准号	标准名称	归口单位
1	GB/T 17934.1—2021	印刷技术 网目调分色版、样张和生产印刷品的加工过程控制 第1部分:参数与测量方法	SAC/TC170
2	GB/T 17934.2—2021	印刷技术 网目调分色版、样张和生产印刷品的加工过程控制 第2部分:平版胶印	SAC/TC170
3	GB/T 17934.3—2021	印刷技术 网目调分色版、样张和生产印刷品的加工过程控制 第3部分:新闻纸冷固型平版胶印	SAC/TC170
4	GB/T 17934.5—2021	印刷技术 网目调分色版、样张和生产印刷品的加工过程控制 第5部分:网版印刷	SAC/TC170
5	GB/T 17934.7—2021	印刷技术 网目调分色版、样张和生产印刷品的加工过程控制 第7部分:直接使用数字数据的打样过程	SAC/TC170
6	GB/T 17934.8—2021	印刷技术 网目调分色版、样张和生产印刷品的加工过程控制 第8部分:直接使用数字数据的验证印刷品制作过程	SAC/TC170
7	GB/T 41197—2021	印刷技术 印刷纸张特性沟通交流规则	SAC/TC170

行业标准研制方面,2021年度全国印刷标委会向国家新闻出版署提出行业标准立项申请18项,其中14项已获批立项,这14项行业标准均处于起草阶段。2021年批准发布的行业标准共有11项(详见表2)。

表2 2021年批准发布行业标准明细表

序号	标准号	标准名称	归口单位
1	CY/T 241—2021	印刷智能制造术语	SAC/TC170
2	CY/T 242—2021	印刷智能工厂参考模型	SAC/TC170
3	CY/T 243—2021	印刷智能工厂构建规范	SAC/TC170
4	CY/T 244—2021	印刷智能工厂制造执行系统(MES)功能体系结构	SAC/TC170
5	CY/T 245—2021	印刷产品智能设计与仿真指南	SAC/TC170
6	CY/T 246—2021	数字印刷 书刊印制信息交换规范	SAC/TC170
7	CY/T 247—2021	线装书籍要求	SAC/TC170/SC1
8	CY/T 29—2021(代替CY/T 29—1999)	骑马订装书刊要求	SAC/TC170/SC1
9	CY/T 248—2021	印刷类柔性透明薄膜电子器件质量要求	SAC/TC170/SC2
10	CY/T 249—2021	纺织品网版印花分色制版数字文件制作要求	SAC/TC170/SC2
11	CY/T 250—2021	绿色印刷 转移接装纸印制过程控制要求	SAC/TC170

另外,在团体标准研制方面,2021年共有包括3项丝网印刷标准在内的4个项目处于预研阶段,有望在2022年列入中国印协的团体标准立项计划。通过对产业政策和行业发展趋势进行跟踪研究、广泛调研和制修订过程全程跟踪管理,使得标准化研究工作更加深入、标准项目的质量逐步提高、标准制修订效率稳步提升,为及时出台引领印刷业发展方向的相关标准奠定坚实的基础。

（二）标委会职能作用进一步凸显

一是全国印刷标委会通过日常工作机构认真准备、精心组织，加强标准的宣贯、培训和对分技术委员会的技术指导。2021年完成6项标准的解读、宣贯视频开发、录制工作并于9月下旬在广东东莞召开行业标准宣贯会议（线上+线下），参会人数约为3500余人。2021年，印刷标委会秘书处还完成了对3个分技术委员会上报的完成项目、立项建议、委员调整等事项的审核与报批工作。

二是组织开展国家标准、行业标准的复审工作。2021年，全国印刷标委会组织部分业内知名技术专家对当年需要进行复审的81项印刷标准开展了复审工作，其中国家标准复审项目44项，行业标准复审项目37项。国家标准44项需要复审的项目已经全部复审完毕，并通过国家标准制修订系统完成复审结论的上报工作。国家标准和行业标准复审完成率均为100%。

三是做好标委会换届筹备的相关工作。2021年6月底，全国印刷标委会正式上报换届有关文件，积极跟进标委会第五届换届及组成方案文件的审核进展情况，及时按照上级机关要求补充有关候任委员及委员单位的征信信息。经中宣部出版局和国家标准化管理委员会审核，第五届委员会换届及组成方案文件于2021年年底在国家标准化管理委员会官方网站发布批复公告。2022年，全国印刷标委会将择机召开换届会议。

（三）积极参与国际标准化活动的相关工作

由中国印刷技术协会作为承担单位的ISO/TC 130秘书处（全国印刷标委会秘书处具体承担该秘书处工作）除承担好日常工作外，2021年协调组织了4~5月陆续召开的春季工作组会议和9~11月陆续召开的秋季工作组会议和全会，完成ISO/TC 130已到投票截止日期的各类投票65项，投票率达到100%，完成ISO/TC 130 WG12（印后工作组）秘书支持工作，切实履行了我国作为ISO/TC 130秘书处所在国的职责与义务。

2020年，我国专家在ISO/TC 130/WG12印后工作组内提出预工作项目提案ISO/PWI 6400《纸和纸板印刷品的平板模切过程控制及检测方法》。2021年5月和10月，由我国专家担任召集人的ISO/TC 130/WG12印后工作组分别召开了2次工作组会议对该提案进行讨论完善，力争推进到新工作项目阶段。

三、2021年我国印刷标准化建设工作中存在的主要问题

2021年我国印刷标准化建设工作中存在的主要问题有以下方面：

1.标准化工作的体制机制还不健全，与新闻出版转型升级、融合发展大趋势还不太适应。

2.受新冠肺炎疫情影响，业内外、全领域技术推广对接以及交流活动减少，对标准的有效供给造成较大负面影响。

3.印刷标准的技术水平偏低。主要表现在三个方面：一是标准中的大量技术数据和指标直接或间接来源于国外标准，缺乏针对我国具体情况进行的验证性研究；二是采用国际标准的比率低，以我国标准为基础制定的国际标准的比率更低；三是检验设备和检验技术相对落后。

4.标准信息不对称，标准化工作与市场需求、科技研究、产品开发相脱节的情况在一些区域、细分领域不同程度地存在。

5.团体标准的社会认可度偏低，印刷及相关行业的企业参与团体标准制修订工作的积极性不高。

四、2022年我国印刷标准化的主要工作设想

2021年10月发布的《国家标准化发展纲要》明确了标准化工作的新方位，提出了标准化改革的新路径，确立了标准化开放的新格局，为构建推动高质量发展的标准体系作出了全面部署，提供了行动指南。

2021年年底发布的《印刷业"十四五"时期发展专项规划》提出了推进印刷强国建设的发展任务。《纲要》和《专项规划》的发布实施，将开启我国印刷标准化事业发展的新征程。

2022年，全国印刷标准化技术委员会将以贯彻落实《纲要》和《专项规划》为抓手，全面深入实施标准化战略，推动印刷业各类市场主体践行新发展理念，以标准化引领我国印刷业实现质量变革、效率变革、动力变革，为促进印刷业高质量发展发挥好技术支撑作用。

（一）围绕产业发展需求，提升标准的有效供给水平

1.围绕印刷业发展方向，聚焦重点产业链供应链，强化关键环节、关键领域、关键产品的技术标准研制与应用，筑牢产业发展基础，推进产业优化升级。

2.加快新一代信息技术、绿色节能技术等相关创新、应用成果向标准的转化，汇众力聚众智，初步形成科学适用、结构合理、衔接配套、国际接轨的印刷标准体系。

3.加强对印刷领域国际标准的研究和转化工作，以强化标准实施补齐标准化全过程管理短板为目标，研究建立对标准的整体执行情况、技术内容、实施效果开展评价的方法、评价机制。

4.借鉴国内外团体标准发展、实践的先进经验，努力培育高质量团体标准，有序推进印刷领域团体标准的制定、审核、发布、宣贯等工作。

（二）探索"中国标准国际化"工作路径和模式

1.承担好ISO/TC 130秘书处和主席工作，充实ISO/TC 130国内技术对口工作力量，组织行业专家参加2022年春季和秋季两次国际会议，推动我国专家提出的预工作项目标准草案的起草。

2.稳步加大采用国际标准力度，努力构建与国际标准兼容的标准体系，尽快启动"中国标准国际化"工作路径和模式探索的相关筹备工作。

3.搭建国际交流平台，为我国印刷企业加速融入全球印刷产业链、供应链提供服务。

（三）加强印刷标委会及秘书处能力建设，提高管理效能

1.加强印刷标委会和各分技术委员会管理，完善日常工作机制。

2.加大标准化知识宣传普及力度，积极与地方政产学研机构合作，以更加务实的举措支持、培养企业自身发展急需的标准化人才队伍。

3.加快构建技术、专利、标准联动创新体系，巩固推广印刷标准化基地成效；研究制定印刷企业标准"领跑者"实施方案和评估机制，引导企业建立实施高水平的企业标准，参与标准化试点示范、申报标准实施成果和相关奖项。

4.加强全国印刷标委会、分技术委员会以及中国印协团体标准工作委员会秘书处的"四力"建设，提高秘书处整体工作水平。

中图按需印刷
贴心善印·岂止于印

中图按需印刷（北京建宏印刷有限公司）位于北京顺义吉祥工业区，占地2.7万平米。拥有多条国际先进的数字印刷及自动化印后加工生产线，可进行高品质图书、报刊等出版物印刷生产，具有"一本起印"、"本本不同"的按需印刷生产能力。中图按需印刷秉承"贴心善印"服务理念，为客户提供一站式印刷产业服务。2022年公司迎来新的里程碑：二期厂房投产在即，按需印刷产能扩大一倍，使交付周期、产品质量和产品价格更具市场竞争力；开拓按需印刷业务新模式，按需印报产线投产成为国内首家报纸按需生产供应商。目前，公司致力于"中图印云"平台建设，以信息技术和按需印刷为核心，建立印刷联盟，整合上游出版社可供按需印刷图书资源，促进编、印、发产业融合，构建图书供应链全新模式。

按需印报

按需印刷再获殊荣

北京建宏印刷有限公司根据《北京市数字化车间与智能工厂认定管理办法》，参与2022年北京市数字化车间遴选，并入围"2022年度北京市数字化车间拟认定名单"，表明建宏印刷智能制造能力具备行业先进水平。

按需印刷自动化管理平台

北京市朝阳区工体东路16号
No. 16, Gongti East Road, Chaoyang District, Beijing, 100020, P.R China
Tel : + 8610 - 6585 0880
Fax : + 8610 - 6585 0880

北京市顺义区后沙峪吉祥工业区吉安路2号
Ji'an Road No.2, Houshayu Jixiang Industrial Park, Shunyi District, Beijing, PRC
Tel : + 8610 - 5167 9898 / 8041 5701
Fax : + 8610 - 8041 5710

www.epod.cn
400-8181-860

壮美史诗 缤纷舞台

《中国印刷》杂志四十年

是记录中国现代印刷波澜壮阔前进历程的壮美史诗

是展现印刷行业缤纷卓越成就的大舞台

》志，新荣发刷杂人的繁断印是益》"不中者断国也受刷将神国者向国仁，的印的是证方中同"精既见业《界术是证方中同"的行业术司的行业持技公行领支大学限前引地广科有砺、移手刷墨砥果不携印油年成定，国东四科将升展大洋十技坚级我公司油年成定，国天津分我媒和扬津杂志享们体发光

天津東洋油墨有限公司
地址：天津市西青经济开发区兴华二支路12号

www.tjtoyoink.com.cn

长沙鸿发印务实业有限公司
CHANGSHA HONGFA PRINTING co..LTD

企业简介 | Company profile

长沙鸿发印务实业有限公司成立于1993年，是湖南天鸿投资集团有限公司旗下骨干企业，位于长沙县黄花镇黄花印刷工业园，主要从事出版物及其他印刷品印刷。公司拥有先进印装设备100多台套，年印刷能力150万令，年装订能力2亿册，年生产各类印刷品达3000多个品种，是《新湘评论》、《故事会》等著名书刊的长期定点印制单位之一，与人民出版社、人民教育出版社、中南传媒和上海世纪出版社等100余家出版发行单位保持着良好的合作伙伴关系。

我们的设备 | Our machince

我们的产品 | Our Product

我们的资格证书 | Our certificate

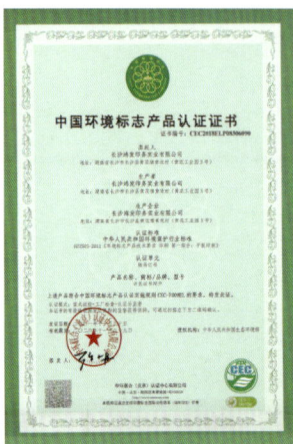

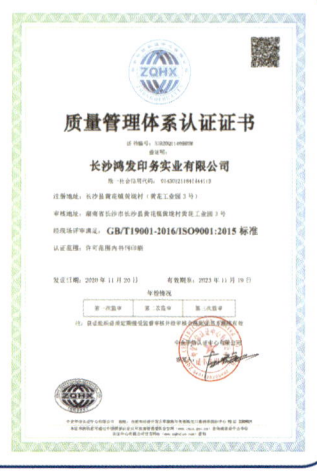

联系电话 | 0731-82755297（办公室） 0731-82755295（传　真）
　　　　　　0731-82757101（业务部） 0731-82757103（供应部）

网址 | http://www.cshfyw.com
地址 | 湖南省长沙县黄花镇黄花工业园3号
邮编 | 410137

智能升级，智胜未来

Smart Upgrade , Win the Future

Cambridge(剑桥) - 12000e
全伺服高速胶订联动线

- 速度更快：12000本/小时
- 自动化程度更高：全伺服调整，最快1分钟
- 全流程生产：联线自动打捆、打包、码板

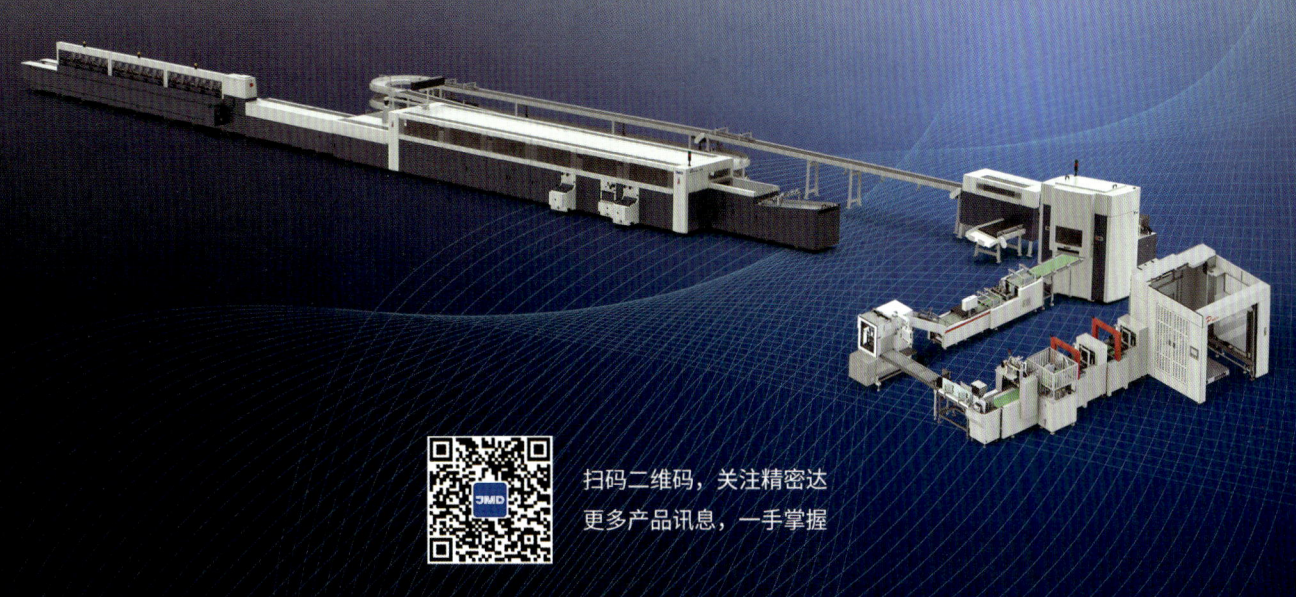

扫码二维码，关注精密达
更多产品讯息，一手掌握

企业简介
Corporate Culture

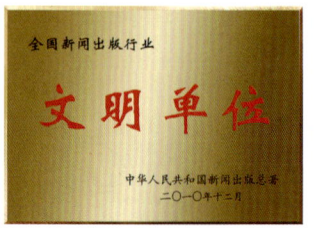

山东临沂新华印刷物流集团，始建于1952年，位于临沂国家高新技术产业开发区龙湖路，占地400亩，建筑面积15万平方米，员工1200人，总资产6.2亿元。山东省重点文化企业和重点文化产业园区基地、山东省文化产业示范基地、国家印刷示范企业、国家绿色印刷标兵企业。

临沂新华主要有八大业务板块，是集设计策划与制作、绿色数字化书刊印刷、绿色包装及精美文创、图书仓储物流、印刷物资供应、智能制造研发、商业运营管理、教育培训等一条龙产业链的文化产业集团。特别是凭借"商城临沂，物流之都"的独特优势，将图书直接配送全国，降低出版成本，缩短出书周期，成为赢得出版客户的重要品牌和全国印刷行业的亮点。与人民教育出版社、高等教育出版社、人民出版社、山东出版集团、广西师范大学出版社、中信出版集团、北京三联书店等一百余家出版社成为长期战略合作伙伴。在连续保持省级文明单位、山东省诚信企业、全国诚信印刷企业、全国书刊印刷金奖企业等荣誉称号基础上，被授予"山东省专精特新企业""山东省高新技术企业""全省文化体制改革与文化产业发展先进单位""全国新闻出版行业文明单位""中国印刷行业AAA级信用企业"，荣获"中国出版政府奖印刷复制奖"。

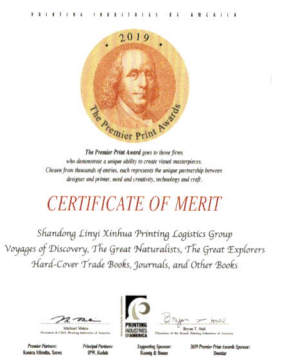
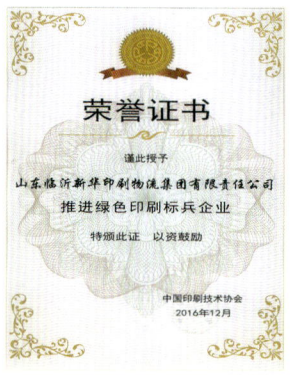

雅图仕 —— 致力成为全球印刷通讯行业的领导者

　　鹤山雅图仕印刷有限公司创立于1991年，是利奥纸品印刷集团（香港）有限公司属下独资经营的大型现代化印刷企业，拥有完善的印前、印刷和印后生产体系，可为客户提供全方位的服务解决方案。秉持"持续改善，臻善至美"的经营理念，雅图仕一直专注于提升产品和服务品质，持续为客户创造更大的价值，并朝着『成为全球印刷通讯行业的领导者』这个目标迈进。

　　2021年国家印刷行业"十四五"规划新篇章正式开启，在新的起点上，我们将牢牢把握中国印刷业融合创新发展带来的新机遇与可能，以创新驱动、高质量供给引领和创造市场新需求，围绕"3060"双碳方针进一步深化我们的绿色低碳发展规划，推动企业实现高质量和绿色可持续发展。

自主创新·实现多元价值

绿色华光 绿色印刷

- TP-GXII免冲洗热敏版
- TD-G Plus免处理热敏版
- TP-U耐UV油墨双层热敏版
- 华光高清数码柔性版
- 华光金属基数码柔性版
- 华光UV墨水系列产品
- 华光绿色金属印刷整体解决方案

乐凯华光印刷科技有限公司
LUCKY HUAGUANG GRAPHICS CO.,LTD

服务电话：400-652-6696
www.hgfilm.com.cn

国家印刷示范企业·国家绿色印刷认证企业·河南省高新技术企业

河南省瑞光印务股份有限公司
HENAN RUIGUANG PRINTING Co.,LTD.

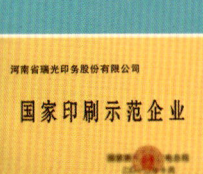
 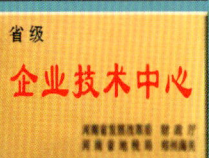

河南省瑞光印务股份有限公司是专业从事创意设计、图书报刊、广告画册、包装装潢的印刷企业，通过了ISO9001:2008质量管理体系认证与国家绿色印刷认证，获国家印刷示范企业、河南省著名商标、河南省高新技术企业认定。公司创建于1983年10月，1998年1月改制为股份制有限公司——河南省瑞光印务股份有限公司。曾被有关部门列为全国印刷业纳税百强之一，为国家和地区经济发展做出了贡献。

公司拥有领先的直接制版系统和数字化工作流程，进口多色胶印机、八色胶印轮转机、骑马联动机、瑞士马天尼全自动胶订线、马天尼全自动精装线等印前、印刷、印后加工配套设备。多年来获署优、省优的产品有数千个品种，企业规模和实力居河南省印刷行业前列。

公司先后被授予全国诚信印刷企业、河南省"产品质量优、经营讲诚信"单位、河南省关爱员工示范企业、第四届河南工业突出贡献奖、郑州市优秀民营企业等荣誉称号。公司还积极致力于社会公益事业，在支援抗震救灾、资助希望工程、捐助慈善事业、光彩事业、修建社区道路和文化广场等社会公益活动中积极捐款捐物达数百万元，获得有关部门的嘉奖和好评。

创意设计　　图书报刊　　广告画册　　包装装潢

企业总部：郑州市二环支路35号　　　　　　　　联系电话：0371-63956290（书刊业务部）
生产基地：河南省武陟县产业集聚区东区（詹店镇）泰安路　　　　0371-63958808（商务印刷部）
网　　址：www.ruiguang1997.com　　　　　　　　　　　　　　0371-63953922（包装业务部）
邮　　箱：ruizhiguangys@163.com

GOSS wisprint

创新思维 革新理念
推动数字化转型

高斯图文印刷系统（中国）有限公司
Goss Graphic Systems (China) Co.,Ltd.

上海闵行区江月路903号
No.903 Jiangyue Road
Minhang District, Shanghai
销售热线：86-21-3329-3911
销售传真：86-21-3329 3986
www.goss-china.com

视/觉/科/技/呈/现/完/美/价/值
VISION TECHNOLOGY PRESENTS PERFECT VALUE

书刊 机检工艺及检测方法

机检工艺

文件检测 → 首张检测 → 在线检测 → 单张在线检测 / 卷筒在线检测 → 印后检测（略）

对版检测

拼版文件←→源文件
样版文件←→清样样书

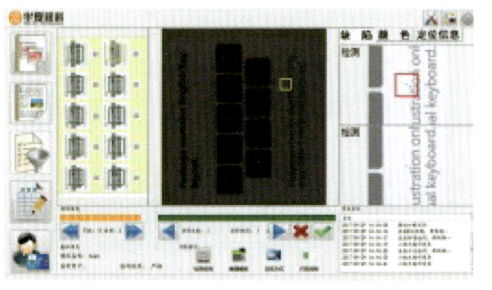

离线检测

印刷首样←→电子拼版文件
印刷首样←→标准样张
墨色检测：直方图、墨色曲线

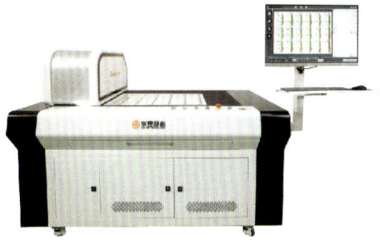

卷筒在线检测

正背面100%缺陷检测
墨色监控

单张在线检测

100%全幅面；
废品插标、喷码、报警、连续废停机

总部地址
北京市海淀区北坞创新园中区5号楼
www.sinomvtech.com

产品咨询
北方区：张经理 13366893060
华东区：周经理 13774386030
南方区：魏经理 18602744455

微信公众号

江苏康普印刷科技有限公司

上海新星印刷器材有限公司
www.xingblanket.com

江苏康普印刷科技有限公司
JIANGSU KOMPASS GRAPHICS TECHNOLOGIES LTD.

专业印刷橡皮布

制造商

021-58002986

全绿环保橡皮布

全新上市

环保产品领跑者
"0"溶剂添加+生产过程"0"排放

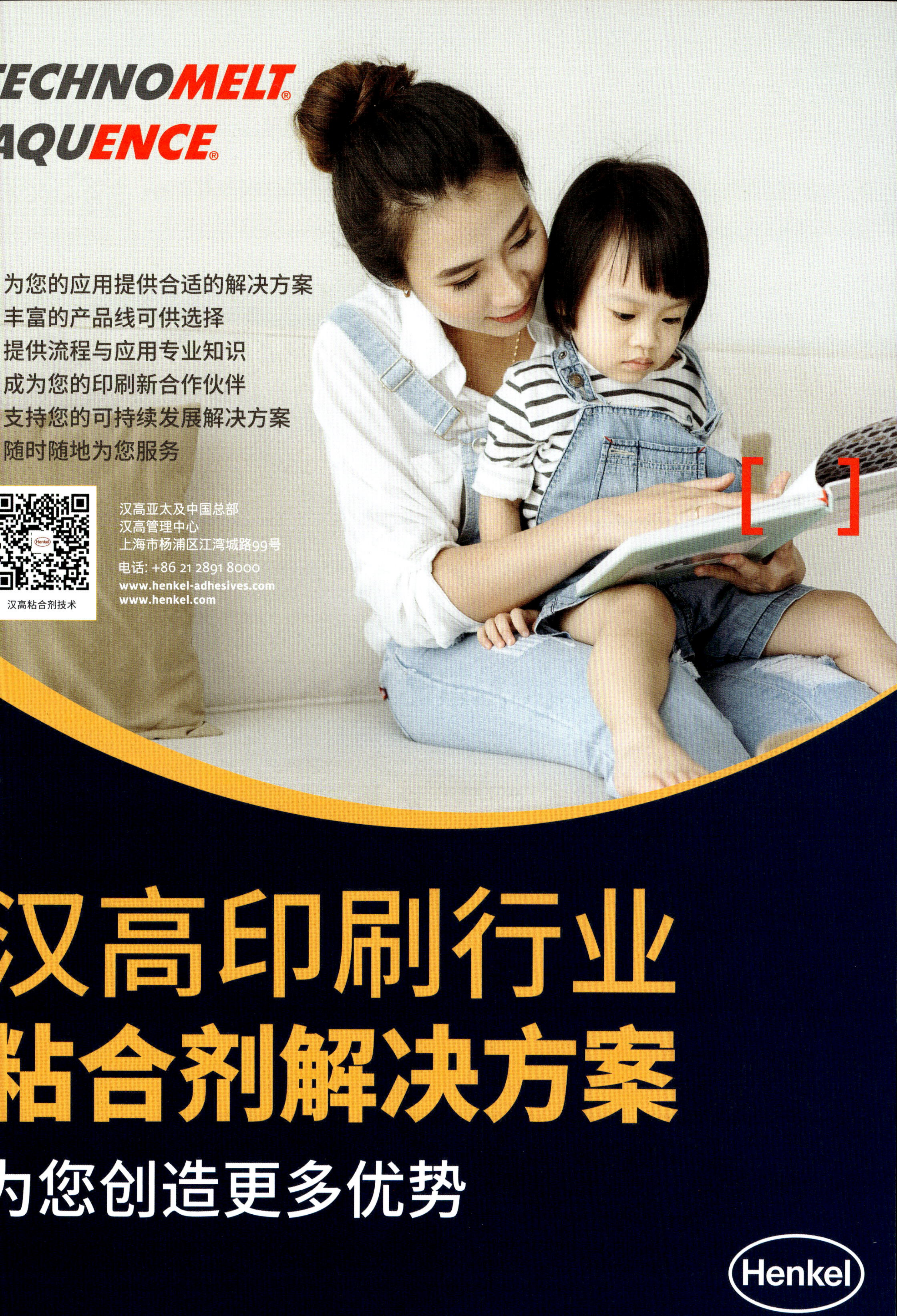

TECHNOMELT®
AQUENCE®

- 为您的应用提供合适的解决方案
- 丰富的产品线可供选择
- 提供流程与应用专业知识
- 成为您的印刷新合作伙伴
- 支持您的可持续发展解决方案
- 随时随地为您服务

汉高粘合剂技术

汉高亚太及中国总部
汉高管理中心
上海市杨浦区江湾城路99号
电话：+86 21 2891 8000
www.henkel-adhesives.com
www.henkel.com

汉高印刷行业
粘合剂解决方案
为您创造更多优势

山西新华印业有限公司
SHANXI XINHUA PRINTING CO., LTD.

诚实守信　客户至上　品质为本　精益求精

山西新华印业有限公司公众号

▶ 企业简介

山西新华印业有限公司隶属于山西出版传媒集团有限责任公司，是具有60余年悠久历史的国营印刷企业，是山西省省属国有大型综合印刷企业、政府定点采购企业、被人民教育出版社授予为山西省印刷示范企业基地，是国家秘密载体印制资质单位（甲级）、中国环境标志产品认证、安全生产标准化（二级）企业。2015年获得ISO9001质量管理体系、ISO14001环境管理体系、OHSAS18001职业健康安全管理体系认证证书。

在国家实施"十四五"规划以来，公司积极探索绿色化智能化发展，升级改造ERP生产信息管理系统，建成MES流程管理系统，建成WIFI工厂，生产系统无纸化办公。印装设备增加质量智能控制装置，加快向现代化企业的技术转型。在2020年，新华印业吸收兼并山西省美术印务有限责任公司，7月搬迁至山西示范区晋中开发区的山西出版传媒产业园新华印务中心，拥有书刊印刷、密件印刷、商业印刷3条专业化生产线，建成山西省大型的数字化印装基地和最先进的保密印刷基地。

新时代，新征程。我们抓住"弯道赶超"的新机遇，向建设"管理一流、质量上乘、文明和谐"的现代化企业目标阔步前行。

▶ 企业规模

公司现有职工481人。厂区共有三处，分别位于山西省太原市双塔西街32号，占地27881.64 m²；太原市小店区井州路80号，占地5618 m²；山西示范区晋中开发区，占地50340.64 m²，合计占地面积83840.28 m²。

2022年优秀印制产品

专业印刷基地

▶ 企业荣誉

▶《人说山西好风光：庆祝中华人民共和国成立70周年书画印作品集》荣获第三届山西出版奖优秀印刷复制奖

▶《中国少数民族设计全集》荣获第三届山西出版奖优秀印刷复制奖

▶《沈从文全集（补遗卷）》荣获第三届山西出版奖优秀印刷复制奖提名奖

▶《义务教育科教书语文八年级上册》荣获第三届山西出版奖优秀印刷复制奖提名奖

联系电话：0351-4040125　　0351-7041288　　0354-8518946　　联系人：李先生　　QQ：278476032

地　　址：山西省太原市迎泽区双塔西街32号　　山西省太原市小店区井州南路80号
　　　　　山西示范区晋中开发区汇通产业园区经西大道5708号

海口永发印刷股份有限公司

联系方式：0898-66968262　　网址：www.haikouyongfa.com

【企业简介】

永发股份，伴随着海南建省近 30 年的辉煌成就而发展，1988 年诞生，是海南省印刷行业理事长、中国书刊印刷委员会副主任、中国商业票据印刷协会副理事长单位。

文化教育事业和永发股份主营业务紧密关联，向文化教育事业和文创产业延伸发展是公司的既定战略，既可以充分发挥公司积累多年的产业链资源优势，又可以引领海南省印刷行业实现资源整合与产业升级。

【经营管理】

在经营管理方面，永发股份注重企业信息化建设与现代化管理，于 2020 年 7 月 15 日，被有关部门列为海南省"专精特新"企业。同时，公司还取得了国家秘密载体资质、质量管理体系、环境管理体系、职业健康管理体系、信息安全管理体系等认证。

【硬件设备】

在硬件设备方面，永发股份拥有强大且完备的印刷生产线：印前有 1 台海德堡 CTP 机、1 台科雷 CTP 机；印中共有 6 台德国海德堡彩色机器和 2 台 9 色轮转机，其中 2 台八色机、3 台四色机和 1 台双色机；印后有马天尼胶订龙和骑订龙。

【企业改革】

在企业改革方面，永发股份于 2017 年 3 月 8 日在海南股权交易中心成功挂牌，在财、法、税等方面的更加规范，在制度建设、人才引进、资源整合等方面更加成熟。公司在主营业务转型升级的基础上，不断探索向新三板、创业板等高层次资本市场的发展路径，并在咨询、券商等专业机构辅导下，完善公司治理、优化商业模式、制定资本市场发展规划，逐步实现公司产业资本 + 金融资本的双轮驱动模式。

【人才管理】

在人才管理方面，永发股份注重人才队伍的建设，目前共有 16 名硕士和本科学历以上的中高级管理人才，36 名高中级专业技术人才，并且与 3 所中专 / 大专院校达成了人才输送协议。

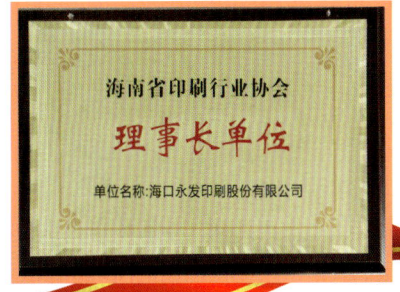

—— 容万家　印天下 ——

广东新华印刷有限公司
GUANGDONG XINHUA PRINTING CO., LTD.

公司简介

广东新华印刷有限公司成立于1949年，是广东省重点国有文化企业——广东省出版集团有限公司、南方出版传媒股份有限公司（省属文化企业第一股，股票代码601900）下属的大型国有综合性书刊印刷重点企业，广东省"十大诚信印刷企业"、"中华印制大奖"获奖单位。现有制版车间、精印车间、轮印车间、装订车间等多个生产车间，在职员工400余人。

本公司业务涵盖图书、期刊、画册等印刷产品，是广东省中小学教材、教辅的主要印制基地，同时承印《求是》《党风》《党建》等三十余种重要刊物，光荣承担全国党代会文件及学习辅导读物印制任务，先后印刷《习近平谈治国理政》《中国共产党简史》等重要政治读物。

本公司将继续贯彻创新、协调、绿色、开放、共享的发展理念，坚持南方出版传媒股份有限公司的发展战略和统一部署，以"转型升级、跨越发展"为抓手，全力打造智能化、绿色化、数字化融合发展的现代综合印刷企业。

荣誉称号

本公司于2011年荣获环境保护部授权颁发的中国环境标志产品认证证书，成为全国首批获得绿色印刷认证的企业，并取得广州交易会进出口有限公司全球供应商资格；持续多年被评为广东省"守合同重信用"企业，是企业信用评价AAA级信用企业、广东省"十大诚信印刷企业"。持续多年通过ISO质量管理体系认证，连续荣获第五、六、七、八届"中华印制大奖"银奖、铜奖；多次在《求是》杂志全国印制质量评比中荣获第一名，荣获国家重大出版项目印制工作先进单位及秋季统编三科教材印制工作先进集体。

产品设备

本公司拥有CTP制版机4台、德国海德堡对开印刷机多台，上海高斯商业轮转印刷机2台，高斯及北人书刊轮转印刷机20余台，HP(Indigo)和方正数字印刷机；配备瑞士马天尼皇冠型高速胶订联动线、JMD12000高速胶订联动线6条、北人TSK胶订联动线2条、JMD12000高速骑订联动线、上海紫光高速骑订线、高速表面处理设备多台（含UV上光、覆膜）、全自动书本打捆码板联动线多条、MBO折页机和波拉切纸机等国内外先进设备等60余台；建立了网络传送、卫星接收系统，具备完整的产业服务功能。目前，公司单日最大印刷产能超过12000令，单日最大装订产能超过200万册（13000令）。

0757-85725386
85725362

邮　　箱：xhoffice@gdxhys.cn
总部地址：广州市越秀区永福路44号
南海分公司地址：广东省佛山市南海区盐步河东中心路23号

www.gdxhys.com

上海出版印刷高等专科学校

上海出版印刷高等专科学校创建于1953年，是新中国建立的第一所出版印刷类学校，中国出版印刷专业教育的摇篮，国家新闻出版署与上海市人民政府共建的特色学校。是国家100所示范性骨干高职院校建设优秀单位；国家高等职业教育专业教学资源库建设单位；上海市建设现代大学制度的首批试点单位；上海市第一批依法治校示范校单位。2021年，"分类评价"工作在上海市"应用技能型院校"中连续4年以显著优势排名第一，社会行业影响力显著提升。

办学近70年来，学校坚持内涵发展、特色发展、国际化发展，传承中国出版印刷优秀文化，积极吸收借鉴国际化的教育思路、先进的教育理念、丰富的教育内容及灵活的育人形式，深化产教融合、校企合作的育人模式，形成了工、文、艺相互渗透的"印刷工程与包装设计""出版传播与文化管理""艺术设计与影视动漫"等特色专业群。专业已涵盖国家重点发展的10大门类文化产业。

学生连续四届代表中国参加世界技能大赛，并分别在2013年、2015年和2022年荣获第42届、第43届和第46届世界技能大赛印刷媒体技术项目铜牌、银牌和金牌，2017年学校助力上海获得第46届世界技能大赛举办权；在2017年和2018年连续两届美国印刷大奖中，学校师生勇夺其中15项最高奖项——班尼金奖（BennyAward）。学校被确定为第43、44、45届世界技能大赛印刷媒体技术项目中国集训基地，被授予"国家技能人才培育突出贡献奖"。学校被确定为"国家印刷出版人才培养基地"，连续五次被授予"技能人才培育突出贡献奖"。2018年世界技能组织授予"技能人才培育突出贡献奖"，世界技能组织主席西蒙·巴特利受聘学校名誉教授，建立了"西蒙·巴特利中国技能研究工作室"。

学校高度重视国际合作与交流，与美国、加拿大、俄罗斯、英国、法国、德国、意大利、芬兰、瑞典、爱沙尼亚、日本、新加坡等30多个国家和地区的高等院校、跨国公司、行业组织建立了良好的合作与交流关系，其中不乏美国罗切斯特理工大学、芬兰奥卢大学、俄罗斯莫斯科国立印刷大学、新加坡南洋理工大学、德国海德堡印刷机械有限公司、日本小森公司等国际知名单位。学校与美国罗切斯特理工学院合作举办的印刷图文信息处理（专科）合作办学项目被评为第二届上海市示范性中外合作办学表彰项目。学校顺利完成印刷媒体技术专业ACCGC认证现场评估工作。国际化办学成为学校的品牌。

学校积极服务国家"一带一路"倡议，协助孟加拉国家印刷工业协会筹建印刷职业学院。与香港印刷科技研究中心、上海市印刷行业协会合作建立"Idealliance-China G7 培训基地"，大力开展境外技术技能培训。编写的《出版印刷人才培养教材》作为培训教材为"一带一路"沿线国家印刷员工开展印刷技能培训，推进了国际出版印刷服务合作、促进了出版印刷业与沿线国家的合作与交流。

目前学校拥有全日制在校学生近6000人。学校始终坚持创新载体，将"崇技尚能"融入学校课堂、融入实践活动。2018年荣获国家级教学成果二等奖，并获得教育部"传统技艺传承示范基地"称号；2020年勇夺中华人民共和国第一届职业技能大赛印刷媒体技术项目金牌。学校培养的学生一直受到用人单位的广泛欢迎。学校毕业生就业率连续多年一直在99%以上，专升本率保持在15%以上。

站在新起点，进入新时代。近70载的砥砺奋进，上海出版印刷高等专科学校已从新中国出版印刷专业教育的摇篮，成长为国家印刷出版传媒人才培养基地和国际化职业教育高地。学校正以质图强稳步推进特色鲜明的新型本科建设，打造新传媒时代国际化特色教育平台。中国印刷出版传媒高技能人才正从这里走向世界。

021-65673587　　上海市水丰路100号　　www.sppc.edu.cn

2021 行业大事记

回望2021年，中国印刷业继续以高质量稳中竞进，用砥砺拼搏之姿展现创新禀赋，持续迸发出发展活力。中国印刷人也通过行动实力书写闪耀篇章，用傲人成绩使行业在"十四五"开局阶段出色亮相。

这一年，全行业不忘初心、牢记使命，主动承担起齐心战"疫"、宣传思想工作使命任务，在持续打好疫情阻击战的基础上，全力做好庆祝中国共产党成立100周年、党史学习教育等主题出版物的印刷工作。

在2021年度的中国印刷业中，有很多值得我们铭记的事件与记忆。本卷年鉴以图文结合的形式聚焦本年度行业所做出的重点工作以及发生的重要事件，忠实呈现行业一年来的发展风貌。

一月

1月7日，国家新闻出版署就2020年"3·15"质检活动和中小学重点教材检查情况进行通报。《通报》中显示，"3·15"质检活动共抽查了360种1800册图书，覆盖22个省（区、市）以及部分中直在京共138家图书出版单位，涉及149家印刷企业。经检测，单册质量合格率为97.9%，有10种38册图书印制质量不合格，涉及10家出版单位、9家印刷企业。

1月27日，国家统计局发布2020年全国规模以上工业企业利润情况，2020年全国规模以上工业企业实现利润总额6.45万亿元，比上年增长4.1%，印刷和记录媒介复制业利润总额同比下降5.7%。

二月

2月5日，"中国印刷"微信平台推出"国产高速喷墨印刷设备全盘点"专题，全面收录多家国产高速喷墨印刷设备品牌各型号产品的主要技术参数、产品特色和应用领域。同时开启品牌知名度及印刷企业投资意向调查活动。

2月24日，国家新闻出版署下发《关于做好2021年印刷复制发行管理工作通知》，对组织开展"建党100周年印刷复制发行市场监管保障年"主题活动、推动印刷复制发行业高质量可持续发展、做好印刷发行保障工作等方面进行了部署。

三月

3月，北京北大方正电子有限公司与澜达公司正式签署战略合作协议，方正电子成为其在中国大陆境内的Landa数字印刷系列产品首家代理商。

3月4—6日，第27届华南国际印刷工业展览会与2021年中国国际标签印刷技术展览会同期举办，展品涵盖印前处理系统与软件，数字印刷及打样设备，CTP版技术及设备，胶印设备，标签、柔版及凹版印刷设备，丝网印刷设备及材料，特种印刷技术设备，喷墨印刷及广告制作技术设备及器材，以及各类包装印刷设备，等等。

3月18日，国家新闻出版署下发《关于开展2021年"3·15"印刷复制质检活动和中小学重点教材印制环保质量检查工作的通知》，要求对2019年至2021年出版的图书、报纸、期刊和光盘类音像电子出版物等主题出版产品，以及2021—2022学年秋季中小学1—9年级国家统编道德与法治、语文、历史教材等进行检查。

3月27日，国家统计局发布2021年1—2月份全国规模以上工业企业利润情况。1—2月份，全国规模以上工业企业实现利润总额1.11万亿元，同比增长1.79倍。印刷和记录媒介复制业实现利润总额43.6亿元，同比增长169.1%；印刷和记录媒介复制业实现营业收入939.2亿元，同比增长47.0%。

3月29日，国家新闻出版署发布《关于表彰2020年全国行业职业技能竞赛——第七届全国印刷行业职业技能大赛获奖人员的决定》，平版制版员、数字印刷员、装订工三大工种，职工组、学生组两大组别的一等奖、二等奖、三等奖及优秀奖共275人受到表彰。

四月

4月1日，富士施乐（中国）有限公司宣布即日起正式更名为"富士胶片商业创新（中国）有限公司"，与此同时，富士施乐及所有在华企业、富士施乐（中国）各分支机构及下属企业同时变更为富士胶片品牌。

4月6日，2020年度工程系列印刷工程专业初中级职称评审会在京召开，经职称评审委员会评审，于当月16日公布2020年度工程系列印刷工程专业初、中级职称评审结果名单。

4月8日，由中国印刷及设备器材工业协会、中国国际展览中心集团公司主办的"CHINA PRINT 2021国际媒体周"活动在北京中国职工之家召开。

4月25日，第十九届北京市印刷行业职业技能大赛总结表彰会于北京丰大国际大酒店举办，主管部门及行业协会领导、印刷行业职业技能大赛参赛企业、获奖人员代表及媒体代表等200余人出席。

4月28日，第30届全国图书交易博览会新闻发布会暨预备会在山东济南召开。会上确定了本届展会所使用的场馆及展出面积，对本届展会主题与标识进行展示，同时对展商及展出规模做出规划。

五月

5月6日，中国印刷技术协会启动《绿色原辅材料产品目录（2021）》修订工作，修订完成后面向全行业发布《绿色原辅材料产品目录（2022）》，指导印刷企业进行绿色采购，开展绿色生产。

5月9日，中国印刷技术协会发出《关于举办第十六届毕昇印刷技术奖评选活动的通知》。毕昇印刷技术奖设置"毕昇印刷杰出成就奖""毕昇印刷优秀新人奖""毕昇印刷科技进步奖"三个子项奖，第十六届毕昇印刷技术奖评选"毕昇印刷优秀新人奖"和"毕昇印刷科技进步奖"两个奖项。

5月12日，中国印刷技术协会组织召开省（区、市）印协负责人联席会暨中国印协理事长办公会。此次会议采用线上视频会形式，邀请有关省市印协负责人分别就"十四五"期间印刷业转型升级对策及行业现状和发展思路进行交流，并围绕行业协会改革发展现状，研究探讨协会工作发展思路。各省（区、市）印协、地市级印协有关负责同志200余人通过网络方式观看本次会议。

六月

5月13日，由中国印刷博物馆主办，中国印刷技术协会印刷文化研究委员会、中国美术家协会版画艺委会协办的第13届印刷文化学术研讨会在中国印刷博物馆召开，来自中央美术学院、清华大学美术学院、北京大学、北京印刷学院等高校，以及美术馆、博物馆的专家学者和印刷出版文化单位代表，就印刷艺术的历史意义和现实启示、印刷艺术如何更好地服务文化强国建设展开深入研讨。

5月21日，中国印刷技术协会商业票据印刷分会第六次会员代表大会暨20届年会在杭州举办。有关协会负责人及票据印刷分会理事单位、会员单位代表，票据印刷和相关企业代表近200人出席会议。

5月22日，《我心澎湃——中共一大会址采访日记》正式印装下线，该书通过日记体的形式记录了中共一大会址的历史故事，以彰显中共一大会址的重要历史地位和所具有的革命传统教育的宝贵价值。

六月

6月3日，由中国报业协会与中国质量认证中心共同主办的党报绿色印刷首批获证单位授牌大会暨党报绿色印刷培训班（第二期）在北京召开。12家党报印刷企业通过绿色认证。

6月11日，第五届中国出版政府奖入选获奖名单公示，其中10种产品入选印刷复制奖，20种产品入选印刷复制提名奖。

6月23—27日，第十届北京国际印刷技术展览会在中国国际展览中心（新馆）举办。本届展会以"创新引领未来"为主题，展出总面积达16万平方米，16个国家和地区的1300多家厂商参加展出，33家国内外著名印刷装备器材制造企业向全球首发近百种最新产品，展示数字化、智能化的最新成果。

七月

7月14日，中国儿童读物印制创新产业联盟2021年工作会议于泉城济南的山东国际会展中心成功召开，中国印刷技术协会等11家联盟发起单位代表，印刷及相关企业代表近百人参加会议。

7月15日,第30届全国图书交易博览会在济南开启。以"新时代 新印刷 助力出版新征程"为主题的"绿色创意印刷展区"同期开展。此次展区面积达1500平方米,参展企业涵盖各领域行业翘楚37家,数量达有史以来之最。为献礼中国共产党成立100周年特设"新华印刷主题展"以及"儿童读物印制创新专题展"两大特色专区,并重点展示第五届中国出版政府奖印刷复制奖获奖公示作品。

7月15日,第30届书博会"绿色创意印刷展区"开展期间,中国印刷技术协会与高斯图文印刷系统(中国)有限公司共同举办"多一本书给孩子"公益赠书活动。

为庆祝中国共产党成立100周年，推动印刷业高质量发展，"百年红色印刷"主题系列活动于7月28日在长沙举办。本次系列活动主要由"百年红色印刷"主题展、主题报告会及印刷业"十四五"发展高峰论坛三大主题活动组成。

八月

8月12日，深圳市资本运营集团有限公司携手深圳市汇通融信投资有限公司战略入股雅昌文化（集团）有限公司签约仪式在深圳举行。深圳资本集团与汇通融信按7∶3出资比例成立的深圳市远致文化控股有限公司，通过受让老股及增资方式成为雅昌集团控股股东。

8月27日，国家统计局发布2021年1—7月份全国规模以上工业企业利润情况。1—7月份，全国规模以上工业企业实现利润总额4.92万亿元，同比增长57.3%，印刷和记录媒介复制业实现利润总额207.1亿元，同比增长6.4%；印刷和记录媒介复制业实现营业收入3949.0亿元，同比增长17.0%。

九月

9月16日，京津冀印刷业协同发展北京创新示范园区开园仪式在北京印刷学院新创大厦学术交流中心成功举行。

大事记

9月29日，全国印刷标准化技术委员会（SAC/TC 170）在广东省东莞市召开CY/T 224—2020《折叠纸盒用胶黏剂粘结性能要求及检验方法》新闻出版行业标准宣贯会议。

9月，中国印刷科学技术研究院C9评价人员在云南省机关事务管理局第二印务中心同时进行了胶印C9和数字C9的评价工作。经审核，云南省机关事务管理局第二印务中心成为自C9评价推出以来第一家双"C9资质"单位。

十月

10月，《绿色原辅材料产品目录2021》正式发布。自2014年开始编制以来，这是本目录的第八次发布。

10月15日，Hybrid上海妙华软件有限公司成立庆典活动暨新印前技术交流分享会在上海新园华美达酒店成功举办，行业相关人士200余人参加了此次庆典活动。

10月27日，国家统计局发布2021年1—9月份全国规模以上工业企业利润情况。1—9月份，全国规模以上工业企业实现利润总额6.34万亿元，同比增长44.7%，印刷和记录媒介复制业实现利润总额273.9亿元，同比下降0.6%，印刷和记录媒介复制业实现营业收入5199.7亿元，同比增长12.7%。

十一月

11月8日，国际标准化组织/印刷技术委员会（ISO/TC 130）2021年秋季工作组会议及第35届全体会议以网络会议形式召开。来自中国、美国、德国、巴西、瑞典、英国、法国、日本、澳大利亚、韩国、意大利、西班牙、荷兰、印度尼西亚、罗马尼亚和葡萄牙等16个国家的代表参加了会议。

11月15日，《中国印刷》杂志社特色媒体平台——"中印直播间"正式上线并开启第一期线上活动。首播主题——图书印刷品的"异味"从何而来，邀请到出版社、印刷企业、原辅材料生产企业的4位嘉宾齐聚"中印直播间"，针对图书印刷品中存在的"异味"问题，为在线观众带来精彩解析与分享。

十二月

12月16日，第十六届毕昇印刷技术奖评选工作会议在京召开。依据《毕昇印刷技术奖奖励办法》《第十六届毕昇印刷技术奖奖励办法实施细则》的规定，经评委会评选，共评出毕昇印刷优秀新人奖12名，毕昇印刷科技进步奖7项。

12月17日，国家新闻出版署发布《2020年全国新闻出版业基本情况》。2020年，印刷复制（包括出版物印刷、包装装潢印刷、其他印刷品印刷、专项印刷、印刷物资供销和复制）实现营业收入1.20万亿元，与上年相比，降低13.13%；利润总额555.02亿元，降低28.30%。

12月29日，"中印直播"开启第二期线上活动，直播主题——"你用的纸吸管环保安全么？"，邀请到印刷包装、造纸、原辅材料生产企业的4位嘉宾齐聚"中印直播间"，针对纸吸管的环保安全问题，为在线观众带来精彩解析与分享。

12月30日,国家新闻出版署发布《出版业"十四五"时期发展规划》,《印刷业"十四五"时期发展专项规划》以附件形式发布。《专项规划》提出,到"十四五"时期末,印刷业总产值突破1.5万亿元,人均产值超过65万元,同时规模以上重点印刷企业产值比重预期达到65%。

12月,《中国印刷年鉴》2021卷正式出版发行,本卷年鉴收录了"十三五"期间印刷及相关领域的统计数据,基本展示了我国印刷业发展取得的成绩,对相关政府部门制定行业发展政策,为企业了解和把握未来发展趋势具有一定的参考价值。

传承弘扬印刷文明 创新发展出版文化

北京印刷学院以"传承弘扬印刷文明，创新发展出版文化"为办学使命，开启中国出版印刷高等教育的先河。经过60余年的建设和发展，学校现已成为在出版与传播、印刷与包装、设计与艺术三个领域具有明显优势和特色，工、文、艺、管协调发展，国内唯一专门为出版传媒全产业链培养人才的全日制高水平特色型高等院校，被誉为业界名校。

学校坚持立德树人，以"守正出新 笃志敏行"为校训，现有全日制本科生、研究生、留学生、继续教育学生近万人。拥有国家级一流本科专业建设点8个，国家级特色专业建设点2个，北京高校重点建设一流本科专业2个，北京市级一流专业建设点14个，北京市特色专业建设点4个，现有12个教学机构，26个本科招生专业。学校坚持以特色学科建设提升核心竞争力，现有12个一级学科硕士学位授权点，7个专业学位授权点。学校拥有博士后科研工作站，具有独立招收和培养博士后资格。2018年，学校获批北京市新增博士学位授予立项建设单位。2020年，在市属公办本科高校分类发展中被确定为高水平特色型大学。2022年首届全国出版学科共建工作会在京召开，学校入选全国首批共建出版学院，与中国出版协会共建出版学院。

学校坚持扎根行业，全力打造出版印刷领域教育、研究重要平台。是国家出版印刷高级人才培养基地、国家绿色印刷包装产业协同创新基地、国家出版智库；拥有国家级实验教学示范中心、国家级大学生校外实践教育基地；是中国印刷技术协会、中国印刷高等教育联盟、全国数字出版专业教育联盟、全国印刷电子产业技术创新联盟等组织的发起单位和理事长单位、副理事长单位。

学校拥有一大批全国和北京市新闻出版行业领军人才、中国出版政府奖、毕昇印刷杰出成就奖获得者、北京市高创计划领军人才等为代表的行业领军人才团队和百余名行业高端人才组成的特聘兼职教授团队，此外还拥有一批国务院政府特殊津贴专家、北京市人才强校计划高层次人才、长城学者、全国优秀教师、北京市优秀教师、北京市科技新星、青年拔尖人才等高层次人才和优秀教学人才。

学校坚持创新驱动，着力推进科学研究。拥有12个省部级及以上科研机构。在印刷包装材料与装备技术研发、出版印刷传媒新技术应用及行业发展咨询等方面取得了系列成果，拥有印刷油墨、环保及智能包装材料与技术等方面多项自主知识产权并推广应用。

学校坚持首善意识，致力服务行业和北京发展。围绕"创意设计 艺工融合"的办学特色，形成了以北京绿色印刷包装产业技术研究院的科研成果转化平台为基础，大学科技园、文化创意产业园和大学生创新创业园相互支撑、融合发展的"一院三园"双创发展模式，形成"北印科创""北印文创"双亮点，建设产学研用一体化产业综合体。

学校坚持开放办学，大力加强对外交流合作。先后与美国、俄罗斯等30多个国家和地区的50余所大学和科研机构建立了校际合作与交流关系。2017年学校入选北京市首批"一带一路"国家人才培养基地，并成为基地秘书处单位。

📞 010-60261013
📍 北京市大兴区兴华大街(二段)1号

齐鲁工业大学(山东省科学院)轻工学部

轻工学部是学校最具特色和优势的学部之一。现有五个本科专业,包括轻化工程、印刷工程、包装工程、功能材料和新媒体技术,其中轻化工程、印刷工程专业为国家级、省级一流本科专业建设点,包装工程专业为省级一流专业建设点。拥有轻工技术与工程硕士学位授予点,并在材料与化工领域培养专业硕士。学部的印刷专业教育始于1988年,1999年设立印刷工程本科专业,现为"校级特色专业"。2019年入选"山东省一流专业"建设。2019年学院被评为"中国印刷与包装研究最佳学术机构"、获"中国印刷与包装研究突出贡献奖"。2020年入选国家一流本科专业建设点。

学部现有教职员工168人,博士学位教师占比90%以上,拥有长江学者、国家杰青等国家级、省部级人才称号10余人,建成了一支结构合理、具有国际视野的高水平教学科研队伍。近年来,学部承担国家、省部级科研课题100余项,获得国家技术发明二等奖1项、国家科技进步二等奖1项、省部级科研教学奖励20余项,发表高水平论文1000余篇。

学部依托"生物基材料与绿色造纸国家重点实验室"等优势科教资源,建有"制浆造纸科学与技术教育部重点实验室"、"中国轻工业制浆造纸与印刷包装重点实验室"、"中国轻工业生态制革重点实验室"等省部级重点研究平台10余个。轻工技术与工程学科是山东省高水平学科立项建设学科和山东省一流学科培育建设学科,制浆造纸工程学科、皮革化学与工程学科、印刷与包装工程学科已成为行业领域高层次人才培养和技术开发的主要平台,为山东乃至全国行业的发展做出了重大贡献。

第十六届
毕昇印刷技术奖

永恒荣耀
再续辉煌

毕昇印刷技术奖自1986年设立至今已评选了十六届，期间共有191位来自我国印刷及相关领域的科研技术人员、企业经理人、教育工作者获此殊荣。

他们肩负印刷"复兴"的崇高历史使命，大力发扬自主创新的毕昇精神，成为推动中国印刷业不断发展进步的中流砥柱。

2021年，中国印刷技术协会启动第十六届毕昇印刷技术奖评选工作，此次共评出毕昇印刷优秀新人奖12名，并首次评出7项科技进步奖，让我们走进获奖人物、项目，一睹风采。

第十六届毕昇印刷技术奖评选结果公告

第十六届毕昇印刷技术奖评选工作会议于2021年12月16日在京召开。依据《毕昇印刷技术奖奖励办法》《第十六届毕昇印刷技术奖奖励办法实施细则》的规定，经评委会评选，共评出毕昇印刷优秀新人奖12名、毕昇印刷科技进步奖7项。

毕昇印刷优秀新人奖（12名）（按姓氏笔画排序）

马行宇、王东东、兰本立、刘琳琳、刘鹏、孙建辉、李国哲、李冠达、杨明波、张巍远、梁勇军、薛志成。

毕昇印刷科技进步奖（7项）

序号	项目名称	主要完成单位	主要完成人	等级
1	单/双色书刊喷墨印刷设备关键技术研发与产业化	北京北大方正电子有限公司	温晓辉、刘宏玉、杜威、潘麟、关书靖	二等奖
2	基于物联网和人工智能技术的文物保护箱关键技术及系统研发应用	北京印刷学院、中国文物交流中心、深圳市裕同包装科技股份有限公司	俞朝晖、朱磊、张媛、谭平、王华君	二等奖
3	FR300ELS系列至睿3.0型机组式电子轴凹版印刷机	陕西北人印刷机械有限责任公司	李彦锋、李征、薛志成、魏克亮、原振辉	二等奖
4	高速胶印气垫橡皮布无溶剂压延制造技术	江苏康普印刷科技有限公司、上海出版印刷高等专科学校、上海新星印刷器材有限公司	徐毛清、滕跃民、周沛	三等奖
5	绿色金属印刷整体解决方案	乐凯华光印刷科技有限公司	张涛、邵国安、高健、孙大范、沈新国、孙新宇、翟效平	三等奖
6	自动化精装书包装生产线	北京万邦联合科技股份有限公司	田军、杨水欣、宋德福、于壮、岳建勇、史优国、吕晓东、蔡壮	三等奖
7	盛通出版服务云平台	北京盛通印刷股份有限公司	栗延秋、杨勇、赵文攀、唐正军、栗延章	三等奖

毕昇印刷优秀新人奖

马行宇，男，1973年生人，云南省人大机关印务中心主任、党支部书记。

他精于钻研，勇于担当，怀着"以人为本、质量为先"的信念，团结带领全体同事，为云南省各级机关提供"保密、优质、高效、安全"的机关文印支持保障。

自2004年担任领导至今，他持续提高自身的统筹管理能力，既综合研究本单位的生存和稳定发展，又持续关注新的工艺技术，有效促进本单位产品质量、生产效率、保密工作、车间6S管理等各项业务工作的持续提高，云南省人大机关印务中心在他的带领下，走上"创新发展、自主研发"的道路。

王东东，男，1992年生人，上海出版印刷高等专科学校教师。

作为"上海市高技能人才培养基地实训设施设备经费资助""上海市教委高等职业教育质量提升计划""上海市教委三年行动计划"等项目的主要参与成员，王东东坚持做好设备引进、安装、调试等一系列印刷实训中心建设项目工作。

在教书授课以外，王东东还参与到"印刷涂布液配方研制""橡皮布研发""胶印油墨质量改进""PUR锁线胶装工艺开发"等多项校企合作科研项目，将自己的才能应用到工艺研发中，为印刷业硬实力的进一步提升贡献力量。

兰本立，男，1969年生人，北京新华印刷有限公司党委书记。

作为企业领导者，他坚持以人为本，通过优化薪酬、考勤和绩效管理制度，加强员工技能培训，全面强化了企业人才队伍，提升企业实力。在管理方面，他精益求精，带领班子成员全面铺开内部管控工作，针对不足深入改革，使企业实现全方位规范化管理，实现协调高效运转。

他紧跟时代要求，力推绿色环保，为北京市各企业安全生产工作树标杆，做表率。在他带头推进的"绿色发展理念"下，企业广泛使用绿色印刷原辅材料替代传统材料，成为首批通过绿色印刷认证的企业，实现了"绿色工厂"。

刘琳琳，男，1978年生人，西安理工大学印刷包装与数字媒体学院印刷工程系副主任。

任教19年来，他承担起"印刷企业管理与信息化"等8门课程的教学工作，期间创新开发出"功能印刷技术"等4门课程。他始终热衷印刷领域的技术研究与开发，历时十年研究热风干燥系统的优化设计，现已应用于陕西北人等知名企业。他还开展印刷装备数字化设计等研究工作，总计主持省部级项目2项，厅局级7项，企业课题27项，主持智能化课题6项，组织调研企业近百家。

在担任印刷工程系副主任期间，他积极承担起省级、国家级一流本科专业申报、建设工作，负责印刷卓越工程师培养工作6年，建设实践基地12个，开拓实习基地16个，协助18家企业建立产学研合作。

刘鹏，男，1980年生人，肥城新华印刷有限公司副总经理。

他坚持科学管理理念，用心打造现代企业管理体系，在工作中坚持推进改革，通过引进开发ERP生产管理系统，实现了企业的信息化和数字化的管理，大幅提升企业规模效益和管理实力。

他始终潜心研究印刷工艺和技术，追求先进技术的实际应用。由他主持的数字出版按需印刷项目、数字化制版项目、色彩管理项目、智能化印刷工厂项目等高端技术攻关项目均获得成功，提升技术实力，将企业打造成智能印厂。

在他的不懈努力、坚强领导下，肥城新华被中国质量技术监督中心确定为"全国教科书排印质量过硬放心企业"。在此基础上，他已连续六年被集团总公司评选为"优秀经理人"。

孙建辉，男，1972年生人，人民日报社发行出版部出版管理处处长。

他主要负责人民日报内部出版流程管理、版面文件卫星传输管理和全国52家印点印刷管理工作。他致力于行业标准的制订和推广，主持起草行业标准《新闻纸冷固型胶印报纸印刷质量评价方法》，有力促进了报纸印刷质量评价的规范化，带动该标准在全行业的实施应用。他重视职工技术培训工作，根据工作需要和代印点需求，通过组织专题培训班、推进印点厂际交流、带领专家组到企业授课等方式培训各印点职工数百人。

由他推动建设的发行出版物资管理系统，实现了人民日报与各印点之间在财务结算、物资管理、出版调度、信息反馈方面的快捷化、精细化、科学化，极大提高了出版印刷工作的管理能力和出版印刷成本的控制能力。

李国哲，男，1977年生人，雅昌文化集团党支部书记、销售中心总经理。

作为企业海外市场的开拓者，他主动担当、求实创新、创新性实施品牌化综合营销战略，推动市场前端需求与后端生产紧密结合，扩大中国印刷的影响力。

在企业转型升级过程中，他充分展现具备国际视野的长处，引领企业积极开拓国际市场，冲出红海走向蓝海，广泛拓展海外市场的品牌影响力和市场份额，实现营业额年增长30%。

他还是一位具备时代洞察力和敢于肩负历史使命的新型管理者，善于运用信息化手段开拓创新，通过互联网技术改变传统印刷行业营销模式，打造智能制造系统，为企业和印刷未来高速发展助力。

李冠达，男，1980年生人，天津海顺印业包装有限公司总经理。

他是大力推进管理创新、产品创新、技术创新和工艺创新的经理人，通过"人才+文化+匠心"的发展战略，优化管理，升级设备及工艺，将企业打造成为现代化智能工厂。

他大力培养人才，重视科研，多年来，共开发出新产品500余种，在国内外大赛中不断取得佳绩。作为倡导绿色印刷的先行者，由他打造出的数字化、智能化、绿色化智慧工厂，获得各界的一致认可，成为中国印刷智能制造示范企业。2015年，他被中国企业联合会评为"高级职业经理"。

杨明波，男，1973年生人，山西省印刷物资有限责任公司党总支书记、总经理。

他立足企业实际，以自主创新延伸产业链条，通过做优做精品牌，开启省属国企印刷物资电商销售先河。几年间，企业影响力与日俱增，企业经济规模稳步提升。他运筹帷幄，成立"分切创意工厂"，研发生产具有创新设计思维的纸质印刷品和包装类产品，通过创建"佳宇""龙纹"等品牌扩大IP影响力。

作为企业党总支书记、总经理，他积极响应国家绿色环保印刷的号召，积极启用绿色环保印刷耗材和设备，推动山西印刷行业设备、耗材升级换代。得益于他的倾力付出，企业已连续15年荣获山西省直"文明单位"、连续8年荣获山西出版传媒集团"优秀单位"。

张巍远，女，1973年生人，河南新华印刷集团有限公司党委书记、执行董事。

她在河南新华印刷集团任职期间，出台和修订50余项规章制度，完善制度管控体系。她大力开展人才队伍建设，短短几年，使河南新华成为首批中国印刷业高技能人才教育培训基地。她还大力实施绿色印刷，企业已连续多年通过绿色印刷中国环境标志产品认证。她精益求精，主动作为，带领企业强化质量管理体系并优化生产流程，严格保证主题出版物和教材印制任务的高质量、高效率完成。

她先后开展24个技术创新项目，完成科技成果转化22项。在她的领导下，企业成为首批国家印刷示范企业，并于2021年荣获第五届中国出版政府奖先进出版单位奖。她也在2018—2020年连续当选"中原出版传媒集团优秀党务工作者"。

梁勇军，男，1976年生人，深圳市裕同包装科技股份有限公司高级技术总监。

作为裕同集团首席技术专家，他充分发挥自己专长，在多个方面取得重大业绩及创新性科研成果，辅助公司成功上市。他主导成立了裕同集团技术中心，精心编制公司技术发展计划，做好技术管理人才培养。

他坚持环保生产理念，积极倡导绿色生产技术体系，同时，因地制宜建立起全局数字技术体系，带领企业走上"规范化、标准化、国际化、数据化"的绿色印刷包装技术发展道路。

薛志成，男，1975年生人，北人智能装备科技有限公司总工程师。

他参与并主持多项涉及"十二五国家科技支撑计划""十三五国家重点研发计划"等国家级和省部级课题，6大系列产品通过省级科学技术成果鉴定，主持研发的新产品FR系列、FCI系列印刷机获"国家重点新产品"荣誉称号。

由他带领的技术团队，勇于创新，解决了一系列共性技术难题，他先后主持起草3项国家行业标准制定工作，给企业用户、设备供应商和材料供应商提供了全面统一的执行规范，为我国印刷产业技术进步及产业发展做出了突出贡献。企业也由此获得"国家高新技术企业""国家认定企业技术中心""质量诚信企业"等荣誉。

科技进步奖

项目名称：

单/双色书刊喷墨印刷设备关键技术研发与产业化

主要完成单位： 北京北大方正电子有限公司

▶ 走进项目

简　介：

该项目的国产高速宽幅喷墨印刷全数字化智能生产系统，通过全数字化喷墨绿色印刷、全自动裁切、数字化控制堆叠，实现高速宽幅喷墨印刷全数字化智能生产。该系统主要应用于政府文印、商业印刷、书刊印刷领域及可变数据标签领域，能够适应按需印刷领域的不同需求，在全国处于领先水平，与国际同类型产品在主要性能指标上处于相同水平。

当前，方正POD设备在国内30个省和直辖市实现了装机。在国内同类型领域的市场占有率达50%以上。

主要内容及创新点：

项目应用了方正电子研发的数字前端软件，完全自主知识产权的喷墨控制技术、不间断供墨控制技术、喷头自动清洗技术、高速并行RIP、高精度喷头定位与拼接技术和可变数据处理技术等。

在线监测与实时补偿技术，快速地确定堵嘴、偏针点，利用实时的喷嘴补偿算法，对图像、文字进行相应的补偿。采用工业级按需压电喷头、卷筒纸走纸方式，印刷速度高达100米/分钟。

喷墨专用多级网点控制技术，实现了高精度、多层次的成像挂网技术，使图像成像质量居世界领先水平。

毕昇印刷技术奖

项目名称：

基于物联网和人工智能技术的文物保护箱关键技术及系统研发应用

主要完成单位： 北京印刷学院、中国文物交流中心、深圳市裕同包装科技股份有限公司

▶ 走进项目

简 介：

文物在运输过程中的安全问题，是制约文物"活起来"的一个关键问题。特别是瓷器、陶器、金属类易碎易磨损文物，其运输安全问题更是普遍性难题。其中，文物保护箱包装缓冲设计、运输过程中的全状态记录、文物受损后的情景再现和溯源追责以及回收循环使用是文物保护箱中亟须解决的四个关键性技术问题。

围绕上述问题，由北京印刷学院牵头，协同中国文物交流中心、深圳市裕同包装科技股份有限公司，共同完成了本次项目。目前，本项目已在河南博物院、山东省博物馆等十余家博物馆进行使用推广，并与全国超过20家博物馆开展合作。

主要内容及创新点：

由北京印刷学院牵头负责项目整体设计及研发，项目覆盖材料技术、人工智能技术、物联网技术等多个专业领域。对瓷器、陶器、金属等易碎易损文物提供安全、可控的运输，同时充分考虑环境保护的要求，尽可能地使用废弃物少、可重复回收利用、易于回收再生或自行降解的绿色包装。

主要内容包括以下5个方面：一是3D扫描文物保护包装箱内衬结构设计；二是基于双频RFID的智能安全识别和基于Blueteeth的智能锁具；三是多传感器融合的物流状态数据感知和检测；四是基于深度学习算法的在途运输异常状态识别；五是可实时预警和回收调度的云端信息系统。

项目名称：

FR300ELS系列至睿3.0型机组式电子轴凹版印刷机

主要完成单位：陕西北人印刷机械有限责任公司

▶ 走进项目

简 介：

该项目开发了一款机组式电子轴凹版印刷机，该产品可适用于多种包装材料的生产工艺要求，印刷速度与套印精度高，适应水基油墨印刷工艺，生产效率高，节能效率高，排放低，稳定性好。

该项目成功引领了行业技术发展，满足国家"低碳经济"与环保节能方面的有关政策要求，较传统的印刷设备在现有基础上降低综合能耗约30%以上，减少VOCs排放60%以上，产生良好的环境效益。

主要内容及创新点：

产品自动化程度较高、环保节能、创新点多、性价比高。销轴连接方式的机架组合，稳定性好、精度高套印精度≤±0.1mm，为高速印刷提供保障；采用大风速30m/s，大内胆低温高效烘箱结构，温度均匀、干燥效率高且负压良好，有效避免车间无组织排放；新型智能减风增浓热风系统，绿色环保、高效、节能、排风量小，且有效处理下排风。产品通过欧盟CE认证，在国内高端凹印机市场占有率达到85%以上。

项目名称：

高速胶印气垫橡皮布无溶剂压延制造技术

主要完成单位： 江苏康普印刷科技有限公司、上海出版印刷高等专科学校、上海新星印刷器材有限公司

▶ 走进项目

简 介：

该项目为无溶剂橡皮布制备方法，颠覆了传统的涂布制备工艺，适用于食品、医药包装印刷的环保要求。

项目产品经多家知名印刷企业历时3年的实践检验，各项性能都比较稳定，在弹性、抗压性、还原性、耐用性方面得到众多经销商、印刷企业的认可。

主要内容及创新点：

该技术彻底颠覆了甲苯制浆排放污染物的落后生产工艺，使用新型绿色胶料配方，引入石墨烯等纳米新材料，采用胶层压延工艺制备无溶剂高速胶印气垫橡皮布，彻底消除了甲苯的使用及由此产生的VOCs排放，印刷速度达1.5万印/小时，且易清洗，油墨转移性能好。

项目开发了环保型专用新配方和新材料。采用聚酯增塑剂替代传统邻苯类增塑剂；对丁腈橡胶进行高分子共混改性以提高流动性和硬度；面胶设计采用纳米白炭黑以提高高速橡皮布疲劳强度。

项目开发无溶剂橡皮布加工新工艺。采用橡胶压延工艺替代溶剂制浆涂布工艺；开发了高速橡皮布专用低压硫化发泡新工艺，以保障橡皮布气垫层压缩性能。

项目设计开发了高速无溶剂气垫橡皮布专用设备。研制了16辊预硫化机和高精度橡皮布专用打磨机；改进了滤胶机和钢带鼓式硫化机，实现了混炼胶低温快速挤出和面胶低压硫化。

项目名称：

绿色金属印刷整体解决方案

主要完成单位： 乐凯华光印刷科技有限公司

▶ 走进项目

简 介：

项目包含UV白可丁、UV光油、UV底油、UV金属印涂固化设备、UV金属印涂固化技术在内的一体化绿色金属印刷解决方案。方案适用于单张和卷钢涂装。

对比传统工艺，单条线每年可节约38万度电能，减少11.6万公斤VOCs排放。项目产品参与到奥瑞金、中粮包装等厂家产品的测试，测试效果符合预期。

主要内容及创新点：

绿色金属印刷整体解决方案，无溶剂，绿色低碳，清洁生产，在节能环保的同时又通过涂料成本、能耗成本、处理成本的节省为用户带来效益上的增收。

1.该方案具有良好的加工适应性，参与了宝钢包装、奥瑞金、中粮等厂家的产品测试，测试效果均好。

2.方案适用于单张和卷钢涂装。对比传统工艺，单条线每年可节省约38万度电能，减少11.6万公斤VOCs排放。

项目名称：

自动化精装书包装生产线

主要完成单位：北京万邦联合科技股份有限公司

走进项目

简　介：

该项目提供了一种自动化精装图书包装生产线，实现转运和物流的全程自动化、无人化操作，目的是改变传统装箱操作模式，解决人工装书劳动繁重和效率低下问题。使装箱速度从1~2箱/分钟提高到8~10箱/分钟，效率提升5倍以上，同时操作工人数减少45%，从而大幅提高装箱质量和装箱效率，适合国内用工环境，简单易上手。

该自动化精装书包装生产线项目在国内精装书后道包装生产线中为首条，在行业内起到了积极的带头示范作用。其中"分本+视觉判断+180°掉头"组成的自动发料机构、举升式通道转移、半自动装箱机技术通过实践运行良好，均可以作为国内精装联线的标配产品，具有一定的可复制性和辐射价值。

主要内容及创新点：

该项目首次在国内推出的半自动装箱机，是首次将装箱技术在书刊印刷企业的成功应用，可自动完成下折盖封底。

与国外类似产品比较，箱体规格范围广泛，更加适合国内图书产品的装箱体积要求。

操作界面采用图文并茂方式，高度、长度、宽度均采用伺服电机控制自动调节，便利调节操作。

通过软件可以实现多工艺操作，可全连线操作，也可根据需要实现局部收书自动化操作、独立装箱操作、独立箱体折盖打带操作，实现一机多能。

产品不仅优于海外类似技术，而且保证了采购成本不到海外类似产品的1/5。

项目名称：

盛通出版服务云平台

主要完成单位：北京盛通印刷股份有限公司

▶ 走进项目

简　介：

盛通出版服务云平台是利用移动互联网、大数据、云计算等先进技术打造的云平台，云平台联通了出版社及盛通股份在京、津、冀、沪等各个智能生产中心，实现生产、销售、供应链、质量、财务全平台信息共享与反馈。

该项目已在盛通股份母公司及下属子公司使用，形成了以北京经济技术开发区为核心的中枢，联通京、津、冀、沪等四地八个工厂一体化协同制造的产能体系。通过对出版社、各工厂、各设备、供应链、运输车辆等信息的联通，打通整个出版产业链。

主要内容及创新点：

盛通出版服务云平台凝结了企业在出版印刷领域的生产和服务的实践经验，是一套专门为出版印刷领域定制的信息管理、设备管理以及帮助全产业链条各环节协同联动的管理系统。可提供出版印刷行业从前期订单到仓储配送等各个环节的信息化服务。其外部通过物联网、移动互联网、大数据、电子商务平台和网络印刷平台，实现印刷产业链上客户、供应商及关联企业的互联；内部通过企业信息化与设备智能化，实现企业内部资源、智能设备、信息系统和人的互联；通过内部与外部的互联，逐步实现产品"智能化"生产。

股票代码：002191

深圳劲嘉集团股份有限公司

劲嘉集团成立于1996年10月，1997年正式投产，2007年在深圳证券交易所主板上市（股票代码002191）。集团主要从事高端包装印刷品及材料的研发与生产，为知名消费品企业提供集创意设计、研发生产及相关配套服务于一体的包装印刷整体解决方案；是国内领先的现代化大型综合包装产业集团，生产规模、科研创新能力、核心竞争力等均位居行业前列。

集团产品丰富、品类多样，主要涉及高技术和高附加值的烟标、名优特酒盒、高端电子消费品、日化、美妆、药品包装、新型烟草（电子烟）及相关镭射膜纸等。

集团业务覆盖全国，与国内80%的省中烟公司长期保持战略合作关系，约占全国烟标总量12%；与茅台、五粮液集团包装企业实行股权合作，为其主打产品提供包装、防伪等个性化服务。

集团总部位于深圳，拥有自建写字楼劲嘉科技大厦，并投资兴建了25万平方米的智能生态产业园，下属40多家公司，在华南、华东、华中、西南、东北地区均设有生产基地。

集团核心优势是坚持自主创新，拥有较强的研发能力和实力。现已获得专利授权869项，参与多项国家/行业标准制定，三度蝉联中国印刷百强榜首；获得"中国包装龙头企业"、"工业产品绿色设计示范企业"、"第一批绿色工厂试点企业"、"绿色包装印刷材料及制品精密印制技术国家地方联合工程研究中心"、"绿色设计与制造一体化解决方案供应商"、"国家级高新技术企业"、"国家印刷示范企业"、"博士后创新实践基地"、"深圳市长质量奖（经济类）铜奖"等300多项社会荣誉，并有"南京九五之尊"、"黄山天都"、"茅台醇年代酒"等多项创意设计作品问鼎国际金奖。

集团致力新时代中国特色社会主义文化和精神文明建设，始终秉承"产业情怀，实业报国"的理想，坚持"以人为本，创新为魂，诚信为基，市场为根"的核心价值观，在党的领导下，科学管理、规范经营，向具有国际竞争力的世界一流企业集团砥砺前行。

公司地址：深圳市南山区高新技术产业园科技中二路 劲嘉科技大厦

公司官网：www.jinjia.com

泰州市久泰科技有限公司

公司简介

泰州市久泰科技有限公司是专业从事于研发、生产、销售环保型EVA新型复合材料，集科、工、贸于一体的科技型企业。公司自2017年创建以来，紧跟国内外行业的发展动态，竭诚地为客户服务。本公司采用先进的直切式水下切粒技术，全自动的连续化封闭生产，严格的车间生产卫生环境控制，使公司的产品功能化、系列化、专业化，质优价廉、符合国内书刊装订用胶的各种要求。公司本着优势互补、利益共享的双赢经营理念，尽心尽力为客户服务，深受业界人士的广泛认可和好评。

公司研发的EVA复合材料，可用于书刊装订、精装封面、汽车发动机封边条等多个领域，不仅形成独特的优势和特色，更能满足用户对胶制品的个性化需要和特殊性能要求，产品销往全国各地，批量销往国外市场。

本着用户至上、质量第一、诚信第一、服务第一的宗旨，竭诚欢迎各界朋友前来指导、洽谈业务、交流合作、共同发展。

电话：13805266310　18352633993　　邮箱：1344314771@qq.com　　邮编：225400

地方印刷

- 2021年北京市印刷业基本情况
- 2021年上海市印刷业发展概况
- 2021年重庆市印刷业基本情况
- 2021年广东省印刷业发展情况
- 2021年广西壮族自治区印刷业基本情况
- 2021年黑龙江省印刷业基本情况
- 2021年山东省印刷业发展概况
- 2021年内蒙古自治区印刷业发展述评
- 2021年山西省印刷业基本情况
- 2021年陕西省印刷业发展概况
- 2021年湖北省印刷业基本情况
- 2021年湖南省印刷业基本情况
- 2021年福建省印刷业发展概况
- 2021年贵州省印刷业发展情况
- 2021年四川省印刷业发展概况
- 2021年云南省印刷业发展概况
- 青海省印刷业稳步发展
  ——2021年青海省印刷业发展概况
- 2021年甘肃省印刷业发展概况
- 2021年深圳市印刷业发展概况
- 2021年郑州市印刷业基本情况

2021年北京市印刷业基本情况

北京市委宣传部印刷发行处

2021年，在中宣部印刷发行局的正确领导下，北京市委宣传部带领北京印刷业不断强化政治自觉和政治担当，把行业发展紧紧寓于"四个中心"功能建设和"四个服务"之中，牢固树立减量发展是特征，创新发展是出路的理念，科学统筹保障核心功能的牵引力和产业升级发展的支撑力，形成带动企业提质增效、提档升级的发展合力，带领印刷业高质量发展取得显著成效。

一、基本情况

截至2021年年底，北京市共有印刷企业1590家，同比减少9家；资产总额505.3亿元，同比增长3.2%；销售收入281.3亿元，同比增长1.6%；实现利润总额13.2亿元，同比下降33.3%；从业人数3.67万人，同比下降4.9%；主营业务收入超过5000万元的印刷企业88家，同比增加4家。

二、产业特点

一是紧密服务首都核心功能特点突出。 全年完成习近平总书记重要著作，庆祝建党100周年、党史学习等重要主题出版物印刷4738种近3亿册；装订报纸同比增加12481万份，增幅25%；精品化高端化发展形成趋势，彩色印刷同比增加3898.9万令，达到99.1%。反之，非首都核心功能类产品和业务下降较快。

二是产业结构日趋优化。 传统型印刷企业同比减少61家，达到6.1%；数字印刷企业同比增加75家，增幅达19.1%；厂均资产同比增加75.2万元，增幅达2.1%；人均销售收入同比增长4.9万元，增幅达6.8%。企业发展质量明显提升。

三是集约化发展水平显著提高。 规模以上重点企业数量88家，占到全行业的5.5%，占比提高0.3%；其资产总额311.82亿元，占到全行业的61.7%，占比提高2.7%；其销售收入211.9亿元，占到全行业的75.3%，占比提高1.7%。

四是疫情因素影响企业利润。 受疫情影响，对外加工贸易额同比减少2036万元，降幅48%；同时，加之原材料供应不畅，生产人员紧张，资产使用效率下降等因素影响，行业总体利润同比减少6.53亿元，降幅33%。

三、工作做法

一是提高政治站位，全力做好重点出版物印刷保障工作。实施服务首都核心功能重点保障企业考评和绩效激励措施，重新认定22家服务首都核心功能重点保障企业。完善指挥协调机制，统筹印刷保障力量，加强巡查调度，及时发现和协调解决问题，全力以赴完成以领袖著作、党的创新理论研究阐释读物、党和国家重大文件文献、冬奥保障产品和北京地区中小学教科书为重点的出版物印刷保障任务，做到应保尽保、保质保量。

二是坚持绿色发展，积极引导印刷业高质量发展。研究制定《北京市支持出版物印刷业绿色化发展资金管理办法（试行）》《北京市出版物印刷高质量发展评价分级管理办法（试行）》等政策措施，构建支持印刷业绿色化发展的政策体系。组织完成出版物印刷企业环保治理绩效评级，评定A级企业3家、B级企业22家，在空气重污染天气根据企业评级进行分类停限产管理，进一步坚定绿色化发展的政策导向。

三是立足首都定位，积极推进京津冀印刷业协同发展先行区建设。立足首都城市战略定位，因地制宜推动京津冀印刷业协同发展，建设"京津冀印刷业协同发展北京创新示范园区"，于9月16日正式开园，按照建设一条产业链、一个生态圈、一个公共服务平台、N个企业总部的总体框架，预计将吸引100家以上的印刷企业总部及产业链相关企业入驻，是推进京津冀印刷业高质量协同发展先行区建设的重要标志。

四是持续深化改革，努力推动印刷业"放管服"措施落地。巩固《图书期刊印刷委托书》网上备案智能秒批成果，在全国率先做到24小时不打烊。按时完成"证照分离"和"告知承诺"制改革，上线运行印刷企业设立、内部资料性出版物审批等四项业务的"全程网办"，实现群众"零跑路"。

五是守好阵地安全，扎实做好印刷业监督管理工作。克服疫情影响，采取"视频授课+网上考试"的方式，成功举办"全市印刷企业负责人法规培训班"和"全市内部资料性出版物编印人员法规培训班"，共有433人参加培训，418人考试成绩合格并取得培训合格证书，合格率达到96.5%。加强日常检查指导，对存在严重违法违规问题的企业，及时依法移送执法部门，并集中注销"僵尸企业"54家。严控总量，优化存量，提高内部资料性出版物质量，确保总量只减不增。开展"3·15"质检活动，抽检出版单位19家、印刷企业34家、图书市场1个，总计抽检书刊样品655种10042册，平均合格率达到98%以上。有效地维护了全市印刷业经营秩序和安全稳定。

2021年上海市印刷业发展概况

上海市印刷行业协会

2021年,上海印刷业在新冠肺炎疫情常态化和全球经济复杂发展的形势下,整体稳中有升。

一、产业概况

(一)企业数、从业人员数持续下降

2021年,上海印刷企业数量为2346家,比上一年度减少163家,同比下降6.50%;从业人员106189人,比上一年度减少6056人,同比下降5.40%。从历年数据看,企业数量减少和从业人员减少趋势放缓,2021年比上一年度略有增加;自2017年以来,从业人员的减少比均低于企业数量减少比,企业平均人数逐年上升。

表1　2017—2021年上海印刷业企业数和从业人员情况

年份	企业数(家)	企业数增减(%)	从业人员(人)	从业人员增减(%)	企均人数
2017	3071	-11.32	127091	-9.37	41.4
2018	2761	-10.09	116699	-8.18	42.3
2019	2623	-5.00	113785	-2.50	43.4
2020	2509	-4.35	112245	-1.35	44.7
2021	2346	-6.50	106189	-5.40	45.3

(二)总资产、净资产总体增长

2021年,上海印刷业总资产1285.01亿元,比上一年度增加3.04亿元,增长0.24%;净资产为668.57亿元,比上一年度增加2.95亿元,增长0.44%。从历年数据看,总资产在上两个年度取得良好增长后,2021年趋势放缓,略有增加;净资产增长趋势类似,整体看净资产变化的波动幅度要大于总资产。净资产比率平稳提升,企业负债情况整体稳健。

表2　2017—2021年上海印刷业总资产和净资产情况

年份	总资产(亿元)	总资产增减(%)	净资产(亿元)	净资产增减(%)	净资产比率(%)
2017	1165.25	1.87	583.71	-6.05	50.09
2018	1149.00	-1.39	572.92	-1.85	49.86
2019	1219.19	6.11	632.72	10.44	51.90
2020	1281.97	5.15	665.62	5.20	51.92
2021	1285.01	0.24	668.57	0.44	52.03

（三）工业总产值逆势增长，工业增加值震荡盘桓

2021年，上海印刷业工业总产值为853.99亿元，比上一年度增加56.35亿元，增长7.06%；工业增加值279.26亿元，比上一年度增加2.23亿元，增长0.80%。从历年数据看，工业总产值在2019年、2020年连续两年下降后，2021年取得可观增长；工业增加值在2019年取得大幅增长后，2020年、2021年连续两年维持平稳。

表3　2017—2021年上海印刷业工业总产值和工业增加值情况

年份	工业总产值（亿元）	工业总产值增减（%）	工业增加值（亿元）	工业增加值增减（%）
2017	816.79	0.64	257.91	1.68
2018	832.80	1.96	245.78	-4.70
2019	814.22	-2.23	277.45	12.89
2020	797.64	-2.04	277.03	-0.15
2021	853.99	7.06	279.26	0.80

（四）销售收入稳步增长，对外加工贸易额有所萎缩

2021年，上海印刷业销售收入总额987.76亿元，比上一年度增加28.05亿元，增长2.92%；对外加工贸易额为84.96亿元，比上一年度减少4.89亿元，下降5.44%。从历年数据看，销售收入除在2019年有所下降外，其余稳步增长；对外加工贸易额则自2019年后逐渐萎缩，其在销售收入中的占比，整体呈现下降趋势。

表4　2017—2021年上海印刷业销售收入和对外加工贸易额情况

年份	销售收入（亿元）	销售收入增减（%）	对外加工贸易额（亿元）	对外加工贸易额增减（%）	对外加工贸易额占比（%）
2017	917.14	6.79	94.39	7.69	10.29
2018	940.32	2.53	89.86	-4.80	9.56
2019	921.72	-1.98	101.53	12.99	11.02
2020	959.71	4.12	89.85	-11.50	9.36
2021	987.76	2.92	84.96	-5.44	8.60

（五）利润总额首次下降，人均利润增长放缓，人均薪酬持续提升

2021年，上海印刷业利润总额76.90亿元，比上一年度减少2.43亿元，下降3.06%；人均利润7.24万元，与上一年度持平；人均薪酬11.21万元，比上一年度增加1.42万元，增长14.5%。从历年数据看，利润总额在持续增长后首次出现下降；人均利润在高速增长后趋缓，企业人效提高出现瓶颈；人均薪酬逆势增长，员工收入持续改善。

表5　2017—2021年上海印刷业利润总额、人均利润和人均薪酬情况

年份	利润总额（亿元）	利润总额增减（%）	人均利润（万元）	人均利润增减（%）	人均薪酬（万元）	人均薪酬增减（%）
2017	59.92	18.68	4.71	30.9	7.89	22.8
2018	61.56	2.74	5.28	11.9	8.52	8.0

(续表)

年份	利润总额（亿元）	利润总额增减（%）	人均利润（万元）	人均利润增减（%）	人均薪酬（万元）	人均薪酬增减（%）
2019	76.62	24.46	6.73	27.7	9.67	13.6
2020	79.33	6.10	7.24	7.6	9.78	1.2
2021	76.90	-3.06	7.24	0.0	11.21	14.5

（六）对外直接投资大幅下降，研发投入爆发性增长

2021年，上海印刷业对外直接投资1376.98万美元，比上一年度减少5045.43万美元，下降78.56%；企业研发投入资金150558万元，比上一年度增加27254万元，增长22.10%。受疫情及国际形势影响，2021年对外直接投资呈现断崖式下跌；而研发投入连续高速增长，企业创新发展需求凸显。

表6 2019—2021年上海印刷业对外直接投资和研发投入情况

年份	对外直接投资（万美元）	对外直接投资增减（%）	研发投入（万元）	研发投入增减（%）
2019	4633.40	——	76914	19.30
2020	6422.41	38.61	123304	60.31
2021	1376.98	-78.56	150558	22.10

2021年中国印刷包装企业100强，上海录得7席，上海最后一名上榜的企业目前位列第98名，在上海的工业总产值企业排名中为第49名。可以看出，上海印刷业总体发展壮大，在全国具备良好的竞争力。

二、企业分类情况

（一）不同经营类别

不同经营类别的印刷企业包括出版物印刷、包装装潢印刷、其他印刷品印刷、排版制版装订专项以及专营数字印刷等。

表7 2021年上海印刷业不同经营类别指标情况　　　　　（单位：人均薪酬为万元，其余金额为亿元）

类别	企业数（家）	从业人员（人）	总资产	工业总产值	销售收入	利润总额	研发投入	人均薪酬
出版物印刷	133	12484	153.13	107.33	118.31	8.92	3.05	14.84
包装装潢印刷	1673	87668	1088.00	709.98	831.58	65.77	11.40	10.86
其他印刷品印刷	506	5228	38.23	33.56	34.79	2.13	0.55	8.47
排版、制版、装订专项	17	338	2.78	1.41	1.31	0.10	0.04	8.34
专营数字印刷	17	471	2.87	1.71	1.78	-0.01	0.02	11.75
全市	2346	106189	1285.01	853.99	987.76	76.90	15.06	11.21

表8 2021年上海印刷业不同经营类别指标增减情况

类别	企业数	从业人员	总资产	工业总产值	销售收入	利润总额	研发投入	人均薪酬
出版物印刷	-9.5%	-8.2%	5.1%	4.6%	5.8%	79.8%	70.9%	33.5%
包装装潢印刷	-4.2%	-4.8%	-0.4%	7.1%	2.0%	-9.6%	9.9%	12.2%

(续表)

类别	企业数	从业人员	总资产	工业总产值	销售收入	利润总额	研发投入	人均薪酬
其他印刷品印刷	−12.2%	−8.1%	1.8%	16.1%	17.7%	26.0%	31.8%	1.6%
排版、制版、装订专项	−22.7%	−10.6%	0.0%	14.6%	8.3%	43.3%	10.6%	11.7%
专营数字印刷	0.0%	−12.1%	−13.0%	−1.2%	−0.6%	83.3%	51.3%	17.9%
全市	−6.5%	−5.4%	0.2%	7.1%	2.9%	−5.4%	22.1%	14.5%

2021年，企业平均人数方面，出版物印刷93.9人，包装装潢印刷52.4人，其他印刷品印刷10.3人，不同经营类别规模特征明显。企业数变化和从业人员数变化除包装装潢印刷优于全市平均水平，其余经营类别均不及全市平均水平，整体呈现向包装装潢印刷集中的趋势。

总资产增速方面，出版物印刷录得最高，专营数字印刷出现明显减值。工业总产值增速和销售收入增速方面，其他印刷品印刷最佳，专营数字印刷最低，均为负值。利润总额方面，除了包装装潢印刷出现降低，其他经营类别均有可观增长。但产值利润率方面，包装装潢印刷最高，为9.26%，其次为出版物印刷，为8.31%，其他印刷品印刷为6.35%。

研发投入均有增长，专营数字印刷、其他印刷品印刷、出版物印刷分别取得前三，幅度均较高。研发投入强度（研发费用率）方面，最高为排版、制版、装订专项3.10%，出版物印刷为2.58%，明显高于包装装潢印刷1.58%，但行业整体研发强度偏弱（高新技术企业认定研发费用占比不低于3%）。

薪酬水平方面，出版物印刷具有明显优势，高出全市平均水平32%，专营数字印刷次高略超5%，其他经营类别均不足全市平均水平。人均薪酬增速方面，出版物印刷和专营数字印刷亦为前二，高于全市平均水平，收入差距与其他经营类别进一步扩大。

2021年，出版物印刷和包装装潢印刷企业仍然是整个上海印刷业最重要的部分，包装装潢印刷企业以七成的数量，占到了从业人员、总资产、工业总产值、销售收入、利润总额等指标的八成以上份额，出版物企业则更是以6%的数量，占到了12%左右份额，其研发投入更是占据20%。在出版物印刷企业设立严格控制的情况下，2021年上海新设立印刷企业共115家，其中包装装潢印刷企业103家（含外资企业5家），占比达89.6%，一定程度上反映了市场需求，其经济分量在整个印刷业的比重越来越大。

（二）不同主营业务

不同主营业务印刷企业包括书刊印刷、报纸印刷、纸包装印刷、金属罐包装印刷、塑料软包装印刷、普通票据印刷、安全印刷、玻璃陶瓷包装印刷、标签印刷以及其他包装印刷企业。

表9 2021年上海印刷业不同主营业务指标情况　　　　（单位：人均薪酬为万元，其余金额为亿元）

类别	企业数（家）	从业人员（人）	总资产	工业总产值	销售收入	利润总额	研发投入	人均薪酬
书刊印刷	88	4986	49.75	33.54	36.06	0.85	1.20	11.11
报纸印刷	10	1022	27.28	12.27	12.22	5.98	0.00	27.68
纸包装印刷	955	42136	433.81	352.54	424.69	18.79	5.82	10.48
金属罐包装印刷	18	1483	35.59	24.92	33.88	−8.49	0.29	15.87
塑料软包装印刷	243	20800	264.32	160.76	158.39	19.77	4.82	8.14

(续表)

类别	企业数（家）	从业人员（人）	总资产	工业总产值	销售收入	利润总额	研发投入	人均薪酬
普通票据印刷	18	722	14.24	3.21	3.73	−0.21	0.04	12.85
安全印刷	6	1801	37.06	23.71	22.69	0.02	0.48	32.90
玻璃、陶瓷包装印刷	6	263	1.78	1.35	1.51	0.03	0.08	6.02
标签印刷	222	6383	51.94	48.98	49.52	3.03	0.96	9.89
其他包装装潢印刷	780	26593	369.25	192.72	245.07	37.13	1.38	12.73
全市	2346	106189	1285.01	853.99	987.76	76.90	15.06	11.21

表10　2021年上海印刷业不同主营业务指标增减情况

类别	企业数	从业人员	总资产	工业总产值	销售收入	利润总额	研发投入	人均薪酬
书刊印刷	−7.4%	−26.9%	−11.4%	−18.8%	−16.7%	15.8%	28.9%	21.6%
报纸印刷	11.1%	1.6%	12.9%	0.7%	1.1%	31.7%	——	15.4%
纸包装印刷	−8.1%	−6.8%	−6.8%	14.3%	11.8%	−42.0%	−11.5%	10.2%
金属罐包装印刷	−18.2%	−20.7%	−58.4%	−3.9%	−49.8%	−93.3%	64.7%	7.2%
塑料软包装印刷	−4.7%	−10.3%	0.9%	5.8%	4.3%	22.8%	50.5%	11.8%
普通票据印刷	−18.2%	−32.8%	−21.4%	28.7%	36.0%	−16.6%	——	18.7%
安全印刷	50.0%	−3.8%	7.0%	−42.3%	−46.5%	−98.9%	41.4%	11.3%
玻璃、陶瓷包装印刷	20.0%	13.9%	17.9%	−76.8%	−75.4%	13.8%	22.9%	28.4%
标签印刷	8.8%	4.2%	7.8%	10.4%	10.6%	47.1%	69.7%	13.9%
其他包装装潢印刷	−8.7%	6.9%	28.9%	3.6%	5.7%	56.5%	−13.9%	19.8%
全市	−6.5%	−5.4%	0.2%	7.1%	2.9%	−5.4%	22.1%	14.5%

2021年，企业平均人数方面，安全印刷300.2人，报纸印刷100.2人，其他印刷品印刷10.3人，塑料软包装印刷85.6人，最低为标签印刷28.8人，不同主营业务企业规模特征差异较大。企业数量变化方面，安全印刷、玻璃/陶瓷包装印刷、报纸印刷、标签印刷呈正增长；从业人员数量变化方面，玻璃/陶瓷包装印刷、其他包装装潢印刷、标签印刷、报纸印刷呈正增长，玻璃/陶瓷包装印刷和标签印刷成为市场流入热点。

总资产增速方面，其他包装装潢印刷录得最高，金属罐包装印刷减值超50%。工业总产值增速和销售收入增速方面，普通票据印刷出现3倍增长，标签印刷1倍增长，玻璃/陶瓷包装印刷下降七成，安全印刷下降四成，市场主营业务结构出现一定程度的调整。产值利润率方面，报纸印刷最高为48.74%，其次为其他包装装潢印刷19.27%和塑料软包装印刷12.30%。

研发投入方面，其他包装装潢印刷和纸包装印刷出现下降，其余均有较高增长。研发投入强度(研发费用率)方面，最高为玻璃、陶瓷包装印刷6.19%，第二为书刊印刷3.32%，第三为塑料软包装印刷3.04%，其余均低于高新技术企业认定研发费用占比3%的红线。

薪酬水平方面，安全印刷为全市平均水平的2.93倍，报纸印刷为2.46倍，玻璃、陶瓷包装印刷最低，仅为全市平均水平的54%。薪酬增速方面，玻璃、陶瓷包装印刷迎头赶上，增长近三成，其次为书刊印刷和其他包装装潢印刷，增长约二成。收入差距虽然在部分主营业务上有所弥补趋近，但整体上不同主营业务收入差异明显。

2021年，纸包装印刷、塑料软包装印刷、其他包装装潢印刷占据了市场八成以上份额，书刊印刷各项指标约占4%份额。普通票据印刷和标签印刷虽然经营数据增长较高，但其市场份额占比不高。

（三）不同企业性质

企业性质按照国有企业（包括国有、集体）、三资企业、民营企业（包括股份合作、股份有限、其他有限责任、私营等）三类进行划分。2021年上海已经没有联营企业。

表11 2021年上海印刷业不同企业性质指标情况　　　　　　　　（单位：人均薪酬为万元，其余金额为亿元）

类别	企业数（家）	从业人员（人）	总资产	工业总产值	销售收入	利润总额	研发投入	人均薪酬
国有企业	39	2343	37.09	25.98	24.64	1.11	0.49	26.38
三资企业	132	32446	350.50	285.26	361.89	17.52	2.85	12.50
民营企业	2175	71400	897.42	542.75	601.23	58.27	11.72	10.12
全市	2346	106189	1285.01	853.99	987.76	76.90	15.06	11.21

表12 2021年上海印刷业不同企业性质指标增减情况

类别	企业数	从业人员	总资产	工业总产值	销售收入	利润总额	研发投入	人均薪酬
国有企业	−29.1%	−11.8%	5.0%	−2.6%	−7.2%	−48.6%	282.5%	25.1%
三资企业	−7.0%	−4.3%	−2.9%	3.3%	5.4%	−38.2%	−3.9%	10.5%
民营企业	−5.9%	−5.7%	1.3%	9.7%	2.0%	19.3%	26.8%	16.3%
全市	−6.5%	−5.4%	0.2%	7.1%	2.9%	−3.1%	22.1%	14.5%

2021年，企业平均人数方面，国有企业60.1人，三资企业245.8人，民营企业32.8人，三资企业规模特征明显较大。企业数变化民营企业高于全市平均水平，而国有企业减少近三成。从业人员数整体流入三资企业的特征较为明显。

总资产增速方面，国有企业和民营企业都有所增长，三资企业显现退出倾向。工业总产值增速方面，民营企业高于全市水平，销售收入增速则是三资企业高于全市水平，国有企业均出现负增长。产值利润率民营企业最高达10.74%，其次为三资企业6.14%，国有企业为4.27%。

研发投入方面，三资企业出现下降，而国有企业大幅增长，反映了破局需求。研发投入强度(研发费用率)国有企业和民营企业相当，分别为1.99%和1.95%。

薪酬水平方面，国有企业为全市平均水平的2.35倍，优势明显，三资企业为1.11倍，民营企业为0.90倍。薪酬增速方面，国有企业继续领先，民营企业开始发力，高于全市水平，三资企业增长较为缓慢。

2021年，印刷业民营企业数占92.7%，主要指标份额占比达六至七成，多项指标表现可圈可点，体现了民营经济的良好活力，民营企业在主动对接市场，适应需求变化，在求新、求特等方面具有天然优势，其在市场主体的地位蕴含了巨大的潜力和更多的可能性。三资企业以5.6%的占比，贡献了主要指标二到三成的份额，证明了其在市场中的重要性。国有企业表现则中规中矩。

三、企业重点集群情况

（一）国家印刷复制示范企业

国家印刷复制示范企业主要经济效益指标及全员劳动生产率居国内同行业前列，关键生产设备居行业先进水平。企业的研发投入达到销售收入的一定比重，建有国家级或省级企业技术中心或者研发机构，积极开展绿色生产。

表13　2021年上海国家印刷复制示范企业情况　　　　　　　　　（单位：人均薪酬为万元，其余金额为亿元）

项目	从业人员（人）	总资产	工业总产值	销售收入	对外贸易额	利润总额	研发投入	人均薪酬
2021	20556	303.40	152.42	183.12	28.85	18.70	4.94	9.72
对标增减	-6.80%	-4.88%	-5.71%	-20.52%	-14.87%	35.80%	19.47%	15.75%
全市增减	-5.40%	0.24%	7.06%	2.92%	-5.44%	-3.06%	22.10%	14.54%
全市占比	19.36%	23.61%	17.85%	18.54%	33.96%	24.32%	32.82%	87.00%
企业平均	1468.30	21.67	10.89	13.08	2.06	1.34	0.35	——
全市企均	45.30	0.55	0.36	0.42	0.04	0.03	0.01	——

2021年，全市国家印刷复制示范企业14家，比上年度减少1家，占全市企业数的0.6%。表13对标增减指的是2021和2020两个年度相同14家企业主要指标进行的增减对比。全市国家印刷复制示范企业以不足1%的占比，贡献了主要指标近二成至三成的份额，其中对外加工一般贸易总额和研发投入更是占据30%以上，凸显了企业的示范作用。按企业平均计算，主要指标企均数据普遍在全市企均的30~50倍以上，龙头效应明显。

2021年，上海国家印刷复制示范企业的从业人员数、总资产、工业总产值、销售收入、对外加工一般贸易总额均出现负增长且均低于全市平均水平，尤其是销售收入和对外加工一般贸易总额，下降近二成。但利润总额出现大幅增长，盈利能力提升明显。研发投入在基数较大的基础上，虽然增长略不及全市水平，但投入金额可观。薪酬增速高于全市水平，但薪酬水平目前并不具备优势。

（二）规模以上企业

印刷业企业规模的统计一般分为年销售额为1000万元以下、1000万~5000万元、5000万~1亿元、1亿元以上，年工业总产值5000万元以上的规模以上重点企业，无论是从业人员、资产规模以及生产销售以及利润贡献上都是整个印刷业中最重要的部分，这部分企业的发展状况，很大程度上代表了上海印刷业的发展状况。本部分以年工业总产值5000万元以上的企业为分析集群。

表14　2021年上海规模以上重点印刷企业情况　　　　　　　　　（单位：人均薪酬为万元，其余金额为亿元）

项目	从业人员（人）	总资产	工业总产值	销售收入	对外贸易额	利润总额	研发投入	人均薪酬
2021	68691	967.58	682.75	766.88	78.97	81.02	12.66	12.74
规上增减	-3.13%	0.89%	8.11%	1.57%	-5.56%	8.88%	14.62%	13.92%
全市增减	-5.40%	0.24%	7.06%	2.92%	-3.06%	-5.44%	22.10%	14.54%
全市占比	64.69%	75.30%	79.95%	77.64%	92.95%	105.40%	84.09%	114.00%

(续表)

项目	从业人员（人）	总资产	工业总产值	销售收入	对外贸易额	利润总额	研发投入	人均薪酬
企业平均	6244.60	87.96	62.07	69.72	7.18	7.37	1.15	——
全市企均	45.30	0.55	0.36	0.42	0.04	0.03	0.01	——

2021年，上海市印刷业规模以上重点企业262家，占全市企业数的11.2%，比上年度增加16家，增长6.5%，产业规模化进一步提升。

上海规模以上重点企业以一成的占比，贡献了主要指标六成至八成的份额。其中，对外加工一般贸易总额占比90%以上，利润总额占比出现了超100%的倒挂情况，说明规模以下企业的整体利润总额为负。按企业平均计算，主要指标企均数据在全市企均的160倍以上，头部地位非常明显。

2021年，上海规模以上重点企业主要指标增速除对外加工一般贸易总额和研发投入低于全市水平，其他均优于全市水平，对外贸易出现流向中小企业的趋势，研发投入由于基础较大，增速有所下降，这也说明，中小企业的研发投入力度在加强。人均薪酬高于全市平均，但薪酬增速不及全市水平，一定程度反映出中小企业对人才的需求提高，人才竞争加剧。

（三）上市企业

表15　2021年上海上市印刷企业情况　　　　　　　　　　（单位：人均薪酬为万元，其余金额为亿元）

项目	从业人员（人）	总资产	工业总产值	销售收入	对外贸易额	利润总额	研发投入	人均薪酬
2021	13446	306.86	75.82	76.49	3.26	31.78	3.14	7.82
对标增减	−5.42%	17.31%	−9.83%	−18.18%	−11.74%	15.61%	−11.13%	9.91%
全市增减	−5.40%	0.24%	7.06%	2.92%	−3.06%	−5.44%	22.10%	14.54%
全市占比	12.66%	23.88%	8.88%	7.74%	3.83%	41.33%	20.83%	70.00%
企业平均	1222.40	27.90	6.89	6.95	0.30	2.89	0.29	——
全市企均	45.30	0.55	0.36	0.42	0.04	0.03	0.01	——

2021年纳入统计的上海印刷业上市企业共11家，比上年度增加3家，占全市企业数量的0.5%。表15对标增减指的是2021和2020两个年度相同11家企业进行主要指标的增减对比。

上海印刷业上市企业由于整体业务组成较为复杂，主要指标呈现出不同的占比水平，总资产和研发投入均占全市二成以上，分别是全市企业平均水平的51倍和44倍，而利润总额占到全市的四成以上，是全市企业平均水平的88倍，体现了上海印刷业上市企业高赢利、高投入、重研发的特点。

2021年，上海印刷业上市企业的从业人员数、工业总产值、销售收入、对外加工一般贸易总额、研发投入均出现负增长且均低于全市平均水平，尤其是销售收入和对外加工一般贸易总额下降明显。但总资产和利润总额出现较大增长，企业经营活动良好。研发投入呈现收缩趋势。人均薪酬低于全市平均，且薪酬增速不及全市水平，薪酬吸引力有待进一步加强。

四、不足与发展方向

纵观2021年产业数据可以看到，上海印刷业在企业数量和从业人员数量减少的情况下全行业仍然实现工业生产总值和销售收入稳步增长，同时也求新求变，努力克服各种不利因素带来的影响，多数主营业务利润保持在较高水平。企业投资规模仍然进一步扩大，彰显了印刷企业对市场的信心。企业经营结构持续变化，积极顺应市场需求。外资企业贡献突出，体现其在市场中的重要性和竞争力。国家印刷复制示范企业、年工业总产值5000万元以上印刷企业、印刷业上市企业表现各有亮点，企业集中度持续提升，龙头企业效应突出。从业人员收入持续增长，绿色印刷持续推进，企业社会贡献和社会责任持续增强。全行业聚焦创新研发突破，专注国内市场拓展，不仅重点企业加大了研发投入，其他企业也更加注重研发工作，希望通过更多的创新更好推动企业和行业的发展。

虽然上海印刷业整体表现出很强的实力和竞争力，但是从全国印刷企业发展状况来看，上海缺乏百亿以上规模的企业，航母级龙头企业缺位。中等规模企业（产值2000万~5000万元），既不及规模以上企业的规模优势，又没有小企业在市场中的灵活，其整体赢利能力较为薄弱。"碳排放、碳中和"目标对印刷业提出了新的绿色环保管控要求，更少"碳足迹"的产品有待创新。上海印刷业主流企业加工型企业特点仍然突出，部分企业的自主创新意识和自主创新研发成果需进一步加强。

2021年重庆市印刷业基本情况

重庆市印刷协会 吴 虹

重庆市现有印刷企业1490家（其中出版物印刷企业70家，包装装潢印刷企业653家，专营数字印刷企业5家，排版制版装订专项印刷企业31家，其他印刷企业731家）。资产总额1514亿元，工业总产值296.27亿元，营业收入288.9亿元，利润总额25.5亿元。从业人员3.7万人。

2021年，重庆市印刷业工业总产值有所回升，其总额为232.68亿元。其中，出版物印刷企业工业总产值为19.35亿元，包装装潢印刷品企业工业总产值为202.16亿元，占总额的87%，可见包装装潢印刷企业仍是本市印刷业整体规模的重中之重。其他印刷品印刷企业及排版、制版、装订专项印刷企业工业总产值为10.97亿元，同比减少0.56亿元。专营数字印刷企业总产值为2019万元，同比减少52万元。

2021年，全市印刷业销售收入为207.07亿元，同比增加46.95亿元。在全国防疫工作常态化下，新冠疫情的影响逐渐减弱，重庆市印刷业销售收入略有增长，其中出版物印刷类别销售收入为18.63亿元，同比增长4.29亿元；包装装潢印刷品类别销售收入为156.41亿元，同比增长32.55亿元；排版、制版、装订专项和其他印刷品销售收入为31.78亿元，同比增长约10亿元；专营数字印刷类别在本市行业普遍回升的大环境下略有增加。

一、重庆市印刷业发展情况

（一）重庆市印刷业的主要特点

受疫情影响，印刷企业在市场竞争中不断关停重组、转移外迁。

不断适应市场变化与资源配置的调整，一些企业结合自身实际走专业化、特色化发展道路，搭建网络平台，加大技术改造或专业化投入，树立品牌效应，实现多元化、融合化发展。

包装装潢印刷企业数量持续增长，占比持续上升，基本满足了国民经济发展配套的需要。出版物印刷企业发展规模平稳，与本市出版量上升基本持平。对出版物印刷质量检测工作不断加强，通过加强中小学教材教辅、幼儿读物、图书报刊等各类重点出版物的每年两季送检和不定期抽检的认定工作，促进了书刊印刷业的产品质量不断提升。

重庆市印刷企业数量和产值在全国的占比较小。重庆印刷业增加值占全市文化产业增加值的8%，在文化产业中的地位日益重要，有较大的增长空间和发展潜力。

（二）重庆市印刷业的结构及分布情况

1. 产业结构

从资产规模和工业产值来看，包装装潢印刷企业占绝对主导地位，出版物印刷企业数量少，资产平均规模比较大，产出平均值也比较大。其他印刷品企业（含专项印刷企业）数量虽然大，但资产和产值较小，这与印刷业中小企业为主的行业特点一致，反映出本市印刷业仍然是小规模低水平的行业现状。从不同所有制类型来看，九成以上非公有制企业占据印刷业的主导力量。总产值在5000万元以上的企业虽然数量少，却占重庆印刷业总产值的25%左右，是重庆印刷业的生力军和龙头。

2. 产业集中度状况

重庆印刷业区域布局是以主城都市区为核心，并以万州为中心的三峡库区核心地带的渝东北翼和以涪陵、黔江为中心的乌江流域武陵山区的渝东南翼构成。主城约占80%，渝东北占17%，渝东南占3%。从印刷市场的结构来看，纸张印刷约占72%，塑料包装印刷约占21%，金属包装约占6%，其他包装约占1%。

（三）印刷企业的整合力度加大

重庆市印刷企业数量已连续7年减少，其中出版物印刷企业连续10年减少，已由2010年的150多家减少到现在的70多家，这也充分体现了本市印刷业内在的整合与提升需求。在整个印刷业规模持续扩张的同时，粗放式发展、集约化程度不高、重投资轻管理等一系列问题也不断累积，随着整个经济由高速增长转向高质量发展，印刷市场日益分化、生产成本逐年"加码"、环保要求日趋严厉，部分"作坊式"企业、竞争力不强的企业不是破产倒闭就是被行业"大块头"整体"吃掉"，印刷企业的整合速度不断加快。据统计，56家规模以上企业年工业总产值和工业总产出均超过行业的50%以上。

重庆市印刷业呈现组团式片区性集中发展，也在积极运作产业群，设立特色工业园区。大力发展绿色环保经济生产，从工艺、材料、节能、降耗的有效控制，逐步建设成集约化、标准化、生态化的印刷产业集聚群。

二、印刷业发展面临诸多困难

印刷业作为文化产业中较为重要的实体经济，在自身的发展中可谓是考验重重。2021年以来，本市印刷业资产总额、工业产出等有所回升，但面对的各种问题压力也是逐渐加重。因此企业在谋篇布局的同时，须对大环境有清醒的认识，切勿盲目跟风、过度冒进。当前主要问题是产业分布不均，发展不平衡的问题。印刷企业数量多，规模小，低水平重复建设严重。企业家们习惯于埋头拉车，艰苦创业的发展模式，缺乏认清趋势、依靠政策、注重管理、创新发展的经营思路，行业恶性竞争激烈。其根本的原因有以下几点：一是整个经济的不确定性增加。本市作为世界上最大的笔记本电脑生产基地和全中国第二大的智能手机生产基地，2021年因新冠疫情的影响遭遇了极大的冲击，与之配套的印刷包装产业自然不能独善其身。二是生产成本不断增加。印刷原纸和塑料薄膜价格出现报复式反弹，价格已经被推到一个较高的高度，在短时间内不可能有较大的降幅。印刷业走入薄利时代是不争的事实，期盼纸价低价回笼是一厢情愿。三是印刷企业的资金压力增大。印刷业是重资产行业，资金投入量大，企业的融资成本逐年增加，有的远远超过了企业自身盈利能力，利润尚不能偿还利息。另外客户的回款周期越来越长，部分出版单位回款周期超过一年，甚至有的印刷企业出现坏账和死账，造成企业周转资金严重短缺，甚至是资金链断裂。四是市场要求越来越高。印刷业中低端产能严重过剩，在供大于求的背景下，客户的"逐利性"加强。面对众多印刷企业，客户永远希望能与最优质、最具性价比的企业合作。在生产淡季，这些缺乏竞争力、低水平重复建设严重的中小型印刷企业为谋求订单提高开机率，以低于成本的价格中标，造成行业可持续性健康发展失衡，得不偿失。

三、重庆市印刷企业向绿色化、数字化、融合化方向发展

随着数字技术和网络技术的发展，传统印刷业受到巨大冲击，彻底改变了印刷业的发展轨迹，也改变了印刷企业从设计到生产的运营模式，印刷企业开始尝试转型升级以便更好地参与到印刷上下游产业链领域以及网络媒体的竞争中去，越来越多的媒体形式正参与到传统印刷广告的竞争当中，报纸、杂志、期刊的广告数量正在被网络广告以及其他类型的传播方式无情地侵蚀。未来印刷业的需求不断变化，行业生产将逐步实现数字化、智能化工作流程，数字印刷的主力发展方向将发生调整，向大集团和跨国企业发展，使生产效率和成本越来越具有竞争性。

面对不断升级的环保要求，绿色印刷已经成为中国印刷业主要发展方向。利用互联网为印刷企业的经营服务是企业的发展方向，长期以来以加工工业为市场定位的印刷业到了必须转型升级重新定位的时刻，必须对接现代服务业、对接文化产业，必须通过跨行业发展来延伸产业链，通过主动寻找市场需求，挖掘市场的潜在需求争取更大的发展机遇。

总之，重庆印刷业在新长征路上当传承奋斗精神，以技术创新推动质量、效率和动力变革，以实际行动谋划高质量发展，按照"十四五"印刷蓝图，在国家大局中明方向、找位置、助协同，共同描绘印刷新时代的精彩。

2021年广东省印刷业发展情况

广东省印刷复制业协会　蓝　赞

后疫情时代，各行各业正经受复产复能的考验。2021年，广东省印刷企业迎难而上、攻坚克难、破浪前行，在疫情背景之下仍然保持稳步发展。

一、基本情况

截至2022年4月，全省通过年度报告印刷企业共有17014家，从业人员约为60.01万人，工业总产值约3006.89亿元，利润总额约109.06亿元。其中，2021年总产值超过5000万元的规模以上重点印刷企业共有1016家，上市企业14家（含上交所主板、深交所主板、深交所中小板、深交所创业板），国家印刷示范企业16家。

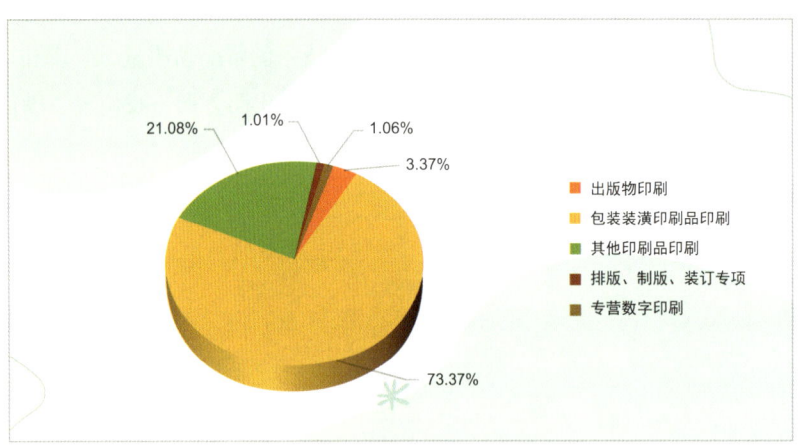

广东省印刷企业管理类别基本情况

二、行业发展情况分析

总体来看，2021年行业主要呈现增长稳、韧性足、整体增产减利三个特点。

（一）主要经济指标保持在合理区间，行业整体产值稳中有升

2020—2021年，广东省印刷业经历了新冠肺炎疫情的冲击和前所未有的挑战，2020年全省印刷业多项数据下滑，2021年初开始反弹，产值增速呈现"前高后低"走势，进入下半年以后，行业总体面临着比较大的下行压力。

与2020年相比，企业数量同比增加2.34%，工业总产值同比增加15.10%。这是因为2020年受"新

冠"疫情冲击较为明显，全省工业总产值负增长导致了较低基数，2021年在此基础上开始反弹，综合两年数据来看，总产值两年平均增幅约为6.53%，继续保持稳中有升的发展态势。主要因为：一是规模以上重点印刷企业的亮眼表现为广东省印刷业产值稳定增长打下坚实的基石，规模以上重点印刷企业数量比去年增加122家；工业总产值达10亿以上的企业有28家（以印刷为主营业务计算），同比增加42.90%。二是出口贸易复苏回暖，2021年上半年海外市场需求逐渐恢复，部分印刷订单回流，对外加工贸易额保持稳步增长，实现对外加工贸易额58.96亿美元，较上年增加0.82亿美元，增幅为1.38%。

（二）产业结构和产业布局持续调整，激发高质量发展的韧性和内生动力

一是产业结构持续调整。2021年广东省印刷产业结构进一步调整，由于人口趋势和对精致生活的追求，精品图书、高价值包装产品的需求进一步加大，更契合经济发展的出版物印刷和包装装潢印刷产值均有较大幅度增长。标签印刷表现亮眼，增幅高达39.74%。

二是产业布局持续调整。广州和深圳作为广东省城市产业升级最紧迫的两个城市，近年印刷业面临城市产业升级带来的成本压力和环保压力与日俱增，产业转移力度不断加大，部分印刷企业逐渐向外围迁移，部分中小印刷企业停产关闭。广州、深圳的印刷企业数量和行业从业人员数量均出现一定下降。2021年广州市印刷企业同比减少3.64%，深圳市印刷企业同比减少7.40%，东莞市作为承接转移力度最大的城市，新增300多家印刷企业。佛山、惠州、清远等市也承接了一部分广、深企业的转移。

产业结构和布局的持续调整表明市场主体趋向于行业高增长的领域聚集，向更有发展潜力的区域转移，以适应由国内外各种因素交织带来的全球经济变化的挑战，从而激发高质量发展的内生动力。

（三）增产减利，行业调整振荡加剧

2021年，面对疫情封控的不确定性与经济环境的复杂化，印刷业面临更为复杂的发展环境和更为严峻的市场挑战。全省全年印刷业利润总额109.06亿元，较上年下降9.42%，但工业总产值却较上年增加15.10%，印刷企业增产减利的局面比较严峻。2020年利润营收比为4.66%，2021年下降至3.38%，表明全省印刷企业盈利能力继续下降。原因主要有以下几个方面：一是市场复杂多变。受疫情影响，外贸依存度较高行业受到冲击，商业印刷类订单萎缩较为明显，加速了行业整体的调整振荡。二是出口贸易的风险不断增大。受海运不畅、货柜涨价、汇率波动等因素影响，企业对出口贸易的谨慎性增加。三是宏观调控政策因素。如"双减"等调控政策出台，下半年较大范围的"限电"措施，还有纸张等原材料价格自年初以来的轮番上涨和波动，造成印刷企业整体增产减利的局面。

三、下一步的措施和建议

今年以来，受国际环境趋于复杂严峻和国内疫情冲击明显的超预期影响，主要指标增速还处于低位。面对复杂局面，在以习近平同志为核心的党中央坚强领导下，各地区各部门有力统筹疫情防控和经济社会发展，随着国内疫情防控形势总体改善，稳增长的政策措施效果逐步显现，经济运行的积极变化有所增多。

面对原料、能源、双碳政策等多重挑战，广东省印刷业立足新阶段的新形势和新要求，将从产业空间布局、绿色、智能、人才、用好政策等5个方面进行提质增效，确保行业高质量发展稳步向前。

（一）优化行业空间布局

随着珠三角主要核心城市生态保护政策趋严，人们对生态环境安全提出新的要求，未来广东省印刷业空间结构将重新调整布局，新增印刷产能从传统的广州、深圳等主要城市逐步向东莞、惠州、佛山、清远、肇庆等珠三角其他城市转移，不具备转移条件的印刷企业进一步完善提质增效发展。

同时，按照《珠三角印刷业发展升级指南》目标，根据珠三角区域发展战略定位，结合区域实际，以现有产业布局为基础，明确发展重点和特色，强化整体协同，形成优势互补、联动发展、相互协同的现代化印刷体系。

（二）加快行业发展绿色化

强化绿色发展观念，根据印刷业碳中和碳达峰实施方案，积极实施节能降碳行动，加快推进企业节能低碳改造升级，鼓励有条件的企业率先达标。

支持企业加快淘汰落后的生产工艺装备，采用新型喷墨印刷设备、包装设备、污染物处理设备等先进的专业化设备，支持企业使用印刷新材料，降低印刷业环境污染。推广使用中国印刷技术协会《绿色原辅材料产品目录》收录的油墨、胶粘剂、润版液、光油、清洗剂等低（无）挥发性有机物原辅材料，促进产业优化升级，达成"绿色化"目标。

（三）加速行业转型智能化

加快生产过程智能化，推进数字化基础设施建设，结合工业互联网、智能制造、5G技术，提升印刷工艺流程的生产效率、能力和质量，使印刷过程变得更加智能、高效、节能和可持续。

加快运用智能制造技术改造提升印刷业，打通数据链、创新链、产业链，推动产业集群整体智能化升级。围绕资源共享、协同制造、场景共建等方面开发并推广先进适用的智能制造解决方案。

（四）完善行业人才培养体系

针对目前广东省印刷业普遍存在的缺少技能等级认定、职称评定困难等问题，探索成立广东省印刷职称评定委员会，加快技能鉴定、职称评定、粤港澳大湾区人才资格互认等工作，建立印刷人才数据库，实施人才信息动态管理，实现人力资源效益最大化。推动印刷企业与院校合作，在校企合作、产学研融合的过程中，建立校企产业合作联盟，逐步形成独具特色的产学研协同创新模式。

（五）充分用好相关扶持政策

2022年，国务院出台扎实稳住经济的一揽子政策措施，提出六个方面33项措施，包括加大增值税留抵退税政策力度、扩大实施社保费缓缴政策、鼓励对中小微企业和个体工商户贷款延期还本付息、降低市场主体用水用电用网成本等。在对餐饮、零售、旅游、民航、公路水路铁路运输等5个特困行业实施阶段性缓缴三项社保费政策的基础上，进一步扩大实施范围，包括了印刷和记录媒介复制业、文化、体育等17个扩围行业。可申请缓缴三项社保费单位缴费部分，其中养老保险费缓缴实施期限到2022年年底，工伤、失业保险费缓缴期限不超过1年。印刷企业可以多关注政府发布的这些加力帮扶中小微企业纾困解难的措施，用好相关政策。

2021年广西壮族自治区印刷业基本情况

广西壮族自治区印刷协会

一、广西壮族自治区印刷企业基本情况

（一）企业数量

2021年，广西壮族自治区有1843家印刷企业。其中，出版物印刷企业191家（包括排版、制版、装订专项企业），专营数字印刷企业87家，包装装潢印刷企业651家，其他印刷品印刷企业815家。

（二）经营规模

2021年，广西壮族自治区印刷工业总产值143.82亿元，比2020年增长9.7%，其中，出版物印刷、包装装潢印刷、其他印刷品印刷、专营数字印刷在全区印刷工业总产值中的占比分别为26.33%、64.81%、7.93%、0.83%；工业增加值26.90亿元，同比增长2.28%；工业总产出150.40亿元，同比增长8.44%；营业收入148.00亿元，同比增长9.87%；销售收入143.20亿元，同比增长7.27%；利润7.65亿元，同比增长5.37%。

在3家国家示范印刷企业中，广西真龙彩印包装有限公司工业总产值7.54亿元，同比增长14.94%，继续位居全区第1位；广西民族印刷包装集团工业总产值3.53亿元，同比增长9.29%，由全区第5位升至第4位；桂林澳群彩印有限公司工业总产值3.41亿元，同比有所下降，从全区第2位跌至第7位。

二、广西壮族自治区印刷业发展特点

（一）印刷业总体上呈现良好发展势头

2021年受疫情影响，小规模印刷企业，特别是以商业印刷为主的印刷企业产值和盈利有所下滑，但规模以上印刷企业则能够克服疫情影响，加强技术改造，积极拓展产能，总体上保持良好发展态势。与上年相比，广西印刷工业总产值、营业收入的增长接近两位数，销售收入和利润的增长也比较明显，分别为7.27%和5.37%。从管理类别来看，出版物印刷、包装装潢印刷、其他印刷品印刷、专营数字印刷在全区印刷工业总产值中的占比略有变化。其中，包装装潢印刷和其他印刷品印刷的占比稍微下降，出版物印刷和专营数字印刷的占比分别增长0.53%和0.03%。

（二）规模以上印刷企业产值和营收继续保持增长

在工业总产值方面，全区工业总产值超过亿元的印刷企业有26家，比2020年增加3家，工业总产值61.03亿元，同比增长13.46%；超过5000万元的规模以上重点印刷企业有64家，同比增加12家，工业总产值为87.04亿元，同比增长18.00%；超过2000万元的印刷企业136家，同比增加13家，工业总产值达108.57亿元，同比增长14.42%。

在营业收入方面，全区印刷企业营业收入148.00亿元，其中，营业收入超过1亿元的企业有24家，营业收入总额63.13亿元；超过5000万元的企业有61家，营业收入总额89.00亿元；超过2000万元的企业有140家，营业收入总额112.51亿元。营业收入超过1亿元、5000万元、2000万元的企业数量分别比上一年增加1家、10家、16家，营业收入分别增长8.66%、15.75%和14.46%。

（三）印刷业总体规模偏小，综合实力不强

近年来，广西壮族自治区采取绿色印刷补助、示范印刷企业扶持、印刷产业园建设等方式，引导印刷企业走绿色化、数字化、智能化、融合化发展之路，并取得了一定成效。目前，广西壮族自治区有国家印刷示范企业3家、广西文化产业龙头企业1家、广西示范印刷企业10家，这些龙头、示范印刷企业在推进印刷业"四化"发展方面发挥了积极作用，但是从总体上看，广西印刷业体量小，全区印刷工业总产值尚未突破150亿元，尚无工业总产值突破10亿元的印刷企业，中国—东盟绿色创意印刷产业园入驻企业数量不足，印刷企业自主创新能力不足，特别是智能化水平不高，融合化进展不大，精品印制能力不强。

（四）坚持创新驱动，积极履行社会责任

着眼于推动产业转型升级，广西壮族自治区印刷企业更加重视产品研发工作，共投入研发资金1.82亿元，同比增长65.50%，其中，广西真龙彩印包装有限公司研发投入2600多万元，南宁市金美印刷包装有限公司研发投入1100多万元，有力地促进了印刷企业提质增效；注重科技创新，对实施精益生产标准化管理、削减库存、优化流程、提升产品质量等发挥了积极作用。同时，广西印刷企业积极履行社会责任，大力开展社会公益活动，在助力乡村振兴、疫情防控、关心关爱活动中传播正能量，全年向社会累计捐赠2360多万元。

三、行业监管有力有序开展

（一）组织开展印制自查自纠工作

全区印刷企业对照印刷业法规规章，按照新闻出版管理部门的部署要求开展自查自纠，企业员工进一步强化了遵纪守法意识，提高了对涉"非"涉"黄"印刷品的辨别处置能力，更加自觉遵守《印刷业管理条例》《印刷品承印管理规定》和《印刷品广告管理办法》等法规规章，自觉执行"五项管理制度"，对不允许印刷的物品不接单、不设计、不印刷，有力地维护了印刷市场秩序。

（二）认真履行职责，组织开展"双随机、一公开"监管执法工作

各地文化综合执法部门依法对印刷市场经营场所展开检查，重点检查印刷企业是否存在印制涉"非"涉"黄"印刷品和容易对消费者产生误导的产品标识，查验印刷"五项管理制度"的落实情况，

对存在的问题责令整改。2021年在"双随机、一公开"监管中，全区共抽查印刷企业290家（次），未发现违法违规行为。

（三）加强内部资料性出版物审批和监管

按照《内部资料性出版物管理办法》的规定，加强业务培训，严格审批条件，控制审批数量，强化内容审读，提高编印质量。2021年，广西共核发一次性内部资料性出版物356个，其中非国有申办主体编印的内部资料性出版物9个。核发连续性内部资料性出版物准印证585个，其中非国有申办主体编印的内部资料性出版物8个，全年并未发生内容导向问题。

四、未来工作计划

（一）强化阵地管理

围绕迎接党的二十大召开，在印刷领域组织开展"双随机、一公开"监管，重点检查印刷企业执行"五项管理制度"、依法开展经营情况，从严查处涉政、涉民族宗教以及含有淫秽色情、暴力恐怖等内容的非法印制行为，继续对印刷容易对消费者产生误导的广告宣传品和作为产品包装装潢的印刷品进行专项清理，特别是对被列为重点监管对象的企业实施监督检查，问题一经发现，坚决予以查处。加强内部资料性出版物编印管理，严控总量，优化存量，提高质量，把好导向。举办印刷企业法定代表人和主要负责人法规业务培训班，提高守法经营意识，营造良好发展环境。

（二）做强做大产业

继续组织开展广西示范印刷企业扶持工作，通过示范引领促进印刷企业实现绿色化、数字化、智能化、融合化发展。支持印刷产业园区建设，充分发挥园区的规模效应，完善和拓展印刷产业链条，带动和引领印刷业转型升级。加强与统计、税务等部门的沟通协调，指导和推动印刷企业上规入统。

（三）加强政策研制

对印刷企业年度报告数据进行分析研究，深入印刷企业、印刷产业园区开展调研，深挖印刷业发展面临的困难和问题，把握产业发展趋势，顺应时代发展要求，在优化产业结构、促进精品生产、推动"四化"发展和扶持产业园区建设等方面研究制定有针对性的政策措施，推动广西印刷业高质量发展。

2021年黑龙江省印刷业基本情况

黑龙江省印刷协会

一、2021年行业发展基本数据

(一)印刷企业总体情况

2021年,黑龙江省共有1483家印刷企业参加年度报告。其中,出版物印刷企业139家,包装装潢印刷企业269家,其他印刷品印刷企业1051家,排版、制版、装订专项印刷企业18家,专营数字印刷企业6家。

黑龙江省印刷业从业人员为1.66万人,资产总额101.32亿元,实现工业总产出71.00亿元,工业增加值8.10亿元,利润总额2.13亿元。企业数量、资产总额、工业总产出、工业增加值、利润总额,分别较2020年度报告数据增长4.07%、2.34%、12.52%、3.85%和21.71%,从业人员同比减少10.75%。

(二)规模以上重点印刷企业情况

黑龙江省印刷业中规模以上重点企业为33家(年产值5000万元以上)。其中,包含出版物印刷企业4家,包装装潢印刷企业23家,其他印刷品印刷企业6家;从业人员4045人,资产总额42.01亿元;实现工业总产值44.03亿元,工业增加值5.57亿元,利润总额1.79亿元。规模以上重点印刷企业数量、工业总产值、工业增加值、利润总额,分别比2020年度数据增长22.22%、38.46%、67.27%和79.00%。

(三)新设立印刷企业情况

2021年,新设立印刷企业65家,同比减少25.29%。其中,新增出版物印刷企业1家,包装装潢印刷企业16家,其他印刷品印刷企业48家。

(四)数字印刷企业情况

2021年,全省共有数字印刷企业(含兼营)92家,同比增加2家,数字印刷机装机量为236台(套)。实现总销售额0.53亿元,工业总产值0.53亿元,两项均同比减少72.11%。

(五)实施绿色印刷情况

截至2021年底,全省通过绿色印刷认证企业24家,实现营业收入6.80亿元,绿色印刷出版物种类共3694种,总计4556万册。

二、黑龙江省印刷业发展特点

（一）行业发展新趋势

1.产业集中度相对提高。 随着行业市场化激烈竞争，印刷产业结构正在加速调整，同时百年一遇的新冠疫情也加速了这一进程，印刷资源向龙头企业聚集。2021年规模以上重点印刷企业工业增加值、利润总额发生大幅增长，分别较上年增长近七成和八成。企业数量虽然行业占比仅为2.23%，但其工业总产值、工业增加值、利润总额行业占比分别为63.93%、68.77%和84.04%。

2.包装印刷发展势态良好。 年新增企业主要以包装装潢印刷企业为主；规模以上重点印刷企业也以包装装潢印刷企业为主，在33家规模以上重点印刷企业中，包装装潢印刷企业就占到了23家，另有7家企业包含包装业务；包装装潢印刷企业工业总产值、工业增加值等经济指标在行业占比最高。因契合供给侧改革、产品结构调整，以及受运输成本影响，包装印刷品从南方回流，黑龙江省包装装潢印刷企业已进入快速发展期。

3.民营企业发展较快。 无论是从企业总量上看，还是从规模以上重点印刷企业占比，或是从工业总产值等经济指标方面看，民营印刷企业都占有较大比重。从业务结构上看，无论包装装潢印刷还是出版物印刷，民营企业都属行业的领军者。在以国企占比居高的黑龙江省，民营印刷企业能够突出重围实属难能可贵。

4.战略联盟与合作增强。 省内大型文化企业进行了印刷业务重组，头部企业哈尔滨市石桥印务有限公司与哈尔滨华彩印务有限公司等五家印企联合成立哈尔滨美图集团公司；大型综合印刷企业黑龙江龙江传媒有限责任公司寻找战略投资者进行合作等。省内印刷企业努力实现和作者之间要素一体化、产业链资源共享、效率最优化和效益最大化。

5.区域化聚集发展初现。 全省印刷工业园区规模尚浅，但集中区正在逐渐形成。初步形成了哈尔滨平房开发区片区、香坊区幸福片区、宾县西片区。

（二）行业发展主要问题

1.结构性矛盾凸显，同质化竞争激烈。 中低档印刷产能过剩与高档印刷产能不足，出版物印刷产能过剩与包装印刷产能不足的矛盾凸显。核心竞争力突出的专业化企业少，经营模式单一，同质化竞争激烈，大部分印刷企业采取低价竞争策略。行业整体上，生产效率和经济效益普遍不高，仍属于劳动密集型产业。

2.大中型企业偏少，自主创新能力弱。 印刷企业"大而不强、小而不精"的问题比较突出。与发达地区相比，在产业规模、经济效益、核心竞争力等方面存在较大差距。省内缺乏国家印刷示范企业和上市公司。行业研发投入少，仅为5766万元，企业缺少专设的技术研发人员，对新技术的研发创新能力不足。

3.设备陈旧落后，专业人才缺乏。 受利润率低和资金短缺等多方面因素制约影响，大部分印企设备老化陈旧，先进设备较少，工艺相对落后，无法满足当前短周期、多品种、高质量的印刷市场需求。从业人员文化程度和技能水平普遍不高，尤其是一线操作员及技术工人的技能水平偏低，高端管理、经营和技术人才短缺。

三、行业发展思路

黑龙江省是全国最大的农产品基地,绿色食品、乳品、酒和医药行业发展良好,印刷包装需求量大。高等院校、事业单位多,当前,省内共有期刊社、出版社300多家,未来印刷市场依然值得期待。

1.**坚持正确导向**。持之以恒做好各类重点主题出版物的印刷任务,特别是党的创新理论著作、党和国家重要文件文献以及中小学教科书等出版物的印制任务,为党的意识形态和中心工作提供坚强技术支撑和有力保障。

2.**聚集绿色化发展**。落实国家生态文明建设新要求,聚集"推进绿色发展",引导印刷企业进一步转变发展理念,提高印刷从业者的环境保护和可持续发展意识,贯彻生产全周期绿色管理理念,淘汰落后技术、工艺、装备,实现新旧动能转换。

3.**培育优势骨干企业**。探索行业融合发展新路径,通过开发新技术和新产品,开辟新的发展路径和管理模式,提高企业参与竞争和应对市场风险的能力,发挥对全省印刷企业发展的引领作用。

4.**强化人才支撑**。弘扬工匠精神,促进职业院校、印刷企业、科研机构深度合作。鼓励企业组织技术人员参加职业培训和继续教育。组织开展岗位练兵和职业技能竞赛活动,不断提高从业人员素质。

2021年山东省印刷业发展概况

山东省委宣传部印刷发行管理处

一年来,山东省全面贯彻新发展理念,推动产业转型升级,推进印刷业绿色智能融合发展,全力打造新业态和新模式。2022年,山东省共有9017家印刷企业参与年度报告。其中,规模以上重点印刷企业355家,同比增长42家,规模以上重点印刷企业工业总产值同比增长17.8%,全省印刷业集聚效应明显增强,龙头示范企业引领作用不断加强,印刷业高质量发展态势良好。

一是重大印刷保障能力逐步提高。 推动出版物印刷企业转型升级,引导企业提高"创品牌、印精品"意识,培育国家重要文件文献及中小学教材印刷企业,提高特殊时期印刷保障能力。

2021年,为做好中国共产党成立100周年庆祝活动有关重点出版物印刷保障工作,山东省委党史学习教育领导小组办公室印发通知中提到,要全力保障重点出版物按时高质量完成印刷工作。省内肥城新华印刷有限公司、山东韵杰文化科技有限公司、山东临沂新华印刷物流集团有限责任公司、山东新华印务有限公司、山东润声印务有限公司、山东华立印务有限公司等6家印刷企业承印了《中国共产党简史》《习近平新时代中国特色社会主义思想学习问答》《论中国共产党历史》《毛泽东邓小平江泽民胡锦涛关于中国共产党历史论述摘编》《习近平新时代中国特色社会主义思想学生读本》等主题出版物共计3700多万册,《改革开放简史》《中华人民共和国简史》等150多万册,全省印制中小学教材2亿余册。

二是"互联网+印刷"新业态逐步形成。 推动互联网印刷平台建设,打造高效率、高质量、零库存的新型印刷生产体系。以山东世纪开元和绿爱小镇为龙头,利用人工智能、大数据、互联网等新一代信息技术打通消费与生产、产品与服务间的数据流和业务流,为用户提供快捷、高品质的个性化定制印刷服务。截至2021年底,世纪开元累计服务用户达4000多万,年服务量达到1200万以上(不含重复客户),大部分印刷产品能实现"一件起订"。绿爱依托"AI在线设计+数字化印刷+智能化灌装"的先进制造模式,实现个性化、柔性化、小批量的茶叶定制服务。

山东全力推进印刷新业态发展,支持企业将互联网基因与智能制造相融合,打造独有的"互联网+印刷"新模式,推动从订单、设计、生产到配送等环节零人工参与,实现了订单全链路自动化。

三是低碳智能融合发展持续推进。 加快低碳智能印厂创新项目及绿色印刷产业园区建设,推动全省印刷业高质量发展。山东新华智能低碳印刷基地建设是山东出版集团印刷业务实现"十四五"发展规划的龙头项目,总投资约4亿元,建设智能、低碳出版物印刷高地,打造"山东新华"印刷品牌。

泰山新闻出版小镇作为全国唯一以新闻出版行业全产业链为核心的特色小镇,截至2021年底,在建面积达到130多万平方米，签约企业60余家。其中，机械工业出版社、北京印刷学院、龙岳文化传媒等项目建设已全面展开；中国大百科全书出版社、北京人天书店、北京时代天华等项目的产业链已经形成，部分环节投入运营。同时，泰山新闻出版小镇集聚产业资源建设"大数据+"交易和管理等各项平台，打造线上线下科学低碳运营新模式，为印刷业园区建设探索路径，提供样板。

2021年内蒙古自治区印刷业发展述评

内蒙古自治区印刷协会

2021年是"十四五"规划的开局之年，也是中国共产党建党100周年，在开启全面建设社会主义现代化国家新征程之时，为了展示内蒙古自治区印刷业70载的成果，内蒙古印刷人用艰苦创业、开拓创新的精神收获了丰硕成果。

连续两年新冠肺炎疫情给内蒙古自治区印刷业带来难以预料的影响。尤其是2021年，边境口岸的满洲里市、二连浩特市、额济纳旗连续突发疫情，并波及自治区大部地区，疫情形势严峻复杂，协会及时向全区印刷业发出倡议，认真贯彻落实各项疫情防控要求，保证各项措施到位，做到防控与发展生产两不误，为社会经济平稳提供支撑，做好印刷保障工作。与此同时，全行业积极开展捐款、捐物，免费印刷制作防疫资料、条幅、证卡等活动。

一、印刷业的基本状况

（一）全区印刷企业和从业人员数量

截至2021年底，全区共有各类印刷企业2466家，从业人员1.82万人。其中，出版物印刷企业175家，包装装潢印刷企业223家，其他印刷品印刷企业2023家，排版、制版、装订专项企业16家，专营数字印刷企业29家；专业报纸印刷企业12家，国有企业22家，独资、合资企业1家。

与2020年对比，印刷企业数量增长率达22%，主要基于部分广告公司增加印刷业务以及包装装潢，标签和数字印刷企业有所增加，从业人员年增长率为15%。

（二）经营统计数据

2021年，全区印刷工业总产值为113.97亿元，同比增长率12.95%；印刷销售收入为99.99亿元，同比增长率11.00%；资产总额为96.74亿元，同比增长率0.90%；利润总额为9.91亿元，同比下降25.14%；工业增加值为3.41亿元。

（三）印刷产品、产量情况

书刊的黑白印刷为54.84万令，报纸为0.72亿印张，其他品类为637.14万令。在彩色印刷中，书刊印刷为495.14万色令，报纸为10.12亿印张，其他品类为392.07万色令；在包装装潢中，瓦楞纸箱印刷为9.90亿平方米，其他纸包装印刷为580.75万吨，塑料薄膜为1.38万吨，塑料容器为252.61亿个。

年用纸量中包装装潢用纸、新闻纸有所增加，传统印刷所用的胶版等纸张用量大幅减少。

（四）主要印刷设备

2021年，全区印刷企业加快设备更新改造力度，淘汰了一批落后产能设备（设施）。当前，全区共拥有八色胶印轮转机44台（组），高斯商业轮转机1台，海德堡对开八色平版胶印机3台，海德堡、罗兰、高宝等品牌全开彩色胶印机22台，精装联动线两条，智能裁纸线3条，骑马联动线15条，胶包联动线18条，自动清废模切机42台，瓦楞纸生产线35条，智能机械手3台，多色多功能票据生产线16台，多功能UV标签印刷机12台（组），喷墨数字轮转机（彩色、黑白）各两台。地方印刷企业已基本实现了CTP制版、彩色胶印印刷，全区现共有各种型号数字印刷机达2000多台（组）。

二、行业发展现状及存在问题

（一）**企业数量和从业人员呈上升趋势**。一是统筹推进疫情防控和经济社会发展，经济平稳持续恢复，企业对市场信心增强；二是营销环境不断优化，实施"告知承诺制度"等改革措施，进一步简化了企业办事流程；三是"内蒙古自治区政府采购云平台"自应用以来，涌现出大量升级或扩营的企业，印刷企业数量和从业人员有了较明显的增长。

（二）**数字化印刷比重增加**。数字印刷企业（含兼营）数量同比增长率为196%，企业生产经营意识进一步提升。企业根据市场和自身业务发展主动优化生产设备，引进先进的数字印刷机及相关配套设备，淘汰老旧设备，进一步扩大自身所占数字印刷市场份额，提升了企业竞争力。

（三）**印刷产品总体质量水平呈上升趋势**。部分企业以市场为向导，结合自身实际条件，优化企业结构，找准市场定位，广泛开展协同合作，实现设备、技术、资金的优化组合，争创最大产能价值。部分企业在主营业务之外，努力探索创赢途径，结合广告传媒等领域扩展业务，实现提质增效。

（四）**行业整体发展缓慢**。受经济形势和疫情双重影响，原辅材料价格上涨，运输费用增加，用工成本增长，销售价格同比下降，利润空间被大幅压缩，较2020年同比利润下降3.3亿元。行业效益整体下滑，部分印刷企业盈利缩水，生存艰难，规模小、档次低且无竞争优势的企业，被迫裁员、转产或歇业。

（五）**企业缺乏竞争力，品牌优势有待形成**。尽管印刷产品总体质量呈上升趋势，但企业小而不精，大而不强的问题较为突出。部分企业质量意识不强，印刷产品质量不稳定等导致部分印业业务转移至区外相邻城市。全区规模以上重点印刷企业仅有15家，书刊企业仅有1家，其他均为包装装潢企业，而且在规模、效益、核心竞争力等方面与发达地区企业仍有差距。此外，中小型印刷企业规模小，布局分散，同质化竞争程度较高，自主创新投入不足，企业间竞争多于协作等问题，制约行业发展。

（六）**企业缺乏专业管理和技术人才**。当前不少企业从业人员素质较低，营销观念较为落后，大多数处于推销或被动经营，营销观念阻碍了企业发展，影响品牌形象的树立，如部分印刷企业为个体经营，仍采用家族式管理模式，仅限于提供低成本、低附加值的同质化产品或服务。

三、发展的方向和目标

"十四五"时期，内蒙古自治区印刷业仍要坚持以"绿色化、数字化、智能化、融合化"发展为目标。

一是要积极创建"文化印刷产业基地"，整合并优化印刷资源，形成以广告创意、印刷包装、纸张、印刷设备器材以及辅料销售、仓储物流、教学科研、培训为一体的文化印刷产业基地。构筑集约化、专业化、新型的文化印刷创意产业园，成为自治区新闻出版业的一个示范区。

二是要推进印刷业"四化"进程，由自治区党委宣传部与自治区财政厅等部门沟通，落实国家五部委下发的《关于推进印刷业绿色化发展的意见》通知精神，在政府印刷项目招、投标时实现教科书、票据票证、儿童读物、食品包装、政府会议文件资料绿色化印刷，争取在2025年底前，自治区印刷企业取得中国环境标志产品认证证书达到30家。

三是要助推由内蒙古爱信达教育印务有限公司投资2.1亿元，建筑面积为4万平方米的"保密印刷基地"顺利投产，打造成为全国一流的标准化、规范化、现代化的"保密印刷基地"，结束自治区"大中专考试试卷"在外省区印刷的历史。

四是要全面提升优化产业的创新能力，打造产业持续发展的新动力，推动印刷业与互联网融合发展，建设1~2家（生产线）具有影响力的"互联网印刷和智能化印刷示范企业"。

加快印刷业持续发展，使之成为创建自治区民族文化大区的重要组成部分和国民经济发展不可缺失的支柱产业。

2021年山西省印刷业基本情况

太原市印刷协会

2021年，山西印刷业积极落实党中央、国务院及省委、省政府一系列决策部署，有序开展自身转型升级，加快推动"绿色化、数字化、智能化、融合化"步伐，续写山西印刷业高质量发展新篇章。

一、山西印刷业基本情况

截至2021年底，山西省共有各类印刷企业2089家，较2020年增加360家。其中，出版物印刷企业133家，包装装潢印刷企业338家，其他印刷品企业1387家，专项排版、制版、装订企业6家，专营数字印刷企业225家。

2021年，山西省印刷业资产总额为84.12亿元，从业人员数量2.48万人；销售收入64.61亿元，较上年增长17.7%；工业总产值60.89亿元，较上年增长16.3%；利润总额2.58亿元，较上年增长11.0%。

2021年，数字印刷方面持续增长，全省数字印刷企业（含专营和兼营）共324家，数字印刷机装机量402台（套），实现工业总产值约8.10亿元。其中专营数字印刷企业225家，较上年增长58家，实现工业总产值5.88亿元，增长的主要原因为长治市天脊兴华实业有限公司归属数字印刷企业，但其主营业务并非印刷，其工业总产值为2.72亿元。

2021年，山西省有12家出版物印刷企业通过绿色印刷认证，主要从事中小学教材教辅的印刷，全年总收入达7.63亿元，较上年减少3.9%。

从以上数据可以看出，2021年山西印刷业市场主体增加，产业规模实现较大增长，数字印刷方面持续增长，绿色印刷相对稳定，多项数据稳中有进，产业规模和数字印刷起到引领和带动作用。其中，销售收入和工业总产值增加的主要原因是吕梁、长治数据出现较大增长，吕梁的3个规模以上重点印刷企业工业总产值为2.88亿元，长治市天脊兴华实业有限公司产值为2.67亿元。

二、发展规划建议

近年来，山西省通过实施印刷设备技术改造项目，推广使用绿色低碳环保新技术、新工艺、新材料，对传统印刷进行数字化改造，并通过数字印刷技术应用、智能工厂建设、绿色印刷认证等方式，鼓励引导印刷企业走"绿色化、数字化、智能化、融合化"发展之路，当前已取得了一定成效。但在加快全省印刷业高质量融合发展，认清形势、看到成绩的同时，更应充分认清短板和不足。

总体来看，山西省印刷业在"专精特新"等方面的差距仍然十分明显。其中，集约化程度不高的现状尤为突出，全省规模以上重点印刷企业（年印刷产值5000万元以上）共有29家，较上年增加9家；实现工业总产值28.16亿元，在全行业的工业总产值占比约为46%，与全国规模以上重点印刷企业在全行业中的占比存在一定差距。

作为服务会员的太原市印刷协会，始终关注印刷行业和市场发展情况。特别是通过每年多次深入印刷企业调研，与会员企业进行广泛的交流，了解困扰行业和会员企业的诸多问题，形成了一定认识和看法。

（一）进一步强化政治引领

印刷业作为文化产业中不可或缺的环节，是意识形态工作的重要阵地之一，更是具有特殊文化属性的经济实体。山西印刷业始终坚持正确的政治导向，坚持贯彻党的领导思想，不折不扣落实《印刷品承印管理规定》，坚决防止出现重大违规违法印刷品。

（二）进一步强化人才培育培养

近年来，山西省印刷业年轻人才不足与行业发展需求矛盾日渐凸显，复合型人才出现短缺，强化培育年轻复合型印刷人才已迫在眉睫。印刷协会将充分发挥桥梁纽带作用，努力促进职业院校、印刷企业、科研机构深度合作，开展印刷各环节领军人才的选拔，利用"印刷+互联网+X"进行专业人才培养。推动优化印刷行业职业技能评价制度，推广印刷技师、印刷高级工的技能等级认定。此外，还将完善人才流动机制，推进印刷专业技术职称、职业资格等资质互认，形成有利于各类印刷专业人才发挥特长的体制环境。

（三）进一步强化协会在构建良好运营生态中的作为

太原市印刷协会是沟通与联系政府与行业、企业之间的桥梁与纽带，在整合行业力量，团结带领会员企业，推动地方印刷业高质量发展过程中发挥着积极作用。协会积极组织引导印企的信息化管理、技术管理、供应链管理、成本管理、质量管理和人力资源管理等方面，增加投入实现集约，提高自主创新和精品印制能力，实现提质增效，书写山西印刷业高质量发展篇章。

1.开展调研工作，指导企业健康发展。通过开展全国或者省内印刷业专题调研，结合本省印刷业的发展现状，协助相关部门制定和实施印刷业发展规划、产业政策、行政法规、行规行约和各类标准等，引导印刷技术和产业健康发展。协调印刷行业企业之间的经营行为。严格对行业产品和服务质量、竞争手段、经营作风进行监督，进一步发挥协会在维护行业信誉，鼓励公平竞争，打击违法、违规行为等方面的作用。

2.举办技能大赛，搭建高技能人才培养平台。认真落实《关于加强新时代高技能人才队伍建设的意见》，积极组织印刷行业职业技术大赛山西赛区比赛，同时，启动省内高级计算机程序设计员、高级电子商务师、中级网络信息与安全管理员以及四色平张印刷机、轮转胶印机、胶订联动机等竞赛，推动山西印刷业高级工以上的高技能人才队伍建设。

3.主动开展统计工作。完成年度全省印刷业基本情况统计、分析工作，为政府相关部门决策提供翔实资料。同时，也为省内印企发展做好参谋。

4.积极完成政府委托的政策培训、资格审查、举办展览等工作。

5.持续加大宣传力度，保护和挖掘传统印刷文化。加大与省内知名高校和研究机构的合作力度，持续深入推进山西传统印刷文化的发掘研究与宣传保护。支持山西新华印业有限公司等企业开展"继承红色基因，创新光辉篇章"活动。配合推动各类调研、宣传展示、学术研讨活动常态化开展。

6.拓展行业视野，提升企业"走出去"质量。

奋进新征程、建功新时代。未来，山西省印刷业将继续坚持认真落实国家法律法规，树立新发展理念，大力推动"印刷+互联网"等模式深度融合，通过观摩典型案例等多种形式交流、学习先进经验，更新经营观念，鼓励企业强化ERP、MES管理系统、WIFI工厂等生产经营融合升级工作，努力激发企业的创新创造活力。推进山西印刷业"绿色化、数字化、智能化、融合化"发展取得新进展，在实现全方位高质量发展中构建山西省印刷业新发展格局。

2021年陕西省印刷业发展概况

陕西省印刷技术协会

自"十三五"以来，陕西省印刷业始终坚持正确政治方向，服务大局，积极作为，行业发展整体推进，至今已取得良好成效，为全省经济社会发展做出了积极贡献。

一、基本情况

根据《陕西省新闻出版局关于2022年印刷企业年度报告工作的报告》显示，2021年陕西省印刷业基本概况如下：

（一）印刷企业和从业人员

陕西省共有1405家印刷企业通过"陕西省印刷业信息管理平台"完成年度报告审核，其中出版物印刷企业254家，数字印刷企业56家，包装装潢印刷企业362家，其他印刷品印刷企业727家，排制版企业6家。全省印刷企业从业人员3.15万人。

（二）印刷工业总产值

2021年，全省印刷企业实现营业收入151.70亿元，工业总产值147.03亿元（其中，出版物印刷24.70亿元，占比16.7%；包装装潢印刷101.60亿元，占比69.2%；其他印刷品印刷20.73亿元，占比14.1%），工业增加值42.10亿元，利润总额8.18亿元，外商投资总额5299万美元。

与2020年度相比，参加年度报告印刷企业数量增加242家，全省印刷工业生产总值增长9.5%（其中出版物印刷增长5.0%，包装装潢印刷增长27.9%，其他印刷品印刷下降5.9%）。

2021年全省印刷产值超过5000万元的印刷企业56家(其中包装装潢印刷45家，出版物印刷7家，其他印刷品印刷4家)，实现印刷工业生产总值94.20亿元（占全省印刷工业总产值64.0%）。

（三）上市印刷企业

现有深交所上市印刷企业2家，分别为陕西金叶科教集团股份有限公司，实现年产值2.01亿元；西安环球印务股份有限公司，实现年产值3.20亿元。

（四）国家印刷示范企业

现有国家印刷示范企业1家，为西安西正印制有限公司，实现年产值2.43亿元。

总体上，陕西省印刷行业发展稳中有进，产业韧性适中，产业规模与省内经济发展水平基本匹配。

二、陕西印刷业呈现持续稳定健康发展态势

2021年，陕西印刷业呈现持续稳定健康发展态势。从以下几方面可以体现：

一是产业规模不断壮大。2021年，全省印刷企业实现营业收入151.70亿元，工业总产值147.03亿元，工业增加值42.10亿元，利润总额8.18亿元，外商投资总额5299万美元。与上年度相比，全省印刷工业生产总值增长9.5%。

二是数字绿色印刷稳步推进。全省现有专营数字印刷企业56家（较上年增加18家），数字印刷机装机数量418台，实现年印刷产值1.65亿元；137家印刷企业通过绿色印刷认证（较上年增加65家），无溶剂复合机装机数量151台，实现印刷产值21.19亿元。陕西瑞升印务有限公司引进西北首台惠普Indigo12000发展数字印刷；陕西风华文化发展有限公司在艺术品复制领域表现突出。

三是企业自查自纠情况良好。全省参加2022年度报告的印刷企业均按要求开展自查自纠，未发现印制涉"非"涉"黄"印刷品和容易对消费者产生误导的产品标识等违法违规行为。

四是印刷产业布局基本合理。陕西省以关中地区为核心发展区，中闻印务、思维印务、陕西日报、瑞升印务等承担起新闻出版与商业印刷的重任，西安环球、陕西昱升、西安吉丰等主要承接医药包装印刷，陕西裕凤、西凤艾特等主攻酒业包装印刷。

在省内施行陕南和陕北联动发展，陕南地区汉中智达、安康天宝等承担本地区出版、商业印刷及农副产品包装加工，陕北地区延安日报、榆林日报等开辟了红色文创产品印制。

五是规模以上重点印刷企业引领行业发展。2021年陕西省印刷产值超过5000万元的印刷企业56家（其中包装装潢印刷45家，出版物印刷7家，其他印刷品印刷4家），实现印刷工业生产总值94.20亿元（占全省印刷工业总产值64.0%）。现有深交所上市印刷企业2家，分别为陕西金叶科教集团股份有限公司，实现年产值2.01亿元；西安环球印务股份有限公司，实现年产值3.2亿元。西安西正印制有限公司是省内唯一的国家印刷示范企业，实现年产值2.43亿元。

六是产业特色鲜明。陕西省拥有以陕西日报、西正印制等为代表的国有独资企业，以西安环球等为代表的国有控股企业，以思维印务、久盛印务等为代表的民营企业，以保利华英、陕西裕凤等为代表的"总部+陕西基地"企业。

印刷业门类齐全，拥有比较完善的出版物印刷、包装印刷、商业印刷产业体系。细分领域拥有一批特色鲜明的企业，煤航地图印制在地图、图集印制方面具有深厚的技术沉淀，瑞升印务在先进设备引进方面较为出色，五星印刷在精品图书印制方面保持有较大的影响力。

七是拥有印刷业人才培养基地。西安理工大学印刷包装与数字媒体学院、陕西科技大学轻工科学与工程学院及陕西省印刷技工学校，历史悠久，师资力量雄厚，持续为本省培养专业人才，有效助力陕西省印刷业持续发展。

三、陕西印刷业发展中存在的问题

（一）产业集中度低，龙头企业偏少

陕西省规模以上重点印刷企业56家，仅占全省印刷企业总数的4.0%，行业内有较强竞争力的龙头企业较少。当前尚未形成有效印刷产业集群，在原材料采购、产业协同方面难以形成合力，抗风险能力差。

（二）高端印刷能力不足

省内部分印刷企业设备比较陈旧、技术相对落后、企业智能化数字化程度低，转型升级缓慢。高端印刷能力不足，不能满足区域内对高端印刷包装产品的生产需求，导致省内高附加值产品向省外流出比较严重。省内数字印刷、绿色印刷虽然持续发展，但仍未形成数字印刷规模企业。

（三）从业人员人才结构失衡

企业员工年龄结构不合理，年龄普遍偏大，后备力量不足。一线员工学历偏低，人才引进困难，员工的培训欠缺，面临后继无人的窘境，导致企业无法进行技术改革和产品创新，制约公司发展后劲。没有充分利用省内人才培养优势，省内高校培养的人才不能较好地服务于本省企业，人才流失比较严重。

四、推动陕西印刷业高质量发展的对策建议

（一）绘制印刷产业图谱，建立分级保障措施

基于行业发展态势、细分市场规模、企业发展现状等研究分析，绘制陕西省出版物印刷、包装印刷、商业印刷等细分领域的产业图谱，明确"在哪里、有哪家、能干好什么"的细分产业分布。

对省内印刷业一体化发展的优势特色进行核对，根据党报党刊印制、政府文印、教材教辅、医药食品等细分领域内企业规模，按照区域内企业承担社会责任、企业规范经营情况评星定级，确定重点保障企业名录，划定优先保障等级，坚持精准施策、因业施策、因企施策、协同发展，制定相应的生产保障措施和管理办法。

（二）推动产业补链强链，打造特色产业集群

建立开放、多元、包容的印刷供应链、产业链和价值链体系，加快补齐产业链短板和薄弱环节，推动高端补链、终端延链、整体强链，加快向产业链中高端迈进，提升陕西省印刷业综合竞争力。

对标省内印刷业务需求的产能全覆盖，以西安国家中心城市为引领，关中、陕北、陕南协同联动，构建区域特色产业集群，建立印刷包装产业示范高地。协调发改、工信、财政、规划、环保等有关部门在产能调整、园区建设、资金申请、环保达标、土地使用等方面给予区域产业一体化建设升级工作专项支持。

（三）着力破瓶颈解矛盾，夯实持续发展基础

统筹考虑企业生产成本和发展需求，协调推动教材教辅、商业印刷的地区指导工价审定工作，助力实现社会效益与经济效益双丰收。打通产业链上下游，规范商业竞争，着力解决无序竞争，促进全产业链健康有序发展。

（四）加强部门沟通协调，纾解减碳环保难题

对标"双碳"战略，积极与有关部门联系协调，主动收集、及时反馈企业在整治过程中的具体问题和合理诉求，开展第三方治理评测和社会化监测，落实"一企一策、靶向施策"，破解生态环境保护与经济发展的阶段性矛盾。

加强对印刷企业减碳环保工作指导和技术服务，及时宣传贯彻政策法规，推介节能环保新工艺，指导制定治理方案，大力推进清洁生产，推动向绿色生产转型升级。

（五）扶持优势企业，培育细分领域冠军

开展印刷企业精准培育专项行动，大力实施品牌建设，充分发挥品牌效应，评优推先，树立典型，

扶持"小升规",鼓励"专精特新",对科技型中小企业、高新技术企业等实施梯次培育、动态管理。

建立创新攻关机制,培育一批"小巨人"企业和专注细分领域的"单项冠军"企业。通过诊断评估、规划实施模式,支持一批数字化车间、智能化工厂建设;以政策引导、项目扶持推进药品包装、精品包装、农产品包装、柔版印刷、防伪印制、艺术品复制、文化创意、智能装备等一批协同创新中心建设,培育壮大特色优势产业。

(六)发展数字印刷技术,搭建数字印刷服务平台

通过集中采购、集体议价模式,加速补齐企业数字化短板,支持传统印刷企业数字化改造和数字印刷新技术应用。支持互联网印刷服务平台发展,打造地级城市综合型数字印刷一站式服务平台,通过保证24小时服务能力,满足当地政务活动、城市生活等多品种、小批量印刷加工服务需求。

整合全省印刷产业链,构建以数字业务、创意设计、技术服务、资产管理、打样服务为主的印刷包装服务平台,建设印刷企业诊断评估与规划平台,解决产品设计水平落后、工艺技术人才缺乏、制造资源不均衡问题。

(七)线上线下同步发力,搭建行业对外学习交流平台

通过"请进来、走出去"的方式,依托陕西省印刷技术协会建立全员学习机制,以知识助力企业转型跨越式发展。邀请全国印刷包装行业优秀企业家传经送宝、链接资源、促进合作;组织"三秦印刷企业访学团",赴全国标杆企业学习交流,拓展视野、增长见识;定期举办"三秦印艺讲堂",组织器材供应商做新产品推介和新工艺培训,分享经验、交流技术;引入"享学云"印刷包装专业知识服务云平台,助力企业提升员工专业素质。

(八)发挥人才智力优势,创新驱动产业发展

挖掘本省印刷人才资源,发挥科技人才智力优势,着力推进陕西印刷业专家智库建设。通过一批技术、管理、营销专家为企业提供有偿智力服务,提高印刷企业的标准化技术水平、精细化管理水平,推动省内印刷企业创品牌、提品质。

支持一批印刷包装工程研究中心、重点实验室、企业技术中心,解决本省印刷业"卡脖子"技术瓶颈,形成一批可复制、可推广的科技成果和经验,孵化一批科技创新示范项目,为全国印刷业高质量发展提供"陕西方案"。

(九)推进产教加速融合,保障行业人才培养

推进产学研用协同、建立部校共建机制,深化产教融合、校企合作。支持西安理工大学成立"包装印刷产业联盟",陕西科技大学成立"印刷包装技术服务中心",引领行业的技术创新,强化技能型人才培养。

推动省内高等院校、科研机构、职业学校(含技工院校)和优势企业通过产学研合作、共建实习实训基地等方式,培育一批科技领军人才、青年科技人才和高水平创新团队,培养一批具有工匠精神的高素质技能人才,为印刷业高质量发展提供人才保障。

(十)加强对外合作,打造区域性行业主题活动

与中国印协、印工协、科印传媒开展合作,建立与西北五省印刷协会的沟通协作机制,积极申办中国印刷业创新大会,有序组织陕西印刷企业参与全国性印刷展览会、印刷经理人年会等行业活动。

2021年湖北省印刷业基本情况

湖北省印刷协会

2021年，疫情给湖北省带来的困难和挑战依然严峻。湖北省印刷业坚决贯彻落实党中央和省委决策部署，始终坚持"防疫情、稳生产、保安全"，彰显出印刷人的忠诚使命和责任担当，确保产业平稳健康运行发展。

一、全省印刷业基本情况

（一）企业数量和从业人员均有所增加

2021年，全省共有五类印刷企业（即出版物印刷企业，包装装潢印刷企业，其他印刷品印刷企业，专项排版、制版、装订企业和专营数字印刷企业）4055家。其中，出版物印刷企业324家，包装装潢印刷企业871家，其他印刷品印刷企业2809家，专项排版、制版、装订企业17家，专营数字印刷企业34家。

2021年，湖北省印刷企业数量比2020年增加了441家，以新增其他印刷品印刷企业为主。全行业从业人员9.23万人，同比增长8.65%。

（二）资产总额、工业总产值、利润总额、工业增加值均有所上涨

2021年，全省印刷企业资产总额达到546.89亿元，比2020年增加4.45亿元，增长0.82%；工业总产值498.91亿元，比2020年增加12.72亿元，增长2.62%；利润总额34.05亿元，比2020年增加0.41亿元，增长1.21%；工业增加值101.73亿元，比2020年增加5.23亿元，增长5.42%。

（三）全省12个市州的印刷工业总产值超过10亿元

2021年，全省有12个市州的印刷工业总产值超过10亿元，分别是：武汉、宜昌、孝感、咸宁、荆州、黄石、襄阳、黄冈、随州、荆门、仙桃以及鄂州，较上一年度新增黄冈和鄂州两个地区。

（四）规模以上重点印刷企业发展态势良好

2021年，全省规模以上重点印刷企业135家，比2020年增加了11家。其中，年印刷产值超亿元企业83家。按经营类别划分，包装装潢印刷企业99家，约占总数的73.33%；出版物印刷企业20家，约占总数的14.81%；其他印刷品印刷企业15家，约占总数的11.11%；排版、制版、装订专项企业1家，约占总数的0.75%。按企业类型划分，外商投资印刷企业10家，其中外商独资印刷企业5家，中外合资印刷企业5家，约占总数的7.40%；内资企业125家，约占总数的92.60%。从产品类型分析，包装装潢印刷产品占工业总产值的比重达82.34%。此外，135家规模以上重点印刷企业的工业总产值为

304.68亿元，比2020年增加25亿元，增长8.94%，占全省印刷工业总产值的61.07%，规模以上重点企业仍是全省印刷业的骨干力量。

2020年，湖北省有6家印刷企业入选全国百强印刷企业排行榜，这充分说明了全省印刷业发展正在逐步从高速发展向高质量发展阶段推进。

（五）绿色印刷实施和数字印刷推广覆盖面有所增长

截至2021年，全省获得绿色印刷认证企业数量达到42家，总营业收入为29.74亿元，比2020年增加811.01万元，增长0.27%，中小学教科书绿色印刷率为100%。湖北省有一定规模的数字印刷企业（含专营和兼营）达到116家，数字印刷总产值为12.19亿元，比2020年增加893.00万元，增长0.74%。据年检统计数据显示，52%以上的企业采用了绿色环保材料和节能技术，36%的企业有数字印刷设备，绿色印刷、数字印刷推广覆盖面都有所增长。

二、存在的主要问题

（一）新冠肺炎疫情对行业影响较大

受新冠肺炎疫情影响，上下游产业链成本持续上涨，特别是纸张、油墨等原辅材料价格的上涨，使得企业利润严重下降，导致大部分企业勉强维持经营。同时，"双减"政策的出台，对出版物印刷企业冲击较大，出版物印刷业务普遍下滑。

（二）市场竞争力整体还不够强

全省印刷企业共有4055家，规模以上重点印刷企业只有135家，占比较低，总体呈现规模不大，发展不平衡的特点，市场竞争力整体不够强。

（三）绿色创新发展动力相对不足

企业研发投入力度不够，除了少数几家大型印刷企业外，大部分企业自主创新能力不强，在绿色化、数字化、智能化和融合化方面发展不够，行业发展缺乏动能和活力。

（四）人才培养储备有待加强

目前，湖北省印刷从业人员中受过高等教育和具有中级以上职称的专业技术人员占比较低，高端技术人员缺乏，职业技能标准体系尚不健全，这些都在一定程度上制约了湖北省印刷业的高质量发展。

三、未来发展目标、发展重点及保障措施

（一）发展目标

构建生产能力与内需相匹配的科学发展体系，形成产业结构优化、区域布局协调、生产规模适度、服务高效和产品优质的发展新格局，向着成为创新型印刷强省的目标不懈努力。

强化创新引领，坚持"四化"发展。坚持创新发展理念，深入推动印刷业绿色化、数字化、智能化和融合化发展。加快探索先进制造技术与数字化、网络化、智能化、赋能技术融合发展路径，充分利用5G、大数据、工业互联网、区块链等新一代信息技术，推动印刷业转型升级。

（二）发展重点

1. 聚焦发展方向，把握发展大势

湖北省是印刷大省，应紧紧把握文化强国建设历史机遇，树立强烈的历史机遇意识和风险忧患意识，坚定保持战略定力、战略自信，推进印刷业跨越发展。

2. 梳理产业布局，统筹区域规划

梳理产业产能分布，合理规划区域发展定位。根据湖北省印刷业发展思路，结合湖北省"一芯两带三区"的产业布局，着力谋划"十四五"时期湖北省印刷业"产业地图"。

强化武汉市"主中心"地位，协同江汉平原孝感、荆州、天门、荆门、仙桃、潜江等地市，以出版物印刷和包装装潢印刷为主导业务，增强武汉的主中心城市辐射和带动能力，打造印刷业长江高质量发展经济带。打造以武汉为中心的湖北印刷展会品牌和辐射华中多省的印刷业交流中心。提升鄂西印刷业绿色化水平，将鄂东融合发展示范区打造成湖北印刷业融合发展试验区。

3. 优化资源配置，强化协同发展

树立协同发展意识，一是鼓励区域协调发展，优化配置政策资源；二是鼓励上下游协同合作，调动全产业链的市场要素有效流动；三是鼓励跨界融合创新，推动关键核心技术的重大突破。

构建协同治理机制，建设湖北省印刷业协同管理的统一平台，在行政审批、年度报告、事中事后监管等方面加快互联共享。同时要完善监督原则，建立湖北省市场监管协调机制，统一监管标准，推动执法协作及信息共享。

发挥市场配置作用，加强湖北省印刷业的资源配置合理性。通过促进资源要素跨区域有序流动，提升湖北省印刷业协同创新水平，强化核心竞争能力。

打造印刷产业集群，湖北省印刷业应该依托于供给侧结构性改革，不断加强包装印刷产业集群建设并着力打造新型数字印刷产业集群。通过推进产业集群发展来促进资源合理配置，达成产业发展和科技创新的新格局。

4. 提升"四化"水平，推进高质量发展

不断加强和完善印刷业绿色发展制度体系，以绿色化水平为重要标准，通过技术变革，持续推进湖北省印刷业绿色化进程。解决印刷业绿色化发展的瓶颈问题，组织全省开展印刷业绿色化协同发展活动，制定湖北省印刷业绿色标准，培育一批优秀的绿色发展典型企业。制定相关鼓励政策，引导更多畅销图书采用绿色印刷，同时加快推进报纸、食品药品包装和票据票证领域的绿色化进程。

提升数字化，打造新业态。大力推动构建全省区域内互联互通的数据集成与治理体系，通过打通生产、管理、供应链、客户服务等流程的数据通道，同时将生产制造能力与互联网、IT等技术能力集成、融合与创新，打造"互联网+"的产业新业态，向内或向外输出数字化能力，形成覆盖印刷全流程的数据体系和云服务平台。

提升智能化，建设印刷工业互联网。以《中国制造2025》战略为指导，促进新一代信息技术和先进制造业的深度融合，推动智能制造，促进产业转型升级。持续推进智能化应用，鼓励大型骨干企业、重点工业园区建立工业互联网平台，打造印刷业智能化示范企业集群，以点带面促进全省印刷业智能化发展迈入新阶段。

提升融合化，推动转型升级。大力支持印刷企业进行多方位融合，通过上下游融合、跨界融合、科技融合等多种形式，在不同产业之间相互渗透、相互包含。重点加深与信息技术、装备制造、新型材料等的融合，实现产品结构升级，从而形成融合发展的产业形态。

（三）保障措施

1. **强化政策支持，加快转型升级**。加大对印刷企业转型发展的支持力度，积极开展政策试点和推广工作，打造一批可复制可推广的转型升级示范企业，带动全省印刷企业转型升级步伐。

2. **加强示范引领，推动绿色发展**。充分发挥优秀绿色印刷企业示范引领作用，鼓励和引导企业积极践行环保理念，逐步提高印刷企业绿色印刷覆盖率，扩大绿色印刷企业数量占比。

3. **加大人才队伍的培养，推动技术创新升级**。逐步建立和完善职业技能标准体系，培养一批印刷工匠。创新人才培养机制，引导企业与省内外高校就人才培养和成果引进转化进行合作，促进印刷业高质量健康发展。

2021年湖南省印刷业基本情况

湖南省印刷协会

2021年，湖南省印刷业继续遭受疫情和经济下行双重冲击，但据年检结果表明，全省规模以上印刷企业发展依然保持稳中有升态势，部分规模较小企业发展受阻，举步维艰，形势不容乐观。

一、产业实力稳中有升

截至2022年4月底，湖南省共有印刷企业2631家（不含"三印"企业），其中出版物印刷企业408家，数字印刷企业70家，包装装潢印刷企业909家，其他印刷品印刷企业1229家，排制版装订专项企业15家。与2020年同期相比，全省企业总数增加254家，其中出版物印刷企业8家，包装装潢印刷企业123家，其他印刷品印刷企业100家，数字印刷企业31家，排版制版装订专项企业1家，注销印刷企业9家。2021年全省印刷工业总产值381.61亿元，比上年同期增长6.2%，印刷业总资产268.77亿元，比上年增长5.7%，产值5000万元以上的规模以上重点印刷企业99家，资产总额144.16亿元。

二、书刊印刷实力不断增强

2021年7月28日，由中宣部印刷发行局、湖南省委宣传部等单位指导，中国印刷技术协会、湖南省印刷协会、长沙市委宣传部联合主办的"百年红色印刷"主题展在湖南长沙隆重开幕。会上，中宣部印刷发行局局长刘晓凯将中国南方书刊印刷基地牌匾授给湖南，落地长沙。在省市党委政府部门的关心支持下，全省书刊印刷企业借助区域优势和物流便捷，不断拓展省外书刊市场，努力推进产业集群化发展，树立精品意识，提升服务能力，在疫情持续影响下，全省书刊印刷逆势上扬。湖南省书刊龙头企业湖南天闻新华创造了逆势奋进的又一个增长年，全年实现销售收入11亿元，比上年增长9.8%；实现利润8642万元，比上年增长18.1%。黄花工业园书刊印刷集聚效应已经形成，长沙鸿发印务实业有限公司全年销售收入1.6亿，利润1600万元。湖南华商文化商务有限公司全年销售收入3亿元，利润3000万元。湖南凌宇纸品有限公司全年销售收入2.89亿元，利润3294.7万元。此外，长沙鸣翔印务有限公司，湖南锦泰数字印刷有限公司，湖南雅嘉彩色印刷有限公司等企业，生产能力不断增强，年销售收入大幅上升。2021年黄花工业园各企业增加轮转机、平版机、胶订机共20多台，产能增强，周期缩短，质量提升，黄花工业园已成为引来金凤凰的参天梧桐。据统计，2021年全省出版物印刷工业总产值129.36亿元，占全省印刷工业总产值的33.9%，湖南书刊印刷业迎来前所未有的强劲发展态势。

三、包装印刷发展平稳

湖南省包装印刷与经济发达地区的包装印刷差距较大，过去是由烟包印刷和以槟榔为主的软包装印刷支撑。2021年受烟草价格调整的影响，金鹏印务和福瑞印务虽产量上升，但产值利润均下降。受政策影响，作为软包装大头的槟榔包装印刷下滑较快，软包印刷产值为53.21亿元。虽然疫情影响、经济下行，但全省纸箱包装和药品包装等均有不同程度上涨，产值过亿元企业数量上升。据统计，2021年包装印刷工业总产值213.47亿元，占全省印刷工业总产值的55.9%。

四、商务、其他印刷品印刷市场疲软

受疫情持续影响，国内外经济下行，给社会印刷造成较大影响，商务印刷业务锐减，湖南多家商务印刷规模企业均受到不同程度影响，设备闲置情况严重。各企业虽然采取多种方式转型、拓展业务，但销售收入和利润均有不同程度下降。部分规模较小企业举步维艰，不得不停产歇业。随着社会的数字化趋势加强，票据印刷日益萎缩。驰名中外、市场占有量较大的永吉红包生产厂家永吉纸品有限公司2021年工业总产值不到2亿元。2021年全省其他印刷品印刷工业总产值37.05亿元。

五、数字印刷活力显现

湖南省印刷协会数字印刷分会成立以来，积极促进规范全省数字印刷企业的发展，特别是促进新化文印提质升级，湖南省数字印刷发展活力显现。据统计，2021年全省拥有数字印刷企业70家，比上年增长55.7%。设备数量也在不断更新，截至2021年底，湖南省数字印刷机装机数量216台（套），其中多色高速平版数字印刷机，书刊彩色、黑白数字喷墨轮转印刷机就有几十台，产能极大扩展。疫情持续和国家教育部"双减"政策给数字印刷带来较大影响，但全省数字印刷在短版图书、个性化画册、文创产品上有所突破，全省数字印刷工业总产值有一定程度上升，其中新印科技股份有限公司2021年总收入1.5亿元，娄底博通数码彩印有限公司2021年总收入3280万，长沙帝达图文设计有限责任公司2021年总收入1200万元。整体而言，湖南数字印刷发展势头良好。

六、绿色转型成效显著

湖南加快实施绿色印刷，充分发挥政府主导作用和市场调节机制，积极扩大绿色印刷范围，切实促进印刷企业淘汰落后产能，逐步实现印刷业绿色转型。2021年全省通过绿色印刷认证的企业有41家，绿色印刷认证企业总营业收入80.04亿元。绿色印刷出版物1954种，数量11.27亿万册，实现中小学教材绿色印刷全覆盖。此外，CTP装机总量382台，比上年增长29.5%。

七、书刊"精品"意识不断增强

质量是企业的生命，提高产品印刷质量是企业生存和发展的必然要求，在激烈的市场竞争中，企业精品意识不断增强。在2021年度出版物印刷质量评定中，专家对2709个品种进行评定，评出优质品1237种，占46.7%；良品1275种，占47.1%；合格品197种，占7.3%。

《中医名言通解》荣获第五届中国出版政府奖印刷复制奖；湖南天闻新华印制的《求是》杂志荣获第二届湖南出版政府奖印刷复制奖；《世界画集—新西兰》《中国地理》分别荣获第八届中华印制大奖精

装书四色以上类别银奖和杂志类银奖。湖南天闻新华印制的教材在第四十一次全国人教版中小学教材印装质量检测评比中荣获第一，成功实现三连冠。

八、不断加大人才培养力度

湖南省印刷业现有人才不能满足市场发展需要，人才的匮缺是制约全省印刷业发展的重要因素，早年湖南省印刷协会承接湖南人力资源与社会保障厅、湖南省新闻出版局委托项目，做了大量印刷技工技师培训认证工作，为湖南省印刷业培养了一批技术人才，由于政策的原因此项工作已暂停。

为了加大人才培养力度，湖南省采取种种方式，利用国家级、省级职业技能竞赛、培训选拔印刷技术人才，省市各级印刷协会采取走出去学习发达地区先进经验，请专家讲座，办培训班等多种方式培养人才。此外，不少企业主动与院校合作定点培养专业人才，例如湖南天闻新华不断完善人才机制，制定《高技能人才管理办法》《专业技术职称和职业技能岗位聘任管理办法》，健全高技能人才培养评价使用和待遇相结合激励机制，打通技能人才晋升通道，组织覆盖面广，实效性强的技能培训与技能比武，全年共组织各类技能培训108场，参培员工近2000人次。

湖南天闻新华员工陈寄荣获第七届全国印刷行业职业技能大赛一等奖，获评"全国技术能手"称号、获长沙市百万现金奖励。陈高、吴泽荣获二等奖，获评"全国印刷行业技术能手"。胡逸民、邓珺荣获大赛三等奖，彭兴华荣获湖南省第四届出版新人奖，符志良获评科印传媒《印刷技术》杂志第一届十大印刷工匠。湖南天闻新华董事长徐向荣荣获第五届中国出版政府奖"优秀出版人物奖"，总经理李欣涛获评第三届湖南出版政府奖"优秀出版人物奖"。

2021年福建省印刷业发展概况

福建省印刷协会

一、行业概况

2021年，福建省印刷业努力克服疫情危机、市场萎缩和技术壁垒带来的种种不利影响，坚持把印刷技术升级创新和印刷企业转型升级作为重要的战略抓手，借助福建省东南沿海独特的区位优势，大力发展山海合作，大幅度增加技术研发投入在生产总值内的比重，努力推动全省印刷业积极开展"供给侧"结构性改革，向着"绿色化、数字化、智能化、融合化"方向不断发展，继续保持稳步增长的势头。

根据福建省有关行业主管部门已公布的统计数据，截至2022年6月，福建省共有各类印刷企业2958家，新成立印刷企业37家，数量较上年有小幅度增加。其中，新增出版物印刷企业1家，包装装潢印刷企业31家，其他印刷品印刷企业3家，数字印刷企业2家，包装装潢印刷企业仍然保持较快增长势头。

2021年，印刷工业总产值从2020年的675亿元增长到805亿元，实现营业收入787亿元，利润总额达到38亿元。规模以上重点印刷企业从上年的191家增加至213家，上市印刷企业新增4家。2022年，福建省有14家印刷企业入选全国印刷包装企业百强榜，入选企业数继续位居全国前列。其中，厦门合兴包装印刷股份有限公司已经连续多年位居百强榜榜首，厦门吉宏科技股份有限公司、厦门保沣实业有限公司也分别占据榜单第5、第6位。全国印刷包装企业百强榜福建印刷企业数量较2015年呈井喷式的增长，反映出福建省龙头印刷企业规模与实力在不断提升，市场竞争力在不断增强，百强榜单也基本反映出福建省印刷业仍然是以厦门为龙头，泉州为次中心，辐射福州、莆田、漳州等沿海地区的产业发展格局。

2021年，福建省绿色印刷与数字印刷企业增长迅猛，通过国家绿色印刷认证的企业数量增至45家，数量年增幅达16.5%；数字印刷企业增至65家，数量年增幅为44.2%。

福建省印刷业正由快速增长期逐渐转向深度调整期，产业发展外部环境不断得到优化，海峡西岸印刷产业区域集群初具规模。福建省印刷业综合实力迈上更高质量、更具效益、更可持续的发展新台阶，成为福建省经济总量实现大跨越的重要组成部分。

二、当前存在的主要问题

（一）区域发展仍然处于长期不平衡状态

全省九市印刷业地区发展水平严重不平衡，供需结构性矛盾仍然比较突出。绝大多数的印刷业产能集中在从厦、漳、泉，延伸至福州、莆田等地的沿海经济发达地区，广大闽中、闽西北山区，部分闽东地区依然存在印刷企业"少而弱"状况。

（二）供给侧结构性改革不够深入，企业成本居高不下，盈利能力较薄弱

虽然印刷工业总产值在逐年增加，但是盈利水平总体不高。原因主要是产品仍然以中低端传统印刷产品为主，质量要求低，行业价格竞争激烈，挖掘与开发高端产能和新兴需求的动能不足。部分企业不够重视供给侧结构性改革，管理观念滞后，控制成本意识不强，缺乏有效方法。

（三）智能化、融合化发展起步晚，发展水平低

企业普遍存在自主创新意识不强，转型升级缺少重大技术革新手段与资金，智能化、融合化发展还处于起步摸索阶段，尚未引起广大企业的普遍重视。

（四）就业结构性矛盾依然突出，就业难与招工难长期并存

技术工种人才短缺，尤其是高级工、技师、高级技师、中高级管理等方面人才严重短缺。同时各级行业职业技术培训院校数量少，专业设置针对性不强，"技工荒""挖机长"等现象履见不鲜，很难适应当前印刷业高质量发展的需求。

三、未来五年福建省印刷业发展总体思路

根据福建省相关部门资料，在"十四五"期间，福建印刷业主要发展目标仍然是全面贯彻"创新、协调、绿色、开放、共享"的新发展理念，在巩固现有"绿色化、数字化、智能化、融合化"发展成果的基础上，以实现高质量发展为核心目标，以补短板、强弱项为主要任务，推动全行业转型升级向纵深推进，重点聚焦以下几个方面：

（一）聚焦智能化、融合化发展缓慢现状，主抓"关键少数"，实现重点突破，带动全产业链协调同步转型升级。

（二）继续深入研究打破绿色发展桎梏，推动全产业链向着绿色化目标迈进。

（三）进一步提升增强数字印刷竞争力，继续深入研究以按需印刷为主要抓手和突破口，推动福建数字印刷做大做强。

（四）引导与鼓励中小印刷企业走专业性强、特色鲜明、质量优良的内涵式发展道路，努力营造良性竞争机制，改善内外部营商环境，坚持以沿海龙头企业为引领，形成一定的山海协作联盟，改变区域性发展不平衡的现状，努力构筑集约化、专业化、创新型的产业格局。

（五）培育职业技术人才引进与培养机制，建设一流人才培养、培训专门院校，打造优秀的职业技能竞赛平台，营造质量至上的良好行业竞争氛围，为福建印刷业实现高质量发展打下坚实基础。

2021年贵州省印刷业发展情况

兰 燕

2021年，全省共有印刷企业713家，比上年增加了74家。其中，包装装潢印刷企业225家，比2020年增加了54家；数字印刷企业194家，比2020年增加了32家；印刷产值超过5000万元的印刷企业共有42家，比2020年增加了17家。据年度报告采集数据显示，2021年全省印刷企业共完成工业总产值87.94亿元，比上年增加了61.03%；工业增加值21.09亿元，比上年增加了40.41%；实现销售收入87.99亿元，比上年增加了65.74%；年末拥有资产总额102.17亿元，比上年增加了6.11%；实现利润总额4.75亿元，比上年增加了1.28%；全行业从业人员23856人，比上年增加了7083人。无论企业数量还是主要数据指标，均较上一年度有大幅增加。

一、数据变化的多角度分析

1. 从管理类别来比较。2021年，全省95家出版物印刷企业全年共完成工业总产值9.73亿元，比上年增加了18.23%；完成工业总产出10.31亿元，比上年增加了21.58%。225家包装装潢印刷品印刷企业共完成工业总产值73.45亿元，比上年增加了74.34%；完成工业总产出75.45亿元，比上年增加了68.68%。283家其他印刷品印刷企业共完成工业总产值2.86亿元，比上年增加了6.32%；完成工业总产出2.96亿元，比上年增加4.96%。

2. 从主营业务来比较。2021年，以书刊印刷为主营业务的企业共完成工业总产值5.43亿元，比上年增加了16.03%；以报纸印刷为主营业务的企业共完成工业总产值1.38亿元，比上年增加了2.99%；以纸包装印刷为主营业务的企业共完成工业总产值40.00亿元，比上年增加了96.66%；以塑料软包装印刷为主营业务的企业共完成工业总产值3.16亿元，比上年增加了1.61%；以普通票据印刷为主营业务的企业共完成工业总产值0.21亿元，比上年减少了95.14%。

从统计数据看，2021年全省印刷企业较2020年总体上有较大幅度增长，工业总产值、工业增加值、销售收入、年末拥有资产总额、利润总额、全行业从业人员总数等关键性指标增长明显，特别是以纸包装印刷为主营业务的企业共完成工业总产值40.00亿元，比上年增加了96.66%，是所有项目中增长最多的。但有一些指标回落较大，例如，以普通票据印刷为主营业务的印刷企业工业总产值较2020年有大幅度下滑。

二、从数据看影响全省印刷业可持续发展的原因

据初步分析，主要是以下几个方面。

1.供求关系失衡，印刷业低价竞争。这几年印刷业高速发展特别是包装印刷企业的急剧膨胀，生产能力的增长远大于市场需求的增长，造成供求失衡，设备开工率下降。为保证企业生存，除印教材教辅、酒包、烟包等相对垄断的印刷企业外，很多小型企业开始以低工价参与市场竞争，导致印刷工价下滑，印刷工人的整体收入水平也不高。

2.市场化和社会发展导致自然淘汰。一是市场自由选择。部分产能低下的印刷企业在激烈的市场竞争中，被淘汰出局；二是部分印刷企业发展方向的转变。企业出于盈利目的，主动调整发展方向，聚焦利润空间较大的业务，减少了主营业务的资金和技术投入；三是多媒体发展和数字印刷的崛起，导致部分产品需求减少。部分传统印刷业务出现萎缩，还有信息技术的发展，网络传媒对传统纸媒的影响，电子发票对票据印刷的影响等。总体来说，系统采集数据基本上能够客观反映我省印刷业发展的态势。

3.工人的流失比重逐渐增大。经济发展愈来愈快、市场竞争愈发激烈、企业对人才的需求也愈发迫切，而员工数量却不增反减。企业员工流动性大，是因为企业应对不均衡生产的需要，也是为了降低劳动力成本的需要。工资低、上下班的时间不规则、过多的加班、没有归属感等等原因，只有企业发展了，员工才会有发展，企业前景暗淡，员工看不到前进的方向，就会对企业失去信心，而对企业没有信心的员工，选择离职当是迟早的事了。因此企业对这些流动性大的工人用人的态度下降，培训热情不高，员工队伍的整体素质也有所下降。恶性循环最终导致整个企业发展困难。

三、从数据看全省印刷业发展新特点

1.投资金额不断增大，精品意识更强。有实力的企业和一些民营企业组合联营购买价格昂贵的高速、高质印刷机，提高产能，提升印装质量，降低企业间承揽印刷业务的竞争，让有实力的印刷企业更加强大。2021年全省印刷业精品意识也在不断提升，在重要印刷品方面管理更规范，质量要求更高，全年共印刷党和国家重要文件文献32种计29.24万册，用纸242.24万令；印刷重大主题出版物36种计262.86万册，用纸22.73万令；重要报纸期刊34种计2970.59万册，用纸59.87万令。总体来看，在数量上基本与2020年持平。教材教辅获得优质品，优良品几十余种，全国印装质量排名上升到第10名。

2.忙闲不匀导致闲置能力增大，企业研发投入增加。生产不均衡性是加工服务业的特征，但客户对生产周期的不断压缩迫使印刷企业要增加设备的突击性产能，与此相匹配，产能放空的时间同步增加，设备利用率不足，这一状况增加了企业的折旧成本，无形地增加了人工成本。因此企业转型发展意愿更强烈。2021年我省研发投入17173.17万元，占全行业利润总额的36.19%，较2020年增加了81.75个百分点。42家印刷产值超过5000万元的印刷企业，在2021年有25家企业新增了研发资金，金额从5万元到1977万元不等，这些企业瞄准绿色印刷和智能印刷等先进生产力发展方向，不断谋求企业自身的转型升级。除了几家比较大型的包装企业外，部分中小企业在研发方面也展现了较强的投入意愿。

3.产品工艺的创新要求不断增大。求新、求变是市场的要求，出版商、广告商不断地从国外产品中得到启发，要求仿制，这也逼着印刷企业加大技术开发的力度。这几年，不少特殊工艺和个性化印刷

技术被广泛应用：如增效特效、局部UV、局部磨砂、局部透视模切、封面拉页、软面精装、图书塑封、防伪印刷、个性化包装等等，都鞭策着企业通过加大对技术开发的投入和创新的力度来吸引客户，满足客户需要。2021年，在工艺创新技术创新方面，全省有2家印刷企业获得国际印刷奖项10个，取得了不错的成绩。

这三个新特点告诉我们，开办印刷企业不可能搞短期行为，而必须坚持可持续发展。因为投资巨大，所以回收周期相对较长；因为是服务型企业，供求关系严重不均，印刷企业需要有创新理念和可持续发展的准备；因为培训与工艺创新需要前期投入，所以企业要有长期作战的思想准备，舍得投入，在投入中获得回报。

四、存在的问题和下一步工作计划

从目前情况来看，当前贵州省印刷业也存在不少问题。

一是缺乏相应的项目资金扶持。当前，我省印刷企业的发展主要还是依靠自身的内生动力，在国家和省级层面的项目支持资金较少；二是缺乏人才。在传统印刷业向"互联网＋印刷"的转型升级中，尤其缺乏大数据技术人才；三是缺乏龙头示范性企业。全省的国家印刷复制示范企业仍为空白。

下步工作中，我们将从省级层面加大政策指导力度，继续创造良好的生态环境，引导企业加快动能转换，促进全省印刷业的健康发展，完善重点出版物、重要印刷品保障体系。一是做优做强传统印刷业。加强对以贵州新华印刷厂为代表的传统印刷企业的指导力度，引导其转变发展理念，充分发挥其在行业内积累的管理和技术优势，鼓励和支持其与现代化新型印刷企业的融合发展；二是加快推动印刷企业的转型升级。推动数字印刷技术在按需出版、按需印刷等领域的创新、应用与普及。推动印刷与出版等产业链上下游环节对接，扩大绿色印刷产品范围和市场，形成市场倒逼机制，提高企业的积极性和主动性。推动出版物印刷向按需印刷、个性化印刷、多媒体融合转型，推动包装印刷向创意设计、个性定制、环保应用转型，支持胶印、网印、柔印等印刷方式与数字技术融合发展；三是加大业务统筹力度。加强与互联网、云计算、大数据的融合，扶持培育3~5家具有影响力的互联网印刷平台。多渠道、多方式地提高全省印刷企业职工的技术水平和管理能力，营造尊重人才、重用人才的环境和平台，为企业培养人才创造条件。组织绿色印刷宣传，组织印刷产业发展论坛，举办印刷企业技能大赛，广泛宣传绿色理念，支持绿色印刷对接交流活动。

2021年四川省印刷业发展概况

四川省印刷协会

2021年，四川省贯彻新发展理念，抓住新时代西部大开发、成渝地区双城经济圈建设等重要机遇，以"一干多支"发展战略为支撑，以推动印刷业高质量发展为主题，以绿色化发展为引领，实施重大项目、培育优质品牌、打造产业集群、完善发展机制等，推动各项举措落地落实，行稳致远，笃定前行，踔厉奋发，为四川印刷业构建起了新的发展格局。

一、2021年四川省印刷企业发展概况

2020年11月，由中共四川省委宣传部牵头，联合四川省新闻出版局、四川省发展和改革委员会、四川省经济和信息化厅、四川省生态环境厅、四川省市场监督管理局印发了《关于推进印刷业绿色化发展的实施意见》。

《实施意见》实施一年以来，对四川省印刷业发展产生了新的变化。据《四川省新闻出版局关于报送2021年印刷企业年度报告、复制单位年度核验和国家印刷示范企业年度考核工作情况的报告》显示，2021年，完成年度报告的印刷企业为3194家。其中，出版物印刷企业308家，同比增长3.7%；排版、制版、装订专项企业19家，同比下降17.39%；包装装潢印刷企业1284家，同比增长1.58%；其他印刷品印刷企业1554家，同比增长9.90%；专营数字印刷企业29家，同比增长26.09%。

2021年，全省印刷企业共有从业人员8.35万人，同比下降0.36%；资产总额455.99亿元，同比增长1.30%；全年印刷工业总产值456.85亿元，同比下降3.69%；实现利润总额24.90亿元，同比增长0.8%；销售收入484.70亿元，同比增长4.40%；印刷工业总产出579.04亿元，同比下降1.80%；工业增加值91.14亿元，同比下降1.60%。

2021年中国印刷包装企业100强榜单显示，四川上榜的百强企业5家，同比减少1家。从地区分布来看，2021印刷百强企业主要分布在长三角、珠三角和京津冀地区，分别有31家、15家和9家企业上榜，三大印刷产业带共计有55家企业上榜。四川虽与三大印刷产业带有着一定差距，但上榜百强企业仍居西部之首，展现出较强的发展活力。

二、四川印刷业发展的新特点

一是包装装潢印刷企业支撑着产业的主体架构。四川以产酒量大和知名品牌众多而闻名国内外，四川是全国白酒销售收入、利润和出口量最大的省份。绵竹、宜宾、泸州、遂宁是川酒的主要产地，基于

印刷业紧密服务于当地经济社会发展的特点，酒包装印刷企业在整个印刷业产值份额中占90%左右，年印刷工业总产值超过5000万元的规模以上重点企业和印刷百强企业榜单的席位均被包装装潢印刷企业占有。

二是产业集聚效应明显。 地域经济发展带地域印刷产业发展，四川印刷业形成了以成都为中心向周边延伸的区域格局。除省会成都以外，在全省各地如绵阳、宜宾、德阳、泸州、遂宁、蒲江等地都建有印刷工业园区或集中发展区，覆盖了除三州以外的大部分地区。

三是印刷业的智能化程度不断增强。 在人力成本急剧上升产品周期大幅缩短的态势下，大部分印刷企业都在向自动化和智能化方向发展，印前CTP装机量大增，印刷机械多色高速产出量大，印后联动线自动打包等投入激增，劳动力密集程度逐步降低，印刷企业的智能化程度在逐步增强。传统印刷加快转型升级，新产品、新业态和新模式不断涌现，印刷与文化、服务等领域加快融合发展。

四是绿色印刷成效显著。 一些企业通过采用集中供气、集中供水和集中供墨系统减少固废产生；部分企业通过使用润版液过滤循环系统，减少了90%的新鲜水用量。在末端治理环节，还开展了废气、废水和危废三方面治理。除了源头削减、过程控制、末端治理全过程防治，四川印刷业在节能降耗、减少排放、认证审核等方面也付出了很多努力。印刷业危废主要来自于印前废水和印刷废水治理后的液体，以及油墨桶使用后的塑料内胆、吸附饱和后的活性炭、擦机布。目前，很多企业对危废的处置和运输都选择了有资质的第三方供应商，取得了不错的社会效益。

五是发展机制不断完善。 各级党委宣传部门、出版管理部门顺应经济发展趋势承担起了推动印刷业发展的主体责任。各级发改、经信、生态环境和市场监管部门围绕推进印刷业发展统筹部署，职责分工明确，配合密切，建立起了综合协调、相互合作的工作机制，形成了齐力推进印刷业发展的良好工作格局。行业主管部门深化"放管服"改革，简化审批程序，优化办理流程，缩短办理时限。对印刷业发展重大项目环评审批提前介入，加强调度、全程跟进，专人专班做好联络服务，按照规定对符合条件的项目，鼓励采用告知承诺审批其环评文件，进一步提高了审批效率。加强事中、事后监管，营造起了公平的市场环境。

三、四川印刷业发展中存在的问题

一是产业结构不合理。 虽然印刷工业总产值在"十三五"末有了大幅增加，但是盈利水平总体不高。产品主要以中低端传统印刷产品为主，附加值低，同质化严重，价格竞争激烈，高端产能和新兴产能需求不足，仍然存在结构性矛盾。全省印刷企业特别是出版物印刷企业以中小规模和传统型为主，企业管理理念较滞后，总体产品质量不高，缺乏一批具备较强国际竞争力的标杆性骨干企业。

二是区域发展不平衡。 受经济发展水平影响主要表现在地区发展严重不平衡，印刷业供需结构性矛盾仍然比较突出。印刷产能绝大多数集中在成都地区，并涵盖到绵阳、宜宾、泸州、遂宁等白酒产业发达的地区，其他地区发展滞后，三州地区发展严重不足。

三是企业创新能力不足，创新的动力机制有待完善。 印刷业长期以来被视为劳动密集型行业，缺乏技术含量，印刷企业在面对新技术的挑战时始终处于被动应对局面，采用"临时抱佛脚"的方式，未能真正意识到技术水平是增强企业竞争力的有效手段。

四是管理水平粗放与高质量发展要求不匹配。大部分企业管理手段仍是传统粗放管理方式，传统粗放式发展致使企业运营管理目标定位不清、层级模糊，导致资源投入与目标定位发生错位，影响投入产出效率。此外，还缺乏精益生产，技术管理、供应链管理、成本管理、质量管理和人员管理等现代企业管理模式和信息化管理手段。

五是人才素质亟待提高。四川省印刷从业人员的现状可以总结为，受过高等教育与具有中级以上技术职称的比例偏低，同时高校毕业生不愿到印刷企业就业，企业人才血液得不到更新，造血功能不足；高端技术工人、营销人才和管理人才普遍缺乏，技术革新和创新能力不足；行业职业资质认证体系不健全，职业技能鉴定工作缺失，职称和技能等级晋升通道不畅；人才流失、招工难等问题比较普遍。人才素质低一定程度上制约了本省印刷业绿色化、数字化、智能化、融合化发展进程。

四、围绕中心、服务大局，推动印刷业高质量发展

2022年，四川省印刷业将深入贯彻新发展理念，抢抓新时代西部大开发、成渝地区双城经济圈建设等重要机遇，紧紧围绕"一干多支、五区协同"区域发展新格局战略部署，坚决服务于四川省经济社会发展大局，以绿色化发展为引领，推动全省印刷业绿色化、数字化、智能化、融合化高质量发展，推进品牌建设，实施重大项目，发展产业集群，规范市场秩序，加快推进印刷强省建设，为党和国家重要出版物出版、文化强省建设与经济社会发展提供有力支撑，为人民群众提供更多优质生态印刷产品和服务。

一是推进品牌建设。发挥好国家和省级印刷示范企业的引领作用，实施国家和省级印刷示范企业提升计划。发挥好百强企业的带动作用，开展协同创新。进一步支持中小微印刷企业特色发展，着力打造培育一批具有地方特色和区域影响力的知名产品品牌和企业品牌。

二是实施重大项目。引导和鼓励企业加大资金投入，以绿色化发展为引领，聚焦智能化、数字化、融合化建设，打造覆盖广泛、技术先进、集约高效的印刷业产业链、供应链。鼓励高端印务发展，培育现代化印刷企业集团。遴选并培养一批印刷业绿色化发展重大项目，加大支持力度。

三是发展产业集群。积极引导印刷企业合理布局并向园区化发展，重点推进成都建设出版物印制服务保障中心，推进宜宾、泸州建设包装装潢产业发展示范聚集园区，将川南建设成为国内领先的包装装潢产业基地。支持绵阳建设现代印刷科技创新示范区，支持射洪建设印刷装备制造和设备技术创新产业基地。

四是规范市场秩序。继续全面推行"双随机、一公开"检查，深入推进"放管服"改革。协调指导文化综合执法机构建立健全随机抽查、依法处罚、情况通报、落实整改的监管机制。完善内部资料性出版物管理风险防控体系，并持续做好"3·15"质检工作。坚持日常监管和专项集中监管相结合，确保印刷领域安全无事故，市场秩序平稳有序。

2021年云南省印刷业发展概况

云南省委宣传部印刷发行处

2021年,云南省印刷工作以习近平新时代中国特色社会主义思想为指导,统筹推进疫情防控和行业发展,坚持守正创新、加强阵地建设,坚持依法行政、加强行业治理,推动全省印刷业平稳健康发展。

一、发展现状

服务大局,落实重大工作任务。全力保障党的创新理论著作、党和国家重要文件文献、庆祝中国共产党成立100周年和党史学习教育等重大主题出版物印制工作。完成《中国共产党简史》《习近平新时代中国特色社会主义思想学习问答》印制任务,分别印制260万册、120万册。

着眼未来,推动高质量发展。致力印刷业绿色化、数字化、智能化、融合化发展方向。获得绿色印刷认证企业17家;"卓印新型胶印水路系统"创新技术应用企业增至9家,同比增加6家;全省规模以上企业均有数控印刷机组,部分企业开展网络化、智能化、精细化印刷。

奋勇争先,各项工作亮点频现。2021年,云南省组织参加全国印刷领域竞赛、评选活动取得突破性成绩。所选送的由云南科技出版社出版、昆明美林彩印包装有限公司印制的《亚洲象行为学研究》一书,获第五届中国出版政府奖印刷复制奖提名奖,这是云南省第二次荣获该奖并与历史最好水平持平;省人大机关印务中心主任马行宇荣获第十六届毕昇印刷技术奖之"毕昇印刷优秀新人奖",这是云南印刷人首次荣获该奖项,实现了零的突破;组织参加第七届全国印刷行业职业技能大赛并荣获多个奖项,其中云南省新闻出版局获"优秀组织单位"荣誉,云南新华印刷实业总公司新华印刷一厂林军获"职工组装订工"三等奖,云南国防工业职业技术学院张沙沙获"学生组平版制版员"优秀奖。

依法行政,改善营商环境。面对疫情条件下监管难度加大等实际问题,一方面坚持依法行政、规范管理,另一方面切实落实"六保""六稳"任务,深入企业调研,及时排忧解难。组织开展"双随机、一公开"抽检工作,抽查印刷企业201家;配合中宣部质检中心开展云南省出版物印制及环保质量抽查检查工作,检测结果全部合格;开展年度"3·15"印刷质检活动、中小学重点教材印制质量检查,抽检120种、1186册。深化"放管服"改革,全面高效完成云南省政府"一网通办"工作任务,办理事项100%实现让群众"最多跑一次",及时在网上公示行政许可结果,省内图书、期刊印刷委托书备案实现全程网办。

2021年,全省共有印刷企业1005家,从业人员2.76万人。其中,出版物印刷企业219家,包装装潢印刷品印刷企业401家，其他印刷品印刷企业368家，排版、制版、装订专项企业11家，专营数字印刷企业6家。与2020年相比，印刷企业减少26家，降幅2.5%，较上年26.0%的降幅，表现出企稳止跌的趋势；从业人员减少0.06万人，基本保持平稳。

2021年，全省印刷业资产总额、工业总产值、利润总额三项指标分别为346.76亿元、126.50亿元、7.80亿元。与2020年相比，分别增长23.60%、0.43%、59.18%。资产总额增长较大的主因是，上市企业云南恩捷新材料股份有限公司所属云南德新纸业有限公司在年内申领了印刷经营许可证，加之云南出版印刷集团有限责任公司、云南朗明印务有限公司等国有和民营企业购进大型印刷设备致全省印刷业资产总额明显增长。利润总额大幅增长的原因主要是，印刷业与省域产业结构调整关联度加大，从而推高利润所致，除传统的烟标印刷外，更多体现在高原特色农产品、药品和物流包装印刷上。行业分类情况是：出版物印刷产值31.25亿元，占总产值的24.70%，较上年减少1.07亿元；包装装潢印刷品印刷产值89.85亿元，占总产值的71.03%，较上年增长1.31亿元；其他印刷品印刷产值4.10亿元，占总产值的3.20%，较上年增长0.21亿元；排版、制版、装订专项产值0.23亿元，占总产值的0.18%；专营数字印刷企业6家，产值1.14亿元，占总产值的0.90%。

2021年，全省规模以上重点印刷企业（年印刷产值5000万元以上）有59家，工业总产值为88.81亿元，占全省印刷工业总产值的70.21%；46家包装装潢印刷品印刷企业，占规模以上重点企业总数的77.97%；9家外商投资印刷企业，占规模以上重点企业总数的15.25%；年工业总产值超亿元企业30家，占规模以上重点企业总数的50.85%；11家出版物印刷企业，占规模以上重点企业总数的18.64%。

二、主要特点

2021年，云南印刷业总体特征是克服新冠疫情因素影响、加快恢复生产经营、行业发展稳中有进。

市场总体企稳向好。尽管受新冠肺炎疫情持续影响，但全年未出现停工停产现象，参加年度报告的企业数量较上年度有小幅减少，但工业总产值、利润总额等均有所上升，且新申办了17家印刷企业，全省印刷业市场总体稳定，行业发展整体呈现稳中求进趋势。

大厂保增长小厂求生存的状况持续存在。全省规模以上重点印刷企业和包装装潢印刷品印刷企业发展平稳，出版物印刷企业和其他印刷品印刷企业发展面临较大挑战；设备先进、质量可靠、管理规范、信誉较好的企业发展较好，设备落后、管理不规范、产品质量不稳定的企业处境困难，普遍处于求生存求维持状态。

高原农特产品包装印刷市场增强。全省包装装潢印刷品印刷领域保持较好发展势头，除传统强项烟草包装印刷以外，普洱茶、水果等高原农特产品和物流包装印刷业务不断增加。如生产包装胶带纸的云南友日久包装实业有限公司销售收入超2.7亿元，做褚橙包装印刷的易门顺心纸业有限公司、做普洱茶包装的大姚县彩印有限责任公司营收均超1亿元，工业总产值则分别为8300万元、1.1亿元，利润分别为580万元、510万元。

国家"双减"政策影响显现。该政策实施后，教辅市场萎缩较大，往年出版物印刷中占大头的教辅出现明显下降趋势，关联印刷企业数量随之减少10家，产值较2020年下降1.07亿元，可预见的因素将持续影响出版物印刷市场走势。

企业经营成本逐年增加。原材料、劳动力成本不断增加，加之环保要求提高、城镇拆迁改造等因素，不少企业厂房使用等成本支出增加，部分企业生存困难，处于半歇业状态。

三、未来目标

以习近平总书记考察云南重要讲话精神为引领，解放思想，开拓创新，因势利导，大胆地闯和试。聚焦高质量发展，有序实施全省印刷业"十四五"发展规划。坚持稳字当头，争取稳中求进；坚持问题导向、目标导向，致力改革创新；加强顶层设计，实施政策引领。积极整合全省印刷业有效资源，形成新的印刷业发展头部企业群。利用资源禀赋、发挥比较优势，谋划实施云南省印刷业走出去"南向计划"，面向南亚东南亚转移过剩产能，推动印刷业"走出去"。开展国际人才交流合作，推进边境国际印刷劳务合作与印刷职业技术培训。通过改革发展，有效解决云南印刷业存在的问题和困难。

青海省印刷业稳步发展
——2021年青海省印刷业发展概况

青海省印刷协会

2021年，青海省印刷业将学习贯彻十九届六中全会精神转化为搞好工作的强大动力，统筹抓好疫情防控和企业复工复产工作，努力发展生产，推动技术进步，提高印刷质量，顺利完成目标任务。

一、印刷业基本情况

（一）印刷企业情况

2021年全省共有各类印刷企业226家，比2020年增加了7家。其中，出版物印刷企业38家（较上年减少5家）；专项排版制版企业8家（较上年减少2家）、包装装潢印刷企业19家（较上年增加1家），其他印刷品印刷企业147家（较上年增加10家）、专营数字印刷企业14家（较上年增加3家）。全省印刷企业资产总额为8.4亿元（较上年增加2203.09万元），销售收入达5.6亿元（增加3042.79万元），工业总产值5.7亿元（增加3247.18万元），利润总额达354.17万元（减少383.24万元），从业人员3441人（增加9人）。截至目前，青海省尚未有上市印刷企业、国家印刷示范企业和印刷商务网络平台。

（二）数据比对分析

从年度报告数据来看，呈现以下几个特点：一是出版物和包装装潢是印刷业主力军。全省38家出版物印刷企业资产总额为4.8亿元、印刷产值为2.6亿元，分别占全省印刷企业的58%和48%。19家包装装潢印刷企业资产总额为1.7亿元、印刷产值为1.6亿元，分别占全省印刷企业的20%和28%。二是企业利润明显下降。全省印刷企业虽然在资产总额、销售收入、工业总产值等方面有小幅增长，大部分印刷企业利润明显下降。三是印刷设备更新升级投入较少。大部分企业在技术改造和设备更新方面投入较少，对传统大中型胶印设备的更新投入少，有7家印刷企业投入1000多万元购置了13台数字印刷设备。四是印刷业务量减少。大部分印刷企业的业务量少于往年，部分企业停工停产达半年之久，经营困难，共有4家企业主动关门停业或转行。

二、工作开展情况

（一）圆满完成中小学教科书印制发行工作。坚持把中小学教科书的印制发行工作作为一项政治任务来抓，督促相关企业严格落实主体责任，在落实疫情防控要求的基础上，制定工作方案和应急预案，切实做好设备维护、纸张采购等备产备货工作，明确任务、倒排工期、科学调度，圆满完成了2021年春、秋两季2023万册中小学教科书的印制任务。

（二）认真开展出版物市场检查工作。一是组织全省开展"双随机、一公开"抽查活动，出动执法人员240余人（次），检查印刷企业和出版物经营门店856家（次），责令整改32家，给予警告1家，查缴非法印刷品1720册。二是按照省委省政府的总体部署，不断简化行政审批程序，降低准入门槛，批准设立2家出版物批发企业和5家数字印刷企业。

（三）努力提升企业产品质量水平。一是认真开展"3·15"质检和春秋两季教科书质量抽检工作，6家印刷企业和省新华发行（集团）有限公司储运中心的中小学教材绿色印刷质量全部合格。二是开展出版物印刷质量检测评定工作，在120种出版物中，评选出6种优质品、12种良好品，质量水平好于往年。

（四）帮助企业健康有序发展。一是为企业纾困解难，落实少数民族地区和边疆地区文化安全专项资金708.3万元，申请解决民文教材出版印刷发行单位亏损补贴资金457万元。二是开展全省印刷法律法规和业务培训2次，进一步提升企业经营人员的业务水平。三是组织企业参观学习4次，总结好的经验和做法，加强行业合作与交流，提升企业认知和见识，梳理发展思路，帮助企业健康有序发展。

三、存在的问题

（一）印刷企业规模小发展慢。青海省印刷市场体量小，大部分印刷企业规模小、基础差、设备陈旧、缺乏资金，自身发展能力较弱，发展较慢。其中，5000万元产值以上企业2家，绿色印刷企业6家。近年来，由于纸张、油墨等印刷原辅材料价格大幅上涨，加之青海省印刷材料全部依赖外省供应，因此，生产材料和运输成本都高于其他地区，利润空间小，企业经营困难重重。

（二）印刷质量还需提高。青海省整体印刷技术和质量水平不高，2021年筛选推荐出了1种图书，参加中国出版政府奖印刷复制奖项的评选，最终未能入选。个别企业抓质量促发展优服务的意识不强，在全省出版物印刷质量检测评定中出现了1种不合格品。为此，需要加大企业技术改造和设备更新力度，加强印刷质量监督检查工作，进一步提升青海省印刷质量水平。

四、未来工作计划

（一）提高政治站位，保障重点工作顺利完成。聚焦做好党的二十大学习资料等重点出版物和中小学教科书印刷工作，加强党对印刷保障工作的全面领导，建立统一领导的管理体制和运行机制，强化统筹指导，有力有效推动解决印刷峰值产能不足、教科书印制发行周期持续缩短、原辅材料供应紧张等突出问题，举全战线之力做好重点出版物的印刷保障工作。

（二）强化管理职责，加大印刷企业检查力度。在坚持对印刷企业日常监管常态化、规范化的基础上，在党的二十大等重要时间节点前后，开展"双随机，一公开"抽查活动，从严查处涉"非"涉"黄"的非法印刷品，对消费者容易产生误导的广告宣传品和包装装潢印刷品进行专项清理，坚决打击非法印刷活动。

（三）严格审批环节，加强内部资料管理。以严控总量、优化存量、提高质量为原则，加强内部资料性出版物管理。一是严格审批环节，确保做到总量只减不增，控制每家编印单位只编印一种连续性内部资料。二是加强事中事后管理，做好审读抽查工作，督促编印单位把好内容审核关，保障意识形态安全。三是开展法规和业务培训，提高编印单位的守法意识和编印能力。

（四）**培育市场主体，推动印刷业健康发展**。一是按照"证照分离"和"四级四同"要求，严格行政审批事项，优化审批程序，为培育印刷市场提供法治保障。二是开展"3·15"质检和印刷产品质量检测活动，督促企业提高印刷质量水平。三是积极引导印刷企业依法生产和守法经营，提倡行业自律，反对不正当竞争，反对违规违法经营活动，净化印刷市场环境。

2021年甘肃省印刷业发展概况

甘肃省新闻出版局

一、基本情况

（一）从业人员数量

2021年，甘肃省印刷业从业人员数量为1.70万人。按照管理类别分，出版物印刷企业从业人员0.43万人，包装装潢印刷企业从业人员0.51万人，数字印刷企业从业人员0.05万人，其他印刷企业从业人员0.71万人。按照企业性质分类，国有企业从业人员0.18万人，民营印刷企业从业人员1.52万人。

（二）2021年全省印刷工业总产出和总产值情况

2021年，甘肃全省印刷工业总产出34.03亿元，与上年相比下降5.8%；印刷工业总产值31.87亿元，与上年相比下降6.5%。按照管理类别分，出版物印刷工业总产出10.94亿元，工业总产值10.15亿元；包装装潢印刷工业总产出9.17亿元，工业总产值8.29亿元；其他印刷品印刷工业总产出10.56亿元，工业总产值10.16亿元；数字印刷工业总产出3.36亿元，工业总产值3.20亿元。

（三）2021年全省印刷业用纸量情况

印刷业用纸量分为黑白印刷（书刊2005.11万令，报纸21.62亿印张，其他5148.72万令），与上年相比下降3.6%；彩色印刷（书刊2461.06万色令，报纸61.74亿印张，其他8393.72万色令），与上年相比增长2.6%。

（四）2021年全省印刷业销售情况

2021年全省印刷业销售收入总额为31.86亿元，完成利润总额2.29亿元，资产总额58.83亿元。按照管理类别分，出版物印刷销售收入总额10.77亿元，资产总额18.35亿元；数字印刷销售收入总额3.19亿元，资产总额5.98亿元；包装装潢印刷销售收入总额8.43亿元，资产总额20.10亿元；其他印刷销售收入总额9.47亿元，资产总额14.21亿元。

（五）2021年全省印刷业拥有印刷设备情况

全省印前设备共有5725台，印刷设备共有2026台（套），印后设备共有6800台。另有无溶剂复合机装机3台，全省CTP装机总量达27台。

二、印刷业产业结构

（一）印刷业总体发展概况

全省共有印刷企业1900家，同比增长8.26%，其中出版物印刷企业139家，出版物专项排版、制版、装订企业5家，专营数字印刷企业192家，包装装潢印刷企业164家，其他印刷品印刷企业1400家。2021年全行业资产总额达58.82亿元，同比增加2.77%；营业收入达32.56亿元，同比下降6.09%；实现工业增加值7.00亿元，与上年基本持平；利润总额2.28亿元，同比下降11.58%；从业人员数量1.70万人，同比下降4.49%。

（二）全省印刷企业分布情况

全省印刷企业主要集中在兰州市，共有500多家印刷企业，占到全省印刷企业总量的30%，张掖市、威武市、金昌市、酒泉市、嘉峪关市等占全省印刷企业数量的44%，平凉市、庆阳市、天水市、陇南市等占全省印刷企业数量的26%。

（三）印刷业数字化发展情况

全省主要以数字印刷企业为重点，大力发展数字化。甘肃省共有数字印刷企业226家，占到全省印刷企业数量的12%。数字印刷企业数量由2015年的19家增长到2021年的226家，增长近12倍。

综上所述，2021年，甘肃省印刷业综合实力、产业韧性、服务大局大事能力跃上新台阶。但仍存在一些问题，不容忽视。主要体现在以下几个方面：一是企业经营效益不佳。从印刷年度报告情况来看，甘肃省印刷企业规模不大、效益不佳，小而散的问题比较突出。二是改革创新发展任务艰巨。甘肃省印刷业仍然存在不大不强、不专不精、结构不合理等突出问题，三大国有印刷厂（甘肃新华印刷厂、兰州新华印刷、天水新华印刷厂）主要以教材教辅印刷为主，设备陈旧落后，人员老化，技术力量薄弱。

三、未来发展方向

（一）深化印刷业供给侧结构性改革

提升印刷供给体系对市场需求的适配性，精准把握上下游行业的印刷需求，以市场为导向，科学把控生产方向和产能总量。优化调整行业结构，积极扶持技术先进、发展前景好的印刷企业，逐步改造和淘汰产能过小、技术落后、设备老旧的印刷企业。以自主创新增加高端印刷产能，鼓励印刷企业创新经营理念，支持有实力的印刷企业设立研发机构，积极参加行业组织或科研院校的创新试验，推广新技术新材料，共同推进重大创新项目的攻关。

（二）推进印刷企业"四化"发展

一是推动印刷业绿色化发展。加强统筹，秉持环保理念，加大对印刷企业VOCs排放和绿色印刷环保治理的投入，推广应用绿色环保低碳的新技术新工艺新材料，推动产业链协同发展。二是推动印刷业数字化发展。支持印刷企业数字化改造，推动建立数字化工作流程和数字化管理系统，通过生产数据可视化、生产管理智能化、生产排产敏捷化，建立起从印前、产品档案、采购、生产、仓储、成本等多个环节之间的信息连接，实现生产效率、精益生产、流程控制及服务创新的全方位升级。三是推动印刷业智能化发展。推进数字产业化和产业数字化，支持有条件的印刷企业搭建印刷智能制造信息平台，建立智能车间，提升印装产品质量和效率。四是推动印刷业融合化发展。促进印刷企业与出版、教育、文旅、科技等方面的深度融合，顺应消费升级趋势，以质量品牌为重点，培育扩大儿童图画书、个性化定制、创意设计、线上线下融合等新型印刷品和服务供给，引导印刷业由单一的生产加工向提供综合服务转变，满足人民群众日益增长的多样化需求。

（三）结合印刷管理实际，切实做好行业培训工作

组织参加中国印刷业创新大会、全国印刷技术与设备展销会，大力支持行业开展印刷研发、展示、宣传推广等活动，推动印刷企业间协同合作交流，提高印刷业高质量发展能力水平。一是举办全省数字印刷企业业务和法规培训班，重点培训出版物印刷、数字印刷以及规模大、实力强的印刷企业，强化从业人员的法规意识，提高业务水平和管理能力。二是积极组织全省印刷复制人员参加中宣部、国家新闻出版署组织的各类业务培训和法规培训。让从业人员学习最新的工艺技术，掌握最好的管理经验，了解最全的行业动态，提升行业人员整体素质。

陕西思维印务有限公司
SHAANXI SIWEI RPINTING CO.,LTD

企业简介
Company Profile

印刷精品图书　塑造一流品牌

　　陕西思维印务有限公司于2001年5月注册成立，是万向思维国际教育科技集团旗下的全资子公司，是专业从事教材教辅图书印制的出版物印刷独立法人企业。现有土地86亩，自建厂房及成品库房建筑面积约45600平米，员工300余人，是一家集办公区、生产区配套，功能完善的现代化生产企业。2011年成为首批60家（西北地区首家）中国绿色印刷认证企业之一，2019年通过中国质量管理体系资格认证和国家高新技术企业认定。

　　陕西思维印务有限公司现有日本网屏免冲洗自动制版机系统（1套）、富士CTP制版机（3台）、德国海德堡速霸6+1印刷机（1台）、德国海德堡CD102-4（2台）、北人八色轮转胶印机（2台）、北人2890四色轮转机（5台）、北人204D四色轮转机（2台）、日本小森商业八色轮转机（4台）、TSK胶订线（4条）、德国马天尼骑订联动线（3条）、成品图书自动打包线（5台套）等近百台（套）国内外一流印刷装订设备，日印刷纸张近7000令，日装订图书80万册，是西北地区规模较大、印刷能力较强、极具实力的教材教辅图书印刷企业。公司多次获得有关部门颁发的"出版印刷产品质量管理先进单位"、"3·15印刷质量活动先进集体"、"先进个人"等荣誉称号。

公司大门

德国海德堡速霸6+1印刷机

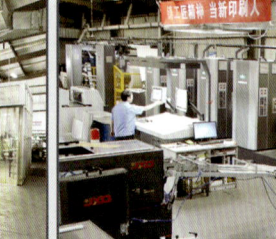
日本小森商业八色轮转机(4台)

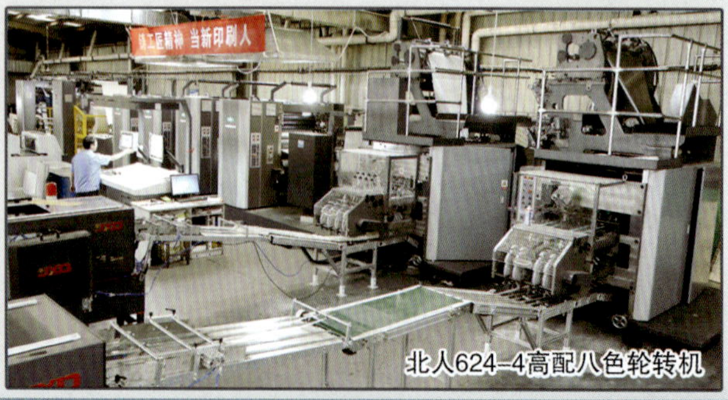

北人624-4高配八色轮转机

高新技术企业

绿色印刷企业

质量管理体系认证企业

- 029-84310017（办公室）　029-84310073（业务部）
- 陕西省西安市未央区六村堡雍光门北侧丰产路56号
- http://www.sxsiwei.cn

瑞禾印刷
REHE PRINT

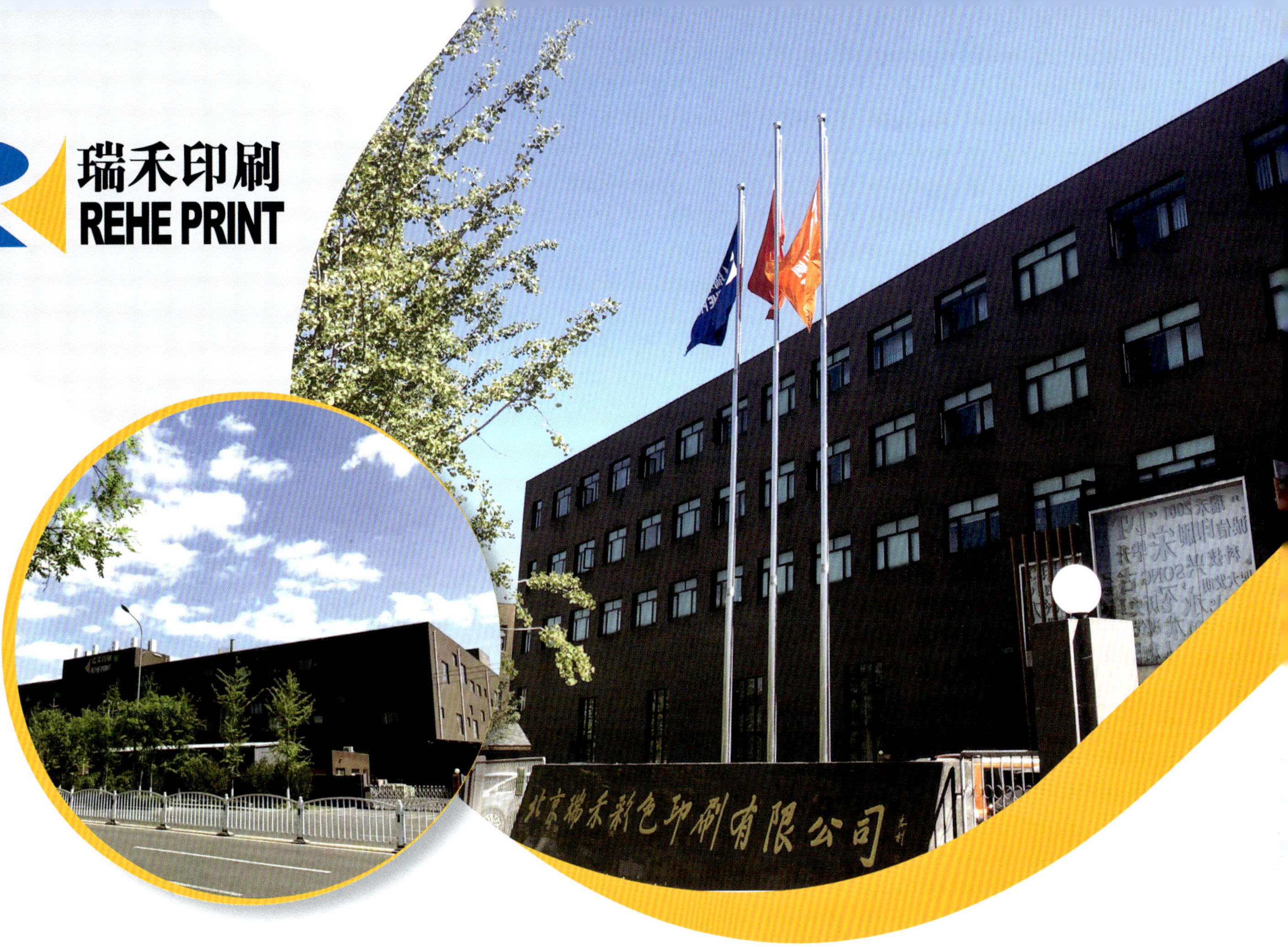

北京瑞禾彩色印刷有限公司

北京瑞禾彩色印刷有限公司成立于2002年5月，占地16亩，建筑面积20000平米，主要以出版物印刷为主，公司现有员工约200人。具有较强的生产能力，目前拥有：8条小森印刷设备为主的生产线、4条进口装订生产线等。公司发展至今已成为出版物印刷领域的领先企业之一。

作为北京市出版物印刷服务首都核心功能重点保障企业之一，被北京印刷协会评为出版物印刷行业知名品牌企业。目前也是北京印刷协会理事单位。

近年来，公司先后通过了ISO9001/24001/45001质量体系认证及27001信息安全认证，也通过了清洁生产强制审核、三级安全标准化认证以及行业C9认证等。拥有多项实用新型专利及软件著作权专利。公司印制的产品多次荣获中华印制大奖等行业高水平奖项。

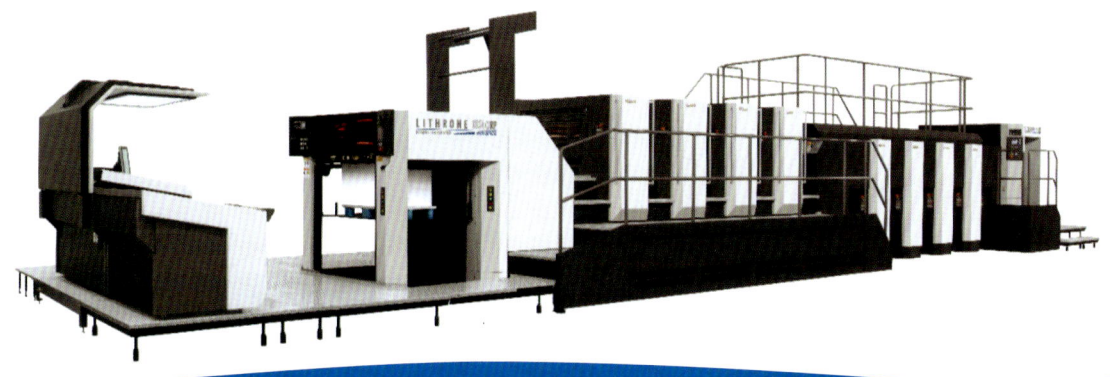

北京经济技术开发区科创一街12号　010-87397336　010-87398188（传真）

嘉兴环亚包装有限公司
Jiaxing Huanya Packaging Co.,Ltd.

公司简介 COMPANY PROFILE

嘉兴环亚包装有限公司成立于2010年，注册资金2600万，坐落于浙江省嘉兴市嘉善县魏塘街道振中东路68号，所处地海陆空交通发达，地理位置优越，毗邻上海、苏州、杭州等区位优势。是一家从事消费类电子产品功能性材料的国家级高新技术企业。

产品主要应用于华为、苹果、三星、OPPO等知名手机品牌公司。公司先后开发出了无线充电用散热材料、OLED背面导电铜箔、苹果声学材料以及手机电池外包材料等。此外，公司也在为新能源汽车领域提供复合型正极材料基材，用于解决电动汽车在交通事故中强烈撞击下燃烧的安全性问题，并积极参与5G基础材料的国产化进程。

公司始终坚持以人才为本、诚信立业的经营原则，荟萃行业精英，接纳广大人才，使企业在激烈的市场竞争中始终保持竞争力，实现企业快速、稳定地发展。公司产品已通过ISO9001质量、ISO14001环境管理和QS等体系认证。并与多家世界500强企业深度合作，生产全世界最薄的功能性消费类电子材料，拥有较强的自主研发能力，已获专利37项，其中2项为发明专利。我们始终秉持用质量让世界认识我们，用销量让我们走向世界！

电话：0573-84758199
手机：180-5863-0366
邮箱：LEO@USEFULPACK.COM
地址：浙江省嘉兴市嘉善县魏塘街道振中东路68号

C & C JOINT PRINTING CO., (H.K.) LTD.

融合发展 · 产业创新

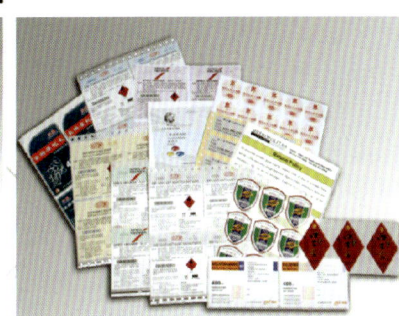

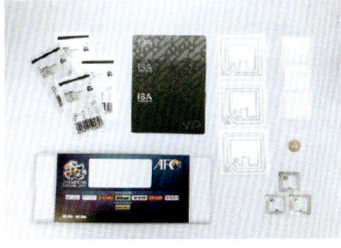

中华商务联合印刷（香港）有限公司是香港一家大型国际印刷集团，由中华书局与商务印书馆在香港的印刷厂于1980年合并而成。中华商务在香港、深圳、北京、上海多地布局，业务范围主要包括书刊印刷、商业印刷、安全印刷、包装印刷以及多种印前及印后服务。产品涵盖各类书籍、杂志期刊、旅游证件、金融印件、纸质票证、铁路IC卡、包装纸盒、RFID标签等。中华商务正在朝着更具有全球竞争力和创造价值的印刷信息传播企业方向迈进。近年来，中华商务推行"融合发展·产业创新"的经营主题，坚持自身能力的提升和价值的创造，专注于产品和服务，加速产业升级，并应用资讯科技能力提升营运效益，加大智能标签业务板块的投入，应用自主研发的ERP，使管理系统更高效，为用户提供优质全面的服务。

微信公众号　　公司官网

地址：香港新界大埔汀丽路36号中华商务印刷大厦14楼
Address: 14/F, C&C Building, 36 Ting Lai Road, TaiPo, N.T., Hong Kong
电话 Tel: (852) 2666 4888　传真 Fax: (852) 2666 4889
电邮 E-mail: info@candcprinting.com
网址 Website: www.candcprinting.com

JHT
ART MATERIAL DREAMWORKS

金禾田集团公司
上海闽泰印刷材料有限公司

金禾田集团公司成立于1995年，目前已拥有11家子公司和4家工厂，是专业从事包装印刷、书籍装帧材料及精装材料类研发、生产、销售的现代化综合性企业。

上海闽泰印刷材料有限公司是金禾田集团旗下子公司，创建于2005年，坐落在上海松江艺术园区，生产基地设立于东莞虎门（约30000平方米），生产人员达400余人。

公司是集研发、销售、服务于一体的材料供应企业，为印刷、装订和包装企业提供专业的一站式服务。主要产品有：高级装帧布、精品书画宣纸、书头布、纱布、封面布、包背纸、中心纸、牛皮纸、牛皮卡、纸底纱布、PU皮、皱纹纸、弹性皱纹纸、宝塔线、丝带、人丝带等。产品广泛应用于日记本、精装书、酒盒、礼盒、高精度复制艺术品等。目前，公司生产的皱纹包背纸，已符合国家绿色印刷标准相关要求，被收录在《绿色原辅材料产品目录（2002）》中。

    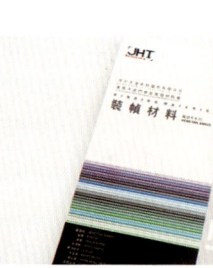

深圳市金禾田贸易有限公司
地址：深圳市南山区南山街道登良社区登良路27号210-1
电话：0755-26057758　　E-mail：jhtcnjht@163.com

上海闽泰印刷材料有限公司
地址：上海市松江区新桥镇名企公馆255弄249号
电话：18621660368/021-67632683　E-mail：mt-sh@163.com

东莞市长安金辉包装材料商店
（东莞市金铭包装材料有限公司）
地址：广东省东莞市虎门镇江贝工业区一路2号
电话：0769-85321127　E-mail：fj5321127@163.com

三河金韩雅文化艺术发展有限公司
地址：河北省廊坊市三河市燕郊开发区科创智谷产业园
电话：18621660368/021-67632683　E-mail：mt-sh@163.com

北京金润禾田文化艺术发展有限公司
（北京金田山禾装帧材料有限公司）
地址：北京市顺义区北小营镇马辛庄村南白马路11号
电话：010-60499240　E-mail：13811648849@163.com

扫码获得金禾田集团公司
更多信息 >>

奋进"十四五" 建功新时代

2021年12月28日,国家新闻出版署发布《印刷业"十四五"时期发展专项规划》,明确提出"十四五"时期我国印刷业发展的主要目标,即:行业规模效益稳步提高,产业结构持续优化,创新能力明显增强,区域布局更加均衡,国际合作拓展深化。

印刷业承担着巩固阵地、传承文化、服务人民的重要职责。"十四五"规划擘画的宏伟蓝图和美好愿景,需要广大印刷人始终保持永不懈怠的精神状态和一往无前的奋进姿态,在持续奋斗中担当作为,建功立业。

为此,我们邀请了印刷业相关企业负责人书写企业在"十四五"期间的发展愿景,彰显奋发有为,努力建功新时代的决心。

党的十九届五中全会做出建设社会主义文化强国的重大部署，强调要繁荣发展文化事业和文化产业，提高国家文化软实力。作为服务印刷出版传媒全产业链的行业特色高校，我校承担着巩固阵地、传承文化、服务人民的重要职责，将秉承为文化传承与传播、印刷技术创新与推广培养专业人才的光荣使命，守正创新，笃志敏行，围绕国家建成印刷强国、文化强国的战略目标，聚焦《印刷业"十四五"时期发展专项规划》要求和发展需求，将学科特色和人才培养优势转化为强化印刷业人才培养、推动印刷业高质量发展的优势，不断提高行业人才培养能力和水平。

在建设印刷高端智库、推进印刷绿色化智能化融合化进程、提高行业研究成果转化能力等方面只争朝夕、再接再厉，着力攻克制约我国印刷业发展和转型升级的"卡脖子"难题，不断推进我国印刷业向绿色化、智能化、数字化、融合化和高质量发展，为加快推进印刷强国建设作出应有贡献。

北京印刷学院党委常委、副校长兼研究生院院长

2022年，是北京华联印刷开业20周年，也是党的二十大胜利召开之年。站在新的历史起点上，北京华联印刷也将开启新的征程。

坚持做好、做优客户服务，为社会提供最优质的产品。设在北京华联印刷的中华商务营销服务中心（中国区），就是要充分整合并发挥中华商务核心优势，为广大客户提供更优质的产品、更全面的服务。

坚持自主创新，从自动化向智能化迈进。充分利用自身的"市级企业技术中心""设计创新中心""高新技术企业"等资质，加大研发和创新投入，加速绿色化、数字化、智能化进程，到"十四五"期末，努力实现研发占比销售翻一番，建设1~2个智能化示范生产中心。

坚持诚信经营，信守忠诚、廉洁、自律、守信的本色。诚信是华联印刷经营与管理的核心，是华联印刷经济效益和社会效益平稳、健康、可持续的根本。

坚持以构建和谐、美丽的公司生态为发展方向。和谐、美丽既包含人与人之间的关系，也包含人与自然的关系。美好的环境、稳定的情绪、简单的人际关系、积极向上的精神面貌是华联印刷始终致力构建的美好生活。

未来，我们将以饱满的热情持续奋斗，启航新征程，奋斗新时代，续写北京华联印刷新的辉煌！

北京华联印刷有限公司总经理 朱 敏

奋进"十四五"

在以习近平同志为核心的党中央坚强领导下,我们如期全面建成了小康社会,中国人民自信豪迈地站在了实现中华民族伟大复兴新的历史起点上。印刷业也因此迎来了新时代大发展的历史机遇,正扮演着高科技产业新的历史定位角色,发展潜力无限,发展前途光明。

广大印刷人要在中华民族复兴使命的召唤下,用科技创新引领行业发展,探索行业发展更多新的可能性;用人才发展的新思维、新举措、新模式开辟行业新的发展方向,创造出新的价值;要通过全面梳理及整合行业内及产业链上下游的优质资源,实现强强联合、相互赋能,实现以强带弱、资源互补,实现增强提弱、资源共享,从而达到行业内共同提升、合作共赢的大目标。

印刷业"十四五"发展的蓝图已经绘就,让我们不忘初心,牢记使命,踔厉奋发,勇毅前行,不断强化行业的凝聚力和影响力,努力推动中国印刷业成为引领全球的旗帜和标杆。

劲嘉集团董事长

在当前充满变局的形势下,有连续三年新冠肺炎疫情之殇和国际形势变化造成的困顿、焦虑,也有企业绿色化、智能化、数字化发展带来的突破和喜悦,更有公司上下在面对种种艰难与挑战时展现出的凝心聚力、合力攻坚的拼搏、创新、协作和担当。

乘风破浪,展望"十四五"我们信心百倍。尽管外部环境挑战和不确定性已经趋于常态化,但我们始终坚信不懈奋斗、稳中求进、稳中求发展、精业笃行、勇往直前,是一条永不停止的光明征途;创新有为,追求品质卓越,优化整体环境,练好企业内功,提高核心竞争力,推动公司高质量发展,是企业发展进步的基石。

我们具有世界一流的印装设备、超强的印装力量、完善的环保体系、精细的管理制度、独特的企业文化、技术精湛竭诚服务的员工队伍和高端客户群体。山东韵杰已经做好充分准备,为实现国家"十四五"宏伟目标,助力中国印刷业实现由大变强的历史跨越!

山东韵杰文化科技有限公司董事长 刘 杰

"十四五"时期,上海印刷集团将以习近平新时代中国特色社会主义思想为指导,统筹推进"五位一体"布局,贯彻新发展理念,落实需求侧改革任务,围绕"绿色化、数字化、智能化、融合化"发展方向,优化产业结构布局,推动质量变革、效率变革、动力变革,全面提升产品质量水平和服务供给水平,推动印刷资源与出版资源深度融合,至"十四五"期末,初步实现产品绿色化、管理数字化、印刷智能化、产业融合化的目标,在长三角区域印刷业一体化发展中和建设印刷强国进程中贡献重要力量。

目前,上海印刷集团聚焦印刷主业数字化转型升级发展,充分发挥集聚于上海市青浦区的上海中华印刷有限公司、商务印书馆上海印刷有限公司、上海新华印刷有限公司三家品牌印刷企业的优势和特点,重点推进印刷数字化、数字印刷、印刷融合发展,印刷绿色发展,出版产业链补链强链,全力打造"出版数字智造示范园"。

上海印刷(集团)有限公司总经理 沈剑毅

奋进"十四五",建功新时代。《印刷业"十四五"时期发展专项规划》指出,"十四五"时期我国印刷业发展主要目标是:行业规模效益稳步提高、产业结构持续优化,创新能力显著增强,区域布局更加均衡,国际合作拓展深化。

"十四五"期间,河南新华印刷集团作为国有印刷企业,将围绕立足新发展阶段、贯彻新发展理念、构建新发展格局,聚焦举旗帜、聚民心、育新人、兴文化、展形象的使命任务,以中原数字印刷产业园建设和搬迁为契机,以推进"四化"融合为引领,以创新驱动为动力,构建集管理、生产、科研、培训、展销、分发于一体的大印刷产业基地,持续做强做优做大印刷产业,重点聚力"三个印刷"(主业印刷、精品印刷、数字印刷),在保证主题出版物和教材教辅印制意识形态安全和质量的基础上,进一步延伸产业链,发展高附加值业务,强化自主创新产品研发,为人民群众印制更加充实、更为丰富、更高质量的精品图书,助力印刷业"十四五"期间实现质量更好、效益更高、竞争力更强、影响力更大的发展。

河南新华印刷集团有限公司党委书记、执行董事 张巍远

"十四五"是迈向全面建设社会主义现代化强国新征程的第一个五年，将迎来经济结构优化升级、科技创新、绿色发展、参与全球治理体系变革带来的新机遇。实现"十四五"的健康发展和履行行业发展的使命担当至关重要。印刷人是乐于奋斗的印刷人，也是义不容辞为行业发展增砖添瓦的印刷人。

进入新的时代，也进入了新的发展格局。智能化、数字化无疑是谋求新发展的最佳关键词，创新则是谋求新发展的最佳路径。印刷人需要牢牢围绕新时代发展关键词，把握时代脉搏，走创新融合发展道路，风雨同舟，携手共同促进印刷产业新业态的有序建设；抓住智能化建设发展新机遇，建设印刷智能工厂，推进实现印刷智造，促进生产高效协调、降本增效；善用"上云用数赋智"，以数字化转型升级加速印刷业智能化建设，深度优化产业结构，达到高质高速发展的最终目标。

让我们印刷人行动起来，齐心戮力、不懈努力，共同实现"十四五"印刷业美好发展蓝图。

广东省印刷复制业协会会长
广东新华印刷有限公司党委书记、董事长　陈多俊

"十四五"时期是我国开启全面建设社会主义现代化国家新征程、向第二个百年奋斗目标进军的第一个五年；是上海市深化建设具有世界影响力的社会主义现代化国际大都市、大力提升城市文化软实力的关键时期；也是学校实现建设一所出版传媒与文化创意为鲜明特色的应用型本科院校奋斗目标的重要机遇期。

学校上下将以习近平新时代中国特色社会主义思想为指导，全面贯彻落实党的教育方针，推进落实立德树人根本任务，深化产教融合、校企合作，学习借鉴国内外同类大学成功办学经验，创新应用型人才培养模式。使学校成为服务国家构建具有鲜明中国特色战略传播体系、进一步适应文化产业转型升级、持续推动"上海文化"品牌建设向纵深发展、精准对接长三角区域发展战略的高水平技术技能人才"蓄水池"。

上海出版印刷高等专科学校党委书记　顾春华
党委副书记、校长　陈　斌

"十四五"期间,盛通股份将坚定不移地贯彻各级领导部门的决策部署,用创新的精神去解决公司长远发展遇到的瓶颈,用新的思维和方法去打破旧局,用先进的评价体系激发潜力,努力打造一支目标清晰、行动一致、简单高效、力出一孔的管理团队。同时,我们也将完成自身"四软一硬"实力的建设,即精益生产、智能制造、人才梯队、文化建设,以及我们的扩产再建工作。在印刷板块,我们将在建立智能化生产体系、加大数码按需的投入、推进创新技术的升级、迈进高质量发展路线、营造优良的工作环境等五个方面持续发力,继续推动企业迈向高质量发展。

新征程责任在肩,新起点千帆竞发。"十四五"期间,盛通股份将更加坚定信念,重视节能降耗和环境保护,积极推动智能制造、数字化生产,坚持社会效益和经济效益相统一,在不断追求自身发展的同时,始终秉承专注持恒的工匠精神,专注文化出版,布局教育未来,饮水思源,回报社会。

我们相信,在党和国家的正确领导下,中国印刷业将踏上智能化发展新征程,迈向智能制造新时代,为传播知识、传承文明而不懈努力!

北京盛通印刷股份有限公司总经理

高斯(中国)在"十四五"期间的总体思路是战略再思考,立足于中国,着眼于全球,通过高斯国际的421项专利技术,用颠覆性技术手段,在存量市场中找到新的增量。通过信息化和工业化的融合,工业互联网以及智能工厂的解决方案,使企业在未来五年内顺应行业的发展,突破自我,勇攀高峰。

公司以"勇敢迎接增量崛起、深度挖掘存量变革"为发展战略,包括全数字化印机控制系统、转变营利模式、搭建自有品牌和做好人才培养规划四个方面。

进一步开展深度技术探求,即数据应用、可变技术和工艺颠覆,建设全数字化印机控制系统,打破产业瓶颈;软件上实现数字化驱动,成为印机行业成套集成商。

实现从生产型企业向服务型企业转变,从硬件提供商向方案提供商转变,从单一营销模式向多元化的营销模式转变。为客户提供一个又一个创新,构建和用户的长期联系。

实现全球化战略布局,搭建自有品牌,向国内、国际推广Wisprint品牌,构筑品牌效应。

人才规划依据集团"三步走"战略,推进高斯(中国)战略经营目标,围绕人员总量及结构、人才储备及发展、人工成本及效能、体制机制创新四方面重点,明确机制创新和管理优化的关注点,有效指引人力资源工作。

高斯图文印刷系统(中国)有限公司总经理

安徽新华印刷股份有限公司是安徽出版集团下属企业，前身为安徽新华印刷厂，创建于1950年10月。公司现有员工618人，资产总额5.58亿元，是国家印刷示范企业、绿色印刷企业、全国印刷标准化试验研发基地，集教材教辅、精品图书、期刊画册等于一体的大型出版物智能印刷企业。

"十四五"期间，安徽新华印刷计划投入2亿元，通过设备自动化、联动化、绿色化技术改造，进行管理可视化、数字化、智能化建设。一是以示范基地建设引领创新飞跃，全力打造时代出版印刷服务基地、国家重点主题出版物印制保障基地、"长三角"区域国有书刊印刷行业发展引领基地、印刷智能制造创新示范基地、印刷工业旅游融合发展基地、印刷工业互联网应用研发创新基地。二是以数字化转型提升综合实力，提高数字化工作流程、网络化社厂服务链接、油墨预置、色彩管理、质量检测、物联网等新技术普遍应用于印刷环节的高质量数字化印刷生产能力。三是融合项目探索创新发展，着力业态创新，跨界融合，拓宽新赛道，提质文化旅游与印刷的融合程度，深度打造印刷文化工业旅游、研学旅游新产品，以"游"文化促进"印"主业，以"游"舞台助力"印"阵地，实现社会效益和经济效益的双促进、双丰收。

公司力争用5到10年时间，建设成为具有全国一流水平、适应现代企业运作、可持续发展的数字化智能化印制基地。争取"十四五"期末年营业收入达5.5亿元，年加工150万令规模，年实现利润1500万元。

安徽新华印刷股份有限公司党委书记、董事长 沈春铭

新征程责任在肩，新起点千帆竞发。"十四五"时期是我国全面建成小康社会、实现第一个百年奋斗目标之后，乘势而上开启全面建设社会主义现代化国家新征程、向第二个百年目标进军的第一个五年，也是我国印刷业高质量发展的关键跨越期。作为福建省内规模最大的国有综合性印刷服务企业和国家级书刊印刷定点单位，福建新华联合印务集团有限公司将紧紧抓住传承国企优良传统、凝聚改革发展合力的历史契机，坚持以习近平新时代中国特色社会主义思想为指导，深入贯彻落实党的二十大精神、全国宣传思想工作会议精神，聚焦举旗帜、聚民心、育新人、兴文化、展形象的使命任务，秉承"精诚、笃行、创新、超越"的企业精神，大力推动"绿色化、数字化、智能化、融合化"发展，坚持智能化赋能，促进产业结构优化升级，持续提高规模化、集约化和专业化水平，深入实施"提高效率、提升效能、提增效益"行动。在高质创效中求生图强，在去杂归核中聚焦主业，在改革创新中再造优势，全方位推动印刷业高质量发展，助推文化强省战略，努力把习近平总书记擘画的新福建宏伟蓝图变成美好现实。

福建新华联合印务集团有限公司党委书记、董事长 黄翔

"十四五"时期是天闻印务全面实现高质量发展的关键阶段,作为老牌的书刊印刷企业,我们既要深刻认识当前全球经济和产业发展的变局,审视行业发展中积累的结构性矛盾和运行趋势,又要解读准市场与客户的需求端变化,不断垒高企业优势长板,弥补管理、技术、服务的短板,筹谋中长期战略蓝图、策略和路线,在自我革命中迎接挑战,建功新时代。

我们将始终坚持以习近平新时代中国特色社会主义思想为指导,遵循"创新、协调、绿色、开放、共享"发展理念,坚持高质量发展方向,坚持全球化视野,把握供给侧改革和全球产业链调整机遇,紧跟行业集中度加剧的发展趋势,保持规模化发展优势,紧扣建设现代出版印刷物流园的战略定位,以智能化改造为抓手,加快推进管理集约化、生产智能化、市场国际化、品质标准化、服务综合化、团队专业化的建设,向公司中长期发展愿景迈进。

湖南天闻新华印务有限公司董事长

"十四五"期间,我公司将立足于河北出版传媒集团公司融合发展大局,紧紧围绕主业经营这一中心,坚持以党建促发展,紧紧抓住集团内外两个市场,逐步实现企业经营管理的"三优化四提升",争取在"十四五"末,将企业建设成为优势明显、特点突出、品牌响亮的综合服务型印刷企业。

紧紧围绕主业经营这一个中心,坚持以党建促发展:加强党的建设,筑牢公司发展根基;严明党纪党规,维护风清气正的政治生态。

紧紧抓住集团内外两个市场:立足集团内市场,全心全意服务集团公司教材教辅及重点图书的印制工作;开拓集团外市场,加大周边市场的开拓力度。

逐步实现三优化四提升:优化产能结构,提高设备产能的市场及活源适应性;优化活源结构,积极调整业务承接模式,培育优质客户、抓住大客户;优化资源配置,高效推动资源要素的聚集和共享。提升主业盈利能力,将发展思路由"增量"向"增值"导向转变,同时优化生产流程,提高劳动生产率;提升精细化管理水平,完善质量管理、内部审计和全面预算等管理体系;提升人力绩效管理水平,加强重点环节的人员和绩效管理,实现与市场环境的全面接轨;提升企业智能智造水平,持续对现有设备进行数字化、自动化改造,建设智能工厂。

河北新华第二印刷有限责任公司党委书记、执行董事

奋进"十四五"

《印刷业"十四五"时期发展专项规划》擘画了印刷业发展的宏伟蓝图，指出印刷业的主要目标是：行业规模效益稳步提高，产业结构持续优化，创新能力明显增强，区域布局更加均衡，国际合作拓展深化。

作为一家具有60余年悠久历史的国有印刷企业，"十三五"期间我公司积极探索绿色化、智能化发展，实现了生产系统无纸化办公。"十四五"是加快推进公司全面高质量发展的关键时期，我公司要坚决扛起国有企业责任担当，以习近平新时代中国特色社会主义思想为指导，展现勇于拼搏争先的奋进姿态，解放思想、实事求是、真抓实干。坚持稳字当头、稳中求进的工作总基调，苦练内功夯实基础，持续加强内部控制，深化改革提质增效。坚持走专精特新方向，扎实推进精细化管理工作，多措并举持续推进优化产能、开拓市场、降本增效。坚持"绿色化、数字化、智能化、融合化"的发展方向，持续技术改造，开拓产品多样性，推进数字印刷等绿色数字发展，争取实现更好的发展成绩。

山西新华印业有限公司党委书记、总经理 杨志刚

"十四五"时期是我国"两个一百年"奋斗目标相衔接的重要历史交汇期，是印刷业加快高质量发展的重要阶段。作为首批国家印刷示范企业，凤凰新华印务集团坚守国有印企的初心使命，坚持正确的发展方向，秉持实业报国、创新报国的价值取向，践行社会责任，力争双效统一。

放眼"十四五"，公司将继续推进"绿色化、数字化、智能化、融合化"等方向的深入发展，在促进产业结构优化升级、完善机制体制改革创新、推动技能技术研发提档、加快专业人才挖掘培养、落实安全生产监督管理等方面持续发力。以做精品、育人才为抓手，提高品牌竞争力，为出色完成各项政治任务、打造精品图书建设工程筑下牢固基础。

百年盛世，正当其时。凤凰新华印务集团将始终坚持党的全面领导，进一步增强政治意识，更好地承担举旗帜、聚民心、育新人、兴文化、展形象的使命任务，恪守稳中求进、实事求是的发展观念，立足新发展阶段，贯彻新发展理念，推动高质量发展！

江苏凤凰新华印务集团有限公司党委书记、总经理 多忠启

近年来，山东新华印务通过改革重组，采用"总—分公司"的组织架构和管理模式，将所属原山东新华印务有限责任公司、山东德州新华印务有限责任公司、山东泰安新华印务有限责任公司、山东金坐标印务有限公司4家公司整合为一家全资子公司，成立印刷总公司，集中各领域资源"聚指成拳"，解决了企业因资源分散、同质化竞争导致的竞争力不强等问题，为企业健康快速发展奠定了坚实基础。

创新是企业发展的动力源泉，绿色智能是印刷企业高质量发展的必由之路。"十四五"期间，山东新华印务将深入贯彻新发展理念，按照"做大产业、做强主业、创新引领、产业升级"的思路，坚持绿色化、智能化、信息化发展方向，高标准建设山东新华智能低碳印刷基地，努力提升印刷科技水平，不断改善员工工作环境，把企业员工从简单、重复、繁重的体力劳动中解脱出来，实现供应智能化、排产自动化、管理数据化、生产信息化，将山东新华印务有限公司打造成新型国家印刷示范企业、山东省印刷行业龙头企业和中国北方智能低碳印刷高地。

山东新华印务有限公司党委书记、董事长

展望"十四五"，辽宁新华将贯彻新发展理念，紧密围绕推动产业转型升级、实现高质量发展的目标，推动印刷产业结构调整，健全现代印刷产业体系，坚定不移地把发展着力点放在落实印刷业"十四五"发展重点任务上，坚持守正创新、精耕细作、开拓进取，努力在推动辽宁地区印刷业高质量发展上闯出新路子，助力新时代文化强国建设。

一是要推进"标准化+"建设，进一步完善标准化印刷工作，通过多维度链接"标准化+"；二是深入推动智能化发展，加快促进技术改造，进一步提高装备自动化水平，减少人员配置，提升产品质量，将工厂由劳动密集型向技术密集型方向转变；三是加快绿色工厂建设，从源头控制，继续坚持采用绿色环保材料、绿色印刷工艺，实现设备节能环保，打造绿色工厂标杆企业；四是建立市场导向型企业，积极挖掘市场潜力和发展空间，完善创新机制体制，创新合作商业模式，延伸印刷业务板块，在巩固现有业务合作的基础上，进一步拓展合作广度和深度，推动资源整合共享，促进创新业务快速发展；五是强化人才兴企战略，建立和完善企业优秀管理人才脱颖而出的体制机制，大力弘扬劳模精神和工匠精神，促进职业院校、印刷企业、科研机构的深度合作，为公司转型发展注入新的活力。

"十四五"期间印刷业仍然是机遇与挑战并存，任重道远，前景光明！辽宁新华将主动抓住新发展机遇，坚持守正创新、精耕细作、开拓进取，全面提高印刷质量，开创新时代高质量发展新局面！

辽宁新华印务有限公司党委书记、总经理

奋进"十四五"

迈步"十四五",启航新征程。《印刷业"十四五"时期发展专项规划》擘画了印刷业发展目标和方向,站在新的历史起点上,对正处于战略机遇期的贵州新华印务来说,必须立足新发展阶段,贯彻新发展理念,坚持稳中求进,以推动高质量发展为主线,精准确定发展思路、发展目标、发展重点,围绕目标狠抓落实,加快构建新发展格局。

"十四五"时期,公司将继续贯彻创新、协调、绿色、开放、共享的发展理念,聚焦打造"传统印刷的龙头企业、包装印刷的示范企业、数字印刷的领军企业、绿色印刷的样板企业"目标定位,以核心竞争优势打造为关键,进一步优化生产布局和工艺流程,科学配置各种要素资源,形成高效、高质的投入产出关系;提升精品书刊、短版书刊生产能力,推动按需印刷和供应链整合,加速绿色智能转型升级,不断增强全印刷服务能力;发展包装业务,延伸业务链条,尽快形成新的经济增长点;持续推进公司治理体系和治理能力现代化建设,为企业创新发展注入生机和活力。

踔厉奋发、勇毅前行。贵州新华印务将积极践行举旗帜、聚民心、育新人、兴文化、展形象使命任务,坚持把社会效益放在首位,秉持为人民印好书的理念,以印制更多更好的图书满足人民文化需求,实现社会效益与经济效益相统一,推动公司在"十四五"时期开新局、出新绩。

贵州新华印务有限责任公司党委书记、执行董事、总经理

中国印刷业穿越铅与火,走过光与电,融合数与网,聚焦"十四五",擘画新"蓝图",正在新征程上奋力创造新时代印刷发展新奇迹。

回顾过去,海顺坚定不移听党话、跟党走,让创新的力量奔涌向前,对车间结构和设备进行了改造和大调整,立柱架梁,夯基垒台,打造数字化、智能化、绿色化的智慧工厂,赢得了国内外业界人士的高度认可。全体海顺人紧跟时代,不负时光,以梦为马,风雨兼程,以永不懈怠的精神状态,和一往无前的奋斗姿态,在事业奋进的伟大征途上,在一个个重要的时间节点,竖起了前行的坐标,留下了铿锵的足迹,犹如盏盏明灯,为海顺创新发展指明了前行的方向。

展望未来,在实现中华民族伟大复兴的中国梦、海顺梦、家庭梦、个人梦的奋斗征程中,让我们更加紧密地团结在以习近平同志为核心的党中央周围,以"越是艰险越向前"的英雄气概、"狭路相逢勇者胜"的斗争精神、"风雨无阻向前进"的奋斗姿态,以"千磨万击还坚韧,任尔东西南北风"的本领自信,应对千变万化的不确定性,以实际行动开创神奇伟业,为建设印刷强国做出新的更大的贡献!

天津海顺印业包装有限公司党支部书记、董事长

2021年末，《印刷业"十四五"时期发展专项规划》正式出台，提出印刷企业需遵循贯彻创新驱动发展战略，坚持在科技等方面自主创新、自强发展，这与南京爱德的发展理念不谋而合。

赛道转型，扩大优质印刷品服务供给。在这一战略机遇期，爱德制定了由"高速增长"向"高质量增长"过渡的转型发展战略。爱德将坚持创新驱动，以企业所需的关键核心技术攻关为重点，以加强印刷科技自立自强为目标，通过建立绿色智能数码印刷精品图书中心、打造线上智能营销平台，争取精品图书印制的创新融合，逐步满足当前市场的少量、多样、个性化需求，提升企业核心竞争力。

提高站位，高水平保障重大印刷任务。爱德将强化意识形态工作责任，提高政治站位，高质量做好领袖著作、党和国家重要文件文献等重大主题出版物、重点应急印刷品的印制任务。同时，优化产能，保质保量完成各类民生工程刊物的印刷工作。

响应号召，拓展深化国际合作。得益于国家"一带一路"为爱德提供的政策优势，爱德把握时代机遇，在强化海外业务拓展的同时，推动企业与新兴国际市场合作。2019年，爱德与埃塞俄比亚政府签署了投资协议，成立非洲分厂。今后，爱德将持续发挥海外分厂优势，向非洲传播中国文化，讲好中国故事，为当地社会、经济及文明的发展贡献力量。

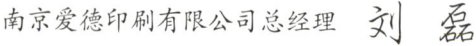

南京爱德印刷有限公司总经理　刘　磊

循大道，至万里。党的十八大以来，在以习近平同志为核心的党中央领导下，紧紧围绕社会主义文化强国建设目标，举旗帜、聚民心、育新人、兴文化、展形象，守正创新，践行"四力"，弘扬中华优秀文化、革命文化和社会主义先进文化让我们更加自信。展望2035，我们将赓续中华文脉，培铸强国之魂，落实好文化出版业、印刷业"十四五"规划任务，助力构建"优质产能供给、技术先进安全、绿色整合开放"的产业体系，推动"十四五"时期我国印刷业高质量发展，努力建成文化强国、印刷强国。

百年传承，继往开来。中华商务将始终如一、坚定不移地全面贯彻落实"一国两制"方针，以爱国爱港为核心，认真学习习近平总书记对"一国两制"提出的一系列原创性新理念新思想新战略。在二十大精神引领下，充分发掘拓展境内外优质文化资源，打造业务布局完整、管理体系完善、创新能力和国际竞争力较强的文化旗舰。积极响应国家碳中和政策要求，建立健全绿色低碳循环发展体系，确保实现碳达峰、碳中和目标，坚定不移贯彻碳中和新发展理念。利用印刷技术为文化产业服务、为客户服务，进而构建数字化发展之路。探索印刷新方向，致力印刷科技研发，规划智能化制造战略，推动社会文明进步和发展。

中华商务联合印刷（香港）有限公司董事总经理　梁兆贤

奋进"十四五"

目前,全国印刷业在主管部门的领导下坚持问题导向、需求引领、效果目标和创新驱动,对印刷业在"十四五"时期的发展作出了战略探索。

在"工业4.0"战略蓝图的启发下,雅图仕以日本丰田的精益生产管理为基础,在自动化、标准化之上增加数字化、网络化、信息化,对公司的制造系统进行升级。在精益生产管理的指导下,所有的经营活动都是以客户为中心,为客户提供高质量、低成本、准交货和足安全的产品及服务,为客户创造价值和利润,实现和谐双赢,从而驱动企业的可持续发展。

回顾十几年来的探索与实践,雅图仕通过不断地创新和自主研发,进一步优化和提升了生产线自动化程度,获得了整体产能和效率的有效改善。过去五年,公司在信息化智能化建设方面,投资累计达9亿元,随之实现产能和效率提升超过45%。同时,公司每年投资于非标设备的研发费用达数千万元。

面对未来,我们将不断追求智慧化道路上的梦想——利奥梦工厂(Factory Next),配套运用信息化、数字化,由智慧物流入手,一步一步向智慧生产、智慧工厂推进,再扩展到整个产业链,为客户提供智能的服务和产品,最终实现企业的可持续发展。

鹤山雅图仕印刷有限公司董事长 冯广源

近年来,虎彩印艺股份有限公司坚持数字化转型,践行"以用户为中心,变革创新为本"的核心价值观,致力于为客户提供中高端包装印刷产品一体化服务,经营范围涵盖中高端包装印刷、按需印刷、个性化包装、安全印务等,是一家集研发、设计、生产、销售、配送、服务于一体的国家级高新技术企业。"十四五"期间,将强化企业创新主体地位,发挥企业的规模、配套优势,推进数字产业化和产业数字化,形成供给有效、安全可靠的全印刷产业链和供应链,提高印刷服务效率和品质,为我国印刷业"绿色化、数字化、智能化、融合化"发展提供有力支撑。

未来五年内,公司将继续秉承绿色发展理念,以科技创新为支撑,持续打造"智能工厂+大平台+大数据+智慧物流+区块链"的5大核心能力,搭建智能设备、核心技术、标准认证、系统集成、云计算大数据、人才培养等智能制造系统创新平台,加快印刷技术领域的研发和产业化速度,持续深入推进"数字印刷+互联网"转型。

科技是国家强盛之基,创新是民族进步之魂。我们要保持强大的战略定力,用开放的心态拥抱互联网,不断释放活力、提升创新能力,在变局中开新局,凝聚全行业之力推动印刷业转型升级。

虎彩印艺股份有限公司董事长 陈成稳

"十四五"是全面建设社会主义现代化国家的重要开局，印刷业作为社会发展和国民经济建设及文化发展的重要一环，在新格局下也必将竭尽全力向印刷强国的最终目标迈进。

智能制造的建设可以帮助企业提升效率、保证质量达致成本降低的目标，从而应对成本的不断攀升。通过提升装备智能化水平和起用大数据云计算分析工具，打造带有数据决策能力的智能自动化生产系统，最大程度减少对人力的依赖，同时提升效率质量。为此，我们已在2021年开展生产数据的实时收集工作，2022年将继续推动数据的智能管理，集成连通各生产环节数据，为精准管理提供条件，也为智能制造打造基础。

随着"十四五"时期的来临、"碳达峰、碳中和"的提出以及2021年用电紧张等情况的出现，绿色化发展也必将被赋予新的要求和目标。故而，企业应该不断深化环保工作，在围绕减废和提高资源利用效率等方面持续改进，顺应政策要求，加强生产能耗的控制。积极主动推动绿色化提升，避免因越趋严格的节能减排要求而导致生产受限制。

我们相信只要坚持不懈地做好开源节流的工作，必定可以砥砺前行、迎难而上、变中求新、转危为机，推动行业全面高质量发展，携手向构建"印刷强国"迈进。

东莞金杯印刷有限公司董事长　杨国伟

在过去的两年间，历经短期震荡的印刷业在业内全体同仁的不懈努力下，展现出顽强的韧性和旺盛的生命力。

"十四五"期间，印刷业进入高质量发展的关键跨越期，面临产业结构优化升级，加快"绿色化、数字化、智能化、融合化"发展，实现由印刷大国向印刷强国跨越的重要转变。

奋勇前进拓新局，正是扬帆搏浪时。方正电子作为一家以技术立身的企业，未来将继续紧密围绕"十四五"规划的战略方向，除了以自主创新为驱动、培育发展新动能外，还将大力联合产业上下游，协同推动出版业、印刷业向智能印刷、按需印刷方向的发展和应用落地，积极促进印刷业的数字化转型升级，推动行业数字生态大步迈进，为助力我国由印刷大国走向印刷强国做出民族企业应有的贡献，与业内同人携手奋进奔未来！

北京北大方正电子有限公司董事长、总裁　邵　行

印刷机械行业是为印刷业提供装备的重要产业，是印刷业发展的重要支撑。"十四五"期间，精密达公司将持续在印后装备领域深耕，不断夯实产业基础能力、发展高端印后装备、开展技能人才培养和品牌建设，走向世界，实现跨越式发展。

夯实产业基础能力，从装备制造向装备服务商转型。在"十四五"期间，精密达特别重视夯实产业基础能力，强化基础创新，突破关键核心领域，提升产业链水平、建立产品全生命周期管理，为客户提供更多增值服务，从装备制造向装备服务商转型。

发展高端，在传统印后数字化和数字化印后方向提供整体解决方案。精密达将持续在高端印后技术创新，在传统印后数字化方面，向着更高稳定性、更高速度和更高智能化方向发展。在数字化印后方面，重点打造数字印后全流程整体解决方案。

以质量为基础，推进品牌建设。把把提高供给体系质量作为主攻方向，完善质量管理机制，提高产品全生命周期质量追溯能力，以质量提档升级带动产品提质增效，推动中国印后品牌向世界品牌转变。

重视人才队伍建设，发展企业技术创新中心建设，构筑人才培养基地，培养高水平技术研发人才。探索和国外联合培养高技能人才合作项目，打造一支高技能人才队伍，支撑印刷装备数字化、智能化发展。

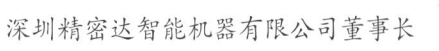深圳精密达智能机器有限公司董事长

2021年是"十四五"规划的开局之年，天津东洋油墨有限公司凭借自身的努力与广大印刷界伙伴的支持，取得了十分优异的经营业绩，实实在在地分享到了中国经济、社会发展的巨大成果。

进入"十四五"的第二年，面对剧烈变化的国际政治、经济局势与国内新冠疫情反弹的压力，我们始终对中国经济的韧性和巨大潜能充满信心，在政府和各界朋友的关心支持下，克服重重困难，保持了良好的经营秩序，圆满履行了自身的市场责任。我们清醒地认识到，市场越是浮云遮眼、扑朔迷离，越是说明我们业已达到的高度远不足以自满，只有坚定信念，挑战更高的山峰，才能开辟出风光无限的新天地。

《印刷业"十四五"时期发展专项规划》指出，要"以改革创新为根本动力，以满足人民日益增长的美好生活需要为根本目的"，这与东洋油墨集团致力于"成为面向全世界的创造生活文化的企业"的长期发展目标高度一致。在这一目标指引下，天津东洋油墨有限公司已经从以胶印油墨为主的传统制造企业，转型为高科技数码油墨、创新体验印刷涂料与卓越品质胶印油墨并举的"智慧印刷关键材料研发、制造综合体"。我们愿与包括《中国印刷》杂志社在内的广大印刷行业同仁一起，向印刷科技新的巅峰共同迈进，为"十四五"规划宏伟蓝图的实现建功立业！

天津东洋油墨有限公司总经理 王建军

"十四五"是我国迈向现代化强国发展的重要时期,乐凯华光将以习近平新时代中国特色社会主义思想为指导,根据航天科技集团公司和乐凯集团部署要求,立足高质量发展,坚持技术创新和市场导向,持续抓好结构调整成果转化,带动产业升级;实施全面深化改革,完善各项指标体系建设,积极推动国有资本做强做优,不断提高企业核心竞争力,围绕实现胶印版材、柔性版、绿色印刷包装、生物新材料等新项目形成支撑四个目标,聚焦"高质量、高效益、高效率",不断提升经营质量,做优做强绿色印刷材料主业,实现乐凯华光的可持续发展以及从产品制造商向系统综合服务商的转变,发展成为具有重要行业影响力的国际化公司,为客户和社会创造更多价值,为我国航天强国建设贡献华光力量!

乐凯华光印刷科技有限公司党委书记、董事长 刘中玉

当前,世界百年变局和世纪疫情相互交织,各种挑战层出不穷,世界经济复苏步履艰难,中国经济"这边独好"。面对"中国印刷行业未来如何发展"的时代之问,业内有识之士纷纷献言献策,一时百家争鸣。

2021年12月28日,《印刷业"十四五"时期发展专项规划》正式发布。《规划》凝聚了行业共识,高屋建瓴指出了未来五年我国印刷业发展方向,擘画了印刷业发展宏伟蓝图。

察势者智,驭势者赢。北京东港安全印刷有限公司坚决按照《规划》要求,结合自身特点,顺势而为。未来,北京东港将基于自身核心竞争力,以产业数字化、印刷智能化为抓手,加快新旧动能转化,实现从传统印刷生产加工向印刷综合服务升级转变,为保障首都核心功能做出更多贡献!

我坚信在《印刷业"十四五"时期发展专项规划》的引领下,中国印刷业必将迎来新的辉煌!

北京东港安全印刷有限公司董事长 刘宏

中闻印务投资集团有限公司按照人民日报社要求，秉承"拼搏、奉献、和谐、发展"的经营理念，全体干部职工发扬老军工的优良传统，传承党报的红色基因，开拓创新，干事创业，成就斐然。

"十四五"时期，中闻集团站在新起点，按照人民日报社总体发展规划和思路，将在发展构架和产业结构，以及运营管理上进行机制和体制创新：一是抓好主营印刷业务，打造全国书报刊印刷的龙头企业，抢滩冲刺中华第一印。二是努力完成所余新厂建设，并科学规划完善企业布局，依托土地储备的优势，在发达城市形成一批上规模的优质固定资产，为企业的持续发展奠定坚实的基础。三是发挥集团集约化的优势，创新思路、创新模式、创新机制，在提升科技含量、抢占市场份额、增强企业效益上狠下功夫。四是积极推进企业股份制改造工作，为企业未来发展赢得更广泛的空间。

中闻集团坚持以习近平新时代中国特色社会主义思想为指导，牢记使命、不负重托，立足新发展阶段、贯彻新发展理念、构建新发展格局，再创佳绩，推动中闻集团高质量发展的新征程。

中闻印务投资集团有限公司党工委书记、董事长、总经理

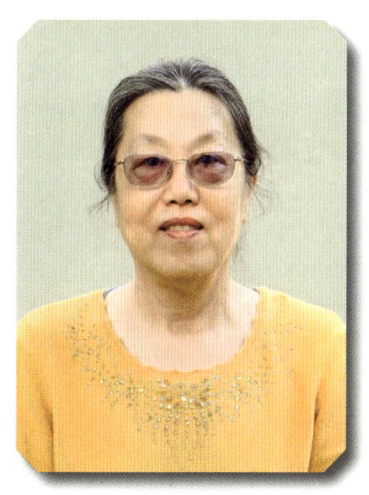

北京天宇星印刷厂成立于1998年，主要服务于人民教育出版社、高等教育出版社、电子工业出版社、人民邮电出版社、华语教学出版社、中国税务出版社和中国计划出版社等在京出版社。北京天宇星多次被评为"北京印刷质量知名品牌企业"。优秀的员工团队，先进的技术，精良的印刷设备，严格的管理是企业得以不断发展壮大、产品能够赢得用户依靠的根本所在。

"十四五"期间，北京天宇星印刷厂坚持以习近平新时代中国特色社会主义思想为指导，聚焦举旗帜、聚民心、育新人、兴文化、展形象的使命任务；坚持党的全面领导，坚持新发展理念，坚持把社会效益放在首位、社会效益和经济效益相统一，坚持系统观念，继续努力推动我国印刷业加快"绿色化、数字化、智能化、融合化"发展；紧跟国家政策，关注行业市场动态，加快设备升级改造，加强人才建设队伍，不断迎接新的机遇和挑战。展望2035年，努力为我国建成文化强国、印刷强国而奋斗！

北京天宇星印刷厂厂长 秦建丽

鸿博昊天科技有限公司是鸿博股份有限公司的全资子公司，正式投产于2013年7月，是一家高端书刊印刷企业。鸿博昊天自运营以来严格落实全面质量管理，不断加强绿色化发展和品牌建设，得到了业内和合作客户的认可，成功入选北京市委宣传部认定的22家"北京市出版物印刷服务首都核心功能重点保障企业"。

自新型冠状病毒肺炎疫情发生以来，企业生产面临着人手不足、手工活件大量积压的现实困难，鸿博昊天广大党员干部群众迎难而上，主动担当，严格落实防控措施，团结合作严控疫情。鸿博昊天人积极投身企业生产一线配合生产解决手工活件积压问题，助力公司严控疫情并提升经营业绩。鸿博昊天人始终坚守印刷人初心，凝心聚力，砥砺奋进，努力在危机中育先机，于变局中开新局，在疫情大考中交出满意答卷。

展望未来，鸿博昊天将统筹抓好疫情防控和高质量发展，踔厉奋发、勇毅前行，充分发挥党建引领作用，不断致力于建成高科技文化创意型高端书刊印刷企业，在推动印刷业高质量发展的新征程中贡献力量。

鸿博股份有限公司总裁
鸿博昊天科技有限公司董事长　黎红雷

新时代、新征程、新愿景、新使命。

"十四五"期间，我们将高举习近平新时代中国特色社会主义思想的伟大旗帜，以《印刷业"十四五"时期发展专项规划》和中原出版传媒集团公司"四纵七横多生态"产业发展布局为指引，以品牌强企战略、融合发展战略、项目带动战略、人才兴企战略、走出去战略、科技强企战略、绿色发展战略为抓手，紧盯目标任务，聚焦主业主责。以抓铁留痕、踏石留印的干劲，以闯关夺隘、攻城拔寨的冲劲，以咬定青山不放松、任尔东西南北风的韧劲；以只争朝夕、时不我待的紧迫感，以功成不必在我、功成必定有我的责任感，以不负时代、不负韶华的使命感，守正创新、锐意进取。以"北京市出版物印刷服务首都核心功能重点保障企业""高新技术企业"和人教社"印刷示范基地"为契机，高效统筹改革创新与高质量发展等各项工作，踔厉奋发、勇毅前行。

乘着新时代的东风，我们有理由相信，到"十四五"期末汇林印务有望成为"发展理念先进、企业文化优秀、产业结构优良、经营管理科学、规模实力雄厚、双效贡献一流"的优秀企业。

北京汇林印务有限公司党支部书记、执行董事　郭龙堂

作为从事印刷行业三十多年的老兵，通过认真学习《印刷业"十四五"时期发展专项规划》，对于印刷业未来的发展方向有了更加清晰完整的认识。

规划从行业整体的发展战略要求上明确了指导思想、基本原则、目标任务；从行动上阐述了优质产品和服务供给、推动关键核心技术创新、提升产业链供应链水平、区域协调发展、提高对外开放合作水平、加强人才建设等各个方面，给出了科学的路径。

《规划》明确指出，印刷业处在重要战略机遇期，机遇和挑战并存，新的发展变化不断出现，必须深刻把握进入新发展阶段的新特征新要求，善于在危机中育先机、于变局中开新局。

结合《规划》，对比思考我们的"中图印云"项目，完全符合规划精神和方向，让我们感到信心倍增。我们全体员工将全力以赴学习贯彻《规划》精神，做好本职工作，建设好企业，为印刷业的发展尽力！

北京建宏印刷有限公司总经理　郭建红

《印刷业"十四五"时期发展专项规划》指出，印刷业以推动高质量发展为主题，以深化供给侧结构性改革为主线，坚持稳中求进、进中育强。加快构建优质产能供给、技术先进安全、绿色融合开放的产业体系，加快推进印刷强国的建设。

北京科信印刷有限公司作为一家印制党和国家重要文件文献、重大主题出版物、科技期刊及国家秘密载体的现代化服务保障企业，在过去多年的发展中，始终坚持把绿色环保、高品质印刷和高质量服务作为企业发展的重要理念，先后被评为北京市出版物印刷服务首都核心功能重点保障企业、北京市出版物印刷企业一级企业、北京市环保治理绩效A级企业。为响应国家对印刷业绿色环保的发展要求，作为北京市首批获得中国环境标志产品认证的绿色印刷企业和首批自愿实施清洁生产并通过验收的印刷企业，北京科信积极践行绿色印刷。

"十四五"期间，北京科信将继续秉承高质量、绿色环保的发展理念，继续坚持"为科技创新服务，为科技期刊服务"的服务方向，深入推进转型升级和管理创新，坚持清洁生产、绿色印刷，为企业的科学发展、持续发展和振兴祖国印刷事业而努力奋斗。

北京科信印刷有限公司总经理　

《印刷业"十四五"时期发展专项规划》明确指出,"十四五"时期我国印刷业发展主要目标是:行业规模效益稳步提高,产业结构持续优化,创新能力明显增强,区域布局更加均衡,国际合作拓展深化。

作为基层印刷经营者、管理者要认真学习《规划》,特别要结合当前正在开展的学习贯彻"二十大"精神的要求,深刻领会精神和内涵。

北京利丰的成长得益于改革开放国策,在那个赶超世界印刷先进水平的年代,老一代利丰人把世界先进印刷管理理念、先进印刷技术和自动化装备引进国内消化吸收后,转化为高质量产品获得出版市场的首肯,并荣获"国家印刷复制示范企业"称号。"十三五"期间,北京利丰在保持产品稳定的前提下着重推进节能环保、绿色印刷并取得突出成绩,连续三年获得北京市出版物印刷环保治理绩效 A 级企业,2021 年获得"国家级绿色工厂"。

作为出版物印刷保障企业,我们深知印刷业具有鲜明的意识形态属性和市场属性,承担着巩固阵地、传承文化、服务人民的重要职责。公司将进一步扩大生产规模,加大信息化管理、自动化升级改造投入,踔厉奋发,勇毅前行。

北京利丰雅高长城印刷有限公司董事总经理 郭 健

"十四五"时期是我国"两个一百年"奋斗目标承前启后的历史交汇期,同时也是我国印刷业高质量发展的关键跨越期。

我国《印刷业"十四五"时期发展专项规划》明确提出,"十四五"期间要继续推动我国印刷业加快"绿色化、数字化、智能化、融合化"发展,促进产业结构优化升级,要继续提高我国印刷业的规模化、集约化和专业化水平,尽快实现由印刷大国向印刷强国跨越的重要转变。

在印刷业面临重大压力和挑战的大背景下,北京联兴盛业印刷股份有限公司作为北京印刷业的中流砥柱之一,认真贯彻"十三五"规划,密切围绕"四个中心",在服务能力水平,技术改造升级,内部管理提升,产品结构调整,绿色环保治理,跨界融合发展,推进京津冀协同发展和抗击疫情复工复产等方面深入探索,逐渐走出了一条多元化的发展道路,也为全行业转型升级和可持续发展提供了可借鉴的经验。

展望未来,联兴盛业要牢牢把握新时代、新发展、新机遇,明确"十四五"发展思路,发挥优势,在国际国内双循环发展格局下锐意前行,守正创新,走出一条产业创新发展的新路径,力争成为下一个五年我国出版印刷产业融合发展的典范。

北京联兴盛业印刷股份有限公司董事长 陈春生

《印刷业"十四五"时期发展专项规划》提到，为满足人民群众日益增长的多样化需求，要扩大儿童图画书、个性化定制、创意设计、线上线下融合等新型印刷产品和服务供给，引导印刷业由生产加工向综合服务加快转变。文畅阁印刷有限公司是一家可以提供出版物印刷装订、儿童书、卡书、立体书、拼图等儿童读物，以及包装精装盒产品等一站式服务的印刷企业。公司从2018年迁至河北省高碑店开始，不断升级设备，提升印刷技术和印品品质，提高服务意识，不再将印刷单单定位于印刷加工。作为印刷生产工厂，我们根据订单的情况给客户在材料选择和印刷工艺方面更加专业的建议和更具有创新的工艺创意，使得产品更具市场竞争力。

作为一家从北京搬迁到河北的印刷企业，积极响应京津冀协同发展的要求，扎实做好自身基本功，提升工厂软实力，加强人才建设，积极引进专业人才团队，为保障首都核心功能建设做好承接和辅助工作。未来，我们将积极响应京津冀出版物印刷保障体系建设，以最好的状态和实际行动践行《规划》为印刷业指引的发展方向。

文畅阁印刷有限公司总经理　曹健

"十四五"是我国向第二个百年奋斗目标进军的第一个五年，也是我国2035年远景目标发展的第一个五年，有着乘势而上，承前启后的重要作用。

《印刷业"十四五"时期发展专项规划》则是行业向印刷强国发展的指导和引领。印刷业将在上一个五年发展的基础上，立足新的发展阶段、贯彻新的发展理念、构建新的发展格局，推动行业继续实现"绿色化、数字化、智能化、融合化"高质量发展。

河北泓景印刷有限公司作为一家起步于北京，目前依据发展需求，返回家乡——河北衡水故城建设规模化厂房的出版物印刷企业，依托京津冀协同发展的区域规划优势，实现了跨省份业务的顺畅对接。为了更好地做好产能保障工作，公司在技术提升、设备升级、厂房智能化规划方面做了很多工作，"十四五"期间，公司将进一步加快人才的培养和厂房的智能化建设，为承接和服务好首都出版物的印制工作做好准备。

河北泓景印刷有限公司董事长　刘骑

自1992年丰润县印刷厂改制以来，至今已有三十载。三十年来我们栉风沐雨，三十年来我们砥砺奋进，三十年来我们初心不改，三十年来我们用心血、时间和智慧书写着印刷人的职责与担当！"而立之年"的我们将继续在传播文化的道路上攻坚克难，在时代的浪潮里乘风启航！

奋进"十四五"，我们更当立足政治站位，坚定文化自信，自觉做党的创新理论的坚定信仰者和忠实实践者，持之以恒用新时代党的创新理论武装思想，围绕新时代印刷业趋势，切实用求真务实的工作态度和锐意进取的工作意识打造出新时代符合企业文化的"五化"公司，即管理工作要细化、现场工作要标准化、生产管理工作要精准化、暖心工作要经常化、技改工作要常态化，全力构建"共创、共享、共赢"的润丰企业。

征程万里风正劲，且吟且行且破浪，我们要以"闯"的精神、"创"的劲头、"干"的作风，奋力推进印刷业高质量发展，以匠心致初心，以奋斗担使命，用我们最可靠的双手铸就印刷业新形象，为新时代、新征程凝心聚力，书写社会主义文化强国建设的绚丽篇章！

唐山市润丰印务有限公司党支部书记、董事长兼总经理

"十四五"时期，山西人民印刷有限责任公司坚持以习近平新时代中国特色社会主义思想为指导，完整、准确、全面贯彻新发展理念，秉承印证文明、刷新生活的经营理念；营造绿色智能、人才强企的发展环境；坚持书刊为基、多元经营的发展路径；实施创新驱动、优化管理的发展方式；实现高质量发展、惠及民生的发展目标。

公司坚定不移地加强党对国有印刷企业的领导，坚决贯彻落实党中央决策部署；坚定不移地走好创新发展之路，推动公司高质量发展；坚定不移地拓宽业务链和改善业务结构，推动公司协调发展；坚定不移地加强人才队伍建设，着力培养高素质技能人才，不断提升"人民印刷"的行业影响力，不断推动公司做强、做优、做大。

一是抓好两教、精装、保密、图书四条经营业务主线。二是按照"绿色化、数字化、智能化、融合化"的行业发展要求，制定实施企业技改规划。三是创新培养模式，通过校企合作抓人才队伍建设。四是围绕重点任务，狠抓举措落实。

奋进新时代，建功新征程。我们要抢抓全国印刷业蓬勃发展的大好机遇，在推进企业高质量发展的新征程中，续写新华章，再创新辉煌！

山西人民印刷有限责任公司总经理 李岩

过去十年间,我国印刷业以新发展理念为引领,加快"绿色化、数字化、智能化、融合化"发展,产业规模持续扩大,质量效益不断提升,劳动生产率稳步提高,新旧动能逐步转换,印刷保障支撑工作坚强有力。

展望未来,我国将在2035年建成文化强国,而印刷业作为我国出版业的重要组成部分,也是社会主义文化繁荣兴盛的重要推动力量和支撑,承担着巩固阵地、传承文化、服务人民的重要职责。印刷业发展要以习近平新时代中国特色社会主义思想为指导,立足新发展阶段,以深化供给侧结构性改革为主线,以创新为根本动力,加快构建优质产能供给、技术先进安全、绿色融合开放的印刷产业体系。"绿色、智能"是印刷业发展的目标,同时是所有印刷从业者科研创新、前进发展的方向。印刷业关系到国计民生,而且随着城镇化水平的不断提高,印刷品的数量和质量都会相应提升。

百舸争流,奋楫当先。未来我们要在中高端消费、绿色低碳等领域培育新的增长点,形成新动能,满足人民日益增长的美好生活需要。

山西省印刷物资有限责任公司党总支书记、总经理 杨明波

"十四五"时期是企业实现管理提升、改革创新、转型升级的重点发展时期,准确把握"十四五"时期的国内外经济形势和行业发展趋势,对企业统筹规划今后五年的工作任务意义重大。

印刷企业要积极响应国家的召唤,增加企业的创新因素,调整资源产业结构,优化资源配置,增强企业在绿色化、数字化和服务化的竞争力,不断探索核心技术开发,紧跟自主创新的步伐,优化企业的发展竞争力和后期发展的动力。

变革创新是推动发展的根本动力,新思维、新理念、新模式等正在加速全面颠覆行业发展的大环境,由此对印刷企业提出了前所未有的生死挑战。让我们深切地感受到立足当下,抓住"十四五"历史性机遇,顺势而为的重要性。蓝图已经绘就,路径已经清晰,号角已经吹响,无论是思想上还是行动上,我们都必须紧随步伐,撸起袖子加油干!

嘉兴环亚包装有限公司总经理

"十四五"对于出版印刷产业充满期待和希望。在过去的两年时间里，面对新形势、新任务，山东润声坚持疫情防控、生产经营"两不误、两促进"，推进了企业强力发展。

作为省、市出版印刷产业链补链、延链、强链骨干企业，我们将紧扣时代脉搏、紧跟时代步伐，视困难为机遇，变压力为动力，强力推进企业发展。

强化设备升级提档次。"十四五"期间，企业进一步强化设备升级，提升设备档次，推进印装设备平衡能力升级改造，继续引进德国、瑞士、日本等引领行业前沿的国内外先进设备，淘汰落后产能，提升自动化、数字化、智能化水平。

推进科技创新增活力。强化与齐鲁工业大学等高校"产学研"战略合作力度和领域，确保科研成果的快速转化，强化核心竞争力，推进企业创新发展。

强化人才建设增后劲。进一步引进、培养各类专业技术人才，形成"培养一批、使用一批、储备一批"的梯次人才培养、使用机制，为企业发展培育新生力量。

面对"十四五"战略机遇期，山东润声将继续坚持"建百年企业、铸世纪辉煌"战略目标，进一步坚持"质量、速度、安全、绿色"发展不动摇，全力推进企业做大、做强、做优、做久，全力将润声打造成全国印刷旗舰企业，为建设经济文化强市做出新的更大的贡献。

山东润声印务有限公司党委书记、董事长　徐　勇

《印刷业"十四五"时期发展专项规划》为我国印刷业的发展制定了明确目标，对印企提出了新的期望和要求。2021年，河南省瑞光印务股份有限公司在各级主管部门和新老客户的帮助和支持下，通过自身的努力，取得了较好的成绩，为行业的发展做出了应有的贡献。

2022年，受新冠疫情和"双减"政策的持续影响，印刷业务不断萎缩。作为一家成立近40年、在河南省内颇具规模和影响的老牌印企，我们依然坚信中国的经济能够稳步增长，印刷业还有很好的发展空间。

"十四五"期间，我们会紧跟国家政策，了解和掌握行业动态，准确把握市场方向，持续优化业务结构，加快设备的升级改造，尽快从传统印刷向智能印刷转型升级，坚持走绿色低碳、科技创新之路。同时，依托行业协会和产业集聚优势，加强产业链、供应链的协同合作，发挥规模优势和配套优势，争取实现同行业的合作共赢。

面对新的机遇，我们将一如既往地保持印刷人勇往直前的拼搏精神，将创建"百年瑞光"的企业目标与"十四五"时期的发展目标相结合，坚持社会效益与经济效益相统一，与包括《中国印刷》杂志社在内的所有印刷同人一起，为实现"十四五"发展规划的宏伟蓝图和美好愿景而共同奋斗！

河南省瑞光印务股份有限公司党总支书记、董事长

奋进"十四五"

"十四五"时期是我国乘势而上，开启新征程，向第二个百年奋斗目标进军的第一个五年，同时也是我国印刷业向高质量发展，打造印刷强国建设的关键时期。

郑州市毛庄印刷有限公司作为立足郑州，业务范围辐射全国市场的一家出版物印刷企业，经过38年的发展和沉淀，与全国30余家出版单位建立了良好的合作关系。公司自创办以来，招聘了很多当地的失地农民为公司员工，解决了当地农民的就业问题，一定程度上兼顾了社会效应和经济效益相均衡。接下来，我们将进一步提升员工的专业素养，培养人才、发掘人才，为企业的高质量发展做储备。

近年来，随着市场的不断变化，公司也在不断强化设备升级，积极向印刷生产设备自动化、数字化、智能化转型升级，旨在打造先进的智能化工厂，减轻员工劳动强度，为提员工福利待遇和幸福指数而努力。

公司自1984年成立以来，始终将产品质量放在第一位，以高质量服务客户为基调。未来，我们还将积极追求创新，以专业的技术、智能化的设备，为客户提供高质量的服务，努力将郑州市毛庄印刷有限公司打造成为一家具有较强市场竞争力的行业代表性出版物印刷企业。

郑州市毛庄印刷有限公司总经理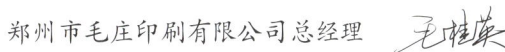

印刷业有着巩固阵地、传承文化、服务人民的重要职责。"十三五"时期，我国印刷业经过五年的持续奋斗，为加快建设印刷强国奠定了良好的基础。"十四五"时期，印刷业将面临新的发展机遇和挑战。

《印刷业"十四五"时期发展专项规划》提出，印刷业将继续坚持推动新旧动能转化，坚持"绿色化、数字化、智能化、融合化"发展方向。广东兴艺数字印刷有限公司作为走在行业智能生产前列的包装印刷企业，应企业发展的需要，选择以数字化、智能化的管理理念搭建智能印刷工厂，经过不懈的努力取得了阶段性的胜利，从中也收获了丰富经验和理想的成绩。未来，我们还将深度探索智能工厂的建设，践行印刷高质量发展的理念，坚持走在行业发展的前列，用获得的丰富经验，为推动行业和产业链的发展贡献一己之力。

珠三角是我国印刷业发展的战略高地，也是印刷业对外开放重要的连接平台。江门作为珠三角九市中的一市，具有非常得天独厚的经济发展优势。总部位于广东省江门市的兴艺，凭借地理位置优势和自身的努力，以专业的技术和具有创意的服务理念，不仅为各大品牌企业提供优质的印刷服务，还更进一步形成了深度的商业合作，未来，兴艺还会将这一理念继续坚持和发展下去，让印刷不再局限于印制服务。

广东兴艺数字印刷有限公司总经理

中国印刷年鉴 2022　247

作为印刷文化企业，我们始终走在党的文化事业和文化产业建设前端，肩负起举旗帜、聚民心、育新人、兴文化、展形象的使命任务，加强党对国有企业管理，建设好意识形态阵地，印制一批又一批文化臻品，传承中华优秀传统文化，满足人民日益增长的精神文化需求，助力我国文化事业繁发展。

当前，国内印刷业或处在转型发展的"十字路口"，可直观感受到纸张油墨等原辅材料上涨、给业内企业带来较大的成本负担，行业转型步履缓慢，行业生命周期各阶段的特点交织，蕴藏各类潜在风险，如果不及时有效规避或化解，必然会从市场中淘汰出局。

在这样的大环境下，我们作出在"十四五"时期打造两个省级印刷基地、努力向印刷"四化"转型的发展规划。如何实现规划目标是我们的工作重心。党的二十大胜利召开，标志着各行各业踏上新征程，我们瞄准文化产业发展前沿，坚持纵向一体化与横向一体化并举，放大差异化发展优势，不断提高企业管理水平，努力提高全员劳动生产率，提高社会效益和经济效益。

后疫情时代资源整合更为迫切，我们将坚定不移携手业内外合作伙伴守初心、担使命，努力做大共享发展的"蛋糕"，为我国文化事业繁荣发展展现责任担当。

广西民族印刷包装集团有限公司党委书记、董事长、总经理　卢仕祥

"十四五"期间，陕西思维印务有限公司的发展总思路是：致力于为客户提供一站式的印刷服务，推动企业向智能化、绿色化、数字化、融合化发展，坚持稳中求进，持续推进创新，积极打造一流印刷环境，有力推动印刷产能大幅提升，保证印刷产品品质不断提高。

未来五年内，公司将继续秉承科技引领市场，创新改变未来的经营理念，致力于绿色环保的印刷装订产品的研发、设计、生产，逐步扩充公司主营产品生产能力，不断优化现有产品结构和生产工艺，以技术性、功能性印刷产品开发为突破口，逐渐突破关键技术，并通过有效的市场营销稳步提升品牌形象和市场竞争力。公司将围绕已制定的发展战略，通过智能化先进印装设备的逐渐投产，充分利用公司的先进设备、生产技术优势和管理优势，保持主营业务规模增长，持续提升公司品牌知名度，从而提高市场占有率。

在新时代，我们要奏响高质量发展的主题曲，坚定不移地努力践行，为实现服务教育需求，给人民群众提供更加充实、更为丰富、更高质量的出版产品和服务，推动出版业向质量更好、效益更高、竞争力更强、影响力更大的发展目标不断奋进。

陕西思维印务有限公司总经理　刘东兆

服务出版、守正创新，深耕龙江、服务全国。

石桥印务将始终坚持以习近平新时代中国特色社会主义思想为指导，落实印刷业"十四五"规划任务，对标时代要求，做强做优做大主营业务，积极推进产品、业态、技术、团队和管理创新，把握供给侧改革、产品结构调整的机遇，不断培育新的增长动能。联合区域优势企业，进行印刷业务重组，实现合作者之间要素一体化、产业链资源共享，开辟新的发展路径和管理模式。

步履铿锵、脚踏实地助力构建"优质产能供给、技术先进安全、绿色整合开放"的印刷产业体系，在"十四五"时期推进石桥印务在行业内高质量发展。

哈尔滨市石桥印务有限公司总经理 石文利

永发印务（四川）有限公司由香港永发印务有限公司独资兴建，是上海市国资委下属上海实业集团成员企业。公司位于南方古丝绸之路名城和全国闻名的白酒原酒之乡——四川省邛崃市，服务了西凤酒、剑南春、水井坊、沱牌舍得、古川等酒类品牌客户。

展望"十四五"，公司将结合"一体化精品包装解决方案服务商"，全力打造为大中型品牌客户服务的包装品牌的战略目标，坚持"以市场为导向，以产品为龙头，以高起点、高效益为宗旨"，不断调整优化产品结构，持续坚持技术改造投入，提高产品技术档次和质量。公司继续坚守酒类包装特色，制定技术创新战略，提升硬件和软件方面能力，定制、研发自动化、智能化精品包装成型装配生产线，建设基于制造执行系统（MES）的智能工厂；充分采用免冲洗CTP版材，实现制版环节零废液排放，运行好车间VOCs和自动除尘等环保设施，进一步降低排放水平，提升空气污染治理等级，通过省级绿色生产企业认定；进一步开展好酒类印包企业领先的碳排放核查，致力于为实现双碳目标作出行业表率；通过调频、宽色域印刷技术的运用，在酒包生产中拓展高端印刷能力。

与此同时，公司充分利用产学研合作优势，发挥科技、技能人员优势，激发企业创新活力，注重人才资源培养开发，培育学习型组织。此外，公司还将一如既往，积极参与行业协会、印刷包装相关技术委员会和院校的活动，牵头、参与标准制定，为行业标准化建设和人才培养添砖加瓦。

永发印务（四川）有限公司常务副总经理

"十四五"期间，信息化、数字化、智能化等技术的不断创新将带来产业格局的进一步变革，印刷业的绿色化、数字化及智能化转型升级，必将是行业发展的重要主题。

展望"十四五"，云南出版印刷集团将主动对接云南省印刷业"十四五"规划，切实融入云南出版集团发展战略，按照"规划科学、主业突出、特色明显、竞争力强"的要求，紧密结合云南印刷包装产业的发展实际，工作中要切实把握历史机遇，充分挖掘、扩大印刷包装新需求，不断满足人民群众精神文化新期待；要充分认识到把握新需求、挖掘新潜能，关键要加强印刷业与出版发行、互联网平台、产业链上下游、文化创意等领域的深度融合，优化整合资源要素，推进数字产业化和产业数字化，加快产品创新、技术创新、模式创新和业态创新，在新发展格局中拓展更大的发展空间；要持续巩固和发展教材教辅图书、包装、精品、数码、保密和文创印刷产业，着力推动印刷包装产业集群发展；要积极推进"云南出版智慧印刷产业园"项目，加快建设智能化印刷平台，在加快企业数字化、智能化转型升级步伐的同时，有力推进企业生产运营管理现代化。

云南出版印刷集团有限责任公司党委书记、董事长

《印刷业"十四五"时期发展专项规划》提出的主要目标"行业规模效益稳步提高，产业结构持续优化，创新能力明显增强，区域布局更加均衡，国际合作拓展深化"为印刷业提供了明确的发展方向，进一步结合"数字产业化，产业数字化"的理念更能持续推动行业的高质量发展。面向"十四五"，海口永发将紧紧把握以下两个着力点：

一是要坚持政治方向，始终明确印刷业是党的宣传思想工作的重要阵地，在推动企业升级和转型的过程中，自觉承担起党的宣传思想工作的重要使命。

二是对内持续优化升级，加快数字化智能变革，借助数字化平台聚集行业内上下游企业，建立产业联盟、产能联盟优化企业内部的资源配置，提质增效。对外则积极探索转型，寻求跨领域融合发展的转型机遇。

推动印刷业实现高质量发展并非一日之功，既要谋长远也要做当下。相信在党的领导下，印刷业将在"十四五"期间开启新的征程，取得更大的发展。

海口永发印刷股份有限公司董事长

奋进"十四五"

2022年是"十四五"规划的第二年，在全球疫情的洗牌下，世界格局已然发生了重大的变化，中国正加快从制造大国向制造强国迈进，经济地位不断提升。

国家强调"战略科技力量"，打好关键核心技术攻坚战，提高创新链整体效能。在此背景下，我们制造企业更应加强创新驱动，全面塑造发展新优势，坚持应用领域深耕，不断拓展国际市场，稳固行业技术领先地位。

杭州科雷机电工业有限公司作为印前制版领域龙头企业，多年来始终坚持自主技术创新，形成了独特的产品体系，在胶印CTP领域，科雷机电稳中求新，不断优化产品体验及服务，做好成熟品牌的担当；在柔印CTP领域，科雷机电引领趋势，为印刷用户迈进数码制版之路保驾护航，助力柔印制版数字化、绿色化升级发展；在胶印印刷领域，科雷机电敢于突破，以全球首创的EZC智能数字放墨系统为印刷用户开辟一条实现完美色彩的新道路，让传统印刷更智能、更简单、更高效；在国际市场布局上，科雷机电不畏寒流，稳中求进，坚持做让国外客户信赖的"中国品牌"。

"以科技创新为动力，以产品质量求生存，时时刻刻在进步！"科雷机电持续为全球印刷业输出优质、稳定的智能化印前及印刷解决方案。

杭州科雷机电工业有限公司董事长

"十四五"时期是我国"两个一百年"奋斗目标承前启后的历史交汇期，同时也是我国印刷业高质量发展的关键跨越期。

围绕我国印刷业"绿色化、数字化、智能化、融合化"发展理念，新时代的印刷人必须把握进入新发展阶段的新特征、新要求，重视科技创新，突破印刷制造过程中的关键"卡脖子"技术，以创新科研成果助力行业高质量发展；坚持绿色低碳发展道路，打造绿色引擎，增添核心竞争优势；加快智能化制造建设，积极引领绿色印刷、清洁生产发展方向。

天下无难能不可为之事，而有能为必可成之人。站在实现第一个百年奋斗目标和开启全面建设社会主义现代化国家新征程的历史节点上，新时代的印刷人必将紧跟伟大复兴领航人踔厉笃行，凝心聚力推进行业迈向"绿色化、数字化、智能化、融合化"，奋力谱写创新发展新篇章！

云南卓印科技有限公司总经理

2022年，是"十四五"时期第二年，在全社会全行业都不可避免地继续受到疫情的冲击和影响、市场整体需求下降、传统营销及服务模式遭遇挑战、巨大现金流压力等不利情况下，闽泰公司暨金禾田集团，仍继续深化企业内部改革，强化创新机制，淘汰落后产能，加强绿色环保技术改造及新材料新工艺开发，加强国际交流与合作，瞄准高质量目标全方位发展。

在接下来的五年，公司将紧跟国家"十四五"发展战略，不忘初心，勇担使命，引领精装材料行业在经济转型的背景下找准着力点，在绿色节能、高速高效、发展创新上谋篇布局，帮助印刷企业在精装领域破解难题，为印刷业从中低端向中高端稳步迈进贡献一份绵薄之力。

上海闽泰印刷材料有限公司总经理

《印刷业"十四五"时期发展专项规划》明确指出了印刷橡皮布发展方向——绿色环保、国产化、创新中心。联系到国内外印刷橡皮布制造企业技术质量现状和国家提出的建立内循环为主的国内外两个循环体系的构想，公司提出了"十四五"时期的发展目标。简单归纳如下：

坚持技术创新，进一步完善无溶剂环保橡皮布制造工艺，在技术质量上达到国外品牌的普遍水平。逐步在中高档橡皮布领域取代国外品牌。

加强技术改造工作，对老旧设备进行升级改造，并运用数字化技术形成新的稳固的生产能力。

建立"绿色印刷新材料创新中心"，根据印刷包装市场的新变化和新需求，加快研发和提升市场急需的中高档各类橡皮布，满足高速印刷、轮转印刷、UV印刷、金属印刷、塑料印刷、纸杯印刷、信封表格印刷、二片罐印刷需要，成为国内印刷橡皮布的研发中心。

运用数字化网络技术，逐步渗透和提高企业管理的各方面工作，实现ERP生产质量管理，安全生产监控系统，小型智能车间，环保清洁工厂，重视知识产权的保护，着力进行销售改革，向"专精特新"、"小而强"目标发展。

任重道远，我们会始终兢兢业业、努力奋斗，为中国印刷业发展作一点贡献。

江苏康普印刷科技有限公司
上海新星印刷器材有限公司　董事长　徐毛清

奋进"十四五"

"十四五"时期是我国"两个一百年"奋斗目标承前启后的历史交汇期，同时也是我国印刷业高质量发展的关键跨越期。中益公司在"十四五"期间将继续努力推动我国印刷业加快"绿色化、数字化、智能化、融合化"发展。

"十四五"时期，中益公司将完整、准确、全面贯彻新发展理念，紧抓绿色经济发展机遇，增强绿色经济发展的核心能力，提高绿色经济发展质量，进一步打造行业绿色经济新优势；继续深化绿色技术创新应用，激发绿色环保经济发展活力，努力营造良好绿色环保生态的重要内容和关键领域；继续把创新作为第一动力，大力推动技术创新、产业创新、应用创新、服务创新，努力为行业绿色环保发展赋能、提质、增效，营造繁荣发展的绿色生态。

中益油墨将继续秉承"传播绿色印刷技术，推动行业快速发展"的公司使命，始终坚持以振兴民族品牌为己任！展望未来，我们满怀信心，为实现"成为全球环保油墨卓越服务商"之愿景而努力前行！

中山市中益油墨涂料有限公司董事长

目前，我国印刷业发展呈现规模效益稳步提高、产业结构持续优化、创新能力明显增强、区域布局更加均衡、国际合作拓展深化等五大走势。展望未来高质量发展，打造绿色引擎，增添智能动力，基于越来越丰富的绿色智能创新应用，将会进一步赋能印刷业转型升级。未来印刷业将全产业链聚合力谋创新，构建优质产能供给、技术先进安全、绿色融合开放的三大产业体系。

深圳市瑞丰新材料科技集团有限公司贯彻落实制造业强国战略，全力打造成国内领先、国际知名的创新型印刷科技聚合体。通过深化可持续的中心化发展管理，实现印刷包装制造业产业升级，在践行"绿色化、数字化、智能化、融合化"的发展道路上，引领广大印刷人不断开创科学发展新局面。公司贯彻落实创新驱动发展战略，坚持科技自立自强，推动企业大学薪火相传，利用产学研开展协同创新，不断增强印刷业创新力和竞争力。

在新的征程上，瑞丰科技集团继续秉持着匠心强企、科技引领未来的方针，朝着绿色、服务、高效、数字化的发展目标迈进，在新产品、新技术、新服务领域做进一步深化，不断为公司及印包行业的可持续发展作出更多的贡献。

深圳市瑞丰新材料科技集团有限公司执行总裁

《印刷业"十四五"时期发展专项规划》的发布进一步为行业的未来发展明确了方向。绿色发展、产业结构优化、提升创新能力，深化合作都将是"十四五"期间的关键词。作为行业一员，芬欧汇川（中国）有限公司将继续与业界同仁、上下游伙伴共同努力，将自身的发展与行业的目标更紧密地结合，在谋求企业发展的同时为行业的革新尽一份力。

芬欧汇川（中国）有限公司将继续围绕可持续发展的重点，通过开发安全且可持续的产品，循环使用原材料和产品，在生产、物流过程中不断提升能源利用效率减少排放，从原料、生产和产品三方面努力践行绿色发展战略。

对于中国市场，我们的承诺长远而深厚。未来，我们的目标是持续创新，为中国市场提供更多可持续纸张产品，替代塑料等化石材料；不断通过产品创新，继续为客户创造价值，满足中国消费者对高端新型绿色产品的需求；同时也会继续保持高标准环保水平，力求助力中国造纸行业的绿色转型升级，为国家绿色发展和高质量发展助力。

芬欧汇川（中国）有限公司中国区销售副总裁

"十四五"时期推动高质量发展，必须立足新发展阶段、贯彻新发展理念、构建新发展格局；必须坚持深化供给侧结构性改革，以创新驱动、高质量供给引领和创造新需求，提升供给体系的韧性和对国内需求的适配性。

岳阳林纸确定"一二三四五"发展目标，即瞄准高质量发展一个中心；打造泰格林纸孵化、岳阳林纸融资两个平台；夯实岳阳、宁波、怀化三大基地；做强生态浆纸、生态工程、生态农林、生态化工四大产业，以及激活五个动能：一是资本注入，打造"资金池"；二是资产盘整，打造"资产池"；三是项目建设，打造"项目池"；四是党管人才，打造"人才池"；五是管理效率，打造"信息池"。

作为国内大型文化用纸、包装纸、工业用纸生产及销售的造纸类领先企业，率先在全国实施"林浆纸一体化"战略，岳阳林纸始终践行绿色低碳、可持续发展理念，坚守"红色基因，绿色纸品"的使命担当，发挥央企绿色示范引领作用，聚焦生态产品价值实现，打造具有行业一流竞争力的生态造纸公司，成为国有造纸企业的中坚力量和行业先锋，以优质纸张，为印刷业发展保驾护航！

岳阳林纸股份有限公司总经理

苏州易能环保科技有限公司自2000年创立以来，始终坚持在绿色印刷业务领域良性发展并取得了不菲的成绩。公司先后推出无醇润版液和半水基油墨清洗剂等一系列绿色印刷原辅材料，帮助推动印刷业实现绿色化印刷高质量发展，也是印刷行业标准《低VOCs含量清洗剂》（标准号：T/PEIAC T/PEIAC010—2021）的制定者。

奋进"十四五"，企业要紧跟全面深化改革的东风前进，积极参与融合到全国统一大市场，将企业发展与社会发展融合起来，彰显新时代企业的担当和社会责任，以供给侧结构性改革为着力点，全面推进企业管理科学化，合理规划产业目标，查漏补缺，补齐企业短板，不断创新，力争做高质量发展企业。

"奋进新时代"，企业将始终贯彻习近平生态文明思想并作为企业理念的灵魂，始终坚持毫不动摇，做到思想上高度认同、政治上坚决拥护、组织上自觉服从、行动上紧紧跟随，做到绿色发展、和谐发展，最终在绿色印刷领域描绘属于易能的风采！为实现共同富裕贡献易能力量！

苏州易能环保科技有限公司
苏州盛威科印刷器材有限公司 董事长 李洪彦

展望2035年，我国印刷业规模将得到进一步飞速提升，也将从印刷大国成为印刷强国。《印刷业"十四五"时期发展专项规划》为中国印刷业发展指出新方向：绿色发展将成为常态，提质增效和环境保护并行。

作为全球最大的粘合剂和国内最大的书本装订粘合剂供应商，汉高持续深耕于中国本土印刷业，致力于与客户合作，通过技术创新和整体解决方案，助力中国印刷业高质量发展。同时高举绿色发展大旗，颁布2030+可持续发展宣言，推动社会和经济向可持续的方向转型，保护再生自然，丰富和改善数十亿人的生活，为后代塑造一个美好的未来。展望未来，我们已做好充分准备，将为中国印刷业可持续转型添砖加瓦！

汉高（中国）投资有限公司
包装应用粘合剂大中华区销售总监

砥砺前行。在当下经济回落的市场环境下,虽然印刷企业面临着各种困境,但更多的企业选择紧跟发展趋势,在绿色化、智能化、数字化方面迎来新的创新与突破。华夏视科与客户企业紧密团结,公司上下齐心,协力奋进,攻克道道难关,让企业凝聚力增强,充分体现了"诚信、创新、敬业、发展"的精神理念。

逆流而上。展望"十四五"规划,我们对国家发展信心满满,大环境下的挑战与机遇并存,我们始终砥砺前行、稳中求进。发展是一条永无止境的征途,我们为之不懈努力!

推陈出新。在对品质高要求严把关的前提下,不断创新产品,提高企业竞争力,保障品质和优化产品升级是企业高质量发展的根本。

我们为印刷企业打造了全流程质量管控解决方案,并于印刷各环节选配合适的检测设备;检测数据与信息化系统互联,便于监测与管理,通过大数据分析挖掘废品产生的原因;完善的售后服务体系,解决客户的后顾之忧。我们用不断创新的技术、稳定可靠的产品和优质有效的服务赢得了合作伙伴的一致好评。

华夏视科已经做好充分准备,在党的二十大精神指引下,为实现国家"十四五"规划的宏伟目标,为中国印刷业实现高质量发展而不懈努力!

北京华夏视科技术股份有限公司董事长

《印刷业"十四五"时期发展专项规划》明确指出了行业发展目标:规模效益稳步提高,产业结构持续优化,创新能力明显增强,区域布局更加均衡,国际合作拓展深化。

在此大环境的驱动下,印刷业势必实现可持续印刷工艺的发展,在技术革新的同时,企业软实力(管理革新)还需同步跟进,技术与管理两驾马车并驾齐驱,在企业内部管理夯实的基础上,加上技术领先,做好准备迎接前所未有的重大机遇。

管理革新,不仅是引进精益工具,精益思想,更重要的是将精益工具学以致用,让精益管理为企业不断创造价值,为企业在数字化、智能制造领域创造辉煌。如何将管理落地,简单概述五个字:"盯"、"练"、"逼"、"想"、"批"。说过的事情,要时刻紧盯,时刻跟进;不会做,就要"练",优秀的能力都是实战练出来的;不能做,就要"逼",潜力是逼出来的;没办法,就要去"想",遇到问题要全面思考,集思广益,方法总比困难多;找借口,就要"批",面对习惯性找借口的问题,要敢于批评。做管理,不是走过场,一定要夯实过程。管理没有捷径,将每一个精益管理工具执行落到实处,相信相信的力量。

华明卓益科技(深圳)有限公司总经理

新闻出版业是建设社会主义文化强国的重要组成部分，《出版业"十四五"时期发展规划》明确提出，2035年我国将建成出版强国。上海新闻出版职业技术学校集职前与职后、学历教育与非学历教育、公共服务为一体，是一所多层次、多形式、多规格的综合性办学机构。

"十四五"期间，我校将继续立足上海，辐射长三角和全国，以学历教育为主轴，职后教育和行业检测服务"两翼"并举，打造"一轴两翼式"发展新格局，充分发挥教育教学、职业培训和绿色认证三大功能。同时，不断完善体制机制和信息化校园建设，持续推进职业教育教学改革，推进内涵、质量和特色建设，不断提升技术技能型人才培养能力。其次，继续深化育训结合，落实职业学校实施学历教育与培训的法定职责，全力对接产教培研，拓展行业对外合作，探索构建政校行企多方协同的高技能人才培养机制，加快培养印刷业发展急需紧缺的高素质技术技能人才。最后，进一步夯实质量检测功能，加强与长三角质检机构的技术交流和业务协作，全面服务青浦区、上海市及长三角区域印刷业一体化发展，为推动新闻出版职业教育与产业协同发展贡献力量。

上海新闻出版职业技术学校党委书记、校长　黄彬

"十四五"时期，天津职业大学包装与印刷工程学院坚持新发展理念，以"双高"专业群建设为契机，立足服务印刷包装产业转型升级对高素质技术技能人才的要求，构建"多通道融合递进"专业群人才培养模式；深化校企合作，形成校企命运共同体；对接职业岗位群，构建"通用—组合—特色"的模块化课程体系，将新材料、新技术、新工艺融入课程内容，校企共建优质模块化专业群课程，创新课程思政育人格局，升级专业群教学资源库，深化教材教法改革，推动"课堂革命"；以"四有"为标准，打造专兼结合高水平创新型双师队伍；产教融合打造绿色创新、智慧共享型实训基地；依托天津市包装生产线技术工程中心和包装印刷协同创新中心，建成集人才培养、团队建设、技术服务于一体，资源共享、高效灵活的技术技能服务平台，为智能化包装升级提供技术技能支持；加强党的建设，全面推进专业群高质量建设，打造具有中国特色"天职"品牌高水平专业群。

时代呼唤担当，使命催人奋进。印刷业应抓住蓬勃发展的大好机遇，踔厉奋发、勇毅前行、团结奋斗、谱写新篇章、再创新辉煌！

天津职业大学包装与印刷工程学院院长

肥城新华印刷有限公司
FEICHENG XINHUAYINSHUA YOUXIANGONGSI

　　肥城新华印刷有限公司是国家印刷示范企业、山东省文化产业示范基地、推进绿色印刷标兵企业、山东省书刊印刷龙头企业、高新技术企业。2005年通过ISO9001质量管理体系认证，2012年5月通过中国环境标志产品认证即绿色印刷认证，是1958年建厂的地方国营县级印刷企业，2003年9月改制建立了完善的法人治理结构和现代企业管理制度。公司厂区占地面积150亩，建筑面积4.5万平方米，现有员工500余人。以出版物印刷为主，产品主要有主题出版图书、中小学生课本、教材教辅和精装图书，年生产能力达150万令大纸。公司硬件设施国内一流，主要印刷设备有进口柯达CTP直接制版系统、5+1海德堡彩色印刷机、德国产海德堡四色对开、四开印刷机、高斯625八色轮转机、日本小森546商业轮转机、YP2890轮转机、204D轮转机、北人产4787八色胶印轮转机、如皋1040整张双色双面和单色双面1040、920平张纸印刷机。印后装订设备齐全，主要有马天尼CC12皇冠胶订联动线、上海紫光四条胶订联动线、进口马天尼胶订联动线、TSK胶订联动线、骑马钉联动线、精装联动线、配锁联动线、全自动覆膜机和UV烫金机。数字印刷设备主要有北大方正数字喷墨印刷机、北大方正喷码机、惠普、柯达、奥西数字印刷机和装订线。公司印刷服务覆盖全国各地，拥有40多人的营销团队，与100多家出版社形成战略合作关系。公司在国内同行业内享有较高的声誉，出版物印刷产能产量居山东省前列，优质的产品和细致的服务受到了广大用户的信赖，在出版教育界树立了良好口碑，是国内规模大、品种全、档次高的书刊印刷企业之一。欢迎国内外客商到肥城新华做客。

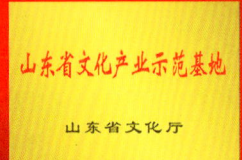
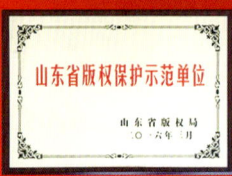

董事长：刘培利
电话：0538-3460929　13905482119　　　　**地址：**山东省泰安市肥城市老城工业园
邮箱：fcxhysyxgs@163.com　　　　　　　　**网站：**www.fcxhys.cn

福建新华联合印务集团有限公司
FUJIAN XINHUA UNITED PRINTING GROUP CO.,LTD

精诚 笃行 创新 超越

福建新华联合印务集团有限公司隶属海峡出版发行集团，是由福建新华印刷有限责任公司、福建彩色印刷有限公司、福建海峡出版物资有限责任公司、福建恒源光电技术有限公司、福州华彩印务有限公司组建成立。公司集书刊印刷、包装印刷、物资贸易、物业管理、仓储物流等为一体，是福建省内规模较大的一家国有综合性印刷服务企业。

公司位于福州市福兴投资开发区海峡印刷创意园，园区占地面积66.7亩，拥有全新规划建设的现代化厂房5万余平方米。公司紧紧抓住传承国企优良传统、凝聚改革发展合力的历史契机，持续投入上亿元进行印刷设备技改升级，大力推动绿色印刷、数字印刷的发展。先后通过了中国环境标志产品、三体系、G7色彩等认证；积极推行ERP企业资源管理系统，努力实现企业管理流程的集约化、规范化、标准化；实施现场5S管理，优化公司生产现场的工作环境及设施、设备的稳定性，大力提升生产质量与产能。在历年全国和全省质量评比中屡获部优、省优奖项，同时还获得国家推进绿色印刷标兵企业、中国印刷企业最佳雇主二十强企业、人教社教材印刷示范企业等一系列荣誉称号，并多次荣获省直机关和福州市"文明单位"称号。

展望未来，公司将继续在海峡出版发行集团的正确领导下，秉承"精诚、笃行、创新、超越"的企业精神，牢牢把握政治方向和价值导向，弘扬工匠精神，践行责任担当，在高质创效中求生图强，在去杂归核中聚焦主业，在改革创新中再造优势，扎实推动出版印刷产业高质量跨越式发展，助推文化强省战略，为推进新时代新福建建设作出更大的贡献。

设备展示

● 海德堡四色单张纸胶印机

● 三菱四色单张纸胶印机

● 三菱八色商业轮转胶印机

● 马天尼胶装联动线

产品展示

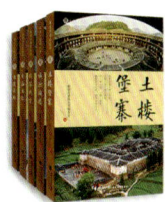 

公司资质和荣誉

地址：福建省福州市晋安区福兴大道42号　　网址：www.fjxhyw.com
电话：0591-88208458　0591-88208466　　邮政编码：350014

山西人民印刷有限责任公司

奋进新征程
建功新时代

关于我们　　　　　　　　　　　　　　　　　　　　　　　　　　About Us

　　山西人民印刷有限责任公司（原名山西省七二五厂），是山西出版传媒集团旗下大型国有书刊印刷企业，成立于1968年7月25日，1973年5月投产。公司坐落于吕梁山脚下孝义市城区，现有员工400余人，占地面积13万平方米。公司拥有先进的印前印刷印后生产加工设备，年生产能力彩色500万色令、装订100万令。

　　公司坚持"管理两规范，建设双文明"的治厂方针，发扬"团结奋进"的企业精神，以"信义为本，谨细立身"为企业价值观，把"以人为本，发展为了职工，发展依靠职工，发展成果让广大职工共享"作为各项工作的出发点和落脚点。公司秉承印证文明、刷新生活的经营理念；营造绿色智能、人才强企的发展环境；坚持书刊为基、多元经营的发展路径；实施创新驱动、优化管理的发展方式；实现高质量发展、惠及民生的发展目标。

　　公司党委坚持以高质量党建引领企业高质量发展，坚持"1154"党建工作思路和"1211"宣传文化。重视组织建设，推进"231"党建工作法和一支部一品牌创建活动，党员先锋岗、党员突击队、党员责任区作用凸显，圆满完成教材教辅"课前到书、人手一册"和重大政治出版物任务，党旗在生产一线高高飘扬，得到了中国新闻出版广电报、山西电视台、孝义电视台等多家媒体宣传报道。公司党委被山西省委授予"全省先进基层党组织"荣誉称号。

　　在党建的政治引领下，公司多点突破展实力，荣获多个重磅奖项。《中华弓马剑槊图说》获得第五届中国出版政府奖印刷复制奖，第八届"中华印制大奖"评选，获得两个银奖、两个铜奖，第41次全国人教版中小学教材印装质量检测，获得19优、6良，优良率100%的好成绩。尤其是今年9月，公司书刊车间轮转班组在全国65.4万多家参赛企业中，喜获殊荣，获全国"安康杯"竞赛活动"优胜班组"称号。

　　作为国有文化企业，我们要全面加强党对国有企业的领导，提高政治站位，聚焦重点任务，明确思路举措，以昂扬的斗志，实足的干劲，奋进新征程，建功新时代。

天闻印务

TIANWEN DIGITAL PRINTING

生态智慧印制综合服务提供商

湖南天闻新华印务有限公司是国家首批印刷示范企业，隶属中南出版传媒集团股份有限公司（证券代码：601098），是一家集书刊、商业、报纸、防伪标识、数码快印等印刷和信息化防伪技术研发于一体的大型国有企业。现有在职员工1600余人，各类专业管理技术人员500多人，拥有国内外先进生产设备近300台套，可实现最高日产成书量350万册，是一个拥有近10亿元固定资产的生态型绿色印刷产业发展基地。

公司享有商品和技术进出口权资质，已取得质量、环境、职业健康安全、"FSC"森林、绿色印刷等多项国际标准体系认证，在信息化防伪技术上以"一书一码"系统为依托，建立数字资源库大数据平台，全面满足公司战略客户新商业、新营销模式的技术需求。

公司秉承敢于担当、勇于创新、善于作为的改革精神，立足实业，聚焦主业，从制造到智造，从产品链到产业链，从内陆到海外，在供给侧结构性改革的大潮中，闯出一条传统书刊印刷企业高质量发展的新路子。十三五期间，天闻印务保持年销售收入超10亿元，年利润实现近30倍的跨越式增长；完成20余亿册出版物印制生产，多色印刷年产量位列全国前列，海外业务市场开拓已遍布全球六大洲的20多个国家和地区，在海外高端精品图书市场的影响力和美誉度不断提升。

公司连续18年荣登"中国包装印刷企业100强排行榜"，荣获首届、第三届中国出版政府奖先进出版单位奖，印制的《中医名言通解》获第五届中国出版政府奖印刷复制奖，在第39、40、41次全国人教版中小学教材质评中荣膺全国第一，在统编三科教材质评中连续三季荣获全国第一名，印制的有关主题出版物获学习出版社重大选题突出贡献企业奖和外文出版社重大项目先进单位奖，印制的《中国国家地理》多次荣获中华印制大奖金奖。

天闻印务在70年的征程中踔厉奋进，未来将继续秉承"赓续奋斗 惟精维新"的企业精神和"守信 实干 创新 共赢"的核心价值观，以标准化、智能化、规模化、综合化为路径，全力打造公司高质量发展新高地，着力构建"十四五"高质量发展新格局。

印制的《中医名言通解》
荣获第五届中国出版政府奖印刷复制奖

安徽新华印刷股份有限公司简介

安徽新华印刷股份有限公司系时代出版传媒股份有限公司控股子公司。前身为安徽新华印刷厂，创建于1950年10月，2002年完成股份制改制。公司现有员工618人，2021年营业收入4.46亿元，资产总额5.58亿元。安徽新华是安徽省书刊印刷龙头企业，在全国新华系印刷企业排名位居前列。

安徽新华印刷股份有限公司是国家印刷示范企业、绿色印刷企业、国家高新技术企业、全国印刷标准化试验研发基地，集教材教辅、精品图书、期刊画册等于一体的大型出版物智能印刷企业。2021年6月，安徽新华荣获第五届中国出版政府奖先进出版单位奖和印刷复制提名奖；5月，《梅文鼎全集》和《辞海》第7版获第八届中华印制大奖金奖和银奖；2020年10月，图书印刷智造线成为2020中国印刷业创新大会推广应用案例之一。2018年被人教社授予"教材印刷示范企业"、2017年被人教社授予"三科教材出版印刷发行先进集体"。公司依托创新研发中心、智能信息中心、项目发展中心，与行业顶尖研究院与院校等科研教学单位，联合共建创新示范基地、智能印刷基地、培训基地、工业旅游示范基地。

安徽新华印刷股份有限公司拥有国际先进的印装设备:有桌面系统、数字资源、CTP等组成的数字化印前系统;有多台进口多色胶印机和数字化色彩管理组成的高品质彩印系统;有多台进口商业轮转机、高速轮转机组成的高品质商业印刷与高速书刊印刷系统;有柯尔布斯、马天尼、阿斯塔、精密达、MBO等组成的精装及精品图书装订印后系统；有色彩管理、印品检测、混料检测、称重检测、二维码溯源等管理和控制系统;有ERP&MES、数字资源库、客户资源服务组成的信息化管理系统;有设备数字采集直连、智慧能源管理、智能消防管理、WIFI工厂、可视化生产导航、印装智造生产线、印刷工业互联网组成的智能化生产经营管理系统。

安徽新华印刷股份有限公司近年通过ISO质量管理体系认证、中国环境标志产品认证、环境管理体系认证、职业健康安全管理体系认证、G7等认证。印刷产量、质量在同行业中名列前茅。

创新引领发展，科技赢得未来；印制精品图书，歌颂美好时代。
安徽新华印刷股份有限公司热忱欢迎四海宾朋！

地址:合肥砀山路10号
网址:www.axp.com.cn
电话:0551-65859551 65859128

北京东港安全印刷有限公司
BEIJING TUNGKONG SECURITY PRINTING CO., LTD

北京东港安全印刷有限公司（以下简称"北京东港"）成立于2004年8月25日，是东港股份有限公司在北京设立的全资子公司，注册资本8000万元。

2010年北京东港新工厂正式启用，工厂占地总面积：约40亩；建筑物总面积：近4万平方米。

北京东港一直紧跟信息技术发展潮流，积极探索将信息科技技术与传统印刷技术相结合的方法和模式，不仅在生产智能化改造、服务智能化响应方面取得了较好的效果，还在电子发票开具、智能卡制作、数据处理、RFID封装、彩票服务、防伪标签制作、智能档案管理等领域均处于国内领先地位。

目前公司已成长为国内商业票据印刷行业较有实力的企业，凭借优异的产品、高效的服务、良好的信誉，公司已经与多个部委、金融保险系统等诸多单位合作，为上述客户印制了大量的票据防伪证书、金融凭证等，在印刷质量、服务水平等方面受到了合作客户的一致好评。

一、产品特点

北京东港主营业务为防伪安全票证和出版物印刷，包括但不限于：税务发票、重控单证、银行存折、账单、邮政单据、保险单证等。

通过防伪设计、防伪纸张、防伪油墨、防伪工艺等应用确保防伪安全票证能够满足客户对防伪票证防伪力度强、身份唯一性、防伪稳定期长、防伪识别性能高、使用适应性广、无使用环境等的要求。

二、东港未来

持续产业结构调整、整合产业资源保持核心竞争力。北京东港积极进行产业链业务延伸布局，除传统出版物和防伪票证印刷板块外，公司陆续拓展了数据外包、彩印、标签制作、RFID制作、智能卡、电子发票、新渠道售彩、档案管理等多元化业务板块，已形成了围绕客户核心资源的信息服务产业集群。

📞 **010-80806105 4006185968**
✉ xiaoshoubjdg@tungkong.com.cn
🌐 www.tungkong.com
📍 北京经济技术开发区经海四路139号

中闻印务投资集团有限公司

中闻印务投资集团有限公司是人民日报社出资成立的国有独资企业法人,在接收7家军队保障性企业基础上于2001年12月成立,主要开展与纸媒、出版行业相关联的印刷业、文化产业以及有关项目的投资业务,目前在南京、济南、西安、武汉、福州、青岛等6个城市拥有8家全资子公司。2021年全集团实现营业收入超5亿元,在全国印刷企业综合实力位列前茅。中闻集团承担着《人民日报》《解放军报》《光明日报》《经济日报》等党报及《求是》《读者》《知音》《特别关注》等50多种期刊和北京及部分省市教材教辅的印刷任务。

中闻集团成立以来,在人民日报社编委会的领导下,广大干部职工秉承"拼搏、奉献、和谐、发展"的理念,通过有力举措不断扩大生产能力。近年来,所属企业自筹资金3.2亿元,购置大型设备60多台(套),完成了新一轮较大规模的设备技术改造。同时先后完成青岛、山东、南京、西安、武汉等企业的新厂建设任务,建筑面积达到105300平方米。展望未来,我们将进一步壮大人民日报印务联合体,继续向印刷业上下游关联产业拓展,形成具有一定规模和实力的文化产业集团,争取早日在证券市场上市,努力把中闻集团打造成国家报刊印刷产业的龙头企业。

通讯地址:北京市朝阳区东四环中路39号华业国际中心B座15层
联系电话:010 - 85711036
传真电话:010 - 85711037

中冶纸业银河有限公司

　　中冶纸业银河有限公司(简称银河纸业)是中国诚通控股集团有限公司下属中国纸业投资有限公司的造纸企业之一，年造纸能力80万吨，年制浆能力50万吨。产品有印刷用纸、办公用纸和包装用纸三大系列，主导产品有：高档双胶纸、高档静电复印纸、轻型纸、抑菌书纸、象牙白双胶、纯质纸和高强瓦楞原纸，以及其他特色文化印刷用纸。

　　面向未来，银河纸业将以市场为导向，以客户为中心，践行中国纸业"向文明、德载业、竞天择、新致远"的企业文化，坚持"紧贴市场，优化结构，持续改善、追求极致"经营方针，努力建设成为具有国际竞争力的现代化制浆造纸企业。

银河七大品牌

抑菌书纸6大特点

高效抑菌
经广东省微生物分析检测中心检测，纸张对大肠杆菌及金黄色葡萄球菌的抑菌率均达到99.99%以上。

长效抑菌
纸张放置600多天后，纸张抑菌率仍保持在99.8%以上，具有良好的抑菌长效性。

皮肤友好
广微测对抑菌书纸进行了连续14次的皮肤刺激试验，纸张表现出对皮肤无刺激，实现了高效抑菌与皮肤友好的完美结合。

完美兼容
优选出的抑菌配方和纸张现有体系有极好的配伍性，对纸张其它质量指标及后续印刷没有影响。

印刷特性
品质稳定，纸张表面细腻，印后网点真实，还原性好，优异的表面强度，适合高速胶版印刷。

应用范围
适用于印刷教材、教辅、书刊、杂志、封面、插图、地图、日历、笔记本、试卷等。

📞 400-0635-838
中国·山东·临清市·西门里街297号

 聯興盛業

北京联兴盛业印刷股份有限公司成立于2000年9月，位于中关村科技园区大兴生物医药基地，占地面积54000平方米，建筑面积44000平方米。企业主要以印刷为主，集设计、排版、印刷、装订为一体，可为客户提供印装一体化的全程优质服务。系列加工产品有书刊、杂志、画册、证书票据、包装等。联兴盛业自成立以来，生产规模逐年扩大，是有着良好成长性和较大竞争优势的企业。

联兴盛业始终坚持"顾客至尊、诚信至上"的经营理念，坚持用精品回报客户。多年来，企业凭借优异的印装质量，较短的印刷周期，全面的储、运、发功能和周到的印后服务，赢得了众多客户的好评和信任。至今已与300多家客户包括出版社、杂志社、企事业单位、文化传媒公司建立了长期友好合作关系。印装产品涵盖图书出版、期刊杂志、高等教育、医药卫生、商业、包装、旅游、影视、农业、电子、机械等众多领域。

联兴盛业拥有国内、国际一流的印装设备：印前、印刷设备20余台（套），网屏CTP制版2台；彩色印刷机9台，海德堡对开五色机、罗兰对开五色、罗兰对开四色机、小森对开四色机、日本TKS、日本小森八色商业轮转机；高速双色双面/单色双面/双色单面平张机6台、双色轮转机3台等；装订及印后外围设备60余台（套），包括瑞士马天尼B8胶订联动线1条、德国柯尔布斯胶订联动线1条、柯尔布斯精装联动线1条、精密达胶装联动线1条、马天尼骑订联动线2条、锁线机5台，年生产能力达100万令纸，加工书刊达8000万本/年。

联兴盛业始持坚持走新型工业化道路，不断进行技术改造、引进国内外先进硬件设备，招揽大量优秀技术人才，综合实力得到极大提高。企业先后通过了ISO9001质量管理体系认证、ISO14001环境管理体系和ISO28001职业健康安全管理体系认证及国家秘密载体印制资质证书乙级、中国环境标志产品认证证书、信息安全管理证书，连续多年入围政府采购定点印刷单位，是北京市首批通过绿色印刷认证的标兵示范企业，已通过北京市清洁生产审核。连续多年被北京市有关部门评为"北京市印刷质量管理十佳企业"，印刷的产品多次获得"北人杯"质量大奖，北京市印刷协会副理事单位。

客户至尊、诚信取胜是联兴盛业经营的方针，客户百分百的满意是联兴盛业人永恒的追求。今天的联兴盛业，以不断提升客户价值为导向，继续引进一流的硬件设备和更多的专业人才，逐步调整产品内部结构，优化企业生产布局。用诚信建立与客户沟通的桥梁，以生产精致的印刷品向读者提供阅读享受。纪律严明、艰苦奋斗、团结协作、勇攀高峰的联兴人，将始终坚持以诚信经营、为客户制造印刷精品为已任，致力成为业内受尊敬的印刷品牌，与我们的客户一起共创美好明天！

地址：北京市大兴区春林大街16号　　邮编：102600　　电话：010-63735097

 云南卓印科技有限公司
Yunnan Joy Printing Technology Co.,Ltd

卓印新型胶印水路系统
Joy New-type Moistening System for Offset Printing

— 国 际 领 先 胶 印 创 新 技 术
Joy New-type Moistening System for Offset Printing

包装印刷、出版印刷、报纸印刷等胶印印刷行业
挥发性有机物（VOCs）排放治理豁免技术
A Technology for Exemption of VOCs Pollution Control in Offset-printing on Package-printing, Publishing, and Newspaper-printing

绿色环保
Protecting Environment

提升品质
Improving Quality

节能降耗
Saving Energy & Reducing Emissions

高效安全
Efficient & Safe

先国家生态环境部发布的多项先进推广技术及国家环境保护标准
ted into the National Environmental Protection Standards and the Advanced Promotion Technologies by the Ministry of Ecological Environment;

国家先进污染防治技术目录（大气污染防治领域）》、
<The National Catalogue of Advanced Technologies on Pollution Prevention and Control (the Field of Air Pollution Prevention and Control)>;

《印刷工业污染防治可行技术指南》、"绿色'一带一路'技术储备库"
Into <The Feasible Technical Guide for Pollution Prevention and Control in the Printing Industry>; Into "the Green 'Belt & Road' Technical Repository".

 地址：云南省高层次人才创新创业园A座9楼
Address: 9th Floor, Site A, Yunnan High-level Talent Innovation and Entrepreneurship Park

 网址（Website）： www.joy-printing.cn
联系电话（Telephone）： 0871-68256026

天津海顺印业包装有限公司
TIANJIN HAISHUN PRINTING & PACKAGING CO.,LTD.

核心价值观
利他 自强 勤奋 感恩

　　天津海顺印业包装有限公司，始创于200◯年，现已发展成为一家集设计制版、彩色印刷、后加工、仓储物流于一体的大型综合性中国印刷智能制造示范企业。总建筑面积达5万多平方米，有职工千余人。

　　凭借先进的设备力量和现代化企业管理模式，公司在发展过程中坚持科技兴企，智能制造，走质量发展之路，尊重版权、重视品牌，先后获得家印刷示范企业、国家版权示范企业、国家高新术企业、中国驰名商标、中国印刷行业领军品牌、中国出版政府奖、中华印制大奖金奖、银奖、奖、优秀奖、京津冀教材印刷优秀企业奖、京版团出版物印装优质奖、绿色印刷优秀印刷单位、国印刷包装百强企业、天津市领军人才等诸多荣称号。

地址：天津市东丽开发区五纬路62号　　邮编：300300
电话：022-84840016　84840017　　网址：www.tjhaishun.com

让客户用上放心的环保油墨！

UV·LED胶印油墨

专业服务酒包、化妆品、日用品印刷。

服务全球40多个国家与地区，让客户用上放心的环保油墨！

超性价比产品：UVU-KE系列胶印油墨	**UVU-逆向底油（折光型）**
超低气味产品：UVU-HT系列低气味油墨	**UVU-逆向面油（D型）**

联系电话：0760-88416338、18928196108涂先生

中益油墨涂料有限公司
ZHONGYI INK & PAINT CO.,LTD.
官方网站：www.zhongyi-ink.com
地址：广东省中山市港口镇群富工业区29号

上海新闻出版职业技术学校

上海新闻出版职业技术学校（上海新闻出版教育培训中心），是由上海市委宣传部主管的一所公办学校。学校坚持"多层次、多形式、多规格"办学，立足上海，辐射长三角和全国，以学历教育为主轴，职后教育和行业检测服务"两翼"并举，打造"一轴两翼式"发展新格局。自1962年建校以来，作为全国重点职业学校、上海市首批中等职业教育改革发展特色示范校、上海市高技能人才培养基地，已为新闻出版业输送了2万余名合格的技术技能人才，培养了近百名国际领军人才。目前学校是全国新闻出版职业教育教学指导委员会副主任委员单位兼秘书长单位、全国新闻出版系统职业学校校协组组长单位。

学校通过专业布局调整和结构优化，深入打造"媒体与传播"和"平面创意设计"两个专业群，专业特色显著，紧贴打造上海文化品牌的人才发展需求。学校通过打造"四书"文化，学历教育携手职后教育和行业检测服务，共同营造出上下协同、德技并修的文化管理特色。

学校印刷教育展示主题馆

第七届全国印刷行业职业技能大赛平版制版员全国总决赛现场图

荣誉称号

学校深入推进教学改革，提升办学内涵，承办各级各类行业技能大赛，历练教学团队，提升教学质量。近年来，学生多次在市级、国家级比赛中获奖并在世界技能大赛中崭露头角。学校学生连续四届获得全球印刷界"奥斯卡"的"全球卓越印制大奖"（原美国印制大奖"班尼"奖）金奖，4年累计获奖18项。学校学生萧达飞当选第46届世界技能大赛申办形象大使，助力上海获得第46届世界技能大赛举办权。学校学生顾俊杰入选第45届、46届世界技能大赛印刷媒体技术项目中国集训队，2020年，荣获第一届全国职业技能大赛印刷媒体技术项目金牌、"全国技术能手"称号。学校5名学生在第六届、七届全国印刷行业职业技能大赛中荣获一等奖，6名师生被授予"全国印刷行业技术能手"荣誉称号。2021年，学校立项上海市优质中职培育学校建设并被授予上海市技能人才培育突出贡献单位。

学生作品获全球卓越印制金奖

学校连续18年承办"最美的书"暨上海国际书籍设计研讨会

学校招生规模稳步扩大、招生结构不断优化，学校培养的毕业生普遍受到企事业单位欢迎，学生就业率连续多年在99%以上，对口就业率93.8%。

学校将坚持"立足上海 依托行业 紧随产业 做足特色"的办学方向，全面加强内涵建设，不断提高办学水平和人才培养质量，努力建成行业特色显著、领先全国同行、具有一定国际影响力的优质职业学校。

021-56990200

地址：上海市宝山区呼兰路921号
网址：https://www.jpzx.net

绿色环保油墨专家
为您提供全方位印刷解决方案

COLOR FOR LIFE

杭华油墨股份有限公司由杭州市实业投资集团有限公司、株式会社T&K TOKA、杭州协丰投资管理合伙企业（有限合伙）共同投资组建，成立于1988年12月，1922年6月建成投产开业。公司位于杭州市经济技术开发区，坐落在美丽的钱塘江畔，注册资本为3400万美元，占地130亩，建筑面积50000平方米，年设计生产能力达30000吨。

公司主营符合国家环保战略方向的节能环保型油墨产品及数码材料、功能材料的研发、生产和销售，致力于为客户提供完整的油墨相关产品和印刷解决方案。2020年12月，公司首次公开发行A股股票并成功在上海证券交易所科创板上市。此次募投将整合提升杭华综合研究开发能力，持续创新相关核心技术。

COLOR FOR LIFE
色彩诠释生活

杭华油墨股份有限公司
HANGZHOU TOKA INK CO., LTD.

地址/ADD：杭州经济技术开发区5号大街（南）2号
No.2, the 5th Avenue(South), Hangzhou Economic & Technological Development Area, China.
电话/TEL: +86 (571) 88183204
传真/FAX: +86 (571) 88092747
更多信息请访问：www.hhink.com

股票代码：688571

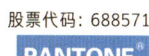

☎ 0312—7198486
河北省保定市满城区环城北路

河北眺山实业有限责任公司零五印刷分公司

　　河北眺山实业有限责任公司零五印刷分公司始建于1978年，是一家以试卷、答题卡、光电磁介质等秘密载体印制和书刊印装、发行为一体的现代化国有企业。目前，委印客户涉及多个中央部委及全国十多个省市的124家单位，试卷种类包含高考、职称资格类考试及公务员考试等300余项，5000多种科目，年均试卷印量1亿份。此外还承担80余种专业技术人员资格考试用书及50余种中小学教材教辅的印装、发行工作。

    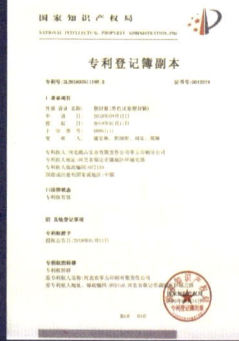

　　多年来，公司始终着眼印刷技术设备的国内和国际前沿，先后引进马天尼、海德堡、西格玛等多种国内、外现代化印装设备108台（套）。拥有准四星级宾馆两座，满足各类保密业务客户分区工作生活需要，是业界公认的印刷设备和工艺技术最先进的试卷标准制定和行业技术领军企业。公司拥有质量体系、环境体系、职业健康体系、绿色印刷认证等多项体系认证。具有国家保密局认可的保密安全体系。2000年获得省级保密资质；2003年成为首家获得国家保密局秘密载体印制资格企业；2006年通过ISO9000质量管理体系认证；2014年通过ISO14000环境认证和绿色印刷认证；2015年、2018年、2020年三次均以优异成绩通过了国家保密局试卷类甲级资质审查。

 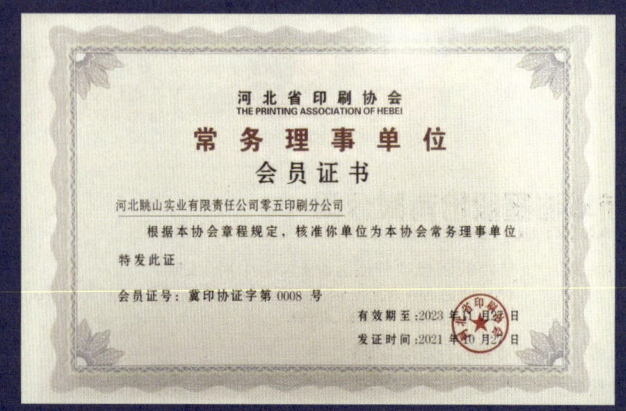

苏州易能环保科技有限公司
Suzhou En Energy Environmental Protection Technology Co.,LTD

《胶印油墨低挥发性有机化合物含量清洗剂》标准起草单位
（标准号：T/PEIAC 010 2021）

苏州易能环保科技有限公司(苏州盛威科印刷器材有限公司)坐落于苏州国家高新区，是一家专注于印刷化学品研发、生产、销售、服务的环保企业。专注研发绿色环保印刷辅助材料，为印刷企业解决了VOCs排放超标问题。公司厂房面积达6000平方米，地理位置优越、交通便利。

《胶印油墨低挥发性有机化合物含量清洗剂》标准是以本公司主营产品半水基油墨清洗剂为基础起草制定的，目前标准已经发布并实施(标准号：T/PEIAC 010 2021)。公司的主营产品半水基油墨清洗剂、D7小蓝桶(全能型无醇润版液)、洗得灵印刷行业百洁布、橡皮布自动清洗装置等得到了印刷行业同仁的高度认可，也得到了苏州电视台、苏州日报、新华日报、引力播等媒体的特别报道。

公司本着"低碳环保、节能减排、服务至上、诚信为本"的经营宗旨，以高信誉、高品质、高安全的产品，获得了广大印刷企业及经销商的信任和一致好评，为绿色印刷领域做出更大的贡献。

4个核心产品
CORE PRODUCTS

D7小篮桶（全能型无醇润版液）

优政策： 用该产品绿色资质可得20分，通过CMA、SGS、ROHS认证
低成本： 省墨、省纸、省喷粉，耐印率高
高品质： 网点还原更清晰，不伤版，停机不脏版
高效率： 油墨干燥速度快，减少自翻版时间、对覆膜影响等
高安全： 消除火灾中酒精低闪点(12度)助燃的危险及有害物质

橡皮布自动清洗装置

① 显示器采用台湾威纶的10寸触摸屏
② PLC采用台湾永宏水箱喷水方式
③ 水箱采用5升不锈钢压力罐，喷水至橡皮布成雾状不会甩水
④ 所有的水气动元器件全部采用世界一线品牌台湾亚德客
传动方式受力点全部在滑块和滑道上，气缸不受力

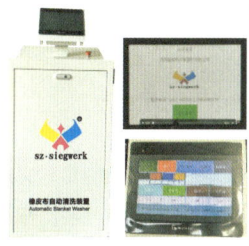

半水基油墨清洗剂

① 降低VOCs的排放
② 减少有机溶剂清洗剂的使用
③ 延长墨辊橡皮布的使用寿命

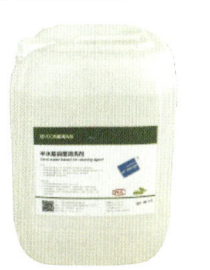

洗得灵印刷工业百洁布

① 降低擦机布固废达90%以上
② 替代传统清洗剂洗皮水
③ 用于清洗橡皮布、墨斗、压印滚筒、PS/CTP版

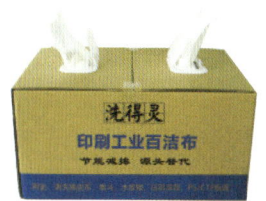

☎ 18896902059
　 13912620638

江苏省苏州市高新区铜墩街99号三号厂房

- 首批国家印刷复制示范企业
- 连续15年蝉联中国印刷百强企业
- 自2006年起，所印报纸每年都被中国报协印刷工作委员会评为精品报
- 连续多年通过：

ISO9000认证	国家绿色印刷认证
G7国际认证	ISO14000环境体系认证
FSC森林认证	OHSAS18000职业安全管理体系认证

杭州日报报业集团
盛元印务有限公司
SHENGYUAN PRINTING SERVICES

杭州日报报业集团盛元印务有限公司位于风景如画的钱塘江北岸，东临杭州下沙经济开发区，北接杭州九堡客运中心，占地面积2.4万平方米，建筑面积2万平方米，是杭州日报报业集团斥资2.86亿元打造的全新的现代印刷商。"盛元印务，因您而变"，是全体盛元人秉承的理念。

杭报盛元在杭州九堡和乔司建有两个印刷生产基地，在北京、上海等地均设有办事处，并成立杭州盛友广告设计公司、衢州盛元文创印业有限公司等多家子公司。拥有世界先进技术水平的德国曼罗兰全商业轮转印刷机两台、德国高宝COMET（柯美特）半商业轮转印刷机一台，曼罗兰五色单张R705纸胶印机一台，高宝利必达四色R105-4二台，高宝利必达105-6六色一台，德国曼罗兰Uniset60型报业印刷机两台，德国高宝COLORA（柯罗拉）双幅无轴轮转报业印刷机一台，法国高斯环球70印刷机组三台、上海高斯轮转M40印刷机七台，北人轮转印刷机组三台，HP indigo5500数码印刷机一台以及AGFA polaris xtv-s（北极星）光敏型CTP、马天尼胶装联动线、日本osako骑马订联动线、模切机等一流的印前、印后设备，形十六条报纸印刷生产线，七条商业印刷生产线。为拓展包装印刷领域实现公司业务转型和产品多样化，2012年又先后引进了烫金、模切、盒、天地盖制盒、覆膜、贴窗、上光等印后包装加工设备。

杭报盛元作为首批国家印刷复制示范企业，连续16年蝉联中国印百强企业。自2006年起，所印报纸每年都被中国报协印刷工作委员会为精品报。连续多年通过了ISO9000、国家绿色印刷认证和G7国际证、ISO14000环境体系认证、FSC森林认证和OHSAS18000职业安全理体系认证。

未来杭报盛元将全力向全国一流智慧型印务平台综合服务商转型展，目前正在筹建大江东智慧园区，预计2022年投入使用。大江东智工厂，将按照"工业互联网"的建设理念，提升网络化、融合化、智能水平，努力向按需印刷、绿色印刷、智慧印刷等方向深耕，实现全务、全流程、全网络从数字化向智能化发展的战略转型升级。

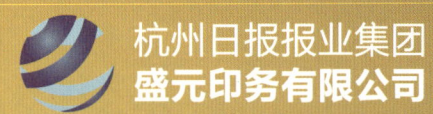

电话 \ 0571-86909328　　传真 \ 0571-86909358　　邮箱 \ hr@syyw.c　　网址 \ http://www.wyyw.cn/
集团地址　杭州市下城区体育场路218号310041　　公司地址　杭州市江干区下沙路1117号310019
No.218 Tiyuchang Road, Xiacheng District, Hangzhou　　No.1117 Xiasha Road, Jianggan District, Hangz

政策法规与标准

- 国务院关于加快建立健全绿色低碳循环发展经济体系的指导意见
- 国家新闻出版署关于 2020 年"3·15"质检活动和中小学重点教材检查情况的通报
- 国家新闻出版署关于做好 2021 年印刷复制发行管理工作的通知
- 国家新闻出版署关于开展 2021 年"3·15"印刷复制质检活动和中小学重点教材印制环保质量检查工作的通知
- 2021 年发布、实施及新立项的部分国家标准及行业标准
- 新闻出版业 2021 年拟立项行业标准中 8 项印刷行业标准相关情况

国务院关于加快建立健全绿色低碳循环发展经济体系的指导意见

国发〔2021〕4号

各省、自治区、直辖市人民政府，国务院各部委、各直属机构：

建立健全绿色低碳循环发展经济体系，促进经济社会发展全面绿色转型，是解决我国资源环境生态问题的基础之策。为贯彻落实党的十九大部署，加快建立健全绿色低碳循环发展的经济体系，现提出如下意见。

一、总体要求

（一）指导思想。以习近平新时代中国特色社会主义思想为指导，深入贯彻党的十九大和十九届二中、三中、四中、五中全会精神，全面贯彻习近平生态文明思想，认真落实党中央、国务院决策部署，坚定不移贯彻新发展理念，全方位全过程推行绿色规划、绿色设计、绿色投资、绿色建设、绿色生产、绿色流通、绿色生活、绿色消费，使发展建立在高效利用资源、严格保护生态环境、有效控制温室气体排放的基础上，统筹推进高质量发展和高水平保护，建立健全绿色低碳循环发展的经济体系，确保实现碳达峰、碳中和目标，推动我国绿色发展迈上新台阶。

（二）工作原则

坚持重点突破。 以节能环保、清洁生产、清洁能源等为重点率先突破，做好与农业、制造业、服务业和信息技术的融合发展，全面带动一二三产业和基础设施绿色升级。

坚持创新引领。 深入推动技术创新、模式创新、管理创新，加快构建市场导向的绿色技术创新体系，推行新型商业模式，构筑有力有效的政策支持体系。

坚持稳中求进。 做好绿色转型与经济发展、技术进步、产业接续、稳岗就业、民生改善的有机结合，积极稳妥、韧性持久地加以推进。

坚持市场导向。 在绿色转型中充分发挥市场的导向性作用、企业的主体作用、各类市场交易机制的作用，为绿色发展注入强大动力。

（三）主要目标。到2025年，产业结构、能源结构、运输结构明显优化，绿色产业比重显著提升，基础设施绿色化水平不断提高，清洁生产水平持续提高，生产生活方式绿色转型成效显著，能源资源配置更加合理、利用效率大幅提高，主要污染物排放总量持续减少，碳排放强度明显降低，生态环境持续改善，市场导向的绿色技术创新体系更加完善，法律法规政策体系更加有效，绿色低碳循环发展的生产体系、流通体系、消费体系初步形成。到2035年，绿色发展内生动力显著增强，绿色产业规模迈上新台阶，重点行业、重点产品能源资源利用效率达到国际先进水平，广泛形成绿色生产生活方式，碳排放达峰后稳中有降，生态环境根本好转，美丽中国建设目标基本实现。

二、健全绿色低碳循环发展的生产体系

（四）推进工业绿色升级。加快实施钢铁、石化、化工、有色、建材、纺织、造纸、皮革等行业绿色化改造。推行产品绿色设计，建设绿色制造体系。大力发展再制造产业，加强再制造产品认证与推广应用。建设资源综合利用基地，促进工业固体废物综合利用。全面推行清洁生产，依法在"双超双有高耗能"行业实施强制性清洁生产审核。完善"散乱污"企业认定办法，分类实施关停取缔、整合搬迁、整改提升等措施。加快实施排污许可制度。加强工业生产过程中危险废物管理。

（五）加快农业绿色发展。鼓励发展生态种植、生态养殖，加强绿色食品、有机农产品认证和管理。发展生态循环农业，提高畜禽粪污资源化利用水平，推进农作物秸秆综合利用，加强农膜污染治理。强化耕地质量保护与提升，推进退化耕地综合治理。发展林业循环经济，实施森林生态标志产品建设工程。大力推进农业节水，推广高效节水技术。推行水产健康养殖。实施农药、兽用抗菌药使用减量和产地环境净化行动。依法加强养殖水域滩涂统一规划。完善相关水域禁渔管理制度。推进农业与旅游、教育、文化、健康等产业深度融合，加快一二三产业融合发展。

（六）提高服务业绿色发展水平。促进商贸企业绿色升级，培育一批绿色流通主体。有序发展出行、住宿等领域共享经济，规范发展闲置资源交易。加快信息服务业绿色转型，做好大中型数据中心、网络机房绿色建设和改造，建立绿色运营维护体系。推进会展业绿色发展，指导制定行业相关绿色标准，推动办展设施循环使用。推动汽修、装修装饰等行业使用低挥发性有机物含量原辅材料。倡导酒店、餐饮等行业不主动提供一次性用品。

（七）壮大绿色环保产业。建设一批国家绿色产业示范基地，推动形成开放、协同、高效的创新生态系统。加快培育市场主体，鼓励设立混合所有制公司，打造一批大型绿色产业集团；引导中小企业聚焦主业增强核心竞争力，培育"专精特新"中小企业。推行合同能源管理、合同节水管理、环境污染第三方治理等模式和以环境治理效果为导向的环境托管服务。进一步放开石油、化工、电力、天然气等领域节能环保竞争性业务，鼓励公共机构推行能源托管服务。适时修订绿色产业指导目录，引导产业发展方向。

（八）提升产业园区和产业集群循环化水平。科学编制新建产业园区开发建设规划，依法依规开展规划环境影响评价，严格准入标准，完善循环产业链条，推动形成产业循环耦合。推进既有产业园区和产业集群循环化改造，推动公共设施共建共享、能源梯级利用、资源循环利用和污染物集中安全处置等。鼓励建设电、热、冷、气等多种能源协同互济的综合能源项目。鼓励化工等产业园区配套建设危险废物集中贮存、预处理和处置设施。

（九）构建绿色供应链。鼓励企业开展绿色设计、选择绿色材料、实施绿色采购、打造绿色制造工艺、推行绿色包装、开展绿色运输、做好废弃产品回收处理，实现产品全周期的绿色环保。选择100家左右积极性高、社会影响大、带动作用强的企业开展绿色供应链试点，探索建立绿色供应链制度体系。鼓励行业协会通过制定规范、咨询服务、行业自律等方式提高行业供应链绿色化水平。

三、健全绿色低碳循环发展的流通体系

（十）打造绿色物流。积极调整运输结构，推进铁水、公铁、公水等多式联运，加快铁路专用线建设。加强物流运输组织管理，加快相关公共信息平台建设和信息共享，发展甩挂运输、共同配送。推广绿色低碳运输工具，淘汰更新或改造老旧车船，港口和机场服务、城市物流配送、邮政快递等领域要优先使用新能源或清洁能源汽车；加大推广绿色船舶示范应用力度，推进内河船型标准化。加快港口岸电设施建设，支持机场开展飞机辅助动力装置替代设备建设和应用。支持物流企业构建数字化运营平台，鼓励发展智慧仓储、智慧运输，推动建立标准化托盘循环共用制度。

（十一）加强再生资源回收利用。推进垃圾分类回收与再生资源回收"两网融合"，鼓励地方建立再生资源区域交易中心。加快落实生产者责任延伸制度，引导生产企业建立逆向物流回收体系。鼓励企业采用现代信息技术实现废物回收线上与线下有机结合，培育新型商业模式，打造龙头企业，提升行业整体竞争力。完善废旧家电回收处理体系，推广典型回收模式和经验做法。加快构建废旧物资循环利用体系，加强废纸、废塑料、废旧轮胎、废金属、废玻璃等再生资源回收利用，提升资源产出率和回收利用率。

（十二）建立绿色贸易体系。积极优化贸易结构，大力发展高质量、高附加值的绿色产品贸易，从严控制高污染、高耗能产品出口。加强绿色标准国际合作，积极引领和参与相关国际标准制定，推动合格评定合作和互认机制，做好绿色贸易规则与进出口政策的衔接。深化绿色"一带一路"合作，拓宽节能环保、清洁能源等领域技术装备和服务合作。

四、健全绿色低碳循环发展的消费体系

（十三）促进绿色产品消费。加大政府绿色采购力度，扩大绿色产品采购范围，逐步将绿色采购制度扩展至国有企业。加强对企业和居民采购绿色产品的引导，鼓励地方采取补贴、积分奖励等方式促进绿色消费。推动电商平台设立绿色产品销售专区。加强绿色产品和服务认证管理，完善认证机构信用监管机制。推广绿色电力证书交易，引领全社会提升绿色电力消费。严厉打击虚标绿色产品行为，有关行政处罚等信息纳入国家企业信用信息公示系统。

（十四）倡导绿色低碳生活方式。厉行节约，坚决制止餐饮浪费行为。因地制宜推进生活垃圾分类和减量化、资源化，开展宣传、培训和成效评估。扎实推进塑料污染全链条治理。推进过度包装治理，推动生产经营者遵守限制商品过度包装的强制性标准。提升交通系统智能化水平，积极引导绿色出行。深入开展爱国卫生运动，整治环境脏乱差，打造宜居生活环境。开展绿色生活创建活动。

五、加快基础设施绿色升级

（十五）推动能源体系绿色低碳转型。坚持节能优先，完善能源消费总量和强度双控制度。提升可

再生能源利用比例，大力推动风电、光伏发电发展，因地制宜发展水能、地热能、海洋能、氢能、生物质能、光热发电。加快大容量储能技术研发推广，提升电网汇集和外送能力。增加农村清洁能源供应，推动农村发展生物质能。促进燃煤清洁高效开发转化利用，继续提升大容量、高参数、低污染煤电机组占煤电装机比例。在北方地区县城积极发展清洁热电联产集中供暖，稳步推进生物质耦合供热。严控新增煤电装机容量。提高能源输配效率。实施城乡配电网建设和智能升级计划，推进农村电网升级改造。加快天然气基础设施建设和互联互通。开展二氧化碳捕集、利用和封存试验示范。

（十六）**推进城镇环境基础设施建设升级**。推进城镇污水管网全覆盖。推动城镇生活污水收集处理设施"厂网一体化"，加快建设污泥无害化资源化处置设施，因地制宜布局污水资源化利用设施，基本消除城市黑臭水体。加快城镇生活垃圾处理设施建设，推进生活垃圾焚烧发电，减少生活垃圾填埋处理。加强危险废物集中处置能力建设，提升信息化、智能化监管水平，严格执行经营许可管理制度。提升医疗废物应急处理能力。做好餐厨垃圾资源化利用和无害化处理。在沿海缺水城市推动大型海水淡化设施建设。

（十七）**提升交通基础设施绿色发展水平**。将生态环保理念贯穿交通基础设施规划、建设、运营和维护全过程，集约利用土地等资源，合理避让具有重要生态功能的国土空间，积极打造绿色公路、绿色铁路、绿色航道、绿色港口、绿色空港。加强新能源汽车充换电、加氢等配套基础设施建设。积极推广应用温拌沥青、智能通风、辅助动力替代和节能灯具、隔声屏障等节能环保先进技术和产品。加大工程建设中废弃资源综合利用力度，推动废旧路面、沥青、疏浚土等材料以及建筑垃圾的资源化利用。

（十八）**改善城乡人居环境**。相关空间性规划要贯彻绿色发展理念，统筹城市发展和安全，优化空间布局，合理确定开发强度，鼓励城市留白增绿。建立"美丽城市"评价体系，开展"美丽城市"建设试点。增强城市防洪排涝能力。开展绿色社区创建行动，大力发展绿色建筑，建立绿色建筑统一标识制度，结合城镇老旧小区改造推动社区基础设施绿色化和既有建筑节能改造。建立乡村建设评价体系，促进补齐乡村建设短板。加快推进农村人居环境整治，因地制宜推进农村改厕、生活垃圾处理和污水治理、村容村貌提升、乡村绿化美化等。继续做好农村清洁供暖改造、老旧危房改造，打造干净整洁有序美丽的村庄环境。

六、构建市场导向的绿色技术创新体系

（十九）**鼓励绿色低碳技术研发**。实施绿色技术创新攻关行动，围绕节能环保、清洁生产、清洁能源等领域布局一批前瞻性、战略性、颠覆性科技攻关项目。培育建设一批绿色技术国家技术创新中心、国家科技资源共享服务平台等创新基地平台。强化企业创新主体地位，支持企业整合高校、科研院所、产业园区等力量建立市场化运行的绿色技术创新联合体，鼓励企业牵头或参与财政资金支持的绿色技术研发项目、市场导向明确的绿色技术创新项目。

（二十）**加速科技成果转化**。积极利用首台（套）重大技术装备政策支持绿色技术应用。充分发挥国家科技成果转化引导基金作用，强化创业投资等各类基金引导，支持绿色技术创新成果转化应用。支持企业、高校、科研机构等建立绿色技术创新项目孵化器、创新创业基地。及时发布绿色技术推广目录，加快先进成熟技术推广应用。深入推进绿色技术交易中心建设。

七、完善法律法规政策体系

（二十一）强化法律法规支撑。 推动完善促进绿色设计、强化清洁生产、提高资源利用效率、发展循环经济、严格污染治理、推动绿色产业发展、扩大绿色消费、实行环境信息公开、应对气候变化等方面法律法规制度。强化执法监督，加大违法行为查处和问责力度，加强行政执法机关与监察机关、司法机关的工作衔接配合。

（二十二）健全绿色收费价格机制。 完善污水处理收费政策，按照覆盖污水处理设施运营和污泥处理处置成本并合理盈利的原则，合理制定污水处理收费标准，健全标准动态调整机制。按照产生者付费原则，建立健全生活垃圾处理收费制度，各地区可根据本地实际情况，实行分类计价、计量收费等差别化管理。完善节能环保电价政策，推进农业水价综合改革，继续落实好居民阶梯电价、气价、水价制度。

（二十三）加大财税扶持力度。 继续利用财政资金和预算内投资支持环境基础设施补短板强弱项、绿色环保产业发展、能源高效利用、资源循环利用等。继续落实节能节水环保、资源综合利用以及合同能源管理、环境污染第三方治理等方面的所得税、增值税等优惠政策。做好资源税征收和水资源费改税试点工作。

（二十四）大力发展绿色金融。 发展绿色信贷和绿色直接融资，加大对金融机构绿色金融业绩评价考核力度。统一绿色债券标准，建立绿色债券评级标准。发展绿色保险，发挥保险费率调节机制作用。支持符合条件的绿色产业企业上市融资。支持金融机构和相关企业在国际市场开展绿色融资。推动国际绿色金融标准趋同，有序推进绿色金融市场双向开放。推动气候投融资工作。

（二十五）完善绿色标准、绿色认证体系和统计监测制度。 开展绿色标准体系顶层设计和系统规划，形成全面系统的绿色标准体系。加快标准化支撑机构建设。加快绿色产品认证制度建设，培育一批专业绿色认证机构。加强节能环保、清洁生产、清洁能源等领域统计监测，健全相关制度，强化统计信息共享。

（二十六）培育绿色交易市场机制。 进一步健全排污权、用能权、用水权、碳排放权等交易机制，降低交易成本，提高运转效率。加快建立初始分配、有偿使用、市场交易、纠纷解决、配套服务等制度，做好绿色权属交易与相关目标指标的对接协调。

八、认真抓好组织实施

（二十七）抓好贯彻落实。 各地区各有关部门要思想到位、措施到位、行动到位，充分认识建立健全绿色低碳循环发展经济体系的重要性和紧迫性，将其作为高质量发展的重要内容，进一步压实工作责任，加强督促落实，保质保量完成各项任务。各地区要根据本地实际情况研究提出具体措施，在抓落实上投入更大精力，确保政策措施落到实处。

（二十八）加强统筹协调。 国务院各有关部门要加强协同配合，形成工作合力。国家发展改革委要会同有关部门强化统筹协调和督促指导，做好年度重点工作安排部署，及时总结各地区各有关部门的好经验好模式，探索编制年度绿色低碳循环发展报告，重大情况及时向党中央、国务院报告。

（二十九）深化国际合作。统筹国内国际两个大局，加强与世界各个国家和地区在绿色低碳循环发展领域的政策沟通、技术交流、项目合作、人才培训等，积极参与和引领全球气候治理，切实提高我国推动国际绿色低碳循环发展的能力和水平，为构建人类命运共同体作出积极贡献。

（三十）营造良好氛围。各类新闻媒体要讲好我国绿色低碳循环发展故事，大力宣传取得的显著成就，积极宣扬先进典型，适时曝光破坏生态、污染环境、严重浪费资源和违规乱上高污染、高耗能项目等方面的负面典型，为绿色低碳循环发展营造良好氛围。

国务院
2021年2月2日

国家新闻出版署关于 2020年"3·15"质检活动和 中小学重点教材检查情况的通报

国新出发电〔2021〕1号

各省、自治区、直辖市和新疆生产建设兵团新闻出版局：

根据《国家新闻出版署关于开展2020年"3·15"质检活动和中小学重点教材检查工作的通知》（国新出发电〔2020〕3号）要求，结合疫情防控形势，国家新闻出版署组织出版产品质量监督检测中心依据相关法规和标准，实施了质量抽检。现将有关情况通报如下。

一、"3·15"质检活动情况

本次活动采取线上、线下采购方式，共抽查了360种1800册图书，覆盖22个省（区、市）以及部分中直在京共138家图书出版单位，涉及149家印刷企业。经检测，有10种38册图书印制质量不合格，单册质量合格率为97.9%，涉及10家出版单位、9家印刷企业。其中，抽查主题出版产品及疫情防控读物56种280册，有1种5册图书印制质量不合格，单册质量合格率为98.2%，整体质量较好。本次抽查反映的主要问题是图书跨页接版位置误差严重超标，造成图文缺失，影响阅读，占到不合格图书的70%，应引起重视。

二、中小学重点教材检查情况

本次检查采取委托部分省级出版主管部门及质检机构代为抽样的方式，共抽查了40种1120册中小学重点教材（2020—2021学年秋季中小学1—9年级国家统编教材），覆盖8个省（市）共8家出版租型单位，涉及23家印刷企业。经检测，全部样品印制和环保质量合格率均为100%。虽然检测结果显示中小学重点教材整体质量较好，未发现影响阅读的严重质量问题，但仍存在套印误差超标、脏迹、褶皱、用纸定量偏差超标、封面小于书芯等缺陷，虽不影响使用但需要引起重视。

三、下一步工作要求

（一）组织有关企业开展自查

相关出版主管部门要组织本地涉及印制单册质量不合格图书的出版单位和印刷企业开展自查，对于存在印制质量问题的图书，出版单位要及时予以收回、调换，对于存在质量隐患的生产环节，印刷企业要研究改良印制工艺，提升印制质量。

（二）建立健全质量管理机制

各地出版主管部门要结合国家新闻出版署和本地区开展"3·15"质检活动和中小学重点教材检查情况，将涉及印制质量问题的责任单位列入质检活动重点抽查目录，适时进行"回头看"。同时，将质量管理列入培训内容，切实提高企业质量安全风险意识。

（三）严肃落实质量查处要求

各地出版主管部门要将质量管理作为加强行业事中事后监管、提升图书印制质量的重要抓手。要依法依规对存在重大质量问题的企业进行查处，并按照"双随机、一公开"有关要求，及时通报查处结果并向国家新闻出版署报送有关情况。

国家新闻出版署
2021年1月7日

国家新闻出版署关于做好2021年印刷复制发行管理工作的通知

国新出发〔2021〕3号

各省、自治区、直辖市新闻出版局：

2021年是中国共产党成立100周年，是"十四五"开局之年。印刷发行战线要坚持以习近平新时代中国特色社会主义思想为指导，按照全国宣传部长会议部署要求，突出庆祝建党100周年，坚持正确政治方向，统筹发展与安全，统筹疫情防控与行业管理，确保全行业开好局、起好步，推动产业实现高质量可持续发展。

一、组织开展"建党100周年印刷复制发行市场监管保障年"主题活动

（一）**坚持正确出版导向**。坚持党对印刷发行工作的领导，严格落实意识形态工作责任制，把社会效益放在首位，以满足人民群众精神文化需求为根本目的，以印制发行优秀出版物为中心环节，全力做好党的创新理论著作、党和国家重要文件文献，特别是习近平总书记重要著作，庆祝建党100周年、党史学习等重大主题出版物及各级党报党刊的印制发行工作。围绕立德树人根本任务，落实培根铸魂、启智增慧要求，做好春秋两季中小学教科书印制发行工作。

（二）**组织开展"双随机、一公开"抽查**。各地区要紧紧围绕庆祝建党100周年，以执行各种重大主题出版物印制发行任务为重点，组织开展"双随机、一公开"抽查，确保印刷发行阵地安全。要密切关注疫情防控态势，在确保印刷发行企业抽查比例不低于20%的基础上，根据本地实际情况加大抽查频次和工作力度，对内部资料性出版物样本实行应查必查。要对近两年违规企业和内部资料性出版物样本整改情况开展"回头查"，坚决杜绝查而不改、屡查屡犯等行为。要指导文化市场综合执法部门建立健全随机抽查、依法处罚、情况通报、落实整改的监管机制。国家新闻出版署将联合有关部门进行全国抽查并通报。

（三）**组织开展"3·15"质检活动**。各地区要加强生产巡查，有序开展"3·15"印刷复制质检活动，重点抽查庆祝建党100周年重大主题出版物和中小学国家统编教材印制质量。要对存在图书印制批质量问题的责任单位进行行政处罚。出版产品质量监督检测中心要对在京重点印刷复制企业进行巡查，

对全国出版印制发行单位进行随机抽查。

二、推动印刷复制发行业高质量可持续发展

（一）谋划"十四五"时期改革发展。深入学习贯彻党的十九届五中全会精神，按照党中央关于把握新发展阶段、贯彻新发展理念、构建新发展格局的要求，编制出台印刷发行业"十四五"时期发展规划。修订《印刷业经营者资格条件暂行规定》《设立外商投资印刷企业暂行规定》《国家印刷复制示范企业管理办法》《复制管理办法》《出版物市场管理规定》。完善印刷发行业标准化工作体系，推进印刷发行标准制修订和宣贯工作，引导企业参与出版业科技与标准重点实验室建设。

（二）推动印刷业数字化绿色化融合化智能化发展。落实好《国家新闻出版署等印发〈关于推进印刷业绿色化发展的意见〉的通知》任务，推动京津冀印刷业协同发展先行区、长三角区域印刷业一体化发展创新高地、珠三角印刷业对外开放连接平台建设。推动扩容印刷智能制造测试线建设，支持数字印刷企业和互联网印刷服务平台发展，鼓励按需出版印刷、个性化包装等领域加快升级。促进印刷业与出版、教育、文化、旅游、科技等方面实现深度融合，着力打造印刷新产品、新业态和新模式。

（三）提升发行业专业化融合化数字化智能化水平。支持品牌书店、连锁书店和特色书店做优做强，鼓励书店与超市、电影院、商贸中心等开展混业经营，提升实体书店可持续发展能力。以文明城市建设为引领，推动城市书报刊亭改造提升。引导实体书店进行数字化改造，鼓励网上书店和实体书店深入合作，打造图书新零售模式。发挥新华书店主阵地主渠道主平台作用，开展新华书店社会效益评价考核，巩固农村发行网络体系，加强新华书店网络发行能力建设，拓展新华书店网上商城平台功能。完善重点网络发行企业联系制度，规范网上书店经营行为。

（四）举办全行业重要展会活动。举办2021中国印刷业创新大会，宣传贯彻"十四五"时期发展思路，通过政策宣介、案例分享、产融对接、集中展示等方式，加快构建印刷业发展新格局。举办第三十届全国图书交易博览会，重点展出习近平总书记重要著作和庆祝建党100周年优秀出版物，全面展示新闻出版业改革发展成果，推动行业交流融合。支持中国印刷技术协会、中国书刊发行业协会和有条件的地区举办行业展会，激发创新创造活力。

三、做好印刷发行保障工作

（一）优化政务服务。各地区要统筹好疫情防控、阵地安全、绿色升级与产业发展的关系，深入推进"放管服"改革，落实"证照分离"事项，降低市场准入门槛，优化印刷发行企业营商环境。要强化协调联动，会同当地发展改革、生态环境、交通、教育、工信、市场监管等部门解决印刷发行企业在绿色发展、停产限产、工期缩短、用纸紧张等方面的实际困难。

（二）防范化解风险。各地区要强化风险意识，树立底线思维，坚持问题导向，对重大典型非法印制发行行为高度警惕、露头就打，防范化解意识形态风险。要扎实开展印刷企业年度报告公示和发行、复制单位年度核验工作，压实印刷发行企业主体责任。要以印刷关键技术攻关和发行业态融合为突破口，加强系统设计，开展协同创新，防范化解印刷发行产业链供应链"卡脖子"风险。

（三）加强示范引领。各地区要完善示范引领机制，科学制定评价标准，启动国家印刷复制示范企

业认定工作，实施实体书店示范工程，培育一批知名产品品牌和企业品牌，扶持一批具有国际创新开拓能力的龙头企业。要推动实现区域协调发展，结合各自实际，打造具有竞争力的印刷发行特色先进产业集群。

各地区要认真学习习近平新时代中国特色社会主义思想，贯彻落实党的十九届五中全会精神，围绕落实全国宣传部长会议部署，自觉对表对标印刷发行年度重点任务和重要事项，坚持问题导向、强化系统观念，层层压实责任、推动精准施策，切实巩固印刷发行阵地，为庆祝建党100周年营造良好氛围。要在2021年11月底前向国家新闻出版署专题报送本地区印刷复制发行暨内部资料性出版物管理工作情况，并提出工作建议。

国家新闻出版署
2021年2月24日

国家新闻出版署关于开展2021年"3·15"印刷复制质检活动和中小学重点教材印制环保质量检查工作的通知

国新出发电〔2021〕10号

各省、自治区、直辖市和新疆生产建设兵团新闻出版局：

为切实履行印刷复制质量监管职责，保障党的创新理论研究阐释读物和庆祝中国共产党成立100周年主题出版物（以下简称主题出版产品）印刷复制质量，推动出版印刷复制业高质量发展，国家新闻出版署决定开展2021年"3·15"印刷复制质检活动，并对中小学重点教材印制环保质量进行检查。现将有关事项通知如下。

一、主要任务

（一）围绕主题出版产品，加强全过程巡查并开展印刷复制质量抽检，同时兼顾低幼儿童图书环保质量抽检。

1. 主题出版产品范围。包括2019年至2021年出版的图书、报纸、期刊和光盘类音像电子出版物等。

2. 组织巡查整改。及时掌握主题出版产品的出版印制计划，组织出版印刷复制单位开展自查，组织质检机构、相关专家深入一线，排查薄弱环节和风险隐患，督促指导相关单位即查即改、落实质量主体责任，提升质量安全风险监测水平。

3. 开展成品抽检。组织质量检测力量，到出版单位库房、印刷复制单位、出版物市场进行主题出版产品和低幼儿童图书随机抽样。对主题出版产品进行印刷复制质量检测，对低幼儿童图书进行环保质量检测。

（二）围绕中小学重点教材，加强统筹协同并开展印制环保质量抽检，同时兼顾其他品种中小学教材印制质量抽检。

1. 中小学重点教材范围。包括2021—2022学年秋季中小学1—9年级国家统编道德与法治、语文、历史教材。

2. 组织排产印制。 指导督促中小学重点教材租型单位和供型单位及时制定完善排产印制计划，统筹安排优质产能承担印制任务，协调解决有关质量问题，确保中小学重点教材按时保质保量完成印制。

3. 开展成品抽检。 组织质量检测力量，到印刷发行单位进行中小学重点教材和其他品种教材随机抽样。对中小学重点教材进行印制环保质量检测，对其他品种中小学教材进行印制质量检测。

二、任务分工

（一）**国家新闻出版署负责组织协调。** 一是适时组织出版产品质量监督检测中心对全国重点出版印刷复制单位进行巡查，及时发布质量安全风险警示信息；对全国主题出版产品、低幼儿童图书、中小学重点教材和其他品种教材进行抽样检测，向各地区反馈抽检结果；建立完善抽检质量问题数据库，开展专题质量培训。二是组织指导各地区对存在印制批质量问题的责任单位进行行政处罚，向全国公开通报工作总体情况、行政处罚结果。

（二）**各地区结合本地实际抓好工作落实。** 一是适时组织质检机构、相关专家对本地区重点出版印刷复制单位进行巡查，督促有关责任单位消除质量风险隐患；对本地区主题出版产品、低幼儿童图书、中小学重点教材和其他品种教材进行抽样检测，并反馈抽检结果。二是指导制定本地区中小学重点教材排产印制计划并督促落实，组织协调对存在印制批质量问题的责任单位进行行政处罚，及时梳理总结有关质量问题和创新工作举措。

三、工作要求

（一）**坚持正确出版导向。** 2021年是中国共产党成立100周年，是"十四五"开局之年，做好质量监管工作责任重大。各地区要牢牢把握正确方向导向，全力服务党和国家大局大事，防范化解重大质量安全风险，引导出版印刷复制单位始终坚持把社会效益放在首位，实现社会效益和经济效益相统一，精益求精抓质量，不断扩大优质产品供给，确保开好局、起好步，为庆祝中国共产党成立100周年提供坚强质量保障。

（二）**统筹做好工作安排。** 要按照新冠肺炎疫情常态化防控要求，结合实际统筹疫情防控与质量监管，统筹产业发展与质量安全，统筹能力建设与体系建设，将工作任务抓实、抓细、抓落地。要将全过程巡查、产品抽检与印刷复制暨内部资料性出版物"双随机"抽查、规划调研等工作结合起来，切实减轻基层负担。

（三）**严格执行标准程序。** 要按照本通知和实施方案要求明确重点任务，严格执行抽样检测标准，严格履行行政处罚程序，确保检测和处罚结果科学、准确、客观、公正。要加强工作宣传，引导出版印刷复制单位学习贯彻质量标准，不断提升质量水平。

各地区要在2021年10月底前将工作总结报送国家新闻出版署。

国家新闻出版署

2021年3月18日

2021年发布、实施的部分国家标准及行业标准

◎ 印刷技术　网目调分色版、样张和生产印刷品的加工过程控制　第1部分：参数与测量方法

标准编号：GB/T 17934.1—2021

发布部门：国家市场监督管理总局、国家标准化管理委员会

发布日期：2021-05-21

实施日期：2021-12-01

适用范围：

GB/T 17934的本部分规定和说明了四色印刷过程控制所需的最小参数集，用来唯一确定印刷品图像视觉特性及其生产印刷品相关技术特性，以及完全特征化印刷条件下与过程无关的基本过程控制参数。

◎ 印刷技术　网目调分色版、样张和生产印刷品的加工过程控制　第2部分：平版胶印

标准编号：GB/T 17934.2—2021

发布部门：国家市场监督管理总局、国家标准化管理委员会

发布日期：2021-05-21

实施日期：2021-12-01

适用范围：

GB/T 17934的本部分规定了一系列工艺参数和参数值，用于除新闻纸冷固型平版胶印之外的四色单张纸胶印和轮转纸胶印的分色、制版和印刷生产过程。

工艺参数和参数值的选择考虑了典型的生产过程，该过程是采用所有市场上能够买到的承印物进行的印刷生产，其阶段包括"分色""打样""制版""首签样"和"印刷生产"。

本部分：

——直接适用于采用分色印版的印刷机样张印刷品与印刷生产过程；

——适用于四色印刷以上的印刷机样张印刷品与印刷生产过程，条件是采用与四色印刷相似的数据、加网、印刷承印物和印刷参数；

——适用于包装纸板材料的印刷；

——适用于各种干燥方式，例如热固型、红外型和紫外型干燥；

——为质量保证和质量管理提供参考。

本部分不适用于胶印以外的印刷生产，如通过数字数据、无需中间图像载体的直接印刷，或者图像载体可随每一印样更新、使每一印样拥有不同内容的印刷。

◎ 印刷技术　网目调分色版、样张和生产印刷品的加工过程控制　第7部分：直接使用数字数据的打样过程

标准编号：GB/T 17934.7—2021

发布部门：国家市场监督管理总局、国家标准化管理委员会

发布日期：2021-05-21

实施日期：2021-12-01

适用范围：

GB/T 17934的本部分规定了对生产硬拷贝数字打样印刷品系统的要求，该打样印刷品用于模拟由一组特征化数据定义的印刷条件，本部分还推荐了与这些要求相关的适当的测试方法。

◎ 印刷技术　网目调分色版、样张和生产印刷品的加工过程控制　第8部分：直接使用数字数据的验证印刷品制作过程

标准编号：GB/T 17934.8—2021

发布部门：国家市场监督管理总局、国家标准化管理委员会

发布日期：2021-05-21

实施日期：2021-12-01

适用范围：

GB/T 17934的本部分规定了直接使用数字数据来印制硬拷贝验证印刷品的系统的符合性要求，该验证印刷品旨在模拟某种经过特征化的印刷条件下印刷品的预期外观。

本部分不适用于生产印刷系统（数字或传统的)符合性的确定，因为生产印刷的许多方面并不包含在本部分中。

◎ 绿色印刷　转移接装纸印制过程控制要求

标准编号：CY/T 250—2021

发布部门：国家新闻出版署

发布日期：2021-09-22

实施日期：2021-11-01

适用范围：

本文件规定了转移接装纸印制加工过程中涉及的工艺技术节点控制的要求。

本文件适用于转移接装纸的绿色印制加工。

◎ 纺织品网版印花分色制版数字文件制作要求

标准编号：CY/T 249—2021

发布部门：国家新闻出版署

发布日期：2021-09-22

实施日期：2021-11-01

适用范围：

本文件规定了常用纺织品网版印花分色制版数字文件制作的技术要求。

本文件适用于常用纺织品网版印花分色制版数字文件制作。

◎ 印刷类柔性透明薄膜电子器件质量要求

标准编号：CY/T 248—2021

发布部门：国家新闻出版署

发布日期：2021-09-22

实施日期：2021-11-01

适用范围：本文件规定了使用印刷方法制成的柔性透明薄膜电子器件的质量要求及检验方法。

本文件适用于使用印刷方法制成的柔性透明薄膜电子器件。

◎ 线装书籍要求

标准编号：CY/T 247—2021

发布部门：国家新闻出版署

发布日期：2021-09-22

实施日期：2021-11-01

适用范围：

本文件规定了线装书籍装订加工的术语和定义、造型分类、材料要求、过程控制要求、成品质量要求、检验方法及其包装、贮存、运输要求。

本文件适用于线装书籍的装订加工、生产、修复、质量检验、出版、销售、收藏、贮运、研究、教学及传承与保护等。

◎ 数字印刷 书刊印制信息交换规范

标准编号：CY/T 246—2021

发布部门：国家新闻出版署

发布日期：2021-09-22

实施日期：2021-11-01

适用范围：

本文件规定了数字印刷中书刊印制信息的填报要求和数据元素、信息交换的描述方法。

本文件适用于出版单位与印刷单位获取、交换和共享书刊印制信息。

◎ 印刷产品智能设计与仿真指南

标准编号：CY/T 245—2021

发布部门：国家新闻出版署

发布日期：2021-09-22

实施日期：2021-11-01

适用范围：

本文件提供了印刷产品智能设计与仿真系统构建原则和构建方法的指导。

本文件适用于指导印刷企业构建印刷产品智能设计与仿真系统，开展印刷产品的智能设计与仿真工作。

◎ 印刷智能工厂 制造执行系统（MES）功能体系结构

标准编号：CY/T 244—2021

发布部门：国家新闻出版署

发布日期：2021-09-22

实施日期：2021-11-01

适用范围：

本文件界定了印刷智能工厂制造执行系统(MES)的术语和定义，规定了MES特征、在印刷智能工厂中的定位以及各个模型的结构及功能。

本文件适用于指导印刷工厂构建或完善印刷智能工厂制造执行系统。

◎ 印刷智能工厂构建规范

标准编号：CY/T 243—2021

发布部门：国家新闻出版署

发布日期：2021-09-22

实施日期：2021-11-01

适用范围：

本文件规定了印刷智能工厂的组成、构建要求及构建原则。

本文件适用于指导印刷企业进行智能工厂构建。

◎ 印刷智能工厂参考模型

标准编号：CY/T 242—2021

发布部门：国家新闻出版署

发布日期：2021-09-22

实施日期：2021-11-01

适用范围：

本文件界定了印刷智能工厂参考模型的一般要素、体系框架及应用场景。

本文件适用于印刷企业认识和理解印刷智能工厂参考模型的要素、边界、各部分的层级关系和内在联系。

◎ 印刷智能制造术语

标准编号：CY/T 241—2021

发布部门：国家新闻出版署

发布日期：2021-09-22

实施日期：2021-11-01

适用范围：

本文件界定了印刷技术领域智能制造的术语和定义。

本文件适用于印刷智能制造领域编写标准、出版、教学和科研活动，也可供国内外技术交流使用。

◎ 阅读类印刷品中挥发性有机化合物检测用气候舱通用技术条件

标准编号：CY/T 230—2020

发布部门：国家新闻出版署

发布日期：2020-11-16

实施日期：2021-02-01

适用范围：

本标准规定了阅读类印刷品中挥发性有机化合物检测用气候舱的要求、验证方法、检验规则和标志、包装、运输、贮存。

本标准适用于阅读类印刷品中挥发性有机化合物检测用气候舱。

◎ 阅读类印刷品中挥发性有机化合物的测定　气候舱法

标准编号：CY/T 229—2020

发布部门：国家新闻出版署

发布日期：2020-11-16

实施日期：2021-02-01

适用范围：

本标准规定了阅读类印刷品中释放的挥发性有机化合物测试方法。

本标准适用于阅读类印刷品中甲醛、苯系物、总挥发性有机化合物释放量的测定。其他类印刷品挥发性有机化合物检测可参照使用。

◎ 柔性版印刷紫外光固化油墨使用要求及检验方法

标准编号：CY/T 227—2020

发布部门：国家新闻出版署

发布日期：2020-11-16

实施日期：2021-02-01

适用范围：

本标准规定了使用网纹辊传墨的柔性版印刷紫外光固化油墨在印刷使用中所涉及的术语和定义、技术要求及检验方法。

本标准适用于塑料及纸质承印材料的柔性版印刷紫外光固化油墨。

◎ 化妆品类包装印刷品质量控制要求及检验方法　第1部分：纸包装

标准编号：CY/T 226.1—2020

发布部门：国家新闻出版署

发布日期：2020-11-16

实施日期：2021-02-01

适用范围：

CY/T 226的本部分规定了纸质材料或纸质复合材料印制的化妆品类纸盒包装印刷产品质量控制所涉及的术语和定义、技术要求及检验方法。

本部分适用于化妆品类的折叠纸盒、固定纸盒、纸质内托生产的质量控制。

◎ 化妆品类包装印刷品质量控制要求及检验方法　第2部分：软管包装

标准编号：CY/T 226.2—2020

发布部门：国家新闻出版署

发布日期：2020-11-16

实施日期：2021-02-01

适用范围：

本部分规定了塑料类化妆品软管包装在印刷过程中所涉及的术语和定义、技术要求及检验方法。

本部分适用于采用树脂材料、树脂与铝箔复合材料制成的用于化妆品包装的软管在印刷过程中的质量控制要求和检验方法。

◎ 空心凹印版辊规格尺寸分类

标准编号：CY/T 225—2020

发布部门：国家新闻出版署

发布日期：2020-11-16

实施日期：2021-02-01

适用范围：

本标准规定了空心凹印版辊的版辊周长、版辊长度的常用规格尺寸。

本标准适用于空心凹印版辊的规格尺寸分类，带轴版辊的版辊规格尺寸可参照使用。

◎ 折叠纸盒用胶黏剂粘结性能要求及检验方法

标准编号：CY/T 224—2020

发布部门：国家新闻出版署

发布日期：2020-11-16

实施日期：2021-02-01

适用范围：

本标准规定了折叠纸盒用胶黏剂粘结性能的术语和定义、粘结性能要求及检验方法。

本标准适用于折叠纸盒胶黏剂粘结性能的测试和检验。

◎ 网版印刷　纯棉针织布反应染料平网印花过程控制要求及检验方法

标准编号：CY/T 223—2020

发布部门：国家新闻出版署

发布日期：2020-11-16

实施日期：2021-02-01

适用范围：

本标准规定了使用网版印刷的方法进行纯棉纬编针织布反应染料平网印花过程控制的术语和定义、过程控制要求及检验方法。

本标准适用于连续纯棉纬编针织布反应染料平网印花过程控制，粘纤织物、麻类织物可参考执行。

本标准不适用非连续纯棉针织布的反应染料印花过程控制。

◎ 柔性版制版过程控制要求及检测方法

标准编号：CY/T 222—2020

发布部门：国家新闻出版署

发布日期：2020-11-16

实施日期：2021-02-01

适用范围：

本标准规定了柔性版制版过程中所涉及的术语和定义、数据文件要求、版材要求、设备要求、洗版液要求、制版车间环境要求、工艺控制要求、印版质量要求及其检验方法。

本标准适用于基于平张固态感光树脂版的柔性版制作，其他柔性版制作可参照使用。

◎ 折叠纸盒卷筒纸无缝印制基本要求及检验方法

标准编号：CY/T 221—2020

发布部门：国家新闻出版署

发布日期：2020-11-16

实施日期：2021-02-01

适用范围：

本标准规定了卷筒纸无缝凹版印刷、烫印、模切工序的基本要求及检验方法。

本标准适用于卷筒纸无缝凹版印制的折叠纸盒类产品。

◎ 卷筒纸圆压圆模切与印制质量联线检测要求及检验方法

标准编号：CY/T 220—2020
发布部门：国家新闻出版署
发布日期：2020-11-16
实施日期：2021-02-01
适用范围：
本标准规定了卷筒纸圆压圆模切单元与折叠纸盒印制质量检测单元联线检验的术语和定义、技术要求及检验方法。
本标准适用于卷筒纸折叠纸盒类产品的模切加工及印制质量联线检测。

◎ 纸质印刷品紫外光固化胶印过程控制要求及检验方法

标准编号：CY/T 219—2020
发布部门：国家新闻出版署
发布日期：2020-11-16
实施日期：2021-02-01
适用范围：
本标准规定了在纸质承印物和纸质复合材料上进行紫外光固化胶印印刷时涉及的术语和定义、技术要求、检验方法。
本标准适用于纸质承印物和纸质复合材料紫外光固化胶印的过程控制。

◎ 卷筒塑料薄膜精密涂布过程控制要求及检验方法

标准编号：CY/T 218—2020
发布部门：国家新闻出版署
发布日期：2020-11-16
实施日期：2021-02-01
适用范围：
本标准规定了卷筒塑料薄膜精密涂布过程控制的术语和定义、过程控制要求和检验方法。
本标准适用于用微凹涂布和狭缝涂布方式对印刷领域塑料薄膜类功能性材料的精密涂布过程控制。其他领域功能性材料的精密涂布方式过程控制可参照使用。

◎ 数字印刷　卷筒纸喷墨书刊印刷规范

标准编号：CY/T 217—2020
发布部门：国家新闻出版署
发布日期：2020-11-16
实施日期：2021-02-01
适用范围：

本标准规定了采用卷筒纸喷墨印刷方式的书刊印制过程中所涉及的术语和定义、书刊规格、数字文件、印刷纸张、工艺及包装要求。

本标准适用于书刊的卷筒纸喷墨印刷。

◎ 胶印橡皮布使用保养规程

标准编号：CY/T 216—2020

发布部门：国家新闻出版署

发布日期：2020-11-16

实施日期：2021-02-01

适用范围：

本标准规定了胶印橡皮布使用和保养的术语和定义，胶印橡皮布的质量要求、使用要求、保养和储存要求。

本标准适用于胶印橡皮布的使用、保养和储存。

本标准不适用于无发泡气垫层的胶印橡皮布、不张紧或不夹紧的胶印橡皮布及无缝套筒式胶印橡皮布。

◎ 单张金属板材胶印生产过程控制要求及检验方法

标准编号：CY/T 215—2020

发布部门：国家新闻出版署

发布日期：2020-11-16

实施日期：2021-02-01

适用范围：

本标准规定了单张金属板材类承印物的胶印过程中涉及的术语和定义、过程控制要求及检验方法。

本标准适用于单张金属板材类胶印产品的生产过程控制。

◎ 单张金属板材胶印产品质量要求及检验方法

标准编号：CY/T 214—2020

发布部门：国家新闻出版署

发布日期：2020-11-16

实施日期：2021-02-01

适用范围：

本标准规定了单张类金属板胶印印刷成品的术语和定义、印刷质量要求和检测方法。

本标准适用于单张类金属胶印印刷成品。

◎ 单张纸胶印机维护保养规程

标准编号：CY/T 213—2020

发布部门：国家新闻出版署

发布日期：2020-11-16

实施日期：2021-02-01

适用范围：

本标准规定了单张纸胶印机作业条件要求，基础维护保养、一般维护保养和重点维护保养的基本要求和具体内容。

本标准适用于单张纸胶印机及其联机设备的维护保养。

◎ 单张纸胶印机适印状态要求及检验方法

标准编号：CY/T 212—2020

发布部门：国家新闻出版署

发布日期：2020-11-16

实施日期：2021-02-01

适用范围：

本标准规定了单张纸胶印机适印状态的技术要求、检验条件及检验方法。

本标准适用于单张纸胶印机安装、使用、维护及检修的状态评价。

◎ 卷筒料凹版印刷机维护保养规程

标准编号：CY/T 211—2020

发布部门：国家新闻出版署

发布日期：2020-11-16

实施日期：2021-02-01

适用范围：

本标准规定了卷筒料凹版印刷机完好要求，基础维护保养、一般维护保养、重点维护保养和润滑保养的基本要求和具体内容。

本标准适用于卷筒料凹版印刷机及其联线设备的维护保养。平张凹版印刷机的保养可以参照使用。

◎ 瓦楞纸板柔性版印刷过程控制要求

标准编号：CY/T 210—2020

发布部门：国家新闻出版署

发布日期：2020-11-16

实施日期：2021-02-01

适用范围：

本标准规定了瓦楞纸板柔性版水性油墨印刷过程的术语和定义、技术要求及检验方法。

本标准适用于水性油墨瓦楞纸板柔性版印刷的过程控制。

本标准不适用于瓦楞纸板柔性版预印。

◎ 绿色印刷 通用技术要求与评价方法 第3部分：纸质柔性版印刷

标准编号：CY/T 130.3—2020

发布部门：国家新闻出版署

发布日期：2020-11-16

实施日期：2021-02-01

适用范围：

本部分规定了纸质柔性版印刷所涉及的绿色印刷通用技术要求、评价及验证方法。

本部分适用于以纸质及其复合材料为承印物的柔性版印刷企业进行绿色印刷评价。

◎ 绿色印刷 通用技术要求与评价方法 第4部分：塑料柔性版印刷

标准编号：CY/T 130.4—2020

发布部门：国家新闻出版署

发布日期：2020-11-16

实施日期：2021-02-01

适用范围：

本部分规定了塑料柔性版印刷所涉及的绿色印刷通用技术要求、评价及验证方法。

本部分适用于以塑料及其软包装复合材料为承印物的柔性版印刷企业进行绿色印刷评价。

◎ 印刷标准体系表

标准编号：CY/Z 22—2020

发布部门：国家新闻出版署

发布日期：2020-11-16

实施日期：2021-02-01

适用范围：

本标准规定了印刷行业标准体系的编制原则、基本框架及明细表。

本标准适用于印刷标准项目的规划、立项及制修订工作，也可用于生产、管理和科学技术研究。

◎ 骑马订装书刊要求

标准编号：CY/T 29—2021

发布部门：国家新闻出版署

发布日期：2021-09-22

实施日期：2021-11-01

适用范围：

本文件规定了骑马订装书刊加工的术语和定义、材料要求、过程控制要求、成品质量要求、检验方法和包装、贮存、运输要求。

本文件适用于骑马订装书刊的印后加工和检测，其他本册等产品可参照使用。

新闻出版业 2021 年拟立项行业标准中 8 项印刷行业标准相关情况

一、项目名称：纸质印刷品平压平模切过程控制要求（修订 CY/T 59—2009）

1. 制定或修订：修订
2. 采用国际标准情况：无
3. 采用快速程序情况：不采用
4. 标准类别：规范
5. 技术归口单位：全国印刷标准化技术委员会
6. 起草单位：汕头东风印刷股份有限公司等
7. 主管部门：国家新闻出版署
8. 项目周期：18 个月
9. 目的、意义：

本文件是对 CY/T 59—2009 标准中模切技术内容的修订，以满足行业对模切技术更高更细标准的需求。本标准的修订对于进一步细分和发展模切技术，提升整个行业模切技术的标准水平具有促进作用。

10. 范围和主要技术内容：

本文件规定了纸质印刷品平压平模切术语、工艺基础条件、工艺过程控制、质量要求、检验方法、模切版使用后处置要求、模切生产过程中智能化信息采集条件，适用于纸和纸板印刷品的平压平模切（含压痕）。

二、项目名称：纸质印刷品烫印过程控制要求（修订 CY/T 60—2009）

1. 制定或修订：修订
2. 采用国际标准情况：无
3. 采用快速程序情况：不采用
4. 标准类别：规范
5. 技术归口单位：全国印刷标准化技术委员会
6. 起草单位：安徽集友新材料股份有限公司等
7. 主管部门：国家新闻出版署

8.项目周期：18个月

9.目的、意义：

本文件是对CY/T 60—2009标准中模切技术内容的修订，以满足行业对更高烫印技术标准的需求。本文件的修订对于进一步细分和发展烫印技术，提升整个行业烫印技术标准水平具有促进作用。

10.范围和主要技术内容：

本文件规定了纸质印刷品平压平热烫印所涉及的术语和定义、承印材料要求、烫印材料要求、烫印设备要求、烫印版要求、烫印技术要求、烫印质量要求和检验方法，适用于纸质印刷品平压平热烫印过程控制。

三、项目名称：折叠纸盒制盒过程控制要求（修订 CY/T 61—2009）

1.制定或修订：修订

2.采用国际标准情况：无

3.采用快速程序情况：不采用

4.标准类别：规范

5.技术归口单位：全国印刷标准化技术委员会

6.起草单位：上海烟草包装印刷有限公司等

7.主管部门：国家新闻出版署

8.项目周期：18个月

9.目的、意义：

本文件对CY/T 61—2009标准中折叠纸盒制盒技术内容进行修订，满足行业对更高折叠纸盒制盒技术标准的需求。本标准的修订对于进一步发展折叠纸盒制盒技术，提升整个行业折叠纸盒制盒技术标准水平具有重要意义。

10.范围和主要技术内容：

本文件规定了纸质印刷品折叠纸盒制盒的术语和定义、工艺过程控制要求、成品质量要求及检验方法，适用于纸质印刷品制盒的过程控制。

四、项目名称：纸质包装印刷品印制质量视觉检测系统使用要求

1.制定或修订：制定

2.采用国际标准情况：无

3.采用快速程序情况：不采用

4.标准类别：规范

5.技术归口单位：全国印刷标准化技术委员会

6.起草单位：浙江美浓世纪集团有限公司等

7.主管部门：国家新闻出版署

8.项目周期：18个月

9.目的、意义：

本文件可以帮助印刷企业在智能工厂条件下进行智能化的产品质量检测和质量信息反馈以提供智能化生产过程中的智能化调整，确保更加稳定的印刷产品质量。

10.范围和主要技术内容：

本文件规定了印刷智能工厂条件下纸质包装印刷品印制质量视觉检测系统的术语和定义、系统使用要求、故障排除方法及检验方法。适用于纸质包装印刷品印制质量视觉检测系统，包括过程质量视觉检验系统与最终质量视觉检测系统。

五、项目名称：标签外观质量智能化视觉检测系统构建指南

1.制定或修订：制定

2.采用国际标准情况：无

3.采用快速程序情况：不采用

4.标准类别：指南

5.技术归口单位：全国印刷标准化技术委员会

6.起草单位：广州市普理司科技有限公司等

7.主管部门：国家新闻出版署

8.项目周期：18个月

9.目的、意义：

本文件是构建标签外观质量智能化在线检测系统的技术指南。本文件的制定将为标签印刷业智能化在线检测提供技术、参数指导，有利于扩大我国标签智能检测系统在世界市场上的影响力。

10.范围和主要技术内容：

本文件规定了用于标签外观质量视觉检测的智能化系统构建的术语和定义、总则、需考虑的因素，适用于标签印刷品外观质量智能化检测、识别、标识、剔除、补标以及对应数据的自动传输、存储、对应数据远端查询、指令输入和人机交互、检测参数远程控制。

六、项目名称：绿色印刷　食品类塑料软包装印刷品生产过程控制要求

1.制定或修订：制定

2.采用国际标准情况：无

3.采用快速程序情况：不采用

4.标准类别：规范

5.技术归口单位：全国印刷标准化技术委员会

6.起草单位：浙江金石包装有限公司等

7.主管部门：国家新闻出版署

8.项目周期：18个月

9.目的、意义：

本文件梳理汇总了食品类塑料软包装印刷品生产过程中的控制要求，有助于进一步规范我国食品类塑料软包装印刷品的生产。

10.范围和主要技术内容：

本文件规定了塑料及其复合材料印制的食品包装绿色印刷生产过程控制的技术要求及检验方法，适用于接触食品塑料包装或非接触食品塑料包装印刷品的绿色生产过程控制。

七、项目名称：图书精细化印制质量要求及检验方法

1.制定或修订：制定

2.采用国际标准情况：无

3.采用快速程序情况：不采用

4.标准类别：产品

5.技术归口单位：全国印刷标准化技术委员会书刊印刷分技术委员会

6.起草单位：雅昌文化（集团）有限公司等

7.主管部门：国家新闻出版署

8.项目周期：18个月

9.目的、意义：

本文件旨在制定一套图书精细化印制的质量技术要求和检验方法，为图书印刷企业的质量控制、质量管理和质量评价提供指引、参考和方法，也可为图书精细化印制评价提供参考依据。

10.范围和主要技术内容：

本文件规定了图书精细化印制的质量要求所涉及的术语及定义、分类、基本要求、外观质量要求、图文印制质量要求、装帧制作质量要求、使用性要求、检验方法，适用于图书精细化印制的质量控制、质量检测和质量评价。

八、项目名称：图书精细化印制评价规范

1.制定或修订：制定

2.采用国际标准情况：无

3.采用快速程序情况：不采用

4.标准类别：规程

5.技术归口单位：全国印刷标准化技术委员会书刊印刷分技术委员会

6.起草单位：雅昌文化（集团）有限公司等

7.主管部门：国家新闻出版署

8.项目周期：18个月

9.目的、意义：

本文件旨在以《图书精细化印制质量要求及检验方法》标准为基础，规范图书精细化印制的鉴别和评价，为图书精细化印制的认定提供服务。

10.范围和主要技术内容：

本文件规定了图书精细化印制评价的准则、方法、指标体系要求、报告内容和格式，适用于图书精细化印制的评价。

永發印務(四川)有限公司
THE WING FAT PRINTING(SICHUAN)CO.,LTD

Since 1913

- 中华印制大奖
- 金奖得主
- 29载包装一体化
- 专业服务商

永發印務(四川)有限公司
THE WING FAT PRINTING(SICHUAN)CO.,LTD

电话：+86(28)8874 5627
网址：www.wingfat-sc.com
地址：四川省成都市邛崃市新邛路519号
创意中心：深圳永发印艺包装设计有限公司

紫荆文化广场
Bauhinia Culture Square

京港文化科技产业新高地

京港文化交流重要窗口　　港澳青年创新创业重要基地　　中华文化走出去重要平台

科技文化业态

数字出版　　视听科技　　创意设计　　数字影视制作　　游戏动漫　　媒体融合　　青年创新创业

区配套齐全：精装公寓　联合书店（进口原版特色）　常设主题文博馆　多媒体活动厅　　　　产业服务：创意设计　数码印刷　智能保密存储　媒体平台

 **010-87110795　13263150186**
尊贵热线 NORABLE HOTLINE

地址：北京经济技术开发区经海四路与科创十一街交汇处（京东总部2号楼西侧）

公众号　商务咨询　位置导航

印前制版 民族之光

杭州科雷机电工业有限公司

杭州科雷机电工业有限公司成立于1992年，是致力于印前产品研发、生产及印刷智能化解决方案的国家级高新技术企业，30年创新发展，始终走在全球印前领域前列。建有超20000平方米CTP生产基地，同时拥有热敏CTP、UV-CTP、紫激光CTP、柔印CTP生产技术能力，是中国热敏CTP国家标准主要起草单位，也是官方授权的国家级CTP实训基地和中国印刷业高技能人才教育培训基地，CTP销量超8000台，服务网络遍布全球。

产品体系

科雷机电始终坚持以科技创新为动力，以产品质量求生存。形成了雷霸/龙域系列胶印CTP、彩丽龙HDI柔印CTP、Emerald黑木环保版材和面向工业4.0时代的EZC 智能数字放墨系统四大产品体系，为全球印刷业持续输出优质、稳定的智能化印前及印刷解决方案。

龙域-双鼓高速CTP DD870
70张/小时
极速制版　极致精美

丽神-EZC智能数字放墨系
完美适配所有胶印机
快准稳省　智印非凡

联系我们：400-011-8989
扫码，了解更多

唐山市润丰印务有限公司

构建"共创、共享、共赢"的新时代企业

唐山市润丰印务有限公司是河北省知名企业，河北省重点保障企业，河北省印刷协会理事长单位，国家级高新技术企业。公司主要从事全国大学高等教育、中职、中小学教育教材的印制业务，是集黑白、彩色、数字印刷、包装装潢为一体的综合性加工企业。公司现有员工300多名，其中专业技术人员、大中专毕业生占60%以上。公司拥有国内外先进设备100余台（套），专利19件，年生产绿色印刷品量可达100万令纸，平均日产图书量40万册。

柯尔布斯胶装线

公司始终坚持以"质量第一，客户至上，保护环境"为宗旨，不断加强企业规范化管理，实行标准化生产，已取得并持续拥有质量、环境、职业健康安全、绿色印刷等多项国际标准体系认证，在安全、质量、生产及管理上全环节使用ERP管理系统，全面满足公司战略客户的新技术需求。

公司始终坚持以维护读者身心健康为原则，贯彻落实"勇于拼搏、科技创新、真诚服务、合作共赢"的企业精神，秉承"宁可自己麻烦千万遍，不给顾客增加一分难"的理念为客户提供优质服务。公司全力贯彻新发展理念，构建新发展格局，与客户共同构建"十四五"发展印刷行业新坐标。

公司始终坚持把增进企业员工福祉作为公司工作的出发点和落脚点，大力持续增建硬件设施，全力促进技术革新与技术改造。大数据智能化的运用及单台设备连成生产线的应用大幅度降低了员工的工作强度，极大激发了员工的工作热情。员工工作与公司管理环环相扣，奋力前进，共同铸造印刷事业发展同心圆。

新时代汇聚新使命，新征程凝聚新力量，公司将用最可靠的双手全力构建"共创、共享、共赢"的新时代企业，奋力书写社会主义文化强国建设的绚丽新篇！

唐山市润丰印务有限公司已取得并持续拥有质量、环境、职业健康安全、绿色印刷等多项国际标准体系认证

☎ **0315-5166159**

河北省唐山市丰润区动车城林荫南路169号
064000（邮编）

公司网站　公司微信

河北新华第二印刷有限责任公司
HEBEI XINHUA NO. 2 PRINTING CO., LTD

公司简介

河北新华第二印刷有限责任公司隶属于河北出版传媒集团公司，前身为创建于1946年的"冀中年画研究社"，是当时冀中解放区唯一的石印彩印厂，有着深厚的红色基因传承。公司位于北石家庄装备制造产业园，占地面积十万平方米，职工600人，坐拥河北数字印刷产业园这一集印制、仓储、发行物流于一体的综合型产业园区，业务覆盖京津冀，正在朝着综合服务型印刷企业的方向迈进。

公司现有印刷设备200余台套，年生产能力：制版5万四块，文字照排1亿字，彩色以及单双色印刷150万令，装订1.3亿册。2019、2020年集中引进了6台轮转印刷设备，2022年引进德国原装海德堡速霸CX104四色平张纸胶印机，组建了世界领先、全国一流的印刷生产线。通过聚集和打造优质产能，我公司重大生产任务的突击能力和精品印制能力得到大幅提升，成为众多出版单位的战略合作伙伴。2021年印制的《满族民俗文化卷》一书赢得中华印制大奖金奖。是"重大主题出版图书定点印制单位"、"印刷示范企业"。

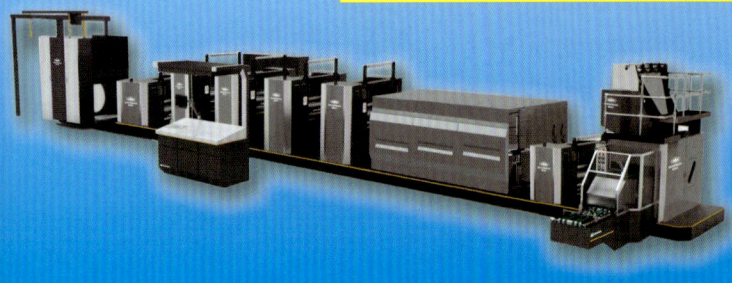

地址：河北省石家庄市装备制造基地南车路7号
联系电话：0311-69129103
网址：hb2ys.hbp.cn
邮箱：hbxhysgs@163.com

北京汇林印务有限公司
Beijing HuiLin Printing Co., Ltd.

  北京汇林印务有限公司是中原大地传媒股份有限公司（股票代码000719）的全资子公司，始建于2004年6月，位于北京市大兴区黄村镇海鑫路9号，占地200亩。

  近年来，公司秉承"客户至上、服务一流、诚信为本、追求卓越"的经营理念，按照中原出版传媒集团"上规模、调结构、促转型、强开放、树品牌"的总要求和"做强主业、做大产业、关联跨界、内合外联、转型升级、融合发展"的工作思路，以供给侧结构改革为抓手，以服务保障首都核心功能为出发点和落脚点，强化内部管理，建设充分、高效、可靠的服务保障能力；坚持绿色发展，实施绿色印刷和清洁生产；加强人才培养，构建全方位、多层次的人才培养模式；紧盯目标任务，积极开拓市场，做大主业，做强产业；坚持转型升级，实施智能化改造，不断引进吸收新的印刷设备和技术；坚持社会效益优先，实现了社会效益和经济效益双丰收。

  北京汇林印务有限公司自成立以来，先后引进了德国、瑞士、日本等先进的印刷设备，拥有国内一流的技术人才和管理团队。先后通过了ISO9000质量体系认证、ISO14000环境体系认证、绿色印刷中国环境标志认证和清洁生产审核验收。目前，年印制能力达到150万令纸，装订生产能力达到150万令纸。

主营业务

- 出版物印刷
- 其他印刷品印刷
- 包装装潢印刷品印刷
- 兼营普通货运
- 纸张销售
- 纸制品
- 广告制品
- 装订印刷品
- 技术进出口
- 代理进出口

  现为北京市"高新技术企业""出版物印刷服务首都核心功能重点保障企业""质量信得过单位""北京印刷质量十佳企业""京津冀协同发展绿色印刷优秀企业""人民教育出版社印刷示范企业"。

联系电话：010-69261461

新疆新华印务有限责任公司

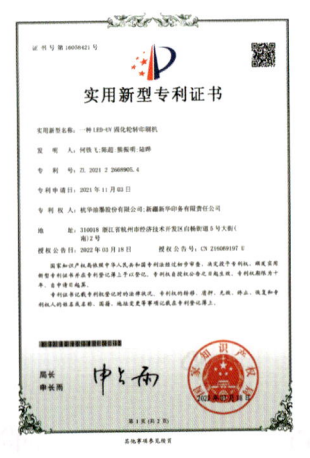

2.5万m²	5727万元	2.09亿
厂房面积	注册资金	资产总额

　　新疆新华印务有限责任公司前身为新疆新华印刷厂，始建于1938年，厂房面积2.5万平方米，注册资金5727万元，资产总额2.09亿。主要承担着我区多种文字的中小学教材教辅及各类图书、杂志的印制任务，是国家秘密载体印制资质证书（乙级）单位。公司拥有德国海德堡八色、五色、四色胶印机，日本小森、东芝双纸路商业轮转机、方正桀鹰数字印装生产线、柯尔布斯胶订联动线、海德堡骑订生产线、马天尼精装联动线等一批具有国内外领先水平的印装设备200余台（套），公司生产能力、装备水平在自治区位居前列。已通过国际质量管理体系、环境管理体系、中国环境标志产品认证（绿色印刷）。公司每年都有数百种产品分获全国和自治区优质产品奖，先后荣获全国新闻出版系统先进集体、全国首批诚信印刷企业、中华印制大奖赛银奖等多项荣誉称号。

☎ 0991—5857839　0991—4685599

📍 新疆乌鲁木齐市南湖北路760号
✉ xjxhph@126.com

北京科信印刷有限公司

北京科信印刷有限公司成立于2001年，是北京市出版物印刷服务首都核心功能重点保障企业，是北京市出版物印刷企业一级企业，是北京市环保治理绩效A级企业。

公司创建二十多年来，已发展成为集艺术品展示、网络技术、出版策划、艺术品复制、摄影、设计、绿色印刷、数字印刷、物流配送等综合功能为一体的现代化企业。主要服务对象有：国家核心科技期刊、国家机密文件及图书，主要客户有：中国科学院、中国工程院、中国社会科学院等国家学术机构，国家级出版社、北京市政府机关、军事科研部门、高等院校、科研院所等。客户涵盖数学、生物、医学、物理、化工、文创产品等众多专业领域。

科信是国家秘密载体印制企业，是政府采购定点印刷企业，是北京市首批获得中国环境标志产品认证的绿色印刷企业，还是首批自愿实施清洁生产并通过验收的印刷企业，也是ISO9001质量管理体系、ISO14001环境管理体系及OHSAS18001职业健康安全管理体系认证企业以及安全生产标准化认证企业。

科信也是北京市"专精特新"企业、"国家高新技术企业"、"中关村高新技术企业"、"北京民营企业文化产业百强"企业、"北京印刷知名品牌企业"、"北京印刷行业诚信企业"、"北京诚信创建企业"、北京市绿色印刷工程"标兵示范单位"、"北京市版权保护示范单位"。

产品质量获得"中国出版政府奖"、"中华印制大奖"，连续多年获得北京印刷出版物优质品"金奖"、行业综合排名"第二名"，被北京城市副中心行政办公区工程建设办公室授予"特别贡献奖"，被北京质协推荐为"出版单位合作伙伴"，于2019年入选《奋进新时代——致敬新中国70周年印刷业时代先锋》大型画册先锋企业。

13911012509
60709206

邮箱：kexinys@163.com　　传真：010-62991269
公司地址：北京市昌平区北清路马连店甲6号

www.kexinys.com

印刷管家服务APP

- 印刷工厂数据可视化，直观查看OEE
- 实时查看设备有效工作比、稼动率、良品率
- 及时检测排查隐患，工厂运转情况尽在掌握
- 培训赋能，助力印刷企业建立生产质量闭环管理体系
- 课程培训+在线指导+上门服务 三位一体为印刷生产保驾护航

下载您的印刷管家APP
把工厂装在口袋装回家！

相关软件

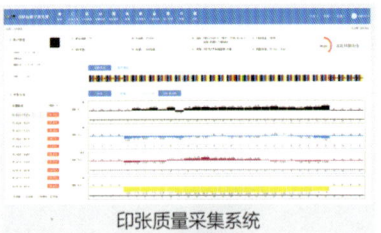

印张质量采集系统

印版网点扫描系统

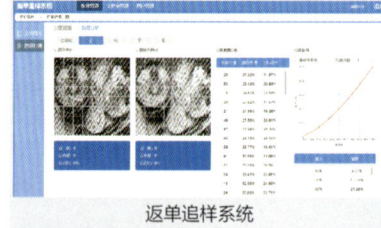

返单追样系统

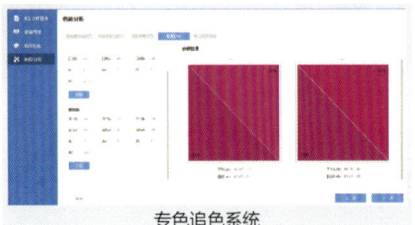

专色追色系统

FPS文件预检系统

相关硬件

色彩管理神器 - 印刷样张质量采集系统

追样神器——印前追色看样平台

印版网点质量采集系统

印工社（青岛）互联网科技有限公司

青岛市高新区招商网谷百度创业基地　　print@ygsit.com　　www.cpct.net.cn　　咨询热线：400-999-2025

*说明：因技术升级、客户要求或其他原因导致产品配置、产品图片、产品技术资料等出现更改或不符，恕不另行通知，一切以实际为准。

致力于为客户提供一站式书刊印装和印刷物资贸易解决方案

广西民族印刷包装集团（简称"民印集团"）是广西出版传媒集团的子集团，资产总额超过10亿元，占地面积超过300亩，致力于为民族文化事业繁荣发展不懈奋斗。企业历史可追溯到1916年成立的上海大东书局，受国家的派遣，1957年迁至广西至今一甲子有余，年均印制书刊2亿多册，为广西文化事业的繁荣发展做出了重大贡献。

民印集团管理体系完善、技术实力雄厚、服务优质，拥有国家印刷示范企业、国家绿色标志产品认证企业、甲级国家秘密载体印制资质、人民教育出版社印刷示范企业，省、市两级政府指定教材印刷供应企业等高等级资质平台，书刊印装的质量管理水平国内一流，是一家集书刊印刷(含保密件)、印刷物资贸易、物业管理、仓储物流等为一体的大型综合性文化企业集团，是广西文化产业龙头企业、广西示范印刷企业。

民印集团各业务板块定位明确，目标清晰，坚持创新立本、自强进取的企业理念，携手业内外伙伴共商、共建、共享、共赢。

业务板块

书刊印刷　民印集团拥有国家印刷示范企业、人民教育出版社印刷示范企业等高等级资质平台，施行精品印制战略，坚持市场化改革，弘扬大国工匠精神，推动传统印刷向"智能化、数字化、绿色化"转型，教材教辅、一般图书精品不断，产品社会认可度高，致力于为客户提供优质的一站式书刊印装解决方案。单日印装产能超过180万册。

保密件　民印集团拥有国家甲级秘密载体印制资质，相应的管理机制健全、成体系，执行十分严格，始终保持承印中高考、职业考试和政府重要文件资料等保密件"零事故"，坚持安全、保密、准确、按时的原则，致力于为客户提供严谨、高效和优质的服务。

印刷物资贸易　民印集团拥有中国环境标志产品认证资质，仓储条件和物流管理机制成熟，始终深度契合印刷产业链上下游，满足自身印刷主业纸张供应的同时，致力于为客户提供精准、迅捷和高效的纸张供应和仓储物流服务。

物业管理　民印集团在南宁、柳州、河池等地均有物业，推行精细化管理，致力于为客户提供贴心、便捷和优质高效的服务。

业地址：南宁市西乡塘区高新三路1号　　邮箱：MYJT1916@163.com
赢热线：0771-2311518　　邮编：530007

贵州新华印务有限责任公司

贵州新华印务有限责任公司隶属贵州出版集团有限公司，始建于1950年1月，是国家级书刊定点印刷企业，贵州省中小学教材教辅主要印制基地。拥有网屏全彩色喷墨印刷系统、海德堡、马天尼、高斯等一批国内外领先水平印刷设备，书刊印装优势突出，技术水平和生产能力居于贵州同行业前列。曾荣获"全国书刊印刷先进企业""全国诚信印刷企业""全国新闻出版系统先进集体""人民教育出版社印刷示范企业""贵州省文明单位"、中华印制大奖金奖等荣誉称号。首批通过中国环境标志产品认证，拥有"质量管理体系、环境管理体系、职业健康/安全管理体系"三体系认证证书。

公司以搬迁印刷产业园区为契机，聚焦印刷主业，大力提升印力、优化印管、拓展印件，近两年累计投入7000多万元用于设备技术改造，进一步扩大产能，加快数字化智能化建设，质量效益水平明显提升。公司积极主动承担污染防治主体责任，投资200多万元引进"挥发性有机物（VOCs）"治理系统及污水处理系统，安全排放废气废水，成为省、市污染排放治理成效显著的重点企业。

公司积极践行"举旗帜、聚民心、育新人、兴文化、展形象"使命任务，守初心、强服务、践承诺，把"课前到书、人手一册"作为重要政治责任，确保每年两季教材生产任务按时保质保量完成；承接并圆满完成多种重大主题出版物、黔版图书及期刊印制任务，为贵州出版事业作出积极贡献。

贵州新华印务坚持党建引领，推动党建与业务有机融合，"红色引擎"助力印刷板块提质增效。站在新的发展阶段，公司将继续贯彻创新、协调、绿色、开放、共享的发展理念，紧紧围绕打造"传统印刷的龙头企业、包装印刷的示范企业、数字印刷的领军企业、绿色印刷的样板企业"目标，精准发力，持续推进公司治理体系和治理能力现代化建设，为企业创新发展不断注入生机和活力，奋力谱写新时代企业发展新篇章。

0851-84414542　　贵州省贵阳市白云区沙文镇高新区科产路文化出版产

山东新华印务有限公司

山东新华印务有限公司始建于1938年，是由原山东新华印务有限责任公司、山东德州新华印务有限责任公司、山东泰安新华印务有限责任公司整合而成，隶属于山东出版传媒股份有限公司，是国家印刷示范企业，书刊印刷国家级定点企业，山东省重点文化企业。

2020年7月，股份公司所属印刷企业进行了改革重组，采用"总—分公司"的组织架构和管理模式，将所属子公司整合为一家全资子公司，成立印刷总公司。公司下辖济南、德州、泰安3个分公司及济南华福印刷材料有限公司，总资产近10亿元，职工1300余人，各类技术人员600余人。企业拥有柯达鼎盛高速喷墨数字轮转印刷生产线、海德堡印刷机、小森System 35S商业轮转印刷机、马天尼胶订联动线、马天尼MC60全自动精装生产线等国际一流印装设备，形成激光照排、电脑设计、彩色制版、书刊印刷、彩色印刷、商业印刷、精平装、热熔胶等多条生产流水线，集制版、印刷、装订和包装为一体，实现了"印前数字网络化、印刷多色高效化、印后精美自动化"。年生产能力：排字6亿字，书刊印装260万令，彩色印刷1500万色令，热熔胶生产2000吨，是省内首屈一指的国有印刷龙头企业。

公司专注印刷80多年，始终坚持以传播文化，传承文明为己任，在企业发展中牢固树立"以市场为导向，向管理要效益，靠质量求发展"的经营理念和"以诚取胜、以实为本、以质取胜、以人为本"的服务宗旨，大力倡导"彼此欣赏、共同成长"的企业文化，坚定不移实施精品双效战略，持续深化改革、强化创新、细化管理、优化发展。在全国书刊印刷质量评比中，多次荣获有关部门印刷质量金奖和银奖、中华印制大奖、全国新闻出版系统先进集体、全国首批诚信印刷企业、山东省十佳印制单位、山东省消费者满意单位、山东省新闻出版奖印刷复制奖等荣誉，与全国近百家出版单位建立了良好的合作关系。

沧海横流，方显英雄本色；商机无限，尽展企业雄风。

山东新华印务有限公司时刻期待着与您携手并进，互利共赢，共铸印刷事业新辉煌。

愿与您合作共赢，共创美好未来！

传承创新 勇于担当

山东新华印务近十年来立足国企改革，在承担为党的宣传工作提供强大技术支撑和有力文化保障的重要职责中，以动真碰硬、披荆斩棘的责任担当，大胆探索、勇于突破。

精耕细作 塑造品牌

山东新华印务加大新技术、新工艺研发力度，弘扬工匠精神，加快传统印刷产能向现代化产能的转化，使印刷产业由劳动密集型向技术密集型转变，形成特色和品牌。

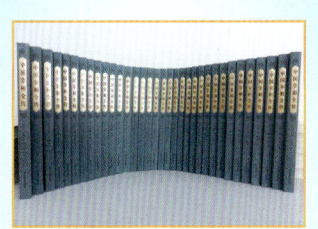

深化改革 激发活力

近十年来，山东新华印务坚持深化改革、强化创新、细化管理、优化发展，先后引进一批具有国内外先进水平的技术设备，实现印装设备技术水平全面提升。

德州分公司　　　　　　泰安分公司　　　　　　济南分公司

郑州市毛庄印刷有限公司
ZHENG ZHOU MAO ZHUANG PRINTING FACTORY

郑州市毛庄印刷有限公司，位于河南省郑州市惠济区清华园路开元路口，厂区环境幽雅，绿荫成行，地理位置优越，交通便利。厂区面积18000平方米，建筑面积12000平方米。

我公司主要承接学生教材、教辅及杂志、精装图书和各类广告画册。业务范围涉及全国各省市出版单位、期刊杂志社、广告公司等，业务稳定，资金充足。

郑州市毛庄印刷有限公司始建于1984年，近40年的风雨兼程，面对严峻的市场竞争，坚持以人为本，实施品牌战略，秉承科技兴企理念，以标准为依据，以顾客满意为目的，以质量求生存，靠信誉赢市场。我们发扬"不求最大，只求最好"的企业理念，团结拼搏，迎难而上，取得了显著的社会效益和经济效益。始终坚持"质量标准为依据、顾客满意为目的"的方针，积极开展各项业务，在本行业取得了稳定的成绩。

郑州市毛庄印刷有限公司，为河南省书刊印制定点企业，在全厂干部职工的共同努力下，先后获得多项荣誉，其中有郑州市守合同重信用单位、郑州市版权工作先进集体等，ISO9001-2008质量管理体系认证达标企业，两化融合管理体系评定认证企业、中国绿色环境标志产品（绿色印刷）及认证企业，高新技术企业、郑州市专精特新企业。

为了不断开拓新市场，把我公司打造成中国印刷行业的一大品牌，我公司将一如既往地以"可靠的质量，适中的价位，真心的服务"为经营理念，为委印单位及读者提供优质的书刊，为文化事业和社会稳定做出应有的贡献。

厂　址：河南省郑州市惠济区清华园路开元路口
联系人：毛桂英13673639993　王妮娜15638867

河北泓景
印刷有限公司简介

  河北泓景印刷有限公司成立于2017年9月，位于美丽的河北省衡水市故城县，主要以出版物印刷为主，包装印刷为辅。公司占地面积3万平方米。公司拥有6台海德堡对开多色印刷机、2台如皋双面BB印刷机、2台柯达全自动CTP制版机、8台CP折页机、2台马天尼骑订线、2台马天尼胶订线等，还拥有多台全自动印后全线装订、打包设备，总投资约5000万元。

  在自身建设方面，公司通过不断的努力和优化，2019年通过了ISO9000质量管理体系认证、ISO14000环境管理体系认证和中国绿色十环认证，标志着公司在可持续发展的进程中向前迈了一大步，促进了印刷产业升级，加强绿色印刷节能减排建设，推动社会生态文明发展。

  在业务拓展方面，基于公司前身在北京多年的发展，目前与全国多家知名出版社、出版集团和期刊社建立了长期且良好的合作关系，此外，公司与多家医院和具有实力的企事业单位有着良好的合作关系，到目前为止，公司年生产书刊能力6000万册左右。

  未来，公司将运用故城县的交通（县内贯穿京杭大运河，是冀鲁经济融合的重要节点，也可深度融入京津冀2小时经济圈）和深厚的人文底蕴的优势，加快工厂的智能化生产建设，加强配套服务能力，提升创新创意设计能力，力争将公司打造成集创意、智能生产、产业配套服务等一体化的具有全国市场强竞争力的企业。

印厂地址：河北省衡水市故城县高新技术产业园区金宝大道东侧
办事处地址：北京市大兴区兴华大街20号楼北印印包文创园
电话：010-62407969、13901051129

哈尔滨市石桥印务有限公司成立于2004年，是集印前、印刷、印后于一体的出版物印刷企业，为中印协常务理事单位、黑龙江省印刷技术协会理事长单位、哈尔滨市印刷协会名誉会长单位。"深耕龙江，服务全国"，石桥印务在阅读类图书生产上优势明显，服务全国60多家出版单位，是《黑龙江省文化强省建设规划（2020-2025）》积极培育发展单位。

服务出版
守正创新

地址 \ 哈尔滨市香坊区幸福镇新香坊村　　邮编 \ 150038
电话 \ 0451 - 55139205　82342231
邮箱 \ shiqiaoyinwu@163.com　　QQ \ 2070525466

数据统计

- 2017–2021年印刷和记录媒介复制业规模以上工业企业统计数据
- 2017–2021年全国印刷业年度统计数据
- 2021年全国各省（区、市）出版印刷生产情况
- 2021年全国报纸印刷量调查统计情况
- 2021年国内印刷装备、印刷器材主要商品进出口情况
- 2021年造纸行业相关数据汇总

2017-2021年印刷和记录媒介复制业规模以上工业企业统计数据

本部分收录的是2017—2021年国家统计局关于"印刷和记录媒介复制业"规模以上企业主要经济指标的统计数据。国家统计局对"规模以上工业企业"的界定是"年主营业务收入2000万元及以上的工业法人单位",对"大中型工业企业"的界定,2017年参见2011年《统计上大中小微型企业划分办法》,2018—2021年参见《统计上大中小微型企业划分办法(2017)》。本部分收录数据摘自历年《中国统计年鉴》,2017年统计数据精确到小数点后两位,2018-2021年统计数据精确到小数点后一位;2017年统计数据中的"主营业务收入""主营业务成本"两项指标,在2018—2021年变更为"营业收入""营业成本"。由于统计口径调整等原因,各年度主要指标数据与上年度数据之间不能简单直接对比。

表1　全部规模以上工业企业主要指标　　　　　　　　　　　　　　　　　　　　(单位:亿元)

	2017年	2018年	2019年	2020年	2021年
企业单位数(个)	5621	5706	5673	5887	6579
资产总计	5890.54	5752.4	5906.9	6381.2	7012.6
流动资产合计	3078.31	3094.8	3301.6	3602.2	4002.8
应收账款	948.41	992.3	1076.3	1094.4	1237.9
存货	624.17	626.2	643.9	673.0	782.0
产成品	251.52	241.4	263.0	269.6	298.9
负债合计	2542.04	2576.0	2717.9	2924.3	3250.4
主营业务收入/营业收入	7857.66	6471.1	6794.0	6638.3	7737.7
主营业务成本/营业成本	6636.49	5429.7	5612.2	5488.9	6431.9
销售费用	204.94	177.6	193.2	184.1	208.0
管理费用	405.14	386.8	463.2	472.1	564.4
财务费用	62.23	45.5	49.0	53.4	51.7
利润总额	542.23	425.6	469.0	452.4	493.3
平均用工人数(万人)	95.51	84.5	85.0	91.7	88.3

表2 规模以上工业企业中的国有控股工业企业主要指标 (单位：亿元)

	2017年	2018年	2019年	2020年	2021年
企业单位数（个）	283	284	278	276	291
资产总计	756.35	766.5	807.2	939.9	1033.5
流动资产合计	444.36	467.3	497.3	512.5	591.2
应收账款	79.38	85.2	98.5	92.0	108.6
存货	88.87	93.2	100.5	98.6	104.1
产成品	30.54	34.1	39.1	36.6	37.2
负债合计	242.99	239.9	261.3	268.4	319.4
主营业务收入/营业收入	521.40	581.3	598.2	572.6	630.9
主营业务成本/营业成本	405.71	441.7	460.8	447.7	492.5
销售费用	10.60	10.7	11.9	10.8	11.2
管理费用	64.04	67.2	68.7	68.8	79.7
财务费用	-1.01	-1.7	-0.4	-0.3	-0.6
利润总额	46.99	65.8	58.8	51.7	52.7
平均用工人数（万人）	8.39	8.0	7.5	7.4	7.5

表3 规模以上工业企业中的私营工业企业主要指标 (单位：亿元)

	2017年	2018年	2019年	2020年	2021年
企业单位数（个）	3331	3423	3830	4453	5150
资产总计	2224.42	2106.7	2508.4	3005.4	3565.6
流动资产合计	1099.31	1103.6	1365.4	1684.8	1993.8
应收账款	379.92	395.6	515.0	586.7	709.9
存货	230.58	236.1	276.2	349.5	425.2
产成品	96.75	92.5	112.0	136.9	162.2
负债合计	1095.99	1130.1	1365.1	1626.2	1938.8
主营业务收入/营业收入	4025.56	3136.9	3797.2	4232.7	5097.5
主营业务成本/营业成本	3455.10	2711.9	3210.4	3572.1	4295.9
销售费用	100.66	79.7	99.7	107.6	129.1
管理费用	163.56	143.7	219.4	251.0	322.9
财务费用	34.71	29.1	32.6	36.9	42.3
利润总额	246.29	159.2	215.7	255.3	301.6
平均用工人数（万人）	41.28	36.3	44.1	55.7	53.3

表4 规模以上工业企业中的外商投资和港澳台商投资工业企业主要指标　　　　　　　　　　　　　　　　　　（单位：亿元）

	2017年	2018年	2019年	2020年	2021年
企业单位数（个）	589	588	531	535	559
资产总计	1255.08	1319.9	1284.4	1376.8	1504.1
流动资产合计	747.23	758.0	727.6	809.8	881.7
应收账款	248.76	256.4	236.9	233.1	253.3
存货	139.71	141.1	134.1	127.6	154.1
产成品	56.18	55.3	58.3	55.1	60.5
负债合计	518.35	522.5	507.4	535.3	556.1
主营业务收入/营业收入	1141.27	1143.1	1100.1	1021.0	1192.0
主营业务成本/营业成本	923.07	919.5	876.2	812.7	965.1
销售费用	38.54	39.6	40.3	37.2	41.9
管理费用	84.39	88.7	90.8	87.1	99.4
财务费用	8.59	3.8	5.9	7.8	3.0
利润总额	94.32	90.4	91.2	78.1	90.9
平均用工人数（万人）	20.75	19.4	18.0	16.7	17.1

表5 规模以上工业企业中的大中型工业企业主要指标　　　　　　　　　　　　　　　　　　（单位：亿元）

	2017年	2018年	2019年	2020年	2021年
企业单位数（个）	690	688	551	532	560
资产总计	2620.35	2603.4	2585.1	2826.7	2916.4
流动资产合计	1370.31	1385.9	1419.0	1565.8	1651.6
应收账款	384.85	417.9	451.0	423.9	473.0
存货	277.63	271.9	271.1	279.2	321.7
产成品	110.19	106.7	112.6	114.9	122.0
负债合计	976.64	975.6	1009.8	1078.8	1176.1
主营业务收入/营业收入	2812.66	2409.0	2549.9	2442.5	2813.3
主营业务成本/营业成本	2305.69	1931.5	2022.9	1935.0	2265.1
销售费用	83.05	78.4	84.1	80.0	85.9
管理费用	180.61	178.5	201.3	200.8	226.3
财务费用	22.14	12.4	15.5	19.0	16.2
利润总额	239.52	217.9	230.6	223.6	230.7
平均用工人数（万人）	43.85	37.9	35.9	33.7	34.6

2017-2021年全国印刷业年度统计数据

除特别说明外，本部分收录的数据均出自国家新闻出版署印刷企业年度核验（年度报告），直接摘引自历年《中国印刷业发展报告》（中国书籍出版社出版）。数据相关说明如下：1.本部分数据中的珠三角地区系指广东省，长三角地区涵盖上海市、江苏省和浙江省，环渤海地区涵盖北京市、天津市、河北省、山东省、辽宁省，中部地区涵盖山西省、安徽省、江西省、河南省、湖南省、湖北省。2.本部分数据中的第三部分"部分主营业务发展情况"系不完全统计，各年度上报企业数量及范围并不一致，增长率指标仅供参考。3.本部分数据中的"规模以上重点印刷企业"系指年产值5000万元及以上的印刷企业。

一、行业整体情况

表1 印刷业资产总额、工业总产值和利润总额

年份	印刷企业数量（家）	资产总额（亿元）	资产总额增长率	工业总产值（亿元）	工业总产值增长率	利润总额（亿元）	利润总额增长率
2017	99054	13593.54	–	12057.74	–	676.58	–
2018	98276	15187.45	11.73%	12712.08	5.43%	716.49	5.90%
2019	97229	15472.87	1.88%	13016.62	2.40%	697.33	−2.67%
2020	97949	16368.55	5.79%	12944.20	−0.56%	727.02	4.26%
2021	101960	17497.63	6.90%	14107.08	8.98%	708.65	−2.53%

表2 印刷企业平均产值和行业人均产值

年份	工业总产值（亿元）	印刷企业数量（家）	企业平均产值（万元）	企业平均产值增长率	行业从业人数（万人）	行业人均产值（万元）	行业人均产值增长率
2017	12057.74	99054	1217.29	–	281.74	42.80	–
2018	12712.08	98276	1293.51	6.26%	270.40	47.01	9.85%
2019	13016.62	97229	1338.76	3.50%	258.33	50.39	7.18%
2020	12944.20	97949	1321.52	−1.29%	252.61	51.24	1.69%
2021	14107.08	101960	1383.59	4.70%	256.18	55.07	7.46%

表3 印刷企业平均利润和行业人均利润

年份	利润总额（亿元）	印刷企业数量（家）	企业平均利润（万元）	企业平均利润增长率	行业从业人数（万人）	行业人均利润（万元）	行业人均利润增长率
2017	676.58	99054	68.30	–	281.74	2.40	–
2018	716.49	98276	72.91	6.74%	270.40	2.65	10.34%
2019	697.33	97229	71.72	−1.63%	258.33	2.70	1.88%
2020	727.02	97949	74.22	3.49%	252.61	2.88	6.62%
2021	708.65	101960	69.50	−6.36%	256.18	2.77	−3.89%

表4 印刷业外商投资总额、外商注册资金额、对外加工贸易额

年份	外商投资总额（亿美元）	外商投资总额增长率	外商注册资金额（亿美元）	外商注册资金额增长率	对外加工贸易额（亿元）	对外加工贸易额增长率
2017	402.55	-	267.19	-	841.85	-
2018	288.89	−28.23%	208.55	−21.95%	779.11	−7.45%
2019	518.26	79.40%	274.33	31.54%	788.17	1.16%
2020	316.47	−38.94%	215.59	−21.41%	699.91	−11.20%
2021	247.88	−21.67%	219.15	1.65%	705.14	0.75%

表5 印刷业工业增加值在国内生产总值中的占比

年份	国内生产总值（亿元）	国内生产总值名义增长率	印刷业工业增加值（亿元）	印刷业工业增加值名义增长率	印刷业工业增加值在国内生产总值中的占比
2017	832035.9	-	2794.43	-	0.34%
2018	919281.1	10.49%	2939.36	5.19%	0.32%
2019	986515.2	7.31%	2701.73	−8.08%	0.27%
2020	1013567.0	2.74%	2795.31	3.46%	0.28%
2021	1143669.7	12.84%	3013.27	7.80%	0.26%

注：国内生产总值数据引用自国家统计局

表6 珠三角、长三角、环渤海和中部地区印刷业工业总产值在全国总量中的占比

区域	2017年 印刷工业总产值（亿元）	2017年 在全国印刷工业总产值中的占比	2018年 印刷工业总产值（亿元）	2018年 在全国印刷工业总产值中的占比	2019年 印刷工业总产值（亿元）	2019年 在全国印刷工业总产值中的占比	2020年 印刷工业总产值（亿元）	2020年 在全国印刷工业总产值中的占比	2021年 印刷工业总产值（亿元）	2021年 在全国印刷工业总产值中的占比
珠三角	2345.62	19.45%	2530.71	19.91%	2605.87	20.02%	2552.76	19.72%	3006.89	21.31%
长三角	3671.72	30.45%	3894.14	30.63%	4092.55	31.44%	4189.61	32.37%	4504.91	31.93%
环渤海	2206.34	18.30%	2283.06	17.96%	2274.66	17.48%	2113.18	16.33%	2127.53	15.08%
中部地区	1894.60	15.71%	1981.88	15.59%	1950.26	14.98%	2013.09	15.55%	2186.82	15.50%
其他地区	1939.46	16.08%	2022.28	15.91%	2093.28	16.08%	2075.55	16.03%	2280.94	16.17%

表7 我国印刷业十强省份

排名	2017年 省份	2017年 印刷工业总产值（亿元）	2018年 省份	2018年 印刷工业总产值（亿元）	2019年 省份	2019年 印刷工业总产值（亿元）	2020年 省份	2020年 印刷工业总产值（亿元）	2021年 省份	2021年 印刷工业总产值（亿元）
1	广东	2345.62	广东	2530.71	广东	2605.87	广东	2552.76	广东	3006.89
2	江苏	1461.46	江苏	1568.93	浙江	1655.27	浙江	1712.96	浙江	1829.01
3	浙江	1393.47	浙江	1492.41	江苏	1623.06	江苏	1679.01	江苏	1821.91
4	山东	860.39	山东	908.26	山东	951.45	山东	936.87	山东	974.95
5	上海	816.79	上海	832.80	上海	814.22	上海	797.64	上海	853.99

(续表)

排名	2017年		2018年		2019年		2020年		2021年	
	省份	印刷工业总产值（亿元）	省份	印刷工业总产值（亿元）	省份	印刷工业总产值（亿元）	省份	印刷工业总产值（亿元）	省份	印刷工业总产值（亿元）
6	河北	665.32	河北	680.56	福建	672.50	福建	675.22	福建	805.37
7	福建	608.08	福建	638.28	河北	626.72	河北	529.35	安徽	528.04
8	湖北	446.71	湖北	482.61	湖北	501.77	湖北	486.20	湖北	498.91
9	四川	423.57	四川	437.19	四川	491.66	四川	474.35	四川	456.85
10	江西	407.28	安徽	423.59	安徽	443.91	安徽	454.29	河北	402.77
合计	–	9428.70	–	9995.36	–	10386.44	–	10298.66	–	11178.70
在全国印刷业工业总产值中的占比	–	78.20%	–	78.63%	–	79.79%	–	79.56%	–	79.24%

二、不同类别印刷企业情况

（一）出版物印刷

表8　我国图书、期刊、报纸总印张和折合用纸量

年份	总印张数（亿印张）	折合用纸量（万吨）	总印张、总用纸量增长率
2017	2020.94	479.86	−7.99%
2018	1937.18	445.56	−4.14%
2019	1855.82	–	−4.20%
2020	1690.00	–	−8.94%
2021	–	–	–

注：本表格数据引自国家新闻出版署"全国新闻出版业基本情况"；截至本书出版，2021年数据未发布。

表9　图书、期刊、报纸的总印数和总印张

年份	图书		期刊		报纸	
	总印数（亿册、张）	总印张（亿印张）	总印数（亿册）	总印张（亿印张）	总印数（亿份）	总印张（亿印张）
2017	92.44	808.04	24.92	136.66	362.50	1076.24
2018	100.09	882.52	22.92	126.75	337.26	927.90
2019	105.97	938.04	21.89	121.27	317.59	796.51
2020	103.74	918.90	20.35	116.40	289.14	654.69
2021	–	–	–	–	–	–

注：本表格数据引自国家新闻出版署"全国新闻出版业基本情况"；截至本书出版，2021年数据未发布。

表10　出版物印刷关键数据指标及增长情况

年份	企业数量（家）	企业数量增长率	产值（亿元）	产值增长率	增加值（亿元）	增加值增长率
2017	7177	–	1785.66	–	482.05	–
2018	7277	1.39%	1851.88	3.71%	514.49	6.73%

(续表)

年份	企业数量（家）	企业数量增长率	产值（亿元）	产值增长率	增加值（亿元）	增加值增长率
2019	7427	2.06%	1860.01	0.44%	440.20	−14.44%
2020	7345	−1.10%	1741.54	−6.37%	396.63	−9.90%
2021	7389	0.60%	1942.00	11.51%	458.51	15.60%

表11-1　2017年我国出版物印刷十强省份

排名	省份	企业数量（家）	印刷产值（亿元）	增加值（亿元）
1	广东	596	306.33	102.08
2	浙江	480	178.39	40.80
3	山东	535	170.27	20.88
4	北京	553	160.89	56.94
5	湖南	395	117.55	31.16
6	河北	299	97.05	21.57
7	上海	162	92.49	31.70
8	江苏	316	90.39	20.04
9	福建	193	88.06	37.28
10	江西	138	55.61	21.00
	合计	3667	1357.03	383.45

表11-2　2018年我国出版物印刷十强省份

排名	省份	企业数量（家）	印刷产值（亿元）	增加值（亿元）
1	广东	625	296.07	69.98
2	浙江	456	191.06	43.61
3	山东	580	179.55	25.17
4	北京	487	163.75	53.59
5	湖南	385	120.89	26.61
6	上海	155	108.85	33.49
7	福建	199	101.64	26.41
8	河北	325	99.37	23.18
9	江苏	328	94.16	16.06
10	江西	142	52.83	19.95
	合计	3682	1408.17	338.05

表11-3　2019年我国出版物印刷十强省份

排名	省份	企业数量（家）	印刷产值（亿元）	增加值（亿元）
1	广东	635	337.19	91.40
2	山东	623	197.52	28.67

（续表）

排名	省份	企业数量（家）	印刷产值（亿元）	增加值（亿元）
3	北京	475	146.20	49.31
4	浙江	407	123.16	25.73
5	湖南	395	122.84	26.47
6	河北	435	117.90	29.91
7	福建	200	111.09	23.83
8	上海	149	103.60	34.23
9	江苏	338	99.24	18.21
10	湖北	287	52.51	10.00
合计		3944	1411.25	337.75

表11-4　2020年我国出版物印刷十强省份

排名	省份	企业数量（家）	印刷产值（亿元）	增加值（亿元）
1	广东	581	315.17	85.87
2	山东	629	179.73	26.37
3	北京	450	120.62	32.77
4	湖南	400	120.15	25.90
5	浙江	391	119.09	22.40
6	福建	202	112.87	24.89
7	江苏	341	107.66	22.37
8	上海	146	102.31	31.61
9	河北	494	99.58	25.26
10	安徽	282	50.40	7.43
合计		3916	1327.58	304.87

表11-5　2021年我国出版物印刷十强省份

排名	省份	企业数量（家）	印刷产值（亿元）	增加值（亿元）
1	广东	574	364.83	102.34
2	福建	194	221.75	35.33
3	山东	626	171.70	28.13
4	湖南	408	127.61	27.51
5	北京	436	125.01	44.55
6	浙江	378	121.88	22.57
7	江苏	338	109.48	25.25
8	上海	133	107.33	39.59
9	河北	539	89.94	23.10
10	江西	144	56.77	7.80
合计		3770	1496.28	356.17

表12-1　2017年珠三角、长三角、环渤海和中部地区出版物印刷企业数量、产值、增加值

区域	企业数量（家）	印刷产值（亿元）	增加值（亿元）	增加值在印刷产值中占比
珠三角	596	306.33	102.08	33.32%
长三角	958	361.27	92.53	25.61%
环渤海	1691	467.83	110.16	23.55%
中部地区	1645	332.70	83.66	25.14%
其他地区	2287	317.52	93.61	29.48%

表12-2　2018年珠三角、长三角、环渤海和中部地区出版物印刷企业数量、产值、增加值

区域	企业数量（家）	印刷产值（亿元）	增加值（亿元）	增加值在印刷产值中占比
珠三角	625	296.07	69.98	23.64%
长三角	939	394.07	93.17	23.64%
环渤海	1720	484.42	172.00	35.51%
中部地区	1627	338.74	78.89	23.29%
其他地区	2366	338.58	100.44	29.66%

表12-3　2019年珠三角、长三角、环渤海和中部地区出版物印刷企业数量、产值、增加值

区域	企业数量（家）	印刷产值（亿元）	增加值（亿元）	增加值在印刷产值中占比
珠三角	635	337.19	91.40	27.10%
长三角	894	326.00	78.16	23.98%
环渤海	1889	514.62	120.19	23.35%
中部地区	1635	339.72	73.99	21.78%
其他地区	2374	342.47	76.46	22.32%

表12-4　2020年珠三角、长三角、环渤海和中部地区出版物印刷企业数量、产值、增加值

区域	企业数量（家）	印刷产值（亿元）	增加值（亿元）	增加值在印刷产值中占比
珠三角	581	315.17	85.87	27.25%
长三角	878	329.06	76.38	23.21%
环渤海	1938	448.61	96.27	21.46%
中部地区	1644	319.65	62.87	19.67%
其他地区	2304	329.04	75.23	22.86%

表12-5　2021年珠三角、长三角、环渤海和中部地区出版物印刷企业数量、产值、增加值

区域	企业数量（家）	印刷产值（亿元）	增加值（亿元）	增加值在印刷产值中占比
珠三角	574	364.83	102.34	28.05%
长三角	849	338.69	87.41	25.81%
环渤海	1986	447.27	109.84	24.56%
中部地区	1630	345.05	67.19	19.47%
其他地区	2350	446.12	91.72	20.56%

（二）包装装潢印刷品印刷

表13　包装装潢印刷品印刷关键数据指标及增长情况

年份	企业数量（家）	企业数量增长率	产值（亿元）	产值增长率	增加值（亿元）	增加值增长率
2017	50187	–	9279.19	–	2072.53	–
2018	50738	1.10%	9838.68	6.03%	2189.97	5.67%
2019	50318	−0.83%	10075.26	2.40%	2043.10	−6.71%
2020	51159	1.67%	10097.18	0.22%	2186.01	6.99%
2021	52986	3.57%	11054.88	9.48%	2316.98	5.99%

表14−1　2017年我国包装装潢印刷品印刷十强省份

排名	省份	企业数量（家）	印刷产值（亿元）	增加值（亿元）
1	广东	11407	1964.64	540.34
2	江苏	6258	1302.20	264.00
3	浙江	9790	1098.24	231.34
4	上海	2068	676.92	206.36
5	山东	4500	645.85	86.57
6	河北	2055	492.02	127.23
7	福建	1933	486.26	91.27
8	四川	1273	359.97	78.60
9	湖北	673	326.65	67.47
10	安徽	1508	309.26	60.82
	合计	41465	7662.00	1754.00

表14−2　2018年我国包装装潢印刷品印刷十强省份

排名	省份	企业数量（家）	印刷产值（亿元）	增加值（亿元）
1	广东	11593	2128.90	524.22
2	江苏	6449	1409.71	281.71
3	浙江	10096	1176.21	247.30
4	山东	4645	685.01	97.55
5	上海	1878	682.88	201.25
6	福建	1932	502.38	98.31
7	河北	2063	502.20	128.13
8	四川	1211	371.54	76.70
9	安徽	1613	355.18	64.68
10	湖北	675	342.03	67.59
	合计	42155	8156.04	1787.44

表14-3 2019年我国包装装潢印刷品印刷十强省份

排名	省份	企业数量（家）	印刷产值（亿元）	增加值（亿元）
1	广东	12055	2172.81	527.30
2	江苏	6713	1460.29	228.70
3	浙江	8624	1379.47	227.51
4	山东	4899	712.11	96.53
5	上海	1792	672.68	232.36
6	福建	1908	525.11	87.58
7	河北	2044	452.66	114.83
8	四川	1229	371.82	83.68
9	安徽	1756	370.23	69.27
10	湖北	722	357.09	69.84
合计		41742	8474.26	1737.61

表14-4 2020年我国包装装潢印刷品印刷十强省份

排名	省份	企业数量（家）	印刷产值（亿元）	增加值（亿元）
1	广东	12187	2155.08	557.97
2	江苏	6907	1512.06	311.42
3	浙江	8858	1419.50	232.88
4	山东	5070	711.45	95.62
5	上海	1748	663.46	235.90
6	福建	1923	533.98	91.25
7	安徽	1835	385.32	63.03
8	河北	2017	382.84	96.81
9	四川	1264	360.68	80.73
10	湖北	760	346.66	64.28
合计		42569	8471.04	1829.89

表14-5 2021年我国包装装潢印刷品印刷十强省份

排名	省份	企业数量（家）	印刷产值（亿元）	增加值（亿元）
1	广东	12499	2551.26	643.75
2	江苏	7077	1648.53	281.41
3	浙江	9436	1530.85	241.17
4	山东	5255	759.65	113.96
5	上海	1673	709.98	229.72
6	福建	2026	552.35	123.98
7	安徽	1922	459.44	73.87
8	四川	1284	372.82	78.26

(续表)

排名	省份	企业数量（家）	印刷产值（亿元）	增加值（亿元）
9	湖北	871	354.59	66.52
10	河北	2010	277.38	70.79
合计		44053	9216.84	1923.42

表15-1　2017年珠三角、长三角、环渤海和中部地区包装装潢印刷品印刷企业数量、产值、增加值

区域	企业数量（家）	印刷产值（亿元）	增加值（亿元）	增加值在印刷产值中占比
珠三角	11407	1964.64	540.34	27.50%
长三角	18116	3077.35	701.70	22.80%
环渤海	9131	1536.34	294.02	19.14%
中部地区	4816	1292.81	250.12	19.35%
其他地区	6717	1408.06	286.34	20.34%

表15-2　2018年珠三角、长三角、环渤海和中部地区包装装潢印刷品印刷企业数量、产值、增加值

区域	企业数量（家）	印刷产值（亿元）	增加值（亿元）	增加值在印刷产值中占比
珠三角	11593	2128.90	524.22	24.62%
长三角	18423	3268.80	730.26	22.34%
环渤海	8896	1590.06	392.97	24.71%
中部地区	5048	1367.12	251.78	18.42%
其他地区	6778	1483.81	290.73	19.59%

表15-3　2019年珠三角、长三角、环渤海和中部地区包装装潢印刷品印刷企业数量、产值、增加值

区域	企业数量（家）	印刷产值（亿元）	增加值（亿元）	增加值在印刷产值中占比
珠三角	12055	2172.81	527.30	24.27%
长三角	17129	3512.44	688.58	19.60%
环渤海	9112	1544.91	292.29	18.92%
中部地区	5229	1337.19	243.14	18.18%
其他地区	6793	1507.91	291.79	19.35%

表15-4　2020年珠三角、长三角、环渤海和中部地区包装装潢印刷品印刷企业数量、产值、增加值

区域	企业数量（家）	印刷产值（亿元）	增加值（亿元）	增加值在印刷产值中占比
珠三角	12187	2155.08	557.97	25.89%
长三角	17513	3595.03	780.19	21.70%
环渤海	9180	1466.07	274.03	18.69%
中部地区	5534	1364.61	253.39	18.57%
其他地区	6745	1516.40	320.43	21.13%

表15-5　2021年珠三角、长三角、环渤海和中部地区包装装潢印刷品印刷企业数量、产值、增加值

区域	企业数量（家）	印刷产值（亿元）	增加值（亿元）	增加值在印刷产值中占比
珠三角	12499	2551.26	643.75	25.23%
长三角	18186	3889.36	752.31	19.34%
环渤海	9404	1479.40	285.96	19.33%
中部地区	5863	1505.36	273.08	18.14%
其他地区	7034	1629.51	361.88	22.21%

（三）其他印刷品印刷

表16　其他印刷品印刷关键数据指标及增长情况

年份	企业数量（家）	企业数量增长率	产值（亿元）	产值增长率	增加值（亿元）	增加值增长率
2017	39048	—	853.07	—	202.86	—
2018	37432	−4.14%	877.89	2.91%	196.83	−2.97%
2019	36557	−2.34%	923.90	5.24%	181.41	−7.83%
2020	36684	0.35%	954.79	3.34%	177.29	−2.27%
2021	38311	4.44%	943.24	−1.21%	198.59	12.02%

（四）不同类别印刷企业关键数据指标对比

表17-1　2017年各类别印刷企业平均产值、增加值

类别	企业数量	产值（亿元）	企业平均产值（万元）	工业增加值（亿元）	企业平均工业增加值（万元）
出版物印刷	7177	1785.66	2488.03	482.05	671.66
包装装潢印刷品印刷	50187	9279.19	1848.92	2072.53	412.96
其他印刷品印刷	39048	853.07	218.47	202.86	51.95

表17-2　2018年各类别印刷企业平均产值、增加值

类别	企业数量	产值（亿元）	企业平均产值（万元）	工业增加值（亿元）	企业平均工业增加值（万元）
出版物印刷	7277	1851.88	2544.84	514.49	707.00
包装装潢印刷品印刷	50738	9838.68	1939.11	2189.97	431.62
其他印刷品印刷	37432	877.89	234.53	196.83	52.58

表17-3　2019年各类别印刷企业平均产值、增加值

类别	企业数量	产值（亿元）	企业平均产值（万元）	工业增加值（亿元）	企业平均工业增加值（万元）
出版物印刷	7427	1860.01	2504.38	440.20	592.70
包装装潢印刷品印刷	50318	10075.26	2002.32	2043.10	406.04
其他印刷品印刷	36557	923.89	252.73	181.41	49.62

表17-4　2020年各类别印刷企业平均产值、增加值

类别	企业数量	产值（亿元）	企业平均产值（万元）	工业增加值（亿元）	企业平均工业增加值（万元）
出版物印刷	7345	1741.54	2371.05	396.63	540.00
包装装潢印刷品印刷	51159	10097.18	1973.69	2186.01	427.30
其他印刷品印刷	36684	954.79	260.27	177.29	48.33

表17-5　2021年各类别印刷企业平均产值、增加值

类别	企业数量	产值（亿元）	企业平均产值（万元）	工业增加值（亿元）	企业平均工业增加值（万元）
出版物印刷	7389	1941.96	2628.18	458.51	620.53
包装装潢印刷品印刷	52986	11054.88	2086.38	2316.98	437.28
其他印刷品印刷	38311	943.24	246.20	198.59	51.84

三、部分主营业务发展情况

表18　印刷业部分主营业务工业总产值

主营业务类型	产值（亿元）				
	2017	2018	2019	2020	2021
书刊印刷	1047.92	1001.14	1037.08	931.03	1014.25
报纸印刷	142.60	144.09	129.01	120.49	125.54
纸包装印刷	4310.28	4645.56	4518.24	4368.72	4764.12
金属罐包装印刷	478.65	448.69	471.25	509.59	566.02
塑料软包装印刷	1319.99	1339.19	1427.94	1473.53	1606.94
普通票据印刷	144.82	175.65	152.38	175.99	191.08
安全印刷	138.52	138.17	94.20	112.83	99.36
玻璃、陶瓷包装印刷	18.97	14.30	29.17	62.52	42.69
标签印刷	143.07	193.72	218.68	238.50	260.46
其他包装装潢印刷	3008.05	3178.83	3542.21	3646.28	4328.62

表19-1　2017年我国印刷业十类主营业务涉足企业数量、产值和增加值及排序

序号	业务类型	企业数量（家）	业务类型	产值（亿元）	业务类型	增加值（亿元）
1	纸包装印刷	25122	纸包装印刷	4310.28	纸包装印刷	921.21
2	其他包装装潢印刷	18333	其他包装装潢印刷	3008.05	其他包装装潢印刷	679.93
3	塑料软包装印刷	7196	塑料软包装印刷	1319.99	塑料软包装印刷	287.34
4	书刊印刷	5747	书刊印刷	1047.92	书刊印刷	267.58
5	普通票据印刷	4951	金属罐包装印刷	478.65	金属罐包装印刷	103.57
6	标签印刷	1207	普通票据印刷	144.82	安全印刷	59.88
7	安全印刷	772	标签印刷	143.07	报纸印刷	47.54

(续表)

序号	业务类型	企业数量（家）	业务类型	产值（亿元）	业务类型	增加值（亿元）
8	报纸印刷	594	报纸印刷	142.60	普通票据印刷	47.26
9	金属罐包装印刷	579	安全印刷	138.52	标签印刷	34.87
10	玻璃、陶瓷包装印刷	121	玻璃、陶瓷包装印刷	18.97	玻璃、陶瓷包装印刷	5.30

表19-2　2018年我国印刷业十类主营业务涉足企业数量、产值和增加值及排序

序号	业务类型	企业数量（家）	业务类型	产值（亿元）	业务类型	增加值（亿元）
1	纸包装印刷	25133	纸包装印刷	4645.56	纸包装印刷	1016.21
2	其他包装装潢印刷	20021	其他包装装潢印刷	3178.83	其他包装装潢印刷	743.11
3	塑料软包装印刷	6998	塑料软包装印刷	1339.19	塑料软包装印刷	289.43
4	书刊印刷	5721	书刊印刷	1001.14	书刊印刷	282.26
5	普通票据印刷	5216	金属罐包装印刷	448.69	金属罐包装印刷	92.52
6	标签印刷	1541	标签印刷	193.72	安全印刷	65.95
7	安全印刷	855	普通票据印刷	175.65	普通票据印刷	48.06
8	报纸印刷	571	报纸印刷	144.09	标签印刷	46.98
9	金属罐包装印刷	527	安全印刷	138.17	报纸印刷	39.93
10	玻璃、陶瓷包装印刷	107	玻璃、陶瓷包装印刷	14.30	玻璃、陶瓷包装印刷	1.35

表19-3　2019年我国印刷业十类主营业务涉足企业数量、产值和增加值及排序

序号	业务类型	企业数量（家）	业务类型	产值（亿元）	业务类型	增加值（亿元）
1	纸包装印刷	24110	纸包装印刷	4518.24	纸包装印刷	885.73
2	其他包装装潢印刷	22213	其他包装装潢印刷	3542.21	其他包装装潢印刷	707.95
3	塑料软包装印刷	6637	塑料软包装印刷	1427.94	塑料软包装印刷	305.26
4	书刊印刷	5729	书刊印刷	1037.08	书刊印刷	247.55
5	普通票据印刷	4840	金属罐包装印刷	471.25	金属罐包装印刷	91.14
6	标签印刷	2009	标签印刷	218.68	标签印刷	50.63
7	安全印刷	710	普通票据印刷	152.38	安全印刷	47.42
8	报纸印刷	563	报纸印刷	129.01	普通票据印刷	39.37
9	金属罐包装印刷	476	安全印刷	94.20	报纸印刷	37.50
10	玻璃、陶瓷包装印刷	190	玻璃、陶瓷包装印刷	29.17	玻璃、陶瓷包装印刷	6.14

表19-4　2020年我国印刷业十类主营业务涉足企业数量、产值和增加值及排序

序号	业务类型	企业数量（家）	业务类型	产值（亿元）	业务类型	增加值（亿元）
1	纸包装印刷	23628	纸包装印刷	4368.72	纸包装印刷	946.26
2	其他包装装潢印刷	21352	其他包装装潢印刷	3646.28	其他包装装潢印刷	787.48
3	塑料软包装印刷	6450	塑料软包装印刷	1473.53	塑料软包装印刷	317.12
4	书刊印刷	5621	书刊印刷	931.03	书刊印刷	207.74
5	普通票据印刷	4609	金属罐包装印刷	509.59	金属罐包装印刷	90.31

(续表)

序号	业务类型	企业数量（家）	业务类型	产值（亿元）	业务类型	增加值（亿元）
6	标签印刷	2294	标签印刷	238.50	标签印刷	55.92
7	金属罐包装印刷	1109	普通票据印刷	175.99	安全印刷	48.42
8	安全印刷	982	报纸印刷	120.49	普通票据印刷	37.48
9	报纸印刷	555	安全印刷	112.83	报纸印刷	36.99
10	玻璃、陶瓷包装印刷	319	玻璃、陶瓷包装印刷	62.52	玻璃、陶瓷包装印刷	11.11

表19-5　2021年我国印刷业十类主营业务涉足企业数量、产值和增加值及排序

序号	业务类型	企业数量（家）	业务类型	产值（亿元）	业务类型	增加值（亿元）
1	纸包装印刷	24383	纸包装印刷	4764.12	其他包装装潢印刷	950.37
2	其他包装装潢印刷	22058	其他包装装潢印刷	4328.62	纸包装印刷	911.74
3	塑料软包装印刷	6717	塑料软包装印刷	1606.94	塑料软包装印刷	347.04
4	书刊印刷	5764	书刊印刷	1014.25	书刊印刷	252.73
5	普通票据印刷	4805	金属罐包装印刷	566.02	金属罐包装印刷	109.26
6	标签印刷	2751	标签印刷	260.46	标签印刷	66.65
7	安全印刷	773	普通票据印刷	191.08	安全印刷	42.16
8	报纸印刷	559	报纸印刷	125.54	报纸印刷	39.28
9	金属罐包装印刷	506	安全印刷	99.36	普通票据印刷	28.07
10	玻璃、陶瓷包装印刷	175	玻璃、陶瓷包装印刷	42.69	玻璃、陶瓷包装印刷	10.12

表20-1　2017年不同主营业务对涉足该类业务印刷企业平均产值和增加值贡献度及排序

序号	业务类型	平均产值（万元）	业务类型	平均增加值（万元）
1	金属罐包装印刷	8266.77	金属罐包装印刷	1788.85
2	报纸印刷	2400.64	报纸印刷	800.32
3	塑料软包装印刷	1834.33	安全印刷	775.64
4	书刊印刷	1823.42	书刊印刷	465.60
5	安全印刷	1794.26	玻璃、陶瓷包装印刷	438.01
6	纸包装印刷	1715.74	塑料软包装印刷	399.30
7	其他包装装潢印刷	1640.78	其他包装装潢印刷	370.88
8	玻璃、陶瓷包装印刷	1567.45	纸包装印刷	366.69
9	标签印刷	1185.36	标签印刷	288.86
10	普通票据印刷	292.51	普通票据印刷	95.46

表20-2 2018年不同主营业务对涉足该类业务印刷企业平均产值和增加值贡献度及排序

序号	业务类型	平均产值（万元）	业务类型	平均增加值（万元）
1	金属罐包装印刷	8514.10	金属罐包装印刷	1755.60
2	报纸印刷	2523.39	安全印刷	771.33
3	塑料软包装印刷	1913.67	报纸印刷	699.25
4	纸包装印刷	1848.39	书刊印刷	493.37
5	书刊印刷	1749.93	塑料软包装印刷	413.60
6	安全印刷	1616.08	纸包装印刷	404.33
7	其他包装装潢印刷	1587.75	其他包装装潢印刷	371.17
8	玻璃、陶瓷包装印刷	1336.07	标签印刷	304.90
9	标签印刷	1257.12	玻璃、陶瓷包装印刷	126.44
10	普通票据印刷	336.75	普通票据印刷	92.13

表20-3 2019年不同主营业务对涉足该类业务印刷企业平均产值和增加值贡献度及排序

序号	业务类型	平均产值（万元）	业务类型	平均增加值（万元）
1	金属罐包装印刷	9900.18	金属罐包装印刷	1914.62
2	报纸印刷	2291.45	安全印刷	667.92
3	塑料软包装印刷	2151.49	报纸印刷	666.05
4	纸包装印刷	1874.01	塑料软包装印刷	459.94
5	书刊印刷	1810.23	书刊印刷	432.11
6	其他包装装潢印刷	1594.66	纸包装印刷	367.37
7	玻璃、陶瓷包装印刷	1535.28	玻璃、陶瓷包装印刷	323.07
8	安全印刷	1326.71	其他包装装潢印刷	318.71
9	标签印刷	1088.52	标签印刷	252.01
10	普通票据印刷	314.83	普通票据印刷	81.35

表20-4 2020年不同主营业务对涉足该类业务印刷企业平均产值和增加值贡献度及排序

序号	业务类型	平均产值（万元）	业务类型	平均增加值（万元）
1	金属罐包装印刷	4595.08	金属罐包装印刷	814.34
2	塑料软包装印刷	2284.54	报纸印刷	666.55
3	报纸印刷	2171.08	安全印刷	493.11
4	玻璃、陶瓷包装印刷	1959.93	塑料软包装印刷	491.66
5	纸包装印刷	1848.96	纸包装印刷	400.48
6	其他包装装潢印刷	1707.70	书刊印刷	369.58
7	书刊印刷	1656.33	其他包装装潢印刷	368.81
8	安全印刷	1148.93	玻璃、陶瓷包装印刷	348.18
9	标签印刷	1039.66	标签印刷	243.75
10	普通票据印刷	381.84	普通票据印刷	81.32

表20-5　2021年不同主营业务对涉足该类业务印刷企业平均产值和增加值贡献度及排序

序号	业务类型	平均产值（万元）	业务类型	平均增加值（万元）
1	金属罐包装印刷	11186.10	金属罐包装印刷	2159.30
2	玻璃、陶瓷包装印刷	2439.66	报纸印刷	702.69
3	塑料软包装印刷	2392.35	玻璃、陶瓷包装印刷	578.28
4	报纸印刷	2245.86	安全印刷	545.41
5	其他包装装潢印刷	1962.38	塑料软包装印刷	516.65
6	纸包装印刷	1953.87	书刊印刷	438.46
7	书刊印刷	1759.64	其他包装装潢印刷	430.85
8	安全印刷	1285.40	纸包装印刷	373.93
9	标签印刷	946.78	标签印刷	242.26
10	普通票据印刷	397.67	普通票据印刷	58.41

表21　书刊印刷业务关键数据指标及增长情况

年份	企业数量（家）	企业数量增长率	产值（亿元）	产值增长率	增加值（亿元）	增加值增长率
2017	5747	—	1047.92	—	267.58	—
2018	5721	−0.45%	1001.14	−4.46%	282.26	5.49%
2019	5729	0.14%	1037.09	3.59%	247.55	−12.30%
2020	5621	−1.89%	931.03	−10.23%	207.74	−16.08%
2021	5764	2.54%	1014.25	8.94%	252.73	21.66%

表22　报纸印刷业务关键数据指标及增长情况

年份	企业数量（家）	企业数量增长率	产值（亿元）	产值增长率	增加值（亿元）	增加值增长率
2017	594	—	142.60	—	47.54	—
2018	571	−3.87%	144.09	1.04%	39.93	−16.01%
2019	563	−1.40%	129.01	−10.47%	37.50	−6.09%
2020	555	−1.42%	120.49	−6.60%	36.99	−1.36%
2021	559	0.72%	125.54	4.19%	39.28	6.19%

表23　纸包装印刷业务关键数据指标及增长情况

年份	企业数量（家）	企业数量增长率	产值（亿元）	产值增长率	增加值（亿元）	增加值增长率
2017	25122	—	4310.28	—	921.21	—
2018	25133	0.04%	4645.56	7.78%	1016.21	10.31%
2019	24110	−4.07%	4518.24	−2.74%	885.73	−12.84%
2020	23628	−2.00%	4368.72	−3.31%	946.26	6.83%
2021	24383	3.20%	4764.12	9.05%	911.74	−3.65%

表24　金属罐包装印刷业务关键数据指标及增长情况

年份	企业数量（家）	企业数量增长率	产值（亿元）	产值增长率	增加值（亿元）	增加值增长率
2017	579	-	478.65	-	103.57	-
2018	527	-8.98%	448.69	-6.26%	92.52	-10.67%
2019	476	-9.68%	471.25	5.03%	91.14	-1.49%
2020	1109	132.98%	509.59	8.14%	90.31	-0.91%
2021	506	-54.37%	566.02	11.07%	109.26	20.98%

表25　塑料软包装印刷业务关键数据指标及增长情况

年份	企业数量（家）	企业数量增长率	产值（亿元）	产值增长率	增加值（亿元）	增加值增长率
2017	7196	-	1319.99	-	287.34	-
2018	6998	-2.75%	1339.19	1.45%	289.43	0.73%
2019	6637	-5.16%	1427.94	6.63%	305.26	5.47%
2020	6450	-2.82%	1473.53	3.19%	317.12	3.89%
2021	6717	4.14%	1606.94	9.05%	347.04	9.43%

表26　标签印刷业务关键数据指标及增长情况

年份	企业数量（家）	企业数量增长率	产值（亿元）	产值增长率	增加值（亿元）	增加值增长率
2017	1207	-	143.07	-	34.87	-
2018	1541	27.67%	193.72	35.40%	46.98	34.73%
2019	2009	30.37%	218.68	12.88%	50.63	7.77%
2020	2294	14.19%	238.50	9.06%	55.92	10.45%
2021	2751	19.92%	260.46	9.21%	66.65	19.19%

表27　其他包装装潢印刷业务关键数据指标及增长情况

年份	企业数量（家）	企业数量增长率	产值（亿元）	产值增长率	增加值（亿元）	增加值增长率
2017	18333	-	3008.05	-	679.94	-
2018	20021	9.21%	3178.83	5.68%	743.11	9.29%
2019	22213	10.95%	3542.21	11.43%	707.95	-4.73%
2020	21352	-3.88%	3646.28	2.94%	787.48	11.23%
2021	22058	3.31%	4328.62	18.71%	950.37	20.68%

表28　普通票据印刷业务关键数据指标及增长情况

年份	企业数量（家）	企业数量增长率	产值（亿元）	产值增长率	增加值（亿元）	增加值增长率
2017	4951	-	144.82	-	47.26	-
2018	5216	5.35%	175.65	21.29%	48.06	1.69%
2019	4840	-7.21%	152.38	-13.25%	39.37	-18.08%
2020	4609	-4.77%	175.99	15.49%	37.48	-4.80%
2021	4805	4.25%	191.08	8.57%	28.07	-25.11%

表29 安全印刷业务关键数据指标及增长情况

年份	企业数量（家）	企业数量增长率	产值（亿元）	产值增长率	增加值（亿元）	增加值增长率
2017	772	–	138.52	–	59.88	–
2018	855	10.75%	138.17	−0.25%	65.95	10.14%
2019	710	−16.96%	94.20	−31.82%	47.42	−28.10%
2020	982	38.31%	112.83	19.78%	48.42	2.11%
2021	773	−21.28%	99.36	−11.94%	42.16	−12.93%

四、规模以上重点印刷企业发展态势

表30 规模以上重点印刷企业资产总额、工业总产值、工业增加值和利润总额

年份	企业数量（家）	资产总额（亿元）	资产总额增长率	工业总产值（亿元）	工业总产值增长率	增加值（亿元）	工业增加值增长率	利润总额（亿元）	利润总额增长率
2017	3723	7913.65	–	6926.24	–	1766.80	–	466.84	–
2018	3860	8700.10	9.94%	7660.78	10.61%	1745.63	−1.20%	470.53	0.79%
2019	4176	9304.75	6.95%	8046.32	5.03%	1800.86	3.16%	524.13	11.39%
2020	4254	9737.30	4.65%	8104.00	0.72%	2050.88	13.88%	568.94	8.55%
2021	4733	10626.62	9.13%	9609.74	18.58%	2141.47	4.42%	561.73	−1.27%

表31 规模以上重点印刷企业关键数据指标在全国印刷业中的占比

年份	企业数量	资产总额	工业总产值	增加值	利润总额
2017	3.76%	58.22%	57.44%	63.23%	69.00%
2018	3.93%	57.28%	60.26%	59.39%	65.67%
2019	4.30%	60.14%	61.82%	66.66%	75.16%
2020	4.34%	59.49%	62.61%	73.37%	78.26%
2021	4.64%	60.73%	68.12%	71.07%	79.27%

表32 规模以上重点印刷业企业平均产值和人均产值

年份	企业数量（家）	工业总产值（亿元）	企业平均产值（万元）	企业平均产值增长率	从业人数（万人）	人均产值（万元）	人均产值增长率
2017	3723	6926.24	18603.92	–	95.35	72.64	–
2018	3860	7660.78	19846.58	6.68%	95.98	79.82	9.88%
2019	4176	8046.32	19268.01	−2.92%	100.32	80.21	0.48%
2020	4254	8104.00	19050.31	−1.13%	99.40	81.53	1.64%
2021	4733	9609.74	20303.70	6.58%	102.73	93.54	14.74%

表33 规模以上重点印刷企业平均利润和人均利润

年份	企业数量（家）	利润总额（亿元）	企业平均利润（万元）	企业平均利润增长率	从业人数（万人）	人均利润（万元）	人均利润增长率
2017	3723	466.84	1253.93	–	95.35	4.90	–

(续表)

年份	企业数量（家）	利润总额（亿元）	企业平均利润（万元）	企业平均利润增长率	从业人数（万人）	人均利润（万元）	人均利润增长率
2018	3860	470.53	1218.99	−2.79%	95.98	4.91	0.13%
2019	4176	524.13	1255.10	2.96%	100.32	5.22	6.57%
2020	4254	568.94	1337.42	6.56%	99.40	5.72	9.65%
2021	4733	561.73	1186.84	−11.26%	102.73	5.47	−4.47%

表34 规模以上重点印刷企业对外加工贸易额和行业对外加工贸易额

年份	规模以上重点印刷企业对外加工贸易额（亿元）	规模以上重点印刷企业对外加工贸易额增长率	行业对外加工贸易额（亿元）	行业对外加工贸易额增长率
2017	652.80	—	841.85	—
2018	579.82	−11.18%	779.11	−7.45%
2019	739.44	27.53%	788.17	1.16%
2020	648.16	−12.35%	699.91	−11.20%
2021	620.64	−4.25%	705.14	0.75%

表35-1 2017年我国拥有规模以上重点印刷企业数量最多的十个省份

序号	省份	企业数量（家）	资产总额（亿元）	工业总产值（亿元）	工业增加值（亿元）	利润总额（亿元）
1	广东	829	1754.34	1600.98	486.36	95.46
2	江苏	513	958.90	992.21	227.58	69.64
3	浙江	388	786.59	662.85	158.10	37.97
4	山东	301	540.20	475.30	77.56	27.81
5	上海	270	916.85	634.72	200.35	52.68
6	福建	177	453.99	392.36	107.30	27.92
7	安徽	150	280.18	256.44	54.34	22.06
8	四川	137	244.65	282.02	61.30	15.98
9	湖北	130	381.33	212.17	54.09	17.44
10	天津	100	181.37	161.03	30.90	5.13
	合计	2995	6498.40	5670.08	1457.87	372.09

表35-2 2018年我国拥有规模以上重点印刷企业数量最多的十个省份

序号	省份	企业数量（家）	资产总额（亿元）	工业总产值（亿元）	工业增加值（亿元）	利润总额（亿元）
1	广东	846	1792.82	1811.73	447.09	87.01
2	江苏	542	1328.64	1076.18	242.24	73.00
3	浙江	425	806.43	744.06	150.58	42.20
4	山东	312	547.07	515.66	90.73	29.05
5	上海	264	919.46	657.15	197.85	54.51
6	福建	179	662.25	471.75	94.10	21.81

(续表)

序号	省份	企业数量（家）	资产总额（亿元）	工业总产值（亿元）	工业增加值（亿元）	利润总额（亿元）
7	安徽	152	320.30	292.24	57.58	25.29
8	四川	145	261.33	295.46	63.03	19.88
9	湖北	131	382.32	273.17	61.41	17.63
10	天津	92	150.99	160.01	35.67	5.65
	合计	3088	7171.60	6297.41	1440.27	376.03

表35－3　2019年我国拥有规模以上重点印刷企业数量最多的十个省份

序号	省份	企业数量（家）	资产总额（亿元）	工业总产值（亿元）	工业增加值（亿元）	利润总额（亿元）
1	广东	891	1990.32	1813.75	477.49	102.88
2	浙江	598	1031.94	950.70	176.00	53.36
3	江苏	555	1283.79	1116.84	189.91	75.27
4	山东	309	541.73	510.31	80.77	30.69
5	上海	247	939.97	645.43	223.86	70.57
6	福建	195	692.66	496.64	89.10	28.52
7	安徽	170	350.95	303.06	62.97	25.89
8	四川	160	287.37	294.58	60.92	20.15
9	湖北	140	339.18	312.30	62.38	18.76
10	河北	98	155.44	154.81	42.32	10.49
	合计	3363	7613.35	6598.42	1465.72	436.58

表35－4　2020年我国拥有规模以上重点印刷企业数量最多的十个省份

序号	省份	企业数量（家）	资产总额（亿元）	工业总产值（亿元）	工业增加值（亿元）	利润总额（亿元）
1	广东	894	1981.30	1750.21	643.43	104.49
2	浙江	611	1238.72	1008.84	176.56	55.48
3	江苏	576	1368.72	1162.34	276.06	88.32
4	山东	313	574.60	540.62	86.29	34.48
5	上海	246	959.02	631.52	224.08	76.38
6	福建	191	637.73	519.02	94.00	29.09
7	安徽	172	400.56	305.85	53.03	24.66
8	四川	156	274.21	289.10	63.56	22.35
9	湖北	124	332.18	279.64	61.85	19.78
10	北京	84	289.13	187.14	43.61	17.05
	合计	3367	8056.14	6674.27	1722.47	472.08

表35-5　2021年我国拥有规模以上重点印刷企业数量最多的十个省份

序号	省份	企业数量（家）	资产总额（亿元）	工业总产值（亿元）	工业增加值（亿元）	利润总额（亿元）
1	广东	1016	2333.53	2113.96	557.09	86.75
2	浙江	714	1279.81	1234.61	213.35	68.76
3	江苏	590	1476.99	1347.40	237.39	88.22
4	山东	355	673.71	636.42	109.09	32.02
5	上海	262	967.58	682.75	232.99	81.02
6	福建	213	637.20	683.01	134.23	31.34
7	四川	190	272.70	323.79	77.71	19.38
8	安徽	183	414.97	364.61	63.67	24.06
9	湖北	135	334.66	304.68	62.04	21.74
10	天津	105	192.62	180.96	45.78	6.35
	合计	3763	8583.77	7872.18	1733.34	459.64

表36-1　2017年珠三角、长三角、环渤海和中部地区规模以上重点印刷企业数量、资产总额、工业总产值、工业增加值和利润总额

区域	企业数量（家）	资产总额（亿元）	工业总产值（亿元）	工业增加值（亿元）	利润总额（亿元）
珠三角	829	1754.34	1600.98	486.36	95.46
长三角	1171	2662.33	2289.78	586.03	160.29
环渤海	613	1219.51	1058.70	233.07	66.22
中部地区	513	1089.07	861.55	183.22	60.98
其他地区	597	1188.39	1115.22	278.13	83.88

表36-2　2018年珠三角、长三角、环渤海和中部地区规模以上重点印刷企业数量、资产总额、工业总产值、工业增加值和利润总额

区域	企业数量（家）	资产总额（亿元）	工业总产值（亿元）	工业增加值（亿元）	利润总额（亿元）
珠三角	846	1792.82	1811.73	447.09	87.01
长三角	1231	3054.52	2477.39	590.67	169.72
环渤海	623	1201.80	1124.48	250.46	61.76
中部地区	538	1134.56	995.52	201.63	64.89
其他地区	622	1516.39	1251.66	255.78	87.15

表36-3　2019年珠三角、长三角、环渤海和中部地区规模以上重点印刷企业数量、资产总额、工业总产值、工业增加值和利润总额

区域	企业数量（家）	资产总额（亿元）	工业总产值（亿元）	工业增加值（亿元）	利润总额（亿元）
珠三角	891	1990.32	1813.75	477.49	102.88
长三角	1400	3255.70	2712.97	589.76	199.19
环渤海	642	1248.90	1126.99	240.04	75.30

(续表)

区域	企业数量（家）	资产总额（亿元）	工业总产值（亿元）	工业增加值（亿元）	利润总额（亿元）
中部地区	577	1177.12	1089.89	235.82	50.15
其他地区	666	1632.72	1302.73	257.74	96.61

表36—4　2020年珠三角、长三角、环渤海和中部地区规模以上重点印刷企业数量、资产总额、工业总产值、工业增加值和利润总额

区域	企业数量（家）	资产总额（亿元）	工业总产值（亿元）	工业增加值（亿元）	利润总额（亿元）
珠三角	894	1981.30	1750.21	643.43	104.49
长三角	1433	3566.45	2802.70	676.70	220.17
环渤海	665	1354.94	1135.12	220.34	69.83
中部地区	565	1204.84	1055.91	216.34	75.16
其他地区	697	1629.77	1360.06	294.07	99.29

表36—5　2021年珠三角、长三角、环渤海和中部地区规模以上重点印刷企业数量、资产总额、工业总产值、工业增加值和利润总额

区域	企业数量（家）	资产总额（亿元）	工业总产值（亿元）	工业增加值（亿元）	利润总额（亿元）
珠三角	1016	2333.53	2113.96	557.09	86.75
长三角	1566	3724.38	3264.76	683.73	238.00
环渤海	726	1505.60	1332.02	285.42	63.79
中部地区	611	1269.77	1239.06	242.48	77.40
其他地区	814	1793.34	1659.94	372.76	95.80

表37　2021年珠三角、长三角、环渤海和中部地区规模以上重点印刷企业平均资产、平均产值、平均增加值和平均利润

区域	企业数量（家）	平均资产（万元）	平均产值（万元）	平均增加值（万元）	平均利润（万元）
珠三角	1016	22967.82	20806.67	5483.15	853.83
长三角	1566	23782.78	20847.76	4366.09	1519.77
环渤海	726	20738.23	18347.37	3931.35	878.60
中部地区	611	20781.89	20279.21	3968.50	1266.73
其他地区	814	22031.19	20392.39	4579.35	1176.96

2021年全国各省（区、市）出版印刷生产情况

地区	企业数（个）	从业人员（人）	印刷产量 黑白（万令）	印刷产量 彩色（万对开色令）	装订产量（万令）	用纸量（万令）
全 国	9518	357567	18956.4	123687.1	29626.0	39304.8
北 京	934	25034	1478.0	12982.0	2367.9	3228.0
天 津	225	6216	345.0	2969.3	502.6	895.2
河 北	802	25781	1788.2	4000.5	3260.8	2566.1
山 西	139	5547	160.2	1354.6	301.5	375.0
内蒙古	175	2705	93.6	818.6	114.6	253.6
辽 宁	187	5000	402.6	2149.5	548.1	727.9
吉 林	211	5271	380.9	1814.3	317.0	700.7
黑龙江	152	3344	179.9	961.5	224.2	350.5
上 海	183	13293	309.8	7763.0	522.8	1644.6
江 苏	438	24366	1409.4	8975.2	2142.0	3047.4
浙 江	705	26434	1675.5	13096.5	2531.3	3548.3
安 徽	358	11730	444.9	4564.3	908.2	1069.4
福 建	287	11846	586.6	2033.3	710.9	900.6
江 西	156	5962	744.3	1823.2	888.8	1080.6
山 东	635	35155	2238.0	8512.9	2989.3	3641.8
河 南	460	12293	820.7	4912.0	1202.0	1478.5
湖 北	373	13639	1057.8	4365.0	1460.3	1797.3
湖 南	493	17574	795.0	6678.7	1454.0	1815.2
广 东	819	58132	1690.4	19171.2	3949.7	5539.4
广 西	259	6084	340.2	3066.6	500.7	799.7
海 南	46	1520	43.1	586.2	30.1	140.8
重 庆	95	4203	205.1	1559.6	329.1	435.4
四 川	305	9140	874.6	2627.6	1104.6	1344.7
贵 州	160	3399	72.9	1361.2	144.4	262.0
云 南	165	4816	161.7	1528.1	232.1	363.7
西 藏	25	724	34.3	270.5	42.5	69.2
陕 西	316	8597	336.9	1922.4	464.4	668.9
甘 肃	106	3299	130.5	492.1	147.2	202.5
青 海	60	1329	29.8	127.7	31.7	50.9
宁 夏	110	1004	38.1	92.5	40.1	56.8
新 疆	139	4130	88.6	1107.0	163.4	250.3

注：数据来源于国家统计局

2021年全国报纸印刷量调查统计情况

本部分表格数据是由中国报业协会印刷工作委员会根据153家中央、各省市自治区，以及部分地市报纸印刷单位上报的2021年和2020年相关数据情况进行整理（见表1至表7）。2021年全国报纸总印刷量为608亿对开张，比2020年增加8亿对开张，上升幅度为1.28%，这是近10年来全国报纸总印刷量的首次环比上升，扭转了此前连续9年负增长的态势。

2021年报纸印刷量调查统计表仍按各单位年印刷量大小顺序列表，并分别列了各省市自治区汇总表。从全国六个大地区看，只有西南地区印刷量环比略有下降，其他地区均有一定的提高。从全国各省市自治区报纸年印刷量变化的幅度看，增加幅度较大的是西藏、安徽、湖南、海南、江苏、新疆、甘肃、河北、山东、广西、吉林和黑龙江，下降幅度较大的是重庆、天津、宁夏、青海、上海、湖北和云南，其他省市自治区变化幅度基本持平。

表1　2021年全国主要报纸印刷量调查情况汇总表　　　　　　　　　　　　　　（单位：亿对开张）

年印刷量分档	企业数（家）	2020年印刷量	2021年印刷量	同比（%）
5亿对开张以上	27	217.26	224.12	3.16
2亿~5亿对开张	30	99.60	100.10	0.50
1亿~2亿对开张	38	53.87	52.48	−2.58
1亿对开张以下	58	26.99	26.10	−3.30
总　计	153	397.72	402.80	1.28

表2 2021年全国各地区报纸印刷量分布统计表

地区	省市	调查单位数量（家）		2020年印量（亿对开张）		2021年印量（亿对开张）		
		省市合计	地区合计	省市分列	地区合计	省市分列	同比(%)	地区合计	同比(%)
华北地区	北京	9	31	40.35	75.63	40.50	0.37	76.07	0.58
	天津	1		4.74		4.42	-6.75		
	河北	10		15.28		15.74	3.01		
	山西	4		11.21		11.28	0.62		
	内蒙古	7		4.05		4.13	1.98		
东北地区	辽宁	5	11	11.29	21.62	11.37	0.71	21.94	1.48
	吉林	4		4.69		4.81	2.56		
	黑龙江	2		5.64		5.76	2.13		
华东地区	上海	2	49	15.60	136.65	15.30	-1.92	139.38	1.20
	江苏	13		32.58		34.20	4.97		
	浙江	11		35.11		35.16	0.14		
	安徽	2		7.67		8.23	7.30		
	福建	6		14.06		14.14	0.57		
	江西	2		6.35		6.34	-0.16		
	山东	13		25.28		26.01	2.89		
中南地区	河南	8	33	17.94	96.03	18.16	1.23	97.53	1.56
	湖北	7		15.40		15.16	-1.56		
	湖南	2		11.23		11.82	5.25		
	广东	11		37.09		37.53	1.19		
	广西	4		9.74		9.99	2.57		
	海南	1		4.63		4.87	5.18		
西南地区	重庆	2	12	7.34	39.84	6.60	-10.08	39.56	-0.70
	四川	5		18.58		18.85	1.45		
	贵州	1		5.15		5.25	1.94		
	云南	3		6.75		6.66	-1.33		
	西藏	1		2.02		2.20	8.91		
西北地区	陕西	7	17	12.44	27.95	12.40	-0.32	28.32	1.32
	甘肃	3		6.47		6.76	4.48		
	青海	2		2.04		2.00	-1.96		
	宁夏	1		1.95		1.87	-4.10		
	新疆	4		5.05		5.29	4.75		
总计	31	153		397.72		402.80			1.28

表3　2021年报纸印刷量在5亿对开张以上的单位　　　　　　　　　　　　　　　　　　　　　　　　　　（单位：亿对开张）

编号	单位	年印刷量			
		2021年		2020年	
		印量	同比（%）	印量	同比（%）
1	广东南方报业传媒控股公司印务分公司	17.19	9.42	15.71	−14.02
2	浙江日报报业集团印务有限公司	14.24	7.63	13.23	−10.06
3	人民日报印刷厂	13.90	2.21	13.60	−10.14
4	上海报业集团印务中心	13.80	−2.54	14.16	−15.41
5	四川日报报业集团印务公司	12.78	4.67	12.21	−7.08
6	河南日报报业集团有限公司印务中心	12.69	5.57	12.02	1.78
7	江苏新华日报印务有限公司	10.13	19.46	8.48	0.00
8	杭报集团盛元印务有限公司	8.23	−5.73	8.73	−12.17
9	广西日报社印刷厂	7.95	4.33	7.62	−6.16
10	辽宁金印文化传媒股份有限公司	7.72	3.21	7.48	−9.46
11	湖北楚天传媒印务有限责任公司	7.72	8.12	7.14	−16.69
12	华声在线股份公司湖南报业印务分公司	7.29	0.83	7.23	−14.74
13	山东大众华泰印务有限责任公司	7.15	−0.14	7.16	−10.05
14	新华社印务有限责任公司	6.97	3.87	6.71	−7.58
15	中闻集团山东印务有限公司	6.65	7.78	6.17	−9.93
16	山西日报传媒（集团）印务有限责任公司	6.60	−2.51	6.77	−4.11
17	经济日报印刷厂	6.27	9.23	5.74	−9.61
18	广州日报报业经营有限公司印务分公司	6.09	−10.31	6.79	−31.41
19	河北报业传媒集团印务有限公司	6.08	1.50	5.99	−6.11
20	江西日报社印务中心	6.00	0.00	6.00	−7.69
21	甘肃日报报业集团有限公司印务分公司	5.85	7.14	5.46	−4.55
22	重庆重报印务有限公司	5.77	−3.19	5.96	−19.35
23	云南报业传媒集团有限责任公司印务中心	5.70	−1.89	5.81	−2.51
24	新安传媒有限公司印务公司	5.64	6.62	5.29	−5.70
25	深圳报业集团印务有限公司	5.40	−3.05	5.57	−38.22
26	贵州日报当代融媒体集团公司印务分公司	5.25	1.94	5.15	−10.90
27	福建日报报业集团印刷厂	5.06	−0.39	5.08	−13.96
合计	27家	224.12	3.16	217.26	−11.88

表4　2021年报纸印刷量在2亿～5亿对开张的单位　　　　　　　　　　　　　　　（单位：亿对开张）

编号	单 位	年印刷量			
		2021年		2020年	
		印量	同比（%）	印量	同比（%）
1	北京日报印务有限责任公司	4.98	6.18	4.69	-21.04
2	陕西日报社印刷厂	4.89	9.40	4.47	-4.68
3	南京时代传媒股份有限公司	4.88	2.74	4.75	-14.26
4	海南日报社印刷厂	4.87	5.18	4.63	-11.81
5	长沙晚报传媒有限公司印务分公司	4.53	13.25	4.00	-10.31
6	天津北方报业印务股份有限公司	4.42	-6.75	4.74	-13.03
7	工人日报社印刷厂	4.30	-15.69	5.10	-27.35
8	黑龙江龙江传媒有限责任公司	4.27	1.91	4.19	-15.59
9	徐州报业传媒集团印务中心	4.10	2.24	4.01	6.08
10	苏州日报印刷中心	4.07	1.50	4.01	-10.89
11	吉林日报社印务中心	3.88	1.31	3.83	-3.53
12	石家庄报业传媒集团有限公司印务分公司	3.82	2.96	3.71	-15.49
13	太原日报传媒集团有限公司印务分公司	3.53	6.65	3.31	5.66
14	中闻集团西安印务有限公司	3.37	-8.17	3.67	-8.71
15	宁波报业印刷发展有限公司	3.30	-0.60	3.32	-8.33
16	中闻集团南京印务有限公司	3.15	2.61	3.07	-2.54
17	厦门报业传媒集团有限公司印务中心	3.11	-3.42	3.22	-14.13
18	成都日报社印刷厂	3.10	-3.13	3.20	-12.33
19	新疆日报社印务中心	2.76	-4.50	2.89	-9.97
20	泉州市新华印务有限责任公司	2.63	10.50	2.38	-19.67
21	合肥报业传媒有限公司	2.59	8.82	2.38	-21.97
22	中闻集团武汉印务有限公司	2.36	-30.59	3.40	-20.93
23	武汉长江日报传媒集团公司印务分公司	2.30	3.14	2.23	-39.73
24	济南日报社印刷厂	2.29	-9.84	2.54	-2.31
25	湛江日报社印刷厂	2.24	-2.61	2.30	-2.13
26	西藏日报社印刷厂	2.20	8.91	2.02	5.46
27	内蒙古日报印务中心	2.12	2.91	2.06	-3.41
28	泰州日报社印务有限公司	2.03	4.10	1.95	-13.72
29	陕西华商数码信息有限公司	2.01	-5.19	2.12	-45.59
30	青岛日报报业集团印务中心	2.00	41.84	1.41	-30.20
合计	30家	100.10	0.50	99.60	-11.91

表5 2021年报纸印刷量在1亿～2亿对开张的单位　　　　　　　　　　　　　　　　　　　　　（单位：亿对开张）

编号	单 位	年印刷量			
		2021年		2020年	
		印量	同比（%）	印量	同比（%）
1	沈阳报业印务有限公司	1.92	0.52	1.91	−12.39
2	中闻集团福州印务有限公司	1.91	2.69	1.86	−18.42
3	烟台报捷新闻印刷有限责任公司	1.87	−4.10	1.95	−24.42
4	宁夏报业传媒集团印刷有限公司	1.87	−4.10	1.95	−2.50
5	潍坊报业印务有限公司	1.81	−2.69	1.86	−10.41
6	青海日报社印刷厂	1.79	4.68	1.71	−9.04
7	无锡日报社印刷厂	1.77	−9.23	1.95	−28.04
8	成都博瑞数码科技有限公司	1.74	−6.95	1.87	−38.49
9	郑州报业集团印刷厂	1.71	2.40	1.67	−24.77
10	佛山珠江传媒印务与发行有限公司	1.71	2.40	1.67	−27.19
11	温州日报报业集团有限公司印务分公司	1.66	7.79	1.54	−30.45
12	中国青年报社印刷厂	1.58	−7.06	1.70	−38.18
13	上海证券报社有限公司印务中心	1.50	4.17	1.44	−31.10
14	哈尔滨报达印务股份有限公司	1.49	2.76	1.45	−28.50
15	大连新闻传媒集团印务中心	1.47	−8.13	1.60	−34.55
16	廊坊报业印务有限公司	1.41	45.36	0.97	76.36
17	金华日报社印刷厂	1.36	−5.56	1.44	−14.29
18	汕头经济特区报社印务中心	1.33	0.76	1.32	−13.16
19	浙江嘉报设计印刷有限公司	1.30	−4.41	1.36	−13.92
20	临沂日报社印刷厂	1.29	0.00	1.29	14.16
21	浙江衢州盛元文创印业有限公司	1.29	0.78	1.28	−10.49
22	中闻集团青岛印务有限公司	1.21	5.22	1.15	−4.96
23	湖北日报传媒集团三峡印务有限公司	1.18	0.00	1.18	−16.90
24	河北工人报印务中心	1.13	−18.12	1.38	−15.76
25	扬州日报印刷有限责任公司	1.13	−11.72	1.28	−14.67
26	东莞日报印刷厂	1.11	−12.60	1.27	−13.01
27	台州日报印务有限公司	1.11	−9.76	1.23	−6.82
28	洛阳市报业印刷有限责任公司	1.10	−6.78	1.18	−20.27
29	惠州报业传媒印务有限公司	1.10	1.85	1.08	−10.00
30	绍兴日报报业印务有限公司	1.10	1.85	1.08	−0.92
31	河北经济日报社印务中心	1.09	6.86	1.02	−9.73
32	商丘京九印务有限公司	1.08	−13.60	1.25	−3.85
33	福州报业印务有限公司	1.08	−7.69	1.17	−10.00
34	西安日报社印务中心	1.07	−18.32	1.31	−22.49
35	常州报业传媒印务有限公司	1.06	−6.19	1.13	−13.08
36	南宁日报社印刷厂	1.06	−0.93	1.07	−31.41
37	浙江广育爱多印务有限公司	1.05	−22.79	1.36	−10.53
38	襄阳日报绿色印刷产业园有限责任公司	1.04	10.64	0.94	0.00
合计	38家	52.48	−2.58	53.87	−18.55

表6　2021年报纸印刷量在1亿对开张以下的单位　　　　　　　　　　　　　　　　　　　　　　（单位：亿对开张）

编号	单 位	年印刷量			
		2021年		2020年	
		印量	同比（%）	印量	同比（%）
1	新疆生产建设兵团印刷厂	0.97	24.36	0.78	-11.36
2	泸州日报社印刷厂	0.95	0.00	0.95	-3.06
3	乌鲁木齐晚报印务有限公司	0.92	13.58	0.81	-26.85
4	中国日报社印刷厂	0.90	-25.00	1.20	-43.13
5	中国人民解放军解放军报印刷厂	0.88	-7.37	0.95	-3.06
6	重庆华数印务有限公司	0.83	-39.86	1.38	13.11
7	临汾兴闻报业印务有限公司	0.81	1.25	0.80	1.25
8	兰州日报印务中心	0.80	-13.04	0.92	-5.15
9	昆明日报印刷厂	0.80	-1.23	0.81	-13.83
10	连云港报业印务有限公司	0.76	-2.56	0.78	-8.24
11	法治日报社印刷厂	0.72	9.09	0.66	4.76
12	镇江报业印务有限公司	0.69	-2.82	0.71	-4.05
13	南阳日报社印刷厂	0.66	-24.14	0.87	-18.69
14	新疆日报社南疆印务中心	0.64	12.28	0.57	-20.83
15	延安融媒印务有限公司	0.63	50.00	0.42	-8.70
16	枣庄日报社印务中心	0.62	-1.59	0.63	-4.55
17	长春市长报印刷有限公司	0.62	10.71	0.56	1.82
18	珠海特区报社印务中心	0.62	16.98	0.53	-10.17
19	丽水日报印务有限公司	0.52	-3.70	0.54	-14.71
20	张家口日报社印刷厂	0.52	0.00	0.52	-16.13
21	桂林日报印刷厂	0.52	1.96	0.51	-9.84
22	保定日报社印刷厂	0.47	4.44	0.45	-28.57
23	中山报业印务有限公司	0.46	-19.30	0.57	-14.93
24	柳州日报社印刷厂	0.46	-14.81	0.54	-21.74
25	唐山劳动日报社印刷厂	0.46	-4.17	0.48	-25.49
26	邢台日报印刷厂	0.45	0.00	0.45	-8.16
27	开封日报社印务中心	0.44	4.76	0.42	-8.51
28	三峡日报社印刷厂	0.44	12.82	0.39	-18.75
29	泰安日报社泰报印务有限公司	0.43	-2.27	0.44	-21.43
30	赤峰日报印刷厂	0.40	-4.76	0.42	-4.55
31	济宁日报社印刷厂	0.38	0.00	0.38	-30.91
32	鄂尔多斯报业印务有限责任公司	0.37	12.12	0.33	-2.94
33	南平市武夷美彩印中心	0.35	0.00	0.35	0.00

(续表)

编号	单 位	年印刷量			
		2021 年		2020 年	
		印量	同比（%）	印量	同比（%）
34	包头日报社印刷厂	0.35	2.94	0.34	−12.82
35	九江日报社印刷厂	0.34	−2.86	0.35	−12.50
36	长治日报印刷厂	0.34	3.03	0.33	3.13
37	呼和浩特日报社印刷厂	0.32	−3.03	0.33	−13.16
38	承德日报社印刷厂	0.31	0.00	0.31	−3.13
39	呼伦贝尔日报社出版印务中心	0.30	0.00	0.30	0.00
40	信阳日报社印刷厂	0.29	−9.38	0.32	−11.11
41	宜宾日报社印刷中心	0.28	−20.00	0.35	−7.89
42	西江日报电脑印刷中心	0.28	0.00	0.28	−20.93
43	通辽日报社印报部	0.27	0.00	0.27	0.00
44	宝鸡日报印务有限公司	0.26	−3.70	0.27	−
45	海门市海门日报印务中心	0.24	−7.69	0.26	18.18
46	青海西宁印刷厂	0.21	−36.36	0.33	−7.14
47	鹤壁日报社印刷厂	0.19	−9.52	0.21	−
48	张家港市报社印刷厂	0.19	−5.00	0.20	−25.93
49	延边报捷印务有限公司	0.19	5.56	0.18	−14.29
50	汉中报业传媒集团有限责任公司	0.17	−5.56	0.18	0.00
51	东营日报印务中心	0.17	0.00	0.17	−
52	玉溪日报社印刷厂	0.16	23.08	0.13	−18.75
53	营口日报印刷厂	0.15	−16.67	0.18	0.00
54	寿光日报传媒有限公司	0.14	7.69	0.13	−27.78
55	咸宁香城印务有限公司	0.12	0.00	0.12	−4.17
56	白城新闻印务有限公司	0.12	0.00	0.12	9.09
57	锦州日报社印刷厂	0.11	−8.33	0.12	−26.32
58	武威日报社印刷室	0.11	22.22	0.09	0.00
合计	58 家	26.10	−3.30	26.99	−10.40

表7　2021年全国各省、市、自治区报纸印刷量情况　　　　　　　　　　　　　　　　　　（单位：亿对开张）

编号	单位	年印刷量			
		2021年		2020年	
		印量	同比（%）	印量	同比（%）
	北京地区（包括中央各报印刷厂）	40.50	0.37	40.35	−16.29
1	人民日报印刷厂	13.90	2.21	13.60	−10.14
2	新华社印务有限责任公司	6.97	3.87	6.71	−7.58
3	经济日报印刷厂	6.27	9.23	5.74	−9.61
4	北京日报印务有限责任公司	4.98	6.18	4.69	−21.04
5	工人日报社印刷厂	4.30	−15.69	5.10	−27.35
6	中国青年报社印刷厂	1.58	−7.06	1.70	−38.18
7	中国日报社印刷厂	0.90	−25.00	1.20	−43.13
8	中国人民解放军解放军报印刷厂	0.88	−7.37	0.95	−3.06
9	法治日报社印刷厂	0.72	9.09	0.66	4.76
	天津市	4.42	−6.75	4.74	−13.03
1	天津北方报业印务股份有限公司	4.42	−6.75	4.74	−13.03
	河北省	15.74	3.01	15.28	−8.88
1	河北报业传媒集团印务有限公司	6.08	1.50	5.99	−6.11
2	石家庄报业传媒集团公司印务分公司	3.82	2.96	3.71	−15.49
3	廊坊报业印务有限公司	1.41	45.36	0.97	76.36
4	河北工人报印务中心	1.13	−18.12	1.38	−15.76
5	河北经济日报社印务中心	1.09	6.86	1.02	−9.73
6	张家口日报社印刷厂	0.52	0.00	0.52	−16.13
7	保定日报社印刷厂	0.47	4.44	0.45	−28.57
8	唐山劳动日报社印刷厂	0.46	−4.17	0.48	−25.49
9	邢台日报社印刷厂	0.45	0.00	0.45	−8.16
10	承德日报社印刷厂	0.31	0.00	0.31	−3.13
	山西省	11.28	0.62	11.21	−0.79
1	山西日报传媒集团印务有限责任公司	6.60	−2.51	6.77	−4.11
2	太原日报传媒集团公司印务分公司	3.53	6.65	3.31	5.66
3	临汾兴闻报业印务有限公司	0.81	1.25	0.80	1.25
4	长治日报印刷厂	0.34	3.03	0.33	3.13
	内蒙古自治区	4.13	1.98	4.05	−4.80
1	内蒙古日报印务中心	2.12	2.91	2.06	−3.41
2	赤峰日报印刷厂	0.40	−4.76	0.42	−4.55
3	鄂尔多斯报业印务有限责任公司	0.37	12.12	0.33	−2.94
4	包头日报社印刷厂	0.35	2.94	0.34	−12.82

(续表)

编号	单位	年印刷量			
		2021年		2020年	
		印量	同比（%）	印量	同比（%）
5	呼和浩特日报社印刷厂	0.32	-3.03	0.33	-13.16
6	呼伦贝尔日报社出版印务中心	0.30	0.00	0.30	0.00
7	通辽日报社印报部	0.27	0.00	0.27	0.00
	辽宁省	11.37	0.71	11.29	-14.55
1	辽宁金印文化传媒股份有限公司	7.72	3.21	7.48	-9.46
2	沈阳报业印务有限公司	1.92	0.52	1.91	-12.39
3	大连新闻传媒集团印务中心	1.47	-8.13	1.60	-34.55
4	营口日报印刷厂	0.15	-16.67	0.18	0.00
5	锦州日报社印刷厂	0.11	-8.33	0.12	-26.32
	吉林省	4.81	2.56	4.69	-3.10
1	吉林日报社印务中心	3.88	1.31	3.83	-3.53
2	长春市长报印刷有限公司	0.62	10.71	0.56	1.82
3	延边报捷印务有限公司	0.19	5.56	0.18	-14.29
4	白城新闻印务有限公司	0.12	0.00	0.12	9.09
	黑龙江省	5.76	2.13	5.64	-19.61
1	黑龙江龙江传媒有限责任公司	4.27	1.91	4.19	-15.59
2	哈尔滨报达印务股份有限公司	1.49	2.76	1.45	-28.50
	江苏省	34.20	4.97	32.58	-7.71
1	江苏新华日报印务有限公司	10.13	19.46	8.48	0.00
2	南京时代传媒股份有限公司	4.88	2.74	4.75	-14.26
3	徐州报业传媒集团印务中心	4.10	2.24	4.01	6.08
4	苏州日报印刷中心	4.07	1.50	4.01	-10.89
5	中闻集团南京印务有限公司	3.15	2.61	3.07	-2.54
6	泰州日报社印务有限公司	2.03	4.10	1.95	-13.72
7	无锡日报社印刷厂	1.77	-9.23	1.95	-28.04
8	扬州日报印刷有限责任公司	1.13	-11.72	1.28	-14.67
9	常州报业传媒印务有限公司	1.06	-6.19	1.13	-13.08
10	连云港报业印务有限公司	0.76	-2.56	0.78	-8.24
11	镇江报业印务有限公司	0.69	-2.82	0.71	-4.05
12	海门市海门日报印务中心	0.24	-7.69	0.26	18.18
13	张家港市报社印刷厂	0.19	-5.00	0.20	-25.93
	上海市	15.30	-1.92	15.60	-17.15
1	上海报业集团印务中心	13.80	-2.54	14.16	-15.41
2	上海证券报社有限公司印务中心	1.50	4.17	1.44	-31.10

(续表)

编号	单 位	年印刷量			
		2021 年		2020 年	
		印量	同比（%）	印量	同比（%）
	浙江省	35.16	0.14	35.11	−11.65
1	浙江日报报业集团印务有限公司	14.24	7.63	13.23	−10.06
2	杭报集团盛元印务有限公司	8.23	−5.73	8.73	−12.17
3	宁波报业印刷发展有限公司	3.30	−0.60	3.32	−8.33
4	温州日报报业集团有限公司印务分公司	1.66	7.79	1.54	−30.45
5	金华日报社印刷厂	1.36	−5.56	1.44	−14.29
6	浙江嘉报设计印刷有限公司	1.30	−4.41	1.36	−13.92
7	浙江衢州盛元文创印业有限公司	1.29	0.78	1.28	−10.49
8	台州日报印务有限公司	1.11	−9.76	1.23	−6.82
9	绍兴日报报业印务有限公司	1.10	1.85	1.08	−0.92
10	浙江广育爱多印务有限公司	1.05	−22.79	1.36	−10.53
11	丽水日报印务有限公司	0.52	−3.70	0.54	−14.71
	安徽省	8.23	7.30	7.67	−11.43
1	新安传媒有限公司印务公司	5.64	6.62	5.29	−5.70
2	合肥报业传媒有限公司	2.59	8.82	2.38	−21.97
	福建省	14.14	0.57	14.06	−15.01
1	福建日报报业集团印刷厂	5.06	−0.39	5.08	−13.96
2	厦门报业传媒集团有限公司印务中心	3.11	−3.42	3.22	−14.13
3	泉州市新华印务有限责任公司	2.63	10.50	2.38	−19.67
4	中闻集团福州印务有限公司	1.91	2.69	1.86	−18.42
5	福州报业印务有限公司	1.08	−7.69	1.17	−10.00
6	南平市武夷美彩印中心	0.35	0.00	0.35	0.00
	江西省	6.34	−0.16	6.35	−7.97
1	江西日报社印务中心	6.00	0.00	6.00	−7.69
2	九江日报社印刷厂	0.34	−2.86	0.35	−12.50
	山东省	26.01	2.89	25.28	−11.49
1	山东大众华泰印务有限责任公司	7.15	−0.14	7.16	−10.05
2	中闻集团山东印务有限公司	6.65	7.78	6.17	−9.93
3	济南日报社印刷厂	2.29	−9.84	2.54	−2.31
4	青岛报业传媒数字印刷产业园公司	2.00	41.84	1.41	−30.20
5	烟台报捷新闻印刷有限责任公司	1.87	−4.10	1.95	−24.42
6	潍坊报业印务有限公司	1.81	−2.69	1.86	−10.41
7	临沂日报社印刷厂	1.29	0.00	1.29	14.16
8	中闻集团青岛印务有限公司	1.21	5.22	1.15	−4.96

(续表)

编号	单位	年印刷量			
		2021年		2020年	
		印量	同比（%）	印量	同比（%）
9	枣庄日报社印务中心	0.62	−1.59	0.63	−4.55
10	泰安日报社泰报印务有限公司	0.43	−2.27	0.44	−21.43
11	济宁日报社印刷厂	0.38	0.00	0.38	−30.91
12	东营日报印务中心	0.17	0.00	0.17	−
13	寿光日报传媒有限公司	0.14	7.69	0.13	−27.78
	河南省	18.16	1.23	17.94	−5.61
1	河南日报报业集团有限公司印务中心	12.69	5.57	12.02	1.78
2	郑州报业集团印刷厂	1.71	2.40	1.67	−24.77
3	洛阳市报业印刷有限责任公司	1.10	−6.78	1.18	−20.27
4	商丘京九印务有限公司	1.08	−13.60	1.25	−3.85
5	南阳日报社印刷厂	0.66	−24.14	0.87	−18.69
6	开封日报社印务中心	0.44	4.76	0.42	−8.51
7	信阳日报社印刷厂	0.29	−9.38	0.32	−11.11
8	鹤壁日报社印刷厂	0.19	−9.52	0.21	−
	湖北省	15.16	−1.56	15.40	−21.07
1	湖北楚天传媒印务有限责任公司	7.72	8.12	7.14	−16.69
2	中闻集团武汉印务有限公司	2.36	−30.59	3.40	−20.93
3	武汉长江日报传媒集团印务分公司	2.30	3.14	2.23	−39.73
4	湖北日报传媒集团三峡印务有限公司	1.18	0.00	1.18	−16.90
5	襄阳日报绿色印刷产业园有限责任公司	1.04	10.64	0.94	0.00
6	三峡日报社印刷厂	0.44	12.82	0.39	−18.75
7	咸宁香城印务有限公司	0.12	0.00	0.12	−4.17
	湖南省	11.82	5.25	11.23	−13.21
1	华声在线股份公司湖南报业印务分公司	7.29	0.83	7.23	−14.74
2	长沙晚报传媒有限公司印务分公司	4.53	13.25	4.00	−10.31
	广东省	37.53	1.19	37.09	−22.13
1	广东南方报业传媒控股公司印务分公司	17.19	9.42	15.71	−14.02
2	广州日报报业经营有限公司印务分公司	6.09	−10.31	6.79	−31.41
3	深圳报业集团印务有限公司	5.40	−3.05	5.57	−38.22
4	湛江日报社印刷厂	2.24	−2.61	2.30	−2.13
5	佛山珠江传媒印务与发行有限公司	1.71	2.40	1.67	−27.19
6	汕头经济特区报社印务中心	1.33	0.76	1.32	−13.16
7	东莞日报印刷厂	1.11	−12.60	1.27	−13.01
8	惠州报业传媒印务有限公司	1.10	1.85	1.08	−10.00

(续表)

编号	单 位	年印刷量			
		2021年		2020年	
		印量	同比（%）	印量	同比（%）
9	珠海特区报社印务中心	0.62	16.98	0.53	−10.17
10	中山报业印务有限公司	0.46	−19.30	0.57	−14.93
11	西江日报电脑印刷中心	0.28	0.00	0.28	−20.93
	广西壮族自治区	9.99	2.57	9.74	−10.93
1	广西日报社印刷厂	7.95	4.33	7.62	−6.16
2	南宁日报社印刷厂	1.06	−0.93	1.07	−31.41
3	桂林日报印刷厂	0.52	1.96	0.51	−9.84
4	柳州日报社印刷厂	0.46	−14.81	0.54	−21.74
	海南省	4.87	5.18	4.63	−11.81
1	海南日报社印刷厂	4.87	5.18	4.63	−11.81
	重庆市	6.60	−10.08	7.34	−14.91
1	重庆重报传媒有限公司印务中心	5.77	−3.19	5.96	−19.35
2	重庆华数印务有限公司	0.83	−39.86	1.38	13.11
	四川省	18.85	1.45	18.58	−12.32
1	四川日报报业集团印务公司	12.78	4.67	12.21	−7.08
2	成都日报社印刷厂	3.10	−3.13	3.20	−12.33
3	成都博瑞数码科技有限公司	1.74	−6.95	1.87	−38.49
4	泸州日报社印刷厂	0.95	0.00	0.95	−3.06
5	宜宾日报社印刷中心	0.28	−20.00	0.35	−7.89
	贵州省	5.25	1.94	5.15	−10.90
1	贵州日报当代融媒体集团印务分公司	5.25	1.94	5.15	−10.90
	云南省	6.66	−1.33	6.75	−4.38
1	云南报业传媒集团有限公司印务中心	5.70	−1.89	5.81	−2.51
2	昆明日报印刷厂	0.80	−1.23	0.81	−13.83
3	玉溪日报社印刷厂	0.16	23.08	0.13	−18.75
	西藏自治区	2.20	8.91	2.02	5.46
1	西藏日报社印刷厂	2.20	8.91	2.02	5.46
	陕西省	12.40	−0.32	12.44	−12.97
1	陕西日报社印刷厂	4.89	9.40	4.47	−4.68
2	中闻集团西安印务有限公司	3.37	−8.17	3.67	−8.71
3	陕西华商数码信息有限公司	2.01	−5.19	2.12	−45.59
4	西安日报社印务中心	1.07	−18.32	1.31	−22.49
5	延安融媒印务有限公司	0.63	50.00	0.42	−8.70
6	宝鸡日报印务有限公司	0.26	−3.70	0.27	−

(续表)

编号	单 位	年印刷量			
		2021 年		2020 年	
		印量	同比（%）	印量	同比（%）
7	汉中报业传媒集团有限责任公司	0.17	−5.56	0.18	0.00
	甘肃省	6.76	4.48	6.47	−4.57
1	甘肃日报报业集团公司印务分公司	5.85	7.14	5.46	−4.55
2	兰州日报社印务中心	0.80	−13.04	0.92	−5.15
3	武威日报社印刷室	0.11	22.22	0.09	0.00
	青海省	2.00	−1.96	2.04	−8.53
1	青海日报社印刷厂	1.79	4.68	1.71	−9.04
2	青海西宁印刷厂	0.21	−36.36	0.33	−7.14
	宁夏回族自治区	1.87	−4.10	1.95	−2.50
1	宁夏报业传媒集团印刷有限公司	1.87	−4.10	1.95	−2.50
	新疆维吾尔自治区	5.29	4.75	5.05	−15.40
1	新疆日报社印务中心	2.76	−4.50	2.89	−9.97
2	新疆生产建设兵团印刷厂	0.97	24.36	0.78	−11.36
3	乌鲁木齐晚报印务有限公司	0.92	13.58	0.81	−26.85
4	新疆日报社南疆印务中心	0.64	12.28	0.57	−20.83

2021年国内印刷装备、印刷器材主要商品进出口情况

表1 2021年国内印刷装备、印刷器材主要商品进口地（前5位）统计数据汇总表

税号	商品	进口来源地	数量（千克）	进口金额（美元）
84439929	数字印刷设备的其他零件及附件	日本	968325	463995913
		美国	144614	118114975
		中国	521045	62997608
		英国	103586	29707467
		新加坡	241770	26972318

税号	商品	进口来源地	数量（台）	进口金额（美元）
84431319	其他平张纸进料式胶印机	德国	716	542954174
		日本	252	166759770
		捷克	1	1350435
		泰国	1	75362
		中国	1	9377

税号	商品	进口来源地	数量（千克）	进口金额（美元）
32151900	其他印刷油墨	日本	2257061	107491561
		中国台湾	2005067	27416361
		韩国	1168549	25907033
		新加坡	589577	18202692
		德国	660154	12495640

税号	商品	进口来源地	数量（台）	进口金额（美元）
84431313	平张纸进料式四色胶印机	日本	149	76665652
		德国	198	74344757

税号	商品	进口来源地	数量（台）	进口金额（美元）
84433221	数字式喷墨印刷机，可连接	日本	13840	40698904
		中国	5272	18215919
		泰国	44858	14143868
		意大利	55	13293566
		印度尼西亚	42058	13063661

（续表）

税号	商品	进口来源地	数量（千克）	进口金额（美元）
32159020	水性喷墨墨水	日本	1756911	41262081
		马来西亚	1811169	37893194
		印度尼西亚	719412	16450832
		菲律宾	773586	15059300
		美国	720733	10248790

税号	商品	进口来源地	数量（千克）	进口金额（美元）
84439190	用8442所列印版等印刷的机器用其他零件附件	德国	3038540	66293894
		日本	576672	16799002
		美国	71398	4265467
		意大利	61828	3028633
		瑞士	18811	2923855

税号	商品	进口来源地	数量（台）	进口金额（美元）
84411000	切纸机	西班牙	16	22898885
		德国	283	21362193
		中国台湾	1448	11253300
		芬兰	30	9489668
		马来西亚	67474	7082749

税号	商品	进口来源地	数量（千克）	进口金额（美元）
32151100	黑色印刷油墨	日本	849593	29957844
		韩国	133894	7185495
		英国	174789	5461799
		法国	120039	5311988
		新加坡	159853	5294920

税号	商品	进口来源地	数量（台）	进口金额（美元）
84433222	数字式静电照相印刷机，可连接	以色列	115	33522865
		日本	316	11976130
		中国	1295	3074283
		比利时	4	1255645
		荷兰	17	748109

表2　2021年国内印刷装备、印刷器材主要商品出口地（前5位）统计数据汇总表

税号	商品	出口目的地	数量（台）	出口金额（美元）
84433221	数字式喷墨印刷机，可连接	美国	73503	138339811
		荷兰	16426	68631531
		印度	10864	55133186
		德国	52234	42431527
		日本	11362	29170244
税号	商品	出口目的地	数量（平方米）	出口金额（美元）
37013024	未曝光的CTP版，任一边>255mm	韩国	21901824	66651532
		比利时	15204848	53990413
		土耳其	10050326	30196123
		俄罗斯联邦	10121937	29955126
		西班牙	7684652	23197092
税号	商品	出口目的地	数量（台）	出口金额（美元）
84411000	切纸机	美国	1963961	93271744
		荷兰	450919	52536381
		越南	12170	32220160
		印度	53187	21015743
		马来西亚	143400	18879275
税号	商品	出口目的地	数量（台）	出口金额（美元）
84413090	其他制造箱、盒、管、桶或类似容器的机器	印度	61040	46857195
		越南	81684	36303339
		土耳其	807	16656183
		韩国	303	16057412
		美国	1418	15841891
税号	商品	出口目的地	数量（千克）	出口金额（美元）
84439929	数字印刷设备的其他零件及附件	中国香港	339899	38804225
		美国	587767	25014316
		日本	451790	24922987
		以色列	1741585	16524190
		韩国	89416	13196848
税号	商品	出口目的地	数量（千克）	出口金额（美元）
32159020	水性喷墨墨水	巴基斯坦	2634250	19338107
		印度	2686961	15689302
		新加坡	457200	13052498
		美国	909782	11889608
		越南	2149110	10945800

(续表)

税号	商品	出口目的地	数量（台）	出口金额（美元）
84412000	制造包.袋或信封的机器	越南	262	15174778
		印度	115	11875739
		马来西亚	86	7669589
		阿联酋	90	7663584
		俄罗斯联邦	64	6896461

税号	商品	出口目的地	数量（千克）	出口金额（美元）
32151900	其他印刷油墨	越南	3604050	16446739
		缅甸	910170	7600100
		印度尼西亚	1131350	6706300
		印度	1634799	6697531
		中国台湾	1337314	6380027

税号	商品	出口目的地	数量（平方米）	出口金额（美元）
37013022	PS版，任一边＞276mm	韩国	13458991	38887969
		土耳其	3756478	10197949
		孟加拉国	2807569	8055380
		印度尼西亚	2780999	6569243
		尼日利亚	2106490	5330157

税号	商品	出口目的地	数量（千克）	出口金额（美元）
84419010	切纸机零件	马来西亚	2397661	59104814
		美国	400845	10502213
		越南	135118	3844827
		瑞士	1598392	3032154
		英国	222965	2307921

表3 2021年国内印刷装备进出口对比 （单位：美元）

项目	印前设备	印刷设备	印后设备	金额合计
进口金额	65188265	2175433112	232592474	2473213851
结构	3%	88%	9%	100%
出口金额	163497576	1621031227	1106592916	2891121719
结构	6%	56%	38%	100%
同类商品进出口差额	-98309311	554401885	-874000442	-417907868

表4 2021年国内印刷装备印前、印刷、印后设备分项进出口对比

商品分类		进口金额（美元）	出口金额（美元）
合计		2473213851	2891121719
1. 印前设备		65188265	163497576
其中：	计算机直接制版机	19473588	44527057
2. 印刷设备		2175433112	1621031227
其中：	胶印机	924085836	123813584
	凹版印刷机	14719772	61615799
	柔版印刷机	22162499	73312218
	丝网印刷机	53630444	93534401
	凸版印刷机	3464948	55499859
	数字印刷机	221362369	808792426
	印刷辅机和零件	923635670	312532183
3. 印后设备		232592474	1106592916
其中：	书刊装订设备	78217836	32238221
	包装印后设备	46284848	521763379

表5 2021年国内印刷装备进口前10位的商品

序号	税号	进口商品名称	数量单位	进口数量	进口金额（美元）	平均进口单价（美元）
1	84439929	数字印刷设备的其他零件及附件	千克	3554314	796157928	224
2	84431319	其他平张纸进料式胶印机	台	975	711189594	729425
3	84431313	平张纸进料式四色胶印机	台	347	151010409	435188
4	84433221	数字式喷墨印刷机，可连接	台	111109	149709969	1347
5	84439190	用8442所列版等印刷的机器用其他零件附件	个	4697857	107087238	23
6	84411000	切纸机	台	79671	83942462	1054
7	84433222	数字式静电照相印刷机（激光印刷机），可连接	台	2348	52354993	22298
8	84401090	其他书本装订机器	台	5822	44841102	7702
9	84431922	平网印刷机	台	348	38654957	111077
10	84425000	制成的印版、印刷滚筒等	千克	1728549	32582629	19

表6 2021年国内印刷装备出口前10位的商品

序号	税号	出口商品名称	数量单位	出口数量	出口金额（美元）	平均出口单价（美元）
1	84433221	数字式喷墨印刷机，可连接	台	284560	735945980	2586
2	84411000	切纸机	台	5284205	448362742	85
3	84413090	其他制造箱、盒、管、桶或类似容器的机器	台	164939	372275721	2257
4	84439929	数字印刷设备的其他零件及附件	千克	6316190	215805917	34

(续表)

序号	税号	出口商品名称	数量单位	出口数量	出口金额（美元）	平均出口单价（美元）
5	84412000	制造包、袋或信封的机器	台	4335	149487658	34484
6	84419010	切纸机零件	千克	6239249	101577004	16
7	84425000	制成的印版、印刷滚筒等	千克	5831276	96803463	17
8	84431980	未列名印刷机	台	148958	91930757	617
9	84431600	苯胺印刷机	台	2377	73312218	30842
10	84431319	其他平张纸进料式胶印机	台	179	65837400	367807

表7　2021年国内印刷器材进出口对比　　　　　　　　　　　　　　　　　　　　　　　　　　　　　　（单位：美元）

项目	油墨/墨水类	版材类	金额合计
进口金额	450768218	54909441	505677659
结构	89%	11%	100%
出口金额	308460037	638246297	946706334
结构	33%	67%	100%
同类商品进出口差额	142308181	−583336856	−441028675

表8　2021年国内印刷器材进口商品排序　　　　　　　　　　　　　　　　　　　　　　　　　　　　　　（单位：美元）

序号	税号	进口商品名称	数量单位	进口数量	进口金额	平均进口单价
1	32151900	其他印刷油墨	千克	8808517	241869401	27.46
2	32159020	水性喷墨墨水	千克	7310930	142851806	19.54
3	32151100	黑色印刷油墨	千克	1980717	66047011	33.35
4	37013025	柔性印刷版，任何一边超过255毫米	平方米	756703	39735332	52.51
5	37013024	未曝光的CTP版，任一边＞255mm	平方米	3193025	14532966	4.55
6	37013022	PS版，任一边＞276mm	平方米	32203	641143	19.91

表9　2021年国内印刷器材出口商品排序　　　　　　　　　　　　　　　　　　　　　　　　　　　　　　（单位：美元）

序号	税号	出口商品名称	数量单位	出口数量	出口金额	平均出口单价
1	37013024	未曝光的CTP版，任一边＞255mm	平方米	162246115	500622912	3.09
2	32159020	水性喷墨墨水	千克	24574677	181837523	7.40
3	32151900	其他印刷油墨	千克	21725428	114299785	5.26
4	37013022	PS版，任一边＞276mm	平方米	40599521	113097682	2.79
5	37013025	柔性印刷版，任何一边超过255毫米	平方米	544730	24525703	45.02
6	32151100	黑色印刷油墨	千克	2608581	12322729	4.72

2021年造纸行业相关数据汇总

表1 2021年重点造纸企业产量前30名企业基本情况

序号	单位名称	产量（万吨）		
		2020年	2021年	同比（%）
1	玖龙纸业（控股）有限公司	1615.00	1734.00	7.37
2	山东太阳控股集团有限公司	547.77	711.66	29.92
3	理文造纸有限公司	630.21	643.72	2.14
4	山鹰国际控股股份公司	510.17	602.13	18.03
5	山东晨鸣纸业集团股份有限公司	577.00	550.00	-4.68
6	山东博汇集团有限公司	306.91	313.52	2.15
7	江苏荣成环保科技股份有限公司	253.59	312.00	23.03
8	华泰集团有限公司	314.10	301.70	-3.95
9	中国纸业投资有限公司	270.00	274.00	1.48
10	联盛纸业（龙海）有限公司	230.00	274.00	19.13
11	宁波亚洲浆纸业有限公司	262.60	194.90	-25.78
12	金东纸业（江苏）股份有限公司	190.00	184.00	-3.16
13	金红叶纸业集团有限公司	177.00	178.00	0.56
14	武汉金凤凰纸业有限公司	132.45	173.00	30.62
15	山东世纪阳光纸业集团有限公司	155.92	171.07	9.72
16	东莞建晖纸业有限公司	148.00	161.00	8.78
17	亚太森博中国控股有限公司	163.40	158.00	-3.30
18	海南金海浆纸业有限公司	148.48	154.43	4.01
19	浙江景兴纸业股份有限公司	134.86	153.78	14.03
20	维达国际控股有限公司	125.00	139.00	11.20
21	广西金桂浆纸业有限公司	134.03	133.89	-0.10
22	新乡新亚纸业集团股份有限公司	101.25	123.39	21.87
23	东莞金田纸业有限公司	95.41	122.72	28.62
24	东莞金洲纸业有限公司	107.35	117.17	9.15
25	芬欧汇川（中国）有限公司	92.00	108.00	17.39
26	泰盛科技（集团）股份有限公司	61.58	101.80	65.31
27	大河纸业有限公司	62.73	95.26	51.86
28	恒安国际集团有限公司	109.40	93.70	-14.35
29	河南省龙源纸业股份有限公司	82.98	93.64	12.85
30	东莞顺裕纸业有限公司	68.60	74.00	7.87

注：数据来源于中国造纸协会，企业排序按已收集到数据

表2　2021年箱纸板主要生产企业

序号	单位名称
1	玖龙纸业（控股）有限公司
2	山鹰国际控股股份公司
3	理文造纸有限公司
4	山东太阳控股集团有限公司
5	江苏荣成环保科技股份有限公司
6	山东世纪阳光纸业集团有限公司
7	浙江景兴纸业股份有限公司
8	联盛纸业（龙海）有限公司
9	东莞建晖纸业有限公司
10	东莞金洲纸业有限公司
11	永丰余造纸（扬州）有限公司
12	山东博汇集团有限公司
13	河南省龙源纸业有限公司
14	浙江荣晟环保纸业股份有限公司
15	邹平汇泽实业有限公司

注：数据来源于中国造纸协会，企业排序按已收集到数据（2021年产量30万吨以上）

表3　2021年瓦楞原纸主要生产企业

序号	单位名称
1	玖龙纸业（控股）有限公司
2	武汉金凤凰纸业有限公司
3	山鹰国际控股股份公司
4	河南省龙源纸业有限公司
5	江苏荣成环保科技股份有限公司
6	东莞金洲纸业有限公司
7	华泰集团有限公司
8	联盛纸业（龙海）有限公司
9	山东世纪阳光纸业集团有限公司
10	浙江景兴纸业股份有限公司
11	江苏长丰纸业有限公司
12	理文造纸有限公司
13	山东仁丰特种材料股份有限公司

注：数据来源于中国造纸协会，企业排序按已收集到数据（2021年产量30万吨以上）

表4 2021年竹浆主要生产企业

序号	单位名称
1	泰盛科技（集团）股份有限公司
	四川永丰纸业股份有限公司
	贵州赤天化纸业股份有限公司
	四川天竹竹资源开发有限公司
2	重庆理文造纸有限公司
3	宜宾纸业股份有限公司
4	环龙工业集团有限公司
5	四川犍为凤生纸业有限责任公司

注：数据来源于中国造纸协会，企业排序按已收集到数据（2021年产量10万吨以上）

表5 2021年蔗渣浆主要生产企业

序号	单位名称
1	广西东糖投资有限公司
2	广西洋浦南华糖业集团股份有限公司
3	广西湘桂华糖制糖集团来宾纸业有限责任公司

注：数据来源于中国造纸协会，企业排序按已收集到数据（2021年产量10万吨以上）

山东韵杰文化科技有限公司

企业简介

　　山东韵杰文化科技有限公司（以下简称山东韵杰）的前身是山东鸿杰印务集团有限公司，成立于1991年4月，占地总面积为480余亩，其中厂房、办公楼、库房等面积为13万平方米。现有职工350余人，其中技术人员占20%以上。主要从事出版物印刷、包装装潢印刷品印刷、其他印刷品印刷。

　　企业30多年的发展，从传统出版物印刷加工企业，转变为综合出版物印刷服务企业。具备数字化图书印刷、精品印制、绿色精美包装、环保制版等服务的大型综合性印刷产业，拥有从设计、印前、印刷，印后的精品书刊、精品包装的完整生产线。现拥有世界高端海德堡印前数码机、CTP出版机；美国高斯八色商业轮转机、德国海德堡印刷设备（海德堡四色机、海德堡5+1、海德堡 6+1、海德堡12色机等）、日本小森 2+2、小森5+5等；瑞士马天尼平装胶订联动线、骑马订联动线、精装联动线和日本平装护封腰封机、海德堡折页机、马天尼索立马自动打包机等设备200余台（套），具有全新的自动化智能生产车间。是具有世界一流的设备、印刷能力强、物流配送为一体的综合性大规模的出版印刷业界的企业。